税收现代化
服务中国式现代化

国家税收法律研究基地论文集
与中国税务师行业发展报告
2022—2023

北京市哲学社会科学国家税收法律研究基地 编著

首都经济贸易大学出版社
Capital University of Economics and Business Press
·北京·

图书在版编目（CIP）数据

税收现代化服务中国式现代化：国家税收法律研究基地论文集与中国税务师行业发展报告：2022—2023 / 北京市哲学社会科学国家税收法律研究基地编著. 北京：首都经济贸易大学出版社，2024. 8. -- ISBN 978-7-5638-3727-4

Ⅰ.F812.42-53

中国国家版本馆CIP数据核字第2024L9K254号

税收现代化服务中国式现代化
——国家税收法律研究基地论文集与中国税务师行业发展报告 2022—2023
SHUISHOU XIANDAIHUA FUWU ZHONGGUOSHI XIANDAIHUA
——GUOJIA SHUISHOU FALÜ YANJIU JIDI LUNWENJI YU ZHONGGUO
SHUIWUSHI HANGYE FAZHAN BAOGAO 2022—2023
北京市哲学社会科学国家税收法律研究基地　编著

责任编辑	王　猛
封面设计	风得信·阿东 FondesyDesign
出版发行	首都经济贸易大学出版社
地　　址	北京市朝阳区红庙（邮编100026）
电　　话	（010）65976483　65065761　65071505（传真）
网　　址	http://www.sjmcb.com
E‐mail	publish@cueb.edu.cn
经　　销	全国新华书店
照　　排	北京砚祥志远激光照排技术有限公司
印　　刷	北京建宏印刷有限公司
成品尺寸	170毫米×240毫米　1/16
字　　数	515千字
印　　张	26.25
版　　次	2024年8月第1版　2024年8月第1次印刷
书　　号	ISBN 978-7-5638-3727-4
定　　价	98.00元

图书印装若有质量问题，本社负责调换
版权所有　侵权必究

目　　录

第一部分　税制改革和征管改革现代化

海南自贸港税收制度建设的主要思路……………………郝如玉　曹静韬／3

关于横琴粤澳深度合作区流转税制度改革的建议……………曹静韬　郝如玉／7

关于税收征管现代化的探讨……………丁　芸　马　睿　高子晴　杨凯昱／12

构建与中国式现代化相适应的现代财税制度体系
………………………………………………………蔡　昌　李梦娟　孙　睿／22

信息化背景下纳税服务的改善策略探析………………………………程　含／34

中国式现代化进程中的分税制体制改革刍议……………………郭　伟　陈　婷／40

中国税收现代化建设浅析…………………………………李婉婉　郑彦臣／47

高新技术企业减税降费政策梳理与纳税分析……………………李　新　刘笑天／53

小微企业减税降费政策梳理与纳税分析………………李　新　仲子怡　罗　敏／59

民国时期遗产税兴废及其启示……………………………………………刘　荣／66

税收法定进程中地方授权现状及完善建议………………………………刘　颖／73

数字经济对地区税制结构的影响：理论机制与实证检验………王怡婷　李永海／78

推进我国税制改革和征管现代化的思考……………………薛　钢　侯新建／103

智能税务管理助力税收征管改革现代化的实践与探索……姚林香　杨　蕾／109

税法和刑法上对代开发票判罚的差异性探讨 …… 张春平　左宜轩　王雨婷 / 117

环境保护视角下拓宽消费税征税范围的政策研究 …………………… 赵晶晶 / 126

平台经济对我国税收征管的挑战与对策探讨 ………………………… 杨雪慧 / 138

数据要素的确权路径、价值计量与课税机制 ………………… 何佳岩　李为人 / 144

个人所得税对居民消费的影响分析 …………………………………… 项炀骁 / 151

税收征管环境对个人所得税纳税遵从的影响研究 …………………… 张宇晨 / 163

企业所得税优惠对数字经济企业研发强度的影响研究 ……………… 王东方 / 171

我国地方税体系存在的问题及完善建议 ……………………………… 李　卉 / 186

数字化转型对企业税负的影响分析 …………………………………… 李　想 / 192

政府补助、税收优惠对出版上市公司成长的影响研究 ……… 胥力伟　李禹霖 / 198

第二部分　税务师行业立法和税收策划业务

加快我国税务师行业立法的思考 ……………………………… 艾　华　张颂迪 / 217

涉税服务适应税收现代化要求、寻求高质量发展浅析 ……………… 陈　婷 / 225

应对老龄化的个人所得税政策梳理与纳税规划 ……………… 李　新　李　煊 / 231

做一个卓越的税务师　服务税收现代化事业 ………………………… 李亚民 / 237

中国式现代化背景下房地产开发行业税务筹划研究 ………………… 吕平安 / 243

智慧税务时代税收筹划的合规开展刍议——兼论税收筹划污名化

………………………………………………………… 宋尚恒　常晓宇 / 250

立法的滞后严重阻碍税务师行业的高质量发展 ……………………… 王　进 / 257

涉税专业服务如何高质量发展——基于税务师行业探讨 …………… 王拴拴 / 264

推进税务师行业立法工作的思考 …………… 薛 钢 秦 松 王一帆 / 270

关于税收策划风险原因及防范的探讨 …………… 张春平 张宇轩 虞 彤 / 276

海口市证券业发展现状及税收风险分析 …………… 赵菲茵 李为人 / 283

引领海口市银行业发展 服务海南自贸港高质量建设 …… 陈玥希 贾绍华 / 292

大数据背景下的海口市房地产税收风险管理困境与对策研究
…………… 许翔榕 贾宜正 / 301

海南自贸港医药制造业税收风险管理研究 …………… 程镜竹 李 旭 / 310

关于我国涉税专业服务行业立法的几点思考和建议 …………… 麦正华 / 323

关于促进税务师行业高质量发展的思考 …………… 胡山竹 / 330

医药制造企业涉税风险分析及应对——以遵义市 L 企业为例
…………… 郑绍萍 李为人 / 333

第三部分 中国税务师行业发展报告 2022—2023

税务师行业发展概览 …………… 343

部分国家税务师发展情况及经验借鉴 …………… 365

国内税务师行业现状分析 …………… 375

新发展格局下税务师行业机遇、挑战与高质量发展道路 …………… 380

第一部分
税制改革和征管改革现代化

海南自贸港税收制度建设的主要思路

郝如玉　曹静韬[①]

《中华人民共和国海南自由贸易港法》（以下简称"自贸港法"）将海南自贸港的建设定位于"推动形成更高层次改革开放新格局，建立开放型经济新体制"，并对海南自贸港的销售税制度和所得税制度建设进行了战略安排。自贸港法明确提出，全岛封关运作时，将增值税、消费税、车辆购置税、城市维护建设税及教育费附加等税费进行简并，在货物和服务零售环节征收销售税；全岛封关运作后，进一步简化税制的战略构想是对我国现行的18个税种，"按照税种结构简单科学、税制要素充分优化、税负水平明显降低、收入归属清晰、财政收支基本均衡的原则，结合国家税制改革方向分阶段稳步进行改革，建立符合需要的海南自由贸易港税制体系"。由此可见，在海南自贸港建设过程中，税收制度的建设成为至关重要的一环。

一、销售税制度：与"零关税"和内地税制有效衔接

作为连接内地与海外的自由贸易区，海南自贸港的销售税制度，一方面要与"零关税"相配套，另一方面也要与内地税制有效衔接。根据自贸港法，在全岛封关运作、简并税制以后，海南自由贸易港对从境外进入零售环节的货物，除进口征税商品目录中的货物外，免征进口关税；对从国内其他地区进入海南自贸港的货物，同样免征关税。同时，按照消费地征税原则，无论是从境外进口的货物，还是从国内其他地区视同进口的货物，在入境环节，海南自贸港都应同时免征销售税。因此，在具体设计销售税制时，应做好"两个衔接"。

（一）海南自贸港入境销售税与岛内销售税的衔接

首先，在销售税的制度安排上，明确规定销售税只在岛内零售环节征收，进口（或视同进口）环节的货物适用零税率或免税。但是，由于在全岛封关运作、简并税制以后，并非所有进口（或视同进口）的货物都适用免征关税的政策，因此，销售税制度应同时设置征收进口货物销售税的商品目录，而且最好与征收进口关税的

[①] 郝如玉，中央统战部无党派专家财金组组长，第十一、十二届全国人大常委会委员，财经副主任，国家税收法律研究基地首席专家。曹静韬，国家税收法律研究基地主任。

商品目录大体一致,彻底消除进口征税商品目录外的货物进口通关的税制障碍。

其次,在货物进口(或视同进口)和零售环节的销售税征收管理上,实行"双主体"的模式:对于征税商品目录内的进口货物,其进口环节的销售税仍由海关征收;对征税商品目录之外的进口货物,其销售税由税务部门在零售环节征收,但是在进口环节,海关部门仍应承担货物进口信息的传递等职责。

再次,做好内地税制与海南自贸港销售税的衔接,对从境内其他地区进入海南自贸港的货物,由货物输出地实施增值税的免、退税政策。这既符合我国目前增值税征税原则,与海南自贸港进出口销售税制度实现了顺畅、有效的衔接,又是推动国内其他地区货物进入海南自贸港、促进海南自贸港与国内大市场紧密联系的关键举措。

最后,对于个人和企业进口(或视同进口)物品在岛内使用的行邮税,应并入海南自贸港的销售税,仍由海关在进口环节代征。

(二)海南自贸港出境销售税与岛内销售税的衔接

根据消费地征税原则和自贸港法,货物和服务从海南自贸港出境,无论将货物和服务出口到境外,还是销售到国内其他地区(视同出口),都应采取免征销售税的政策。同时,对于已经缴纳或承担了岛内销售税的出口货物和服务来说,在出境环节还要退还其已经缴纳或承担的销售税,实现完全退税。出口货物承担岛内销售税包括多种情形:对于进口征税商品目录中的进口原材料缴纳的销售税,可凭海关报关单退还进口环节的销售税;对于从境外或境内其他地区购进的服务或从岛内购进的原材料、产成品或半成品已经缴纳的销售税,可凭税务机关的完税凭证退还已纳销售税。对于从海南自贸港进入境内其他地区的货物和服务来说,还需要做好海南自贸港销售税与内地税制的衔接。对海南自贸港来说,出"境"货物和服务需要实现完全退税,而对于货物和服务的输入地来说,则需要由其海关征收进口环节的关税、增值税和消费税(适用于货物;自贸港法和其他法律法规规定的免税货物除外),或者由其税务机关征收增值税(适用于服务)。

二、所得税制度:与国际接轨,形成国际竞争力

海南自贸港的税制既连接海外,又与内地衔接。这一特点决定了其税收政策既要保持总体上的税制统一,协同衔接好其与国内其他地区的税收制度,也要对接国际税收规则,主动适应国际经济贸易规则发展和全球经济治理体系改革新趋势。因此,要瞄准新加坡、伦敦、纽约等世界其他自由贸易港,分阶段推出更有竞争力的所得税优惠,对在海南自由贸易港实质经营的企业实行企业所得税优惠税率,对符合条件的个人实行个人所得税优惠政策,以吸引跨国公司总部和高端紧缺人才在

海南集聚。

就企业所得税而言,在2025年以前,对注册在海南自由贸易港并实质性运营的鼓励类产业企业,减按15%征收企业所得税。强调"实质性运营",既可以吸引真正符合自贸港产业发展规划的企业汇集海南,又能够防止没有实际经营活动的"空壳企业"浑水摸鱼,扰乱正常的税收管理秩序。在2035年以前,对注册在海南自由贸易港并实质性运营的企业,除负面清单行业之外减按15%征收企业所得税。与2025年以前政策的区别是,前一阶段实行的是正面清单,这一阶段实行的是负面清单,享受优惠税率的企业范围更大。

就个人所得税而言,建设海南自由贸易港是国家的重大战略,必须举全国之力、聚四方之才。为了吸引人才、留住人才,在2025年以前,对在海南自由贸易港工作的高端紧缺人才,其个人所得税实际税负超过15%的部分予以免征;同时对高端人才和紧缺人才实行清单管理。对于我国港澳地区居民,其税负不高于原籍地个人所得税税负。在2035年以前,对一个纳税年度内在海南自由贸易港累计居住满183天的个人,其取得来源于海南自由贸易港范围内的综合所得和经营所得,按照3%、10%、15%三档超额累进税率征收个人所得税。与2025年之前政策的区别是,前一阶段对高端紧缺人才个人所得税实际税负超过15%的部分予以免征,这一阶段对所有符合规定条件纳税人实行最高15%的三档超额累进税率,优惠范围更宽、优惠力度更大。

三、房地产税制度:突出调节功能和收入作用

为解决人民的"住房难"问题,中央于2016年提出"房子是用来住的,不是用来炒的"(以下简称"房住不炒")明确要求。但是,以限制购房的行政手段、改变减免税条件的经济手段等来增加购买、持有成本,是治标不治本的。由于稳房价与促增长之间的两难困局,政府不得不在政策的松与紧上维持着走钢丝般的微妙平衡。

海南要建设具有世界影响力的中国特色自由贸易港,迫切要求打破房地产价格持续高涨而中低收入居民无房可住的恶性循环。税收政策是政府宏观调控的主要手段之一,在海南探索实施房地产税改革,率先建立"房住不炒"的房地产税制度体系,为全国其他地方改革探路,保障并实现好最广大人民的住房权益,具有重要意义。

目前,我国房地产业涉及大量税费,既有在房地产取得、保有、转让环节征收的增值税、城市维护建设税、契税、教育费附加、房产税、城镇土地使用税、土地增值税等税种,又有土地出让金等费用。建议海南积极创造条件,本着"先易后难、分步实施"的原则,循序渐进、扎实稳妥地推进房产税改革。

（一）全面整合现有房地产相关税费

将涉及房地产开发和保有各环节的所有税种和相关收费(城镇土地使用税、土地增值税、房产税、契税、耕地占用税等)合并调整,构建统一规范的房地产税。在税基选择上,将原来局部征收的房地产税相关税费改为普遍征收的房地产税,全面发挥房地产税的财政功能和经济调节功能。在征收环节上,对房地产经营环节征收销售税,主要集中在房地产保有环节征税,购买后的使用占有者每年缴纳房地产税,且不分对象实行统一的税率和征管办法,并对住宅实行各种减免和抵扣,有利于房地产要素的优化配置,抑制炒房投机行为的发生。

（二）做好新旧税制的衔接过渡

由于现有的房地产在生产经营环节已经缴纳相关税费,建议在新税法实施的一定时期内(如 10 年),根据"新房新办法、旧房旧办法"的思路,对旧的房地产实行减税免税政策措施,消除重复征税问题,避免给老百姓带来额外的税收负担。

（三）将房地产税打造成为地方主体税种

纵观世界各国税制,凡是实行中央与地方分税制的国家,房地产税基本上划归地方,成为地方税收的主体税种。随着自贸港销售税和所得税制度的实施,短时期内海南的财政收入将下降,将房地产税作为地方主体税种,可以将地方政府的事权和财权有效的结合起来,既有利于激发地方政府征税的积极性,也有利于扩大地方基础设施和公用事业的投资规模,从而形成税收增长的良性循环。

关于横琴粤澳深度合作区流转税制度改革的建议

曹静韬　郝如玉[①]

为支持澳门特色"一国两制"的健康发展，横琴粤澳深度合作区（以下简称"横琴深合区"）的封关已经进入一年倒计时的关键时刻，各方面工作都在抓紧进行。为体现琴澳一体化和政策趋同的原则，横琴深合区封关后的税制建设也要抓紧落实。2023年11月21日，横琴税务局发布了"税收支持合作区高质量发展若干措施的通告"，推出了一系列税收优惠措施。这些措施对封关后横琴深合区的发展有一定意义。但是，这些措施并未触及对横琴深合区封关运行及封关后的发展至关重要的流转税免税问题。在横琴深合区现有的税收政策中，流转税没有免税是比较大的缺陷。横琴深合区的建设是习近平总书记亲自谋划、亲自部署、亲自指挥的重大战略决策，是"一国两制"战略的新理论与新实践。我们要更好地落实习近平总书记的新思想、新思路，落实好关于琴澳一体化和政策趋同的税收政策。

一、习近平总书记对横琴深合区建设的伟大构想

自2009年到2020年，习近平总书记四次来到横琴，亲自指导、部署粤澳合作开发横琴的工作，并在多次讲话中对横琴深合区的建设作出指示。在习近平总书记的亲自谋划、亲自部署和亲自推动下，横琴深合区建设的伟大构想逐渐形成。

在这一伟大构想中，澳门的长远发展成为横琴深合区建设的主要目标。2019年12月20日，习近平总书记在出席庆祝澳门回归祖国20周年大会暨澳门特别行政区第五届政府就职典礼时发表的重要讲话中指出，"特别要做好珠澳合作开发横琴这篇文章，为澳门长远发展开辟广阔空间、注入新动力"。这就为横琴深合区的建设指明了方向。

为实现这一伟大构想，习近平总书记多次在讲话中对横琴深合区的建设和发展作出重要部署。2018年10月，习近平总书记在第四次来到横琴时强调："横琴有粤澳合作的先天优势，要加强政策扶持，丰富合作内涵，拓展合作空间，发展新兴

[①] 曹静韬，国家税收法律研究基地主任。郝如玉，中央统战部无党派专家财金组组长，第十一、十二届全国人大常委会委员，财经委副主任，国家税收法律研究基地首席专家。

产业,促进澳门经济发展更具活力。"2019年12月19日,习近平总书记在澳门特别行政区政府欢迎晚宴上的致辞中指出,"伟大祖国是澳门发展的坚强后盾,紧紧把握共建'一带一路'和粤港澳大湾区建设等国家战略实施的重大机遇,充分用好中央支持政策,把'国家所需、澳门所长'和'澳门所需、国家所长'有机结合起来,为澳门发展拓展新空间、注入新动力"。这就为横琴深合区指明了未来发展的路径。

为保证这一伟大构想的顺利实施,习近平总书记多次亲临横琴考察,为横琴的改革发展把舵定向。早在2012年12月,习近平同志担任中共中央总书记后首次离京考察、第二次来到横琴时,就勉励横琴:"要发扬敢为人先的精神,先行先试,进一步扩大开放,勇于探索,勇于去闯,在体制机制创新方面,为粤港澳合作作出贡献。"2018年11月12日,习近平总书记在会见香港澳门各界庆祝国家改革开放40周年访问团时的讲话中指出:"要在'一国两制'方针和基本法框架内,发挥粤港澳综合优势,创新体制机制,促进要素流通""要大胆闯、大胆试,开出一条新路来"。2020年10月14日,习近平总书记在深圳经济特区建立40周年庆祝大会上的讲话中再次指出,"要抓住粤港澳大湾区建设重大历史机遇,推动三地经济运行的规则衔接、机制对接"。

为推进这一伟大构想的实现,习近平总书记亲自谋划指导总体方案的编制工作。2021年4月,习近平总书记主持召开中央政治局常委会会议,审议总体方案。在这次会议上,习近平总书记作出重要指示:要用好横琴合作区这个不同规则和机制交错共存的区域,积极探索两地规则衔接和机制对接,为粤港澳大湾区市场一体化探索经验。以习近平总书记这一伟大构想的精神内涵为基础,总体方案对横琴深合区的建设作出了战略安排。

在这一伟大构想的战略安排中,琴澳一体化与两地政策趋同成为横琴深合区建设的指导思想,将带来澳门巨大的繁荣。这就为横琴流转税制度的改革指明了方向:作为琴澳两地政策趋同的重要内容,横琴流转税制度改革的方向应逐渐趋同于澳门的流转税制度,实施流转税免税政策。由于横琴普遍征收流转税而澳门几乎不征收流转税,因此,横琴实施流转税免税政策不仅是便利澳门居民生活、促进澳门经济适度多元发展、构建与澳门一体化开放体系的内在要求,也是落实习近平总书记关于横琴深合区伟大构想的必然要求。

为此,横琴深合区已经在琴澳一体化与两地政策趋同方面做了很多工作,取得了显著的成绩。目前,横琴深合区的执委会及财政局、经济发展局、统计局、法律事务局等各部门的领导班子都由粤澳双方的人员共同组成,且澳方的领导承担主要管理责任。这就在琴澳一体化方面迈出了一大步,体现了横琴深合区服务澳门发展的目标和特征。当前,横琴深合区封关在即,横琴实施流转税免税政策以实现琴澳税收制度的趋同,已经成为横琴深合区建设的当务之急。

二、横琴深合区实施流转税免税政策的意义十分重大

从习近平总书记对横琴深合区建设的伟大构想来看,横琴免征流转税,对澳门"一国两制"实践行稳致远、开创具有澳门特色的"一国两制"实践新局面有着十分重大的意义。

(一)流转税免税政策是便利澳门居民生活目标实现的必要前提

为解决澳门居民的住房问题,澳门特区政府紧抓横琴深合区建设这一机遇,开始着手在横琴深合区投资建设经济适用房。但是,澳门居民对横琴深合区流转税负担的担忧使得这一目标的实现面临挑战。要消除澳门居民赴横琴居住的这一顾虑,就需要在横琴深合区实施流转税免税政策。

(二)流转税免税政策也是实现澳门经济适度多元化发展目标的关键支撑

为解决澳门博彩业一业独大、内部经济运行能力有限等问题,总体方案将"大力发展促进澳门经济适度多元的新产业"作为建设横琴深合区的另一项重要目标,并结合澳门经济的特点,明确了横琴深合区建设的主导产业。但是,横琴较重的流转税负担难以对不征收流转税的澳门企业形成吸引力,因此,要实现横琴支持澳门经济适度多元化发展的目标,必须实施流转税免税政策。

(三)流转税免税政策是建设一体化开放体系的重要内容

澳门经济一直是开放型经济,在投资、消费等方面对中国内地和境外有着较强的依赖性。但是,由于横琴深合区仍然征收流转税,因此,对于从澳门进入横琴深合区的货物,虽然在进口环节免征关税,却仍需要征收流转税,这使得流转税成了澳门货物进入横琴深合区的第二道"门槛"。要解决这一问题,只有采取流转税免税政策,使横琴深合区和澳门的流转税政策保持一致,这样才能真正建立起一体化的开放体系。

总体方案强调了横琴深合区的"服务澳门特征",内地将是澳门最强大、最重要的发展支撑。因此,两地税制的融合也应遵循这一要求,使横琴深合区流转税制向着澳门的方向倾斜,实施不征收流转税的政策。

三、横琴深合区实施流转税免税政策的具体方案

要平衡琴澳两地流转税税负,横琴深合区流转税制度改革的目标应定位于免征流转税,主要是免征增值税和消费税。对于横琴流转税制度的改革有两种方案:一是采用简单快速的改革方式,直接实施流转税免税制度;二是采用渐进式的改革

方式,从重构销售税、降低流转税税负开始,逐渐过渡到流转税免税制度。这两种方案的目标都是免征流转税,其最终目的是平衡琴澳两地税负,以促进横琴深合区建设目标的实现。但是,这两种方案存在着明显的不同。

首先,从与改革目标的契合度来看,"直接免税"方案实际上是一步到位,直接与澳门流转税制度实现了对接,因而更加符合平衡琴澳两地流转税负担的要求。与之相比,"销售税"方案只是一种"权宜之计":尽管其税负低于现行流转税制度,而且低于海南自贸港,但是仍然具有普遍征收的特点,其税负仍然会成为影响横琴物价水平和经营成本的重要因素。这与澳门没有普遍征收流转税的制度相比,仍没有真正达到琴澳两地税负平衡的要求。因此,从长远来看,"销售税"方案只能作为横琴流转税制度的短期措施,未来仍将进一步改革,直至最终免征流转税。

其次,从对横琴深合区经济社会发展的影响来看,"直接免税"方案不仅会对澳门居民和企业形成强大的吸引力,也会提升横琴在世界各个国家(地区)中的竞争力,因此,这一方案无疑会给横琴未来的经济社会发展注入强大的动力,成为横琴深合区的亮点和优势。与"直接免税"方案相比,"销售税"方案虽然从整体上降低了税负,但由于其仍然会对物价水平和经营成本带来一定影响,对横琴经济社会的拉动作用更加平缓。

最后,从改革的难度来看,在我国现行的税收立法体制下,"直接免税"方案可能要比"销售税"方案面临更大的挑战,难度相对较大。在"一国两制"的背景下,内地和澳门分属不同的税收管辖区。作为内地的行政区域,横琴流转税制度的改革要遵循内地的税收立法程序。但是,在内地的税收管辖区内,流转税免税政策还没有先例,因此出台像横琴这样首开先例的政策,很有可能会面临较大困难。而与之相比,"销售税"方案因为有海南自贸港的先例作为参照,其改革难度可能会相对较小。

综合两种方案的上述不同,我们经过充分的沟通和讨论,最终从契合流转税改革目标、推动横琴深合区各项建设目标实现的要求出发,一致认为,"直接免税"方案优于"销售税"方案。因此,在横琴流转税制度改革中,应首先争取实施"直接免税"方案,"销售税"方案更宜作为备选方案。

此外,需要说明的是,在不断调查研究和深入讨论的过程中,也有人提出,可以通过"增加税收优惠"的方式逐渐实现流转税免税的目标。对于这种渐进式的免税方案,我们经过分析后认为,虽然增加税收优惠可以部分减轻流转税负担,但是这些优惠大部分局限于较窄的范围,力度较小,很难对琴澳两地流转税税负发挥实质性的平衡作用。而且,其中的每一项优惠政策都需要分别与相关部门协调争取,其难度不减反增,因此很可能最终无法实现流转税免税的目标。基于此,我们认为,这种增加税收优惠的方案只能作为前两种方案都无法实现情况下的无奈之举,其实质并不是免税,而是部分减税,因此,这一方案并未被列入横琴流转税的免税方案中。

关于税收征管现代化的探讨

丁 芸 马 睿 高子晴 杨凯昱[①]

摘 要:税收征管现代化是我国税收现代化的重要一环。不断提高税收征管现代化水平,有利于发挥税收在国家治理中的基础性、支柱性、保障性作用,有利于以税收现代化助推中国式现代化,同时确保税收现代化与中国式现代化道路及进程相协调。本文讨论了中国式现代化对税收征管现代化提出的时代要求,剖析了现阶段税收征管存在的主要问题,提出了提高我国税收征管现代化水平的工作建议。

关键词:税收征管;中国式现代化;以数治税

一、中国式现代化对税收征管现代化提出的时代要求

党的二十大报告对税收征管现代化作出了具体要求。税收征管现代化要在党的领导下,服务于纳税人缴费人,实现高质量服务。从"以数治税"出发,以纳税人缴费人为中心加强服务建设,并不断提升税务监管治理效能,助力打造协同共治的征管格局。《关于进一步深化税收征管改革的意见》明确要求,着力建设以服务纳税人缴费人为中心、以发票电子化改革为突破口、以税收大数据为驱动力的具有高集成功能、高安全性能、高应用效能的智慧税务。

(一)以数治税

《关于进一步深化税收征管改革的意见》把"以数治税"理念贯穿税收征管全过程,要求我国税收征管工作需由"以票管税"转向"以数治税",从人工管理转向分类精准的数字化监管。近年来,税务部门工作格局从"税主费辅"转变为"税费皆重",服务对象涵盖近 8 000 万企业纳税人和个体工商户、数亿自然人纳税人和 13 亿多社会保险费缴费人。与此同时,税务机构、编制却在不断精简。"工作任务倍增而机构精简、服务对象激增而编制缩减"的"两增两减"现状,要求税务部门必

[①] 丁芸,首都经济贸易大学财政税务学院教授。马睿,首都经济贸易大学财政税务学院硕士研究生。高子晴,中国社会科学院大学应用经济学院硕士研究生。杨凯昱,中国社会科学院大学应用经济学院硕士研究生。

须走数字化、智能化、集成化的"以数治税"发展道路,更加主动地服务中国式现代化。

(二)以纳税人缴费人为中心

党的二十大报告指出"全体人民共同富裕"是中国式现代化的五个方面之一,这既是理论概况,更是实践要求;《关于进一步深化税收征管改革的意见》也同样将"以服务纳税人缴费人为中心"作为税收征管工作的重要指导思想,要求税务机关"大力推行优质高效智能税费服务"。税务机关作为离市场主体最近、为老百姓服务最直接、与人民群众打交道最密切的政府部门之一,必须坚持以纳税人缴费人为中心的理念,持续提升服务质效,不断提升纳税人缴费人的获得感和幸福感。

(三)提升税务监管治理效能

税务部门肩负着为国聚财、为民收税的神圣使命,中国式现代化的实现要求税务机关建立起多维度、全链条的税费监测体系,通过对税收大数据进行实时跟踪、智能分析,精准掌握经济运行态势和不同区域、产业、企业发展情况,科学预判税费收入走势,积极防范税收风险,精确调度税费及时入库。

(四)打造协同共治的征管格局

根据党的十九大"坚持和完善共建共治共享的社会治理制度"的要求,《关于进一步深化税收征管改革的意见》明确指出深入推进精确执法、精细服务、精确监管、精诚共治,助力我国实现高质量发展。税收征管涉及经济社会的方方面面,更有政府机关、社会组织、纳税人缴费人等多个主体参与。随着我国经济水平不断提高,企业组织形式和生产经营方式日渐复杂,加之税收征管涉及的数据经常需要从其他政府机关或者相关企业获取,因此需要不断提高不同政府机关的信息交换和执法联动水平,跨部门协同共治,形成税收征管合力,打造协同共治的征管新格局。

二、现行税收征管模式存在的主要问题

(一)数据共享不够高效便捷,对"以数治税"形成一定限制

一是政务数据的采集与共享未实现制度化、标准化和规范化。一方面,政务数据的非标准化增加了政务数据管理的复杂性和错误率。由于不同部门收集的政务数据的数据类型、数据格式和存储方式并不一致,为保障相关涉税数据的口径统一,税务部门不得不人工转录其他职能部门的政务数据,由此增加了征管的难度,也在一定程度上降低了涉税数据的准确性和有效性。

二是涉税数据共享不够及时。目前市监、公安、海关、法院、银行等部门已经收集了大量纳税人的涉税信息,对这些数据信息的全面采集和整合,将会为税务机关

税收征管水平的提高提供有效支撑。但由于我国现阶段并未建立起成熟的第三方涉税数据共享机制，技术条件和相关法律法规尚未健全，有效信息采集存在漏洞，第三方信息数据不能及时实现共用共建共享，征管数据、个税数据、社保数据未形成关联，涉税数据获取难，无法满足"以数治税"的需求，进而影响税务机关的税收管理质量，造成税收的流失。

（二）传统纳税服务方式逐渐无法满足纳税人缴费人个性化、细节化的需求

一是纳税人个性化需求与传统的大水漫灌式供给的纳税服务方式之间存在矛盾。纳税人的个性化需求随着我国经济社会发展水平的日渐提高而逐渐水涨船高，而传统模式的大水漫灌式无差别供给所有纳税人的纳税服务方式无法适应当今数字化时代纳税人呈现出的多样化、层次化态势。

二是未能整合分析纳税人个性化、多样性的纳税需求。在传统模式中，税务机关出于追求纳税人满意度，以满足纳税人的基础需要为主，往往将工作中遇到的个性化服务需求视为个案，将此个性化、细节化的业务处理完毕后便不再理会，未能对个性化需求进行分析，并在此基础上进行整合、汇编成册、触类旁通、获得提升。

（三）传统税务监管模式落后于实际征管实践

一方面，我国税务机关对企业纳税人的管理权限较为分散，这在一定程度上制约了税务征管综合效能的发挥。传统的监管模式往往将涉税事项进行拆分，按照税种或者流程交由不同的部门管理，这就会导致税收监管部分出现无效化和重复化。

另一方面，事后监管是传统的税务监管模式的防范重点，对于事前和事中环节重视不足，此外，随着我国经济社会的发展进步，以及不断涌现的经济新业态，更加需要税务机关提高精准监管的有效性和执行力。

（四）跨部门税收征管共治法律支撑不足

1992年，我国正式通过了《中华人民共和国税收征收管理法》（以下简称《税收征收管理法》），并于次年制定和颁布了《税收征收管理法实施细则》，这是中国第一部税收程序法，也是中国税收征管的基本法。2015年，《税收征收管理法》及其实施细则进行了修订，但尚未科学细化征管主体权责、征管流程等，尚未科学规范数字化征管资源共享机制。目前，虽然省、市层面有要求政府部门进行信息共享的相关规定，但总体上在税收风险管理方面法律支撑略有欠缺，对有关部门协助税务机关执行职务的条款规定较宽泛且笼统，难以直接用于指导具体税收征管实践。例如，《税收征收管理法》第一章第五条规定"各有关部门和单位应当支持、协助税务机关依法执行职务"，但无详细的细则规定"有关部门和单位"具体指哪些单位，也未明确如何支持、如何协助，甚至连相关单位不给予协助、支持的后果及惩戒措

施也一概未提。义务不够明确、责任没有详细规定,导致约束性不强、强制性不足,在实际税收征管实践中缺乏可操作性。

三、促进我国税收征管现代化的政策建议

(一)推动业务变革,强化数据集成

1. 健全数据来源渠道,丰富税收信息网络

税收数据的获取是跨部门建立信息共建共享机制的重要基础,在税收征管现代化背景下,应该充分利用现代化技术,扩大丰富税收信息网络。税务机关应当通过深度挖掘与分析,实现"数据采集者"向"数据治理者"的转变,激活数据灵性,深化数据应用。依托税收大数据云平台,广泛汇聚分散在税务部门各地区、各层级、各条线以及外部门的数据,形成"人""员""户""局""票"五个归集,构建高度凝练、主题鲜明的数据资源层,为不同场景的数据分析提供公共支撑,形成高质量的税收大数据"金山银库"。

2. 打造共建共享平台,实现信息互联互通

跨部门的税收征管合作机制提供了大量丰富的税收信息,在数据获取的基础上,打造共建共享平台,使各部门能够实现信息互联互通,意义重大。机构协调方面,前期应进行充分研讨,结合制度设置中的各部门职责,赋予不同部门合理权限,搭建数据收集、处理、应用流程,明确各部门平台运行责任,并设置专人进行节点监督和提示,以实现平台的良好运行;数据处理方面,应该充分利用人工智能技术,依托现代化信息手段,在信息共建共享平台上设置一系列数据处理公式程序,对来源于各渠道的不同数据进行标准化、程序化的处理和储存,形成统一格式,便于信息共享;同时依据各部门所需自动提取相关数据并反馈到各部门,以提高数据利用率和各部门工作的便捷度。

3. 提升数据应用水平,引导税收业务实现

基于信息共享平台获取的数据,经过标准化处理后,可以使各部门更好地进行信息分析和应用。为提升数据应用水平,可以大力推动税收业务从传统的"事项+流程"驱动转变为"数据+规则"驱动,税收监管模式从"以票控税"迈向"以数治税"。推进业务数字化,构建"数据+规则"为驱动的智能化征管模式。将纳税人申报、缴税、开票等行为和税务人职责、流程、节点转化为标准化数据,提炼通用业务处理规则,嵌入税收信息平台,推动税收业务办理模式由传统的依靠人工经验、流程驱动转变为"数据+规则"的智能化驱动。推进数字业务化,构建"元事项+业务场景"为中心的应用体验。将复杂的涉税业务事项细化为模块化、标准化的事件

元,再以纳税人需求为中心,通过分析历史数据、办税特征,像搭积木一样将元事项自由灵活组成各类应用场景,开展智能引导、自动预填、关联申报、智能校验等,提供"因人因事而异"的个性化服务。

4. 加强防护保密管理,保障数据信息安全

多部门合作进行税收征管为税收信息的获取提供了多方面的渠道,使各部门能够更全面地掌握纳税人的信息,而这些信息的敏感度和私人性普遍较高,若流入不法分子手中可能会产生恶劣的社会影响,因此保障这些数据的安全十分重要。

首先,要对涉密工作人员进行严格监管。制定严格的权限管理机制,避免过多人接触核心信息,以减少信息暴露风险;对系统内工作人员进行警示教育,所有涉密工作人员都要签署保密协议,如泄露信息则需受到严厉处罚,对于接触核心信息的工作人员,处罚措施和管理机制应更为严格;涉密工作者的工作沟通渠道应采用专门的办公软件,避免信息在其他渠道传播。

其次,信息共建共享平台要聘请专业技术人员负责网络安全维护。信息化时代,网络安全尤为重要,为防止不法分子入侵信息共建共享平台,应该专门设置一个组织负责维护平台信息安全,运用防火墙、内部身份验证等设置做好数据安全保障。

(二)积极践行"以纳税人缴费人为中心",为纳税人提供智能化、个性化的纳税服务

1. 提高工作人员服务意识,打造服务型政府

落实《关于进一步深化税收征管改革的意见》中提出的"以服务纳税人缴费人为中心"的指导思想,要从根本着手,培养税务工作人员的服务意识。

一方面要进行全面的宣传教育,树立税务工作者的服务意识。可以由国家税务总局牵头,积极宣传并讲解服务型政府打造目标和要求,以《关于进一步深化税收征管改革的意见》等政府文件为基础,开展一系列思想教育,培养税务工作者的责任感和主动服务意识;同时,各级税务机关也应依地方发展情况、涉税主要事项、机构办税难点等问题对工作人员进行有针对性的培训和指导,使工作者掌握面对各种事项、各类人群的服务方法,便于税务工作者更好地为纳税人提供服务。

另一方面要建立严格的考评机制,全程监督工作人员的服务态度。思想教育主要靠工作人员的主观意识发挥作用,为更全面地打造服务型政府,设置考核机制更具监督性。可以从国家税务总局层面建立统一的绩效考评模板,各级税务部门以此为基础执行,主要对税务工作者的服务态度、服务成效、主动服务意识进行考评打分,督促税务工作者服务意识的提升,助力打造服务型政府。

2. 整合优化整体办税流程,节约纳税人成本

数字经济下各项业务办理的现代化程度越来越高,税务部门作为服务我国经

济社会的重要政府机构,应尽快顺应时代发展,借助大数据、云计算、人工智能等现代科学技术,优化现有办税流程,实现智能化办税,最大限度地为纳税人节约成本。线下方面,可以借助信息共建共享平台,实现纳税人信息同步,建立纳税人信息数据库,使纳税人到线下办税时"一键式"查询各类材料;具体服务方面,可以整合简化流程,实现涉税事项"一站式"办理,避免因材料不齐、手续不全、准备不足延误办税。线上方面,可以建立专业运营团队,与税务专家进行研讨,对现有网上办税系统进行升级优化,最大限度地简化纳税人操作步骤,纳税人涉税相关信息实现税务内部系统和线上纳税人个人账户系统全同步,使纳税人快速进行信息查询及各项申报;同时,税务机关应当努力将"自动算税"从自然人纳税人拓展至法人纳税人,从单一税种拓展至增值税等多个税费种,从申报环节拓展至发票管理和退税环节。通过线上线下充分联动,税务部门发现涉税问题或事项节点能够及时于线上系统提醒纳税人,纳税人在线上系统遇到的涉税问题也能及时同步给税务部门,实现高效、及时办税。

3. 出台更多纳税服务项目,促进多元化办税

不同纳税主体的涉税事项及其对于涉税知识的了解程度存在差异,对于税务部门的需求情况也不尽相同,税务机关应当强化数字创新应用,广泛利用大数据技术,出台更多精准优质的纳税服务项目,更好地服务各类主体。首先,面向社会层面进行纳税人诉求收集,调研纳税人急难愁盼问题,了解纳税人对税务部门和办税系统的期待,发现现有办税体系存在的不足,综合评估后,在现有基础上选择部分地区在线上和线下增设部分纳税服务项目进行试点。其次,对试点增设的纳税服务项目实施效果进行跟踪调查,面向税务机关工作人员和纳税人进行满意度回访,综合评估实施效果,并从中选择实施效果良好的项目进行全国推广。最后,定期在线上、线下开展满意度调研,持续对纳税服务项目种类加以完善,对纳税项目服务方式加以改进,使纳税服务做到与时俱进、开拓创新,更好地服务于纳税人。

4. 借助智能现代科技手段,帮助个性化办税

线上方面,为更大程度地便利纳税人,首先应运用大数据、云计算、人工智能等最大限度地将涉税业务的办理转移到线上模式,便于企业选择最适宜的方式进行涉税信息申报和事项办理,并推出线上税务专家VR面对面"会诊"、线上专业涉税服务机构咨询、税收政策"一对一"答疑等功能。同时,可建立全国统一的税费政策标签体系,给每个纳税人自动赋予特征标签。同时,通过两类标签的精准匹配,智能分析出每个纳税人的政策需求,并在第一时间向符合条件的纳税人推送优惠政策,实现由"人找政策"到"政策找人"的转变,满足纳税人个性化的税务需求。对于特殊情况需要线下办税的事项,也要做到与线上系统联动,纳税人可以提前在系统上进行预约,预约记录同步到税务机关后,税务工作者通过信息共建共享平台

对纳税人信息进行提前了解,借助预先设定的智能系统评估出最适宜该纳税人的方案并及时反馈给纳税人,最大限度地满足纳税人的个性化需求,使纳税人实现线下一次性办税。

(三)打造提质增效的智能征管体系,构建税务监管新体系

习近平总书记多次强调,要加强改革系统集成。税务机关应当努力打造提质增效的智能体系,实施多兵种、合成式、立体化作战模式,对内对外各方面进行集成联动管理,以此有效提升税收治理水平。

1. 全国联动管理,建立分级监管体系

应努力实现集团企业"一户式"信息归集,研发"智能建群"应用,实现跨层级、跨区域统筹管理力量,推动构建国家税务总局牵头对集团总部的"总对总""系统对集团""网络对网络"对称式管理新格局,更好地促进税企合作遵从。同时,在监督体系上建立国家税务总局、各级地方税务局分级监管体系。各级地方税务局监督本辖区内纳税主体的纳税行为,发现风险嫌疑人员后要进行重点关注,必要时上报国家税务总局;同时,国家税务总局对各地税务局反馈风险名单及时进行综合分析,提出防控方案,并统筹协调地方力量。

2. 加强内部考核,提高监管团队素质

监管人员的素质很大程度上决定了监管的实施效果,打造高质量的监管团队对于税务风险的防控起着决定性作用。首先,要对监管工作者的专业素质进行严格审查,确保其具备涉税风险监管能力,能够敏锐识别涉税风险,并定期对监管人员进行涉税风险等相关专业知识培训,建立内部交流网络便于各级监管人员沟通交流。其次,采取内部考核的方式保障监管人员的工作质量。在内部监管系统中设置工作情况记录和考评程序,对于监管人员,定期从专业能力和工作态度两方面进行考评,考评成绩影响绩效情况,以此督促监管人员注重自身素质的提升,对涉税风险进行仔细审查。

3. 全国统一标准,建设身份管理平台

从国家层面推进建设全国统一身份管理平台——税务网络可信身份体系,为各类主体提供全国唯一、安全的网络可信身份,以此助力打击涉税违法行为,实施风险集成联动排查。假如某涉案企业的进项是手机、销项是集成电路,就可以通过大数据分析发票"吞吐量"发现这种典型的变票虚开手段。针对此特点建立风险模型,在全国大数据中进行扫描,可以筛选出一批同类虚开企业,开展排查打击。同时,跟踪发票流,并利用财务人员、计算机 MAC 地址等多方信息进行关联组合分析,结合税务网络可信身份体系,就可以抽丝剥茧,精准找到虚开团伙的"实控人"。此外,对于那些屡次恶意虚开骗税企业及相关人员,专门建立风险特征库,进

行持续打击。

4. 建立信用档案，分类别监管纳税人

在身份管理平台的基础上，建立以信用为核心的强化风险监管的税收监管体系，便于对同一纳税人跨地域或跨国经营、存在多种应税收入来源的情况进行监管，也便于对不同风险级别纳税人进行更好的管理。对低风险纳税人，可以采取发送信息或者其他电子化提醒方式，使纳税人自查自纠，防范偷税逃税风险；对中风险纳税人，则进行税收知识教育，并实施一定的日常监管；对高风险纳税人，集中开展纳税评估，做好税收保全和税收强制的准备，避免税源的流失。通过建立信用档案，开展"信用+风险"的税收监管，为推进税收征管现代化提供有力保障。

(四)以多元共管推进税收征管社会共治

1. 搭建社会协作网络，明确各个部门职责

随着社会进步和经济发展水平日渐提高，企业涉税信息也日趋复杂，涉税信息往往分布在不同的部门、机构、组织中，因而在税收现代化建设过程中，迫切需要加强其他政府部门或金融机构与税务机关的涉税信息共享，以多元共管推进税收征管社会共治。例如，纳税人的房产信息掌握在不动产登记中心和房管局，车辆信息掌握在车管所，亲属关系掌握在公安和民政部门，存款贷款信息掌握在银行等金融机构……可以以税务部门为税务工作主体，负责涉税事项的主要处理和主要风险防控。在税务部门工作主线外，另设政府部门副线及社会平台副线，供司法机关等政府部门、第三方平台等其他社会力量通过副线与税务部门进行信息共享、信息交流、信息比对，各部门之间通力合作减少信息不对称，在工作中发现涉税风险可以及时同步信息给税务部门，税务部门也可以及时将有风险的纳税人信息同步给各部门，打通涵盖企业、个人、政府等全主体、全链条、全周期应用，各方力量会同进行"税收共治"，避免损害社会利益。

2. 政府部门提高认识，做好统筹协调工作

在为各部门搭建社会协作网络以加强社会共治外，政府部门也要在此过程中做好统筹工作，积极协调各部门之间的合作。为实现全国范围内的"税收共治"，中央政府应制定总体方案和基本原则，把控大局，监督地方政府积极落实；各级地方政府应响应中央政府号召，提高"税收共治"意识，对中央政府和国家税务总局的指示做好上传下达，在本辖区内开展宣传教育，统筹税务部门、司法部门、行政部门、社会组织等，使各方力量既能各司其职，又能合作协同。

参考文献

[1]邓力平,陈丽,王智烜. 高质量推进新时代税收征管现代化[J]. 当代财

经,2022(6):26-36.

[2]郭田田.黑龙江省税务局增值税征管现代化研究[D].哈尔滨:哈尔滨商业大学,2022.

[3]李传玉.推动税收征管数字化转型 增添服务中国式现代化新动能[J].税务研究,2023(2):26-30.

[4]李俊坤.高质量构建税费征管现代化体系的若干思考[J].税务研究,2021(10):121-126.

[5]李昕一.算法驱动的税收征管现代化转型路径探索[J].黄冈职业技术学院学报,2022,24(2):69-72.

[6]刘峰,赵强,李佳怡.税费征管现代化服务中国式现代化的思考[J].税务研究,2023(4):29-35.

[7]刘和祥,李欣,张纪宇.税收征管数字化转型实践的国际比较及借鉴[J].税务研究,2023(6):84-90.

[8]刘志刚,张祚鸣,李新安.以税收征管数字化智能化助力税收治理现代化[J].中国税务,2023(3):66-67.

[9]马生海.区块链技术助力税收征管现代化[J].行政事业资产与财务,2022(13):58-60.

[10]潘彩妮.网络货运物流的增值税问题研究[D].广州:广东财经大学,2021.

[11]施正文.迈向税收征管现代化的里程碑式改革[J].国际税收,2021(10):11-16.

[12]王佳,李文.税收征管现代化的国际经验与借鉴[J].公共财政研究,2021(6):22-34.

[13]王曙光,于沛灵.辽宁省税收征管现代化探讨[J].合作经济与科技,2022(4):162-164.

[14]王曙光,章力丹,张泽群.税收征管现代化的科学内涵与发展路径[J].税务研究,2021(10):133-138.

[15]王一帆,刘紫斌."以数治税"背景下税收征管现代化的若干问题研究[J].财政监督,2022(7):75-81.

[16]王蕴,卢阳.中国式现代化背景下税收征管数字化转型研究[J].税务与经济,2023(4):28-35.

[17]魏升民.新时代十年税收征管现代化的演进线索及展望[J].新理财,2023(Z1):49-53.

[18]翁武耀,倪淑萍.人工智能促进税收征管现代化的方式与影响[J].税务

研究,2018(6):19-24.

[19]谢金荣,王晓.构建税收共治新格局 推进税收征管现代化[J].湖南税务高等专科学校学报,2023,36(2):19-24,33.

[20]殷明,倪永刚.税收治理视角下税收征管现代化的时代要求及路径取向[J].国际税收,2023(3):24-31.

[21]张斌.深化税收征管改革 推进税收治理现代化[J].国际税收,2021(10):17-20.

[22]张学诞,高婧.发达经济体智慧税务的实践及启示[J].税务研究,2022(3):115-120.

[23]赵双.现代化税收征管与制造业企业全要素生产率[D].成都:西南财经大学,2022.

[24]祝志宏,卢鑫红.智慧税务背景下税收征管现代化发展路径探索[J].现代营销(上旬刊),2023(5):10-12.

构建与中国式现代化相适应的现代财税制度体系

蔡 昌 李梦娟 孙 睿[①]

摘 要：本文基于中国式现代化的理论内涵及本质特征，深入分析中国式现代化的演进规律，揭示我国未来发展必须正视人类社会的基本矛盾，即以新发展理念探寻增进人民幸福的基本路径，既要实现财富创造，做大"蛋糕"，又要建立公平的分配制度，切好"蛋糕"。并从人与自然、人与社会关系的双重视角论证中国式现代化决定着未来财税制度改革方向的基本观点，基于维持绿色环保、调节收入分配、激励科技创新、驱动数字经济发展、产权流动与产权保护等多维视角，提出应构建与中国式现代化相适应的现代财税制度体系。

关键词：中国式现代化；演进规律；财税制度；现代财税体系

一、中国式现代化的理论内涵及本质特征

（一）中国式现代化的提出

党的二十大会议上，习近平总书记提出"以中国式现代化全面推进中华民族伟大复兴"，这是中国共产党在社会主义新时代的历史使命与重大任务，也是指引中国人民踔厉奋发、勇毅前行的伟大目标。习近平总书记对中国式现代化所作的重要论断，是迄今为止内涵最丰富、思想最深刻的一次系统总结与阐释。习近平总书记概括了中国式现代化的五大特征："我国现代化是人口规模巨大的现代化，是全体人民共同富裕的现代化，是物质文明与精神文明相协调的现代化，是人与自然和谐共生的现代化，是走和平发展道路的现代化。"在推进中国式现代化进程中，必须坚持以人民为中心，加强普惠性、基础性、兜底性民生建设，健全基本公共服务体系，不断增强人民群众获得感、幸福感、安全感。同时，必须全面贯彻新发展理念，构建新发展格局，推动高质量发展，在全面建设社会主义现代化国家新征程中贡献财税力量。

[①] 蔡昌，北京市习近平新时代中国特色社会主义思想研究中心研究员，中央财经大学财税学院教授、博士生导师。李梦娟，中国社会科学院大学经济学博士，河北大学管理学院副教授、硕士生导师。孙睿，中央财经大学税收学博士，税收筹划与法律研究中心研究助理。

中国式现代化,是中国共产党领导的社会主义现代化,既有各国现代化的共同特征,更有基于自身国情的中国特色。每个民族都有自己独特的历史与特征,每个民族都有属于自己的发展道路,每个民族都应该探索独特的、符合自身发展规律的发展模式。从这一角度分析,中国式现代化是中国特色社会主义发展道路的深化与发展,是中国人民探索人类社会发展规律的历史性成就,也是中国对世界文明进步的重要贡献。中国式现代化创造了人类文明新形态,拓展了发展中国家走向现代化的途径,为世界上那些既希望发展又希望保持自身独立性的国家和民族提供了全新选择,也在共同富裕、协调发展、生态和谐、和平发展等方面为世界其他国家和民族树立了典范。

(二)中国式现代化的发展历程

自新中国成立起逐渐确立的"四个现代化",是基于对"现代化"一词的理解,并对现代化概念进行的具体界定和拓展。1959年末至1960年初,毛泽东主席在读苏联《政治经济学教科书》笔记时提出四个现代化的战略目标:"建设社会主义,原来要求是工业现代化,农业现代化,科学文化现代化,现在要加上国防现代化。"这便是后来"四个现代化"的雏形,是基于当时的经济基础和历史条件提出来的发展思路。1964年12月第三届全国人民代表大会第一次会议上,周恩来根据毛泽东主席的建议,在政府工作报告中首次提出:在20世纪内,把中国建设成为一个具有现代农业、现代工业、现代国防和现代科学技术的社会主义强国。到了改革开放初期,邓小平在一次会见外宾谈话中曾明确地指出:"我们现在讲的四个现代化,实际上是毛主席提出来的,是周总理在他的政府工作报告里讲出来的。"1979年12月6日,邓小平会见日本首相大平正芳时谈道:"我们要实现的四个现代化,是中国式的四个现代化。"邓小平基于中国实际与时代特征,提出了现代化建设"三步走"战略,并且首次提出到21世纪中叶基本实现现代化的发展目标。习近平总书记在党的十九届五中全会上深刻总结了中国式现代化的五大特征,并鲜明地指出"我国要坚定不移推进中国式现代化,以中国式现代化全面推进中华民族伟大复兴"。在庆祝中国共产党成立100周年大会上,习近平总书记发表重要讲话强调:"我们坚持和发展中国特色社会主义,推动物质文明、政治文明、精神文明、社会文明、生态文明协调发展,创造了中国式现代化新道路,创造了人类文明新形态。"

从毛泽东主席提出"四个现代化"概念,到习近平总书记在党的二十大会议上深刻阐释中国式现代化的内涵本质,其间历经60多年不忘初衷、持之以恒的艰辛探索,并最终形成指导中华民族走向伟大复兴的战略目标。

新中国成立后,中国共产党带领中国人民积淀了现代化建设的物质基础,创造了现代化建设的制度条件。改革开放以来,中国共产党总结社会主义现代化建设经验,将社会主义制度优势与市场经济发展优势相结合,实事求是,解放思想,大胆吸收西方现代化道路发展优势,并将其转化为我国现代化实践的有利条件,逐步形成具有"中国特色"的现代化道路模式。进入新时代,中国式现代化道路获得了全新的发展效力与实践活力。新的历史方位下,我国的现代化道路已经步入全面开启社会主义现代化强国建设的新征程。党在中国式现代化道路上的探索已经走过了一个漫长的历史发展进程,认真回顾总结这一探索历程及其宝贵经验,对于在新时代新征程上继续以中国式现代化全面推进中华民族伟大复兴,具有十分重要的现实意义和深远的历史意义。

(三)中国式现代化的演进规律

人类社会发展是一部自然历史过程,包含着人与自然的矛盾、人与人的矛盾,因而现代化建设必然要在这些矛盾中寻求平衡。现代化主要是指现代以来一种社会和文化变迁的现象。在经济学意义上,现代化基本等同于工业化和资本化,强调时间与空间的分离、货币的形成和专家系统的建立,以及这些机制背后的信任机制的建立。工业革命以来,人类社会发生了深刻变化,包括从传统经济向现代经济、传统社会向现代社会、传统政治向现代政治、传统文明向现代文明等各个方面的转变。现代化渗透到社会政治、经济、文化、思想各个领域,表现为多层次、多阶段的历史过程。现代化一般以国家为基本地理单元,有时以某个跨国地区为基本地理单元。现代化的历史演变进程如图1所示。现代化是人类文明发展的前沿,包含创新、选择和淘汰,必然会推动技术进步和生态环境变化,带来社会结构的改变和权利的再分配,也必然会引发经济发展模式的变化与财税制度的变革。

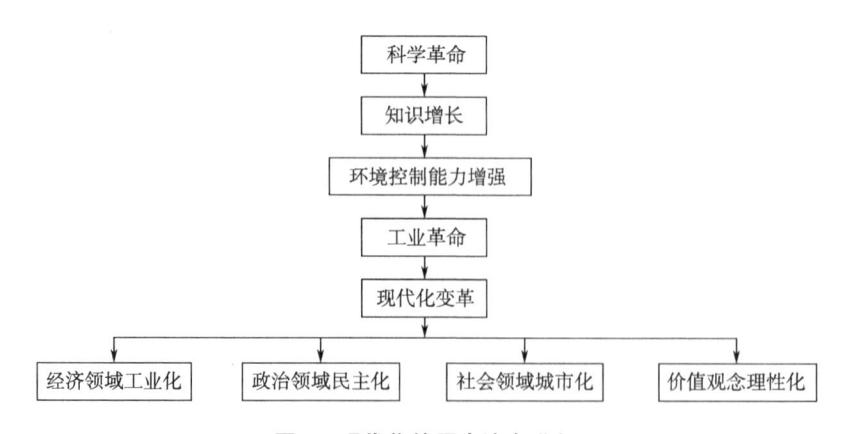

图1 现代化的历史演变进程

现代化概念最早起源于20世纪60年代的美国,美国学者罗兹曼将"现代化"看成一个无所不包的社会变革的过程,认为"现代化是各社会在科学技术革命的冲击下已经历或正在进行的转变过程"。美国著名史学家彭慕兰(Kenneth Pomeranz)

在《欧洲、中国及现代世界经济的发展》中提出一个经典命题：为什么西欧是世界上最先转型至现代经济增长模式的地区，而曾经与它相似的中国却在1800年之后走向了截然不同的道路？这种分道扬镳被称为"欧洲与中国的大分流"。彭慕兰认为，欧洲19世纪以后的现代经济增长模式转型很大程度上归功于煤炭资源分布的优越地理位置和新世界的发现，这使得欧洲是否集约利用土地变得不再重要，同时造就了其资源密集型产业的增长，自此欧洲走上了资源密集型、劳动力节约型的道路。与此同时，以中国为代表的亚洲地区和印度等国家却陷入无法突破的停滞状态，进而在不同程度上被迫采用日益劳动密集的调整方法对付生态压力，进而使以后实现资本密集与能源密集的工业化更为困难。从彭慕兰的论证分析，1800年前后这一时期不是中国走向现代化的转折点，而是中国落后于欧洲现代化的分水岭。自此，欧洲和中国在现代化方面的差距越拉越大。麦迪森在《世界经济千年史》中认为：1820年，清朝GDP为2 286亿美元，占世界GDP的32.9%，是英国的6倍，而清末最后10年占世界GDP的11%。中国式现代化的演进规律是：从农业文明向工业文明转变，从工业文明向生态文明转变，从生态文明向数字经济转变。

自改革开放以来，中国GDP在全球的比重逐渐提高。1979年中国的GDP在全球的比重仅为1.79%，2022年中国的比重为18%，超过全球GDP总量的1/6，成为经济增长速度最快的国家。再进一步分析，2004年，中国继续稳步前进，GDP在全球的比重上升至4.46%；2009年，中国的比重上升至8.45%；2012年中国的比重上升至11.57%；2015年，中国的比重上升至15.398%；2018年，中国的比重上升至16%；2022年中国的GDP比重上升至18%。数字经济是继农业经济、工业经济后的第三种经济形态，以数据作为核心要素，以技术创新作为关键支撑。2012年以来的10余年，中国GDP在全球的比重逐年攀升，彰显出数字经济发展对GDP增长的拉动作用，以数字经济作为驱动力的中国经济的超速增长时代已经到来。2022年我国数字经济规模达50.2万亿元，总量稳居世界第二，占GDP的比重提升至41.5%，数字经济成为稳增长促转型的重要引擎。根据伍晓鹰、余昌华的测算，在过去20年中，数字经济对中国整体经济增长的贡献已经高达约2/3。也就是说，数字经济已经主导了中国整体经济的增长表现，以远比整体经济更为强劲的增长抵消了其他部门增长放缓甚至收缩的影响。如果仅考虑其中的ICT生产部门和ICT技术集约的制造业部门，数字经济的贡献也达到了40%。从这一角度分析，数字经济成为中国宏观经济增长的重要引擎。这也说明，世界经济新一轮增长浪潮的推动者无疑是数字经济产业，中国式现代化为数字经济带来了重要的发展机遇，数字经济发展也必然成为中国式现代化的重要产业支撑，成为推进中国式现代化的战略性力量。中国式现代化框架下的数字经济发展是确保我国经济在高质量发展道路上行稳致远的内在要求，是推进中国式现代化道路的重要举措。数字经济是构建现代化产业体系的重要抓手,数字经济的发展需要将深度融合作为关键目标。

(四)中国式现代化的理论内涵与本质属性

中国式现代化的理论内涵深厚,它是植根于中国大地的深刻实践与伟大创新,是马克思主义基本原理同中华优秀传统文化及中国国情、民族特点紧密结合的产物。中国式现代化植根于中华沃土,反映中国人民意愿,适应中国和时代发展进步要求,有着深厚历史渊源和广泛现实基础。中华民族崇尚爱国主义与艰苦奋斗,有着含蓄内敛、顽强抗争的民族韧性。中华优秀传统文化讲仁义、重民本、守诚信、崇正义、尚和合、求大同的思维范式和散发出的正能量一直推动着中华民族的进步与发展。这些优秀传统文化在当前我国社会主义建设新时代不仅没有过时,而且正焕发出新的生机,成为社会主义核心价值观的重要源泉。"中国式"是由中国现代化发展的基本国情与发展实际所决定的、不同于西方现代化道路的本质属性,这一本质属性由中华民族5 000多年的文明历史决定、由社会主义500多年的历史主张决定,由改革开放40多年的历史经验决定。中国式现代化道路在内涵属性上所具有的"中国特色"彰显了中国式现代化道路之"新",在实践发展过程中所释放的发展效能体现了中国式现代化道路的根本优势。因此,中国式现代化是新发展理念推动中国社会变革的伟大创举,也是马克思主义基本原理在中国的具体应用与拓展。中国式现代化体现了我国自古以来积累的优秀传统文化与世界近代以来先进市场经济模式的深度融合,也是推动中国经济、文化、社会发展与民族进步的重要阶梯。中国式现代化强调世界各国互惠互利、合作共赢,以人类命运共同体的伟大胸襟融于天下大同的理想。中国不通过战争、殖民、掠夺等方式实现现代化,承诺绝不称霸,而是坚持走和平发展道路,开辟人类实现现代化的新道路。中国式现代化摒弃了西方以资本为中心的现代化,坚持物质文明与精神文明相协调,始终坚持社会主义的本质规定和价值要求。中国式现代化的理论要义在于创新了国家发展理论,形成一套指导国家经济发展与社会进步的具有可行性的理论体系,不仅是驱动中华民族伟大复兴与中华文明进步的重要引擎,也是破解人类现代化诸多难题的成功范式。

对于中国式现代化这一伟大目标,我们应进一步挖掘其本质属性,寻找全力推进中国式现代化的基本路径。根据习近平总书记对中国式现代化的五大特征分析,不难发现中国式现代化秉持以人民为中心的新发展理念,把改善人民生活、增进人民福祉作为出发点和落脚点,坚持全体人民共同富裕而不是少数人富裕。中国式现代化这一重要特征揭示出我国未来发展必须正视人类社会的基本矛盾,即以新发展理念探寻增进人民幸福的基本道路,把古人所谈的"不患寡而患不均"的社会矛盾彻底解决——既要解决贫困的问题,通过大力发展生产力、促进经济发展,实现财富创造,做大"蛋糕",又要解决不均问题,建立公平的分配制度,切好

"蛋糕"。因此,在中国式现代化目标导引下,新发展理念与公平原则是解决人类社会人与人之间矛盾的基础,也是引导社会走向公平正义的价值基础与底层逻辑。当然,以共同富裕为导向的公平分配制度必须以中国人口规模巨大为求解条件,中国式现代化的发展目标必须正视中国人口众多的现实,考虑中国式现代化的复杂性与难度。比如,新冠疫情防控工作,我国人口众多这一现实条件会使问题更趋复杂,局面更为严峻,需要慎重对待疫情发展变化,制定精准的防控政策措施,以有效遏制疫情蔓延对我国社会和人民的危害。

再来分析物质文明与精神文明相协调、和平发展这两个主题,其实这也是从不同侧面寻求方法解决人类社会中人与人之间的矛盾,指向的是如何正确处理各个层面的人与社会的关系:物质文明与精神文明其实代表着人民的不同需求,"仓廪实而知礼节",只有发展物质文明才能促进精神文明,而物质文明的发展如果不辅以精神文明建设,人们可能会在丰富的物质文明面前陷入精神空虚的境地,不仅丧失进取心,还可能沾沾自喜,过着安逸甚至醉生梦死的生活而忘记文明进步与社会发展的人类使命。和平发展意味着要正确处理人与人之间的关系,包括协调与处理一个国家或民族内部的人与人之间的摩擦与冲突,也包括协调与处理不同国家与民族之间的矛盾关系,如承诺不使用核武器和战争解决争端,而是在磋商基础上达成共识。这可能是人类和平发展的必由之路。

接下来从人与自然关系视角分析,中国式现代化必须回答如何解决人与自然和谐发展的问题。自然生态环境是人类社会乃至人类存在的基础,进入21世纪以来,我国逐渐开始关注自然生态与环境问题,并把人民的生命健康放在首要位置。地球生态环境近年来不断变化,人类的生产与社会活动对自然界的影响越来越大。"天人合一"思想在中国乃至世界自古就有,但工业化进程让人类更加注重功利而忽视对自然生态的保护,呈现出生态环境一定程度的恶化局面。中国式现代化要求正确对待人与自然的关系,发展生产力的同时必须兼顾人类生产与社会活动对环境的影响,实现人与自然和谐共生,寻求经济社会发展与自然生态可持续发展的均衡性,不能为了单纯提高生产效率而破坏自然的生态,否则最终可能导致自然环境"报复"人类社会甚至出现生态环境失衡带来无可挽回的人类灾难。人与自然和谐共生,这是人类面临的一个永恒话题。人与社会的关系是以人与自然的关系为基础的,没有了人类赖以生存的生态家园,人类社会的存在也只能是一种奢望。只有先实现了人与自然的和谐,才有条件谈人与社会的融洽。人类的生存发展,首先面临的是人与自然的关系,这种关系体现为人类在大自然面前顽强地抗争,但这仅是一定程度上的,因为人类是自然界的一部分,必须也必然适应自然规律,不存在所谓的"人定胜天"或战胜自然。但科学技术的进步和生产力发展水平代表着人类适应自然界的能力,人类适应自然的能力越强,就越能拥有自由,享受幸福的社会生活。因此,人与自然的和谐共生是人类必须遵守的准则,也是永不能打破的规律。中国式现代化深刻阐述这种矛盾的解决思路,寻找人与自然和谐共生的基本规律与发展模式。如果没有这种人与自然和谐共生的前提条件,人类很可能陷入一种狂妄自大的自我陶醉,而最终必然会被自然界所深深伤害。从这一角度出发,人与自然的关系、人与社会的关系必须兼顾,这两种关系分别对应着人类的"生存条件"(根基)和"生存质量"(发展)。因此,中国式现代化的本质属性在于科学表达了对人类生存、发展问题的态度,以及对人类生存与发展问题的长期规划,即让人民更好地获得生存与发展的基础与保证,在物质文明与精神文明协调、平等发展与和平发展框架下,不断提高人类的生存质量,获得充分的自由发展空间和幸福感。

二、中国式现代化决定着未来财税改革方向

中国式现代化试图解决人与自然的关系以及人与社会的关系问题,这是其高层次的战略目标定位,属于"道"的境界。当然,还需要"术"的配合,这里的"术"就是要求形成一种有效的制度或政策驱动,引导中国式现代化有效解决人与自然的关系以及人与社会的关系问题,这种制度或政策的核心就是以财税体系为依托的激励制度。人类社会的发展包括经济发展、伦理道德、行为约束等,其实都是靠激励制度起主导作用,在人类之间形成一种内在的自发力量推动人类社会进步发展,古今中外,概莫能外。因此,推进中国式现代化也需要以构建与之相适应的现代财税体系为依托,形成能够驱动中国式现代化的激励制度。中国式现代化决定着激励制度的方向,也就决定着未来财税制度与财税体系建构的方向与框架。基于这一逻辑推理,下面我们深入分析与中国式现代化相适应的财税制度改革方向。

首先,以人与自然的关系为出发点,探索如何促进人与自然和谐共生,构建什么样的财税制度才能实现这一目标。

笔者认为,这里有两个要求:

一是要构建激励科学技术创新发展的财税制度,这是实现人与自然和谐共生的前提条件,因为科学技术的创新发展能使人和自然更加紧密地结合在一起,充分利用自然界的物质和能量为人类造福,也有利于做大"蛋糕"和保护生态环境。这就需要坚持中国式现代化的科技创新与实体经济发展方向,推进新型工业化,加快建设制造强国、支持专精特新企业发展,推动制造业高端化、智能化、绿色化发展。税收政策在激励科技创新方面发挥着重要的作用,政府通过制定税收政策,可以鼓励企业和个人投资于研发和创新活动,从而推动科技创新的发展。从公共财政理论出发,政府需要干预市场失灵,合理使用财税政策工具激励技术创新,推动经济

增长。就目前我国高质量发展的趋势以及科技创新的现状来看,财政税收政策能够发挥作用的空间还很大。这就要求财税制度必须重点对研发创新、制造业发展发挥激励效应,促进产业经济"脱虚向实",以科技创新推动实体经济发展和社会进步。政府对科技创新采取的财税政策激励,可以消除创新活动的正外部性,以使企业技术外溢内部化(见图2),从而将企业的技术创新行为与企业经济效益有效结合,推进经济社会的良性发展。

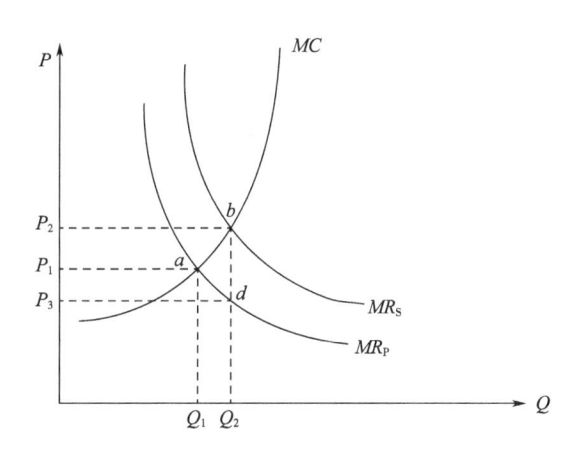

图2 财税政策对企业技术外溢的影响

同时,随着数字技术的发展和元宇宙的兴起,财税制度改革也要适应数字技术、数字经济新业态、新产业发展要求,构建新一代信息技术、人工智能等一批新的增长引擎。这就要求财税制度对数字技术、数字经济发展予以重点响应,有效促进数字经济快速发展以及数字经济与实体经济的深度融合,打造具有国际竞争力的数字产业与元宇宙阵地。高质量发展是实现我国经济社会全面发展、实现中国式现代化的重要指引,科技创新和税收政策则是遵循这一指引方向的重要支撑,其中科技创新是主要驱动力,税收政策则是重要保障。

二是要构建促进绿色环保、生态发展的财税制度。中国式现代化坚持人与自然和谐共生,把环境保护和生态文明作为国家发展的重要战略目标,并积极推进"碳达峰碳中和"战略目标,这就要求财税制度必须坚持绿色财税改革方向,以减少或控制碳排放为抓手,减少人对自然的破坏,构建现代绿色财税体系。环境污染与生态破坏所带来的负外部性问题,导致市场经济中社会资源不能实现有效的配置利用,针对这一问题,庇古主张政府通过实行征税与补贴的政策,对资源配置进行直接干预——即政府通过经济手段介入,对造成环境污染的市场主体进行征税,只要对污染者征收相当于最优活动水平时的边际外部成本,即可以实现社会资源的优化配置,通过"庇古税"将负外部性问题内部化,从而实现社会效益最大化。

庇古税的经济效应如图 3 所示。

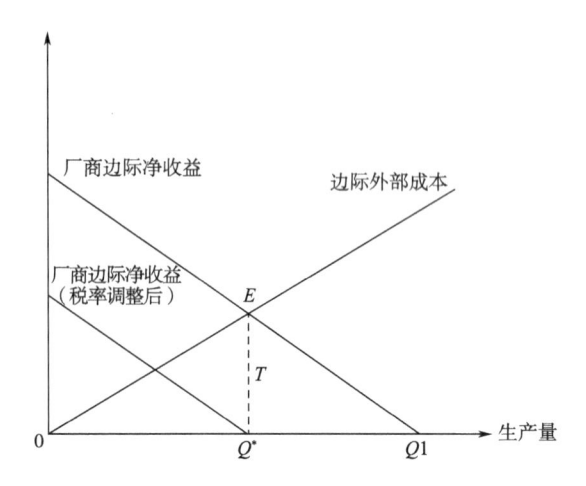

图 3　通过庇古税实现负外部性内部化

其次,考虑人与社会的关系,探索如何提升人的生存质量,构建什么样的财税制度才能实现这一目标。

笔者认为,建立新发展理念,在中国特色社会主义制度框架下实现经济、社会发展的公平与效率的均衡,是提高人类生存质量的关键问题。沿着这一思路,可以打造具有以下特征的财税制度:

一是构建基于新发展理念促进生产力进步的财税制度。中国式现代化要求全面贯彻新发展理念,坚持社会主义市场经济改革方向,加快建设现代化经济体系,着力提高全要素生产率,以财税制度促进产业链、供应链、价值链步入良性循环,发挥财税制度的激励性与保障性作用,推动国民经济持续健康快速发展。

二是构建与社会主义公有制产权体系相匹配的财税制度。中国式现代化坚持和完善社会主义基本经济制度,毫不动摇巩固和发展公有制经济,鼓励、支持、引导非公有制经济发展,充分发挥市场在资源配置中的决定性作用,更好地发挥政府的宏观调控作用。这就要求财税制度坚持以实现产权保护为核心,促进产权合法交易,从市场准入、公平竞争、社会信用等方面构建具有激励性的财税制度,优化营商环境,发挥财税制度在国家治理中的基础性、支柱性、保障性作用。

三是构建促进全体人民共同富裕的财税制度。中国式现代化始终坚持全体人民共同富裕原则,这就要求财税制度改革以构建公平的分配制度为重心,以发挥财政的公平、效率原则推进社会公平发展,以人民为中心制定治国理政方略,提高经济活力和财政收入,尤其要健全公共服务体系和规划就业优先战略,加强对困难群体就业兜底帮扶,加快健全社会保障体系、医疗卫生体系建设,最大限度地增进人民福祉。

四是构建促进物质文明和精神文明相协调的财税制度,提高全人类幸福指数。中国式现代化在推动经济快速发展、创造更多社会财富的同时,也要求促进社会主义精神文明建设,促进社会主义先进文化繁荣发展,坚守和弘扬全人类共同价值,高举和平、发展、合作、共赢的旗帜,以促进物质文明与精神文明相协调为目标,构建能促进国内经济发展与文明进步以及提升人类命运共同体的社会福利的财税制度,实现中国经济快速发展造福人民与惠及世界并举的战略驱动效果。

最后,中国式现代化是一条人类发展的创新之路,这就要求我国财税制度改革不能拘泥于形式,而要另辟蹊径、大胆创新,闯出一条新路。

中国式现代化的成功实践表明,西方现代化道路并非人类通向现代化的唯一道路,中国式现代化道路拓展了发展中国家走向现代化的途径,给世界人民提供了一种全新的发展道路选择。但这种全新的道路选择也要求财税制度锐意改革、破旧立新,汇聚新动能、形成新模式、创造新天地。所以,中国式现代化为财税制度改革指出了明确的方向,中国式现代化既不拘泥于旧的理论窠臼,也不生硬照搬西方的财税模式,而是踔厉奋发、实事求是、大胆革新,走出一条具有中国特色的现代财税体系建设之路。

三、构建与中国式现代化相适应的现代财税制度框架

中国式现代化是一种正确认识市场与政府关系的逻辑框架与战略部署,不仅要求市场在资源配置中起基础性、决定性作用,还要求明确定位财税在国家治理中的作用,发挥政府对公共产品、社会稳定、经济秩序的综合治理作用。基于对人与自然关系、人与社会关系的考量,构建与中国式现代化相适应的现代财税体系需要从以下几方面着手,并形成一种具有国家治理特征与合力效应的现代财税制度框架。

(一)现代财税体系必须具有维持绿色环保、生态和谐的功能

中国式现代化坚持把环境保护和生态文明作为国家发展的重要战略目标,并积极稳妥推进"碳达峰碳中和"战略目标,协同推进降碳、减污、扩绿、增长,推进生态优先、节约集约、绿色低碳发展,推进能源革命,积极应对气候变化全球治理。这就要求现代财税体系以碳减排和生态保护为抓手,制定并完善涵盖碳税、环境保护税、资源税等在内的各类自然环境、生态治理类型的税种,形成中国式绿色税制体系。

(二)现代财税体系必须具有灵活调节收入分配的功能,以应对不断变化的社会和经济环境,确保社会公平和经济可持续发展

通过合理制定和实施政策,税收政策可以在促进共同富裕方面发挥关键作用。从不同税种功能来看,税收在分配领域发挥着不同作用:个人所得税实行超额累进税率,具有高收入者适用高税率、低收入者适用低税率或不征税的特点,有助于调节个人收入分配,促进社会公平;消费税对特定消费品征税,能达到调节收入分配和引导消费的目的,建议调整和完善消费税税制结构,重点发挥其调节功能。党的十八大以来,我国坚持人民至上,始终把实现好、维护好、发展好最广大人民的根本利益作为一切工作的出发点和落脚点,因此在现阶段,中国式现代化要求构建公平的财税分配体系。中共十九届五中全会进一步规范收入分配秩序,坚持按劳分配为主体、多种分配方式并存,提高劳动报酬在初次分配中的比重,履行好政府再分配调节职能,发挥慈善捐赠等第三次分配作用,改善收入分配格局和财富积累机制。为此,我国应进一步构建促进公平分配的税收、社保、转移支付政策,发挥财税制度对收入调节的作用,合理调节城乡、区域、不同群体间的收入分配关系,缩小劳动所得与资本所得的税率差距,减轻中低收入人群税收负担,规范财富积累机制,缩小收入分配差距,增加居民可支配收入,促进全体人民共同富裕。

(三)现代财税体系必须具有促进科技创新的激励作用

好钢用到刀刃上,现阶段我国必须加大科技创新投入,科技创新是创新驱动发展战略的基础,也是实现经济发展的重要引擎。习近平总书记在党的二十大报告中提出"完善科技创新体系""强化国家战略科技力量,提升国家创新体系整体效能""以国家战略需求为导向,集聚力量进行原创性引领性科技攻关,坚决打赢核心技术攻坚战"。因此,我国应进一步构建驱动科技创新的现代财税体系,对基础研究、科技前沿领域研究、独创性专利技术研究加大财税扶持力度,不断扩大对技术研发的激励、拓展高新技术企业的税收优惠,从财政补贴角度增加对市场主体及相关机构的技术研发支持力度。

(四)现代财税体系必须包含激励数字经济发展的政策措施

数字技术的迭代革新和数字经济的蓬勃兴起是时代发展的产物,中国数字经济发展走在世界前列,中国式现代化也要彰显数字技术对宏观经济的驱动力与特殊贡献。我国目前对数字经济发展采取审慎包容态度,既积极鼓励和扶持数字经济发展,又对数字经济发展中出现的各种负面现象予以督促整改、有序监管。党的二十大以后,根据我国进一步促进数字经济发展的要求,需要做好以下财税制度改革工作:首先必须加大财税制度对数字技术研发创新的扶持力度,大力推进人工智能、区块链、云计算等大数据技术的迭代更新与普及应用,实现实体经济与数字经济的融合发展;其次要有规划地推进数字经济税制建设,形成一整套数字税制体

系,满足对数字经济的监管与治理需求;最后要加强对互联网、大数据驱动的平台经济、共享经济等新业态、新模式的财税治理与审计监督,在财税合规方面形成制度约束与有效监管。

(五)现代财税体系必须促进产权流动与产权保护的有效性

中国式现代化兼顾不同产权主体的利益,既要大力巩固和发展公有制经济,又要鼓励、支持、引导非公有制经济发展,这就要求公平对待不同所有制经济和保护各类产权主体的利益,制定一系列以产权界定、流动与保护为核心的财税制度,构建基于产权制度的现代财税体系,公正处理国有企业、民营企业和混合所有制企业的关系,开征公平合理的房地产税,实施与农村集体土地"三权"分置相配合的产权税制,构建基于公租房、共有产权房等的财税制度,让低收入人群及进城务工群体也能享受到改革红利,巩固和完善我国社会主义公有制经济体系。

参考文献

[1] 毛泽东. 毛泽东文集:第八卷[M]. 北京:人民出版社,1999:116.

[2] 邓小平. 邓小平文选:第二卷[M]. 2版. 北京:人民出版社,1994:311-312.

[3] 罗兹曼. 中国的现代化[M]. 南京:江苏人民出版社,2010.

[4] 彭慕兰. 大分流:欧洲、中国及现代世界经济的发展[M]. 南京:江苏人民出版社,2010:347.

[5] 麦迪森. 世界经济千年史[M]. 北京:北京大学出版社,2003.

信息化背景下纳税服务的改善策略探析

程 含[①]

摘 要:在21世纪的今天,科技与信息技术迅速发展,如今各行各业都开始与信息化挂钩。税务机关对于信息化建设工作高度重视,认为未来的发展方向是将税务服务信息化,有必要牢牢抓住信息化发展的历史机遇,创新行政管理与服务方式。纳税服务是行政管理与服务的重要内容,与人们的生活息息相关,纳税服务的信息化建设广受人民群众的关注。但是,当前纳税服务仍存在效率不高、功能不全等问题,想要在短时间内实现纳税服务信息化仍需付出较大努力。因此,本文针对目前纳税服务所存在的问题提出了相应的解决方法,同时对纳税服务如何进行信息化建设提出了一些建议。

关键词:税收服务;现代化;信息化

一、引言

纳税服务与我们的生活息息相关,那么在信息技术高速发展的今天,它又该如何发展才能跟上时代的脚步呢?付慧利(2021)指出,我国税收征管信息化基础相对薄弱,信息化起步比较晚,同时也存在一些缺陷和不足。虽然智慧税务的发展迫在眉睫,但智慧税务的发展并非一朝一夕就能成功。韩京培(2022)提出通过各类信息化手段来提高纳税服务的质量和效率;徐熙晗(2021)指出,现今纳税人对纳税服务的期望值越来越高,我们应当以纳税人的需求为导向,对纳税服务进行优化和改进。

二、信息化发展下纳税服务的成效

税收服务是由税务机关向税务行为相对人提供的一种法定服务,其行为的性质是税务机关对于相对人所实施的一种具体的行政行为。纳税人享有的税收服务权利包括实体性权利和程序性权利。税收服务行为作为税务机关的一项法定职

[①] 程含,湖北经济学院研究生。

责,在税务机关不能履行或者不能恰当地履行服务的义务时,纳税人有权寻求法律救济。

(一)提高了纳税服务满意度

在打造智慧税务的过程中,应根据纳税人的需求,开发支持个人和企业的纳税服务,通过对纳税人的走访和调查,收集纳税人在纳税申报、发票管理、纳税贡献、权益保护等方面的需求和建议,并与开发人员沟通,使智慧税务的实施更好地满足纳税人的需求,从而不断提高纳税人的权益保护水平和纳税服务满意度。根据纳税遵从理论,税收征管与纳税服务之间存在着密切关系,纳税人满意度的提高与纳税人的纳税遵从水平密切相关,纳税遵从水平的提高可以激励纳税人主动按时纳税,从而提高税收征管效率,使税收活动与纳税服务相辅相成。当前,国际社会特别是发达国家高度重视税收工作。积极开展纳税服务改革,完善纳税服务体系,提高纳税人满意度,有助于我国税收征管水平的不断提高。

(二)节约了办税成本

办税成本不仅包括纳税人缴纳的所有税款,还包括履行纳税义务所产生的所有成本。调查结果显示,大多数纳税人认为智能办税的推出减少了办税时间,节约了办税成本。智能办税的推出简化了纳税服务系统,既引导了纳税人依法纳税,又有效提高了办税效率,从总体上降低了办税成本。办税服务厅为纳税人提供各种政策咨询和税法保护,可防止纳税人盲目纳税和错误申报;电子税务局等网上办税,降低了纳税人办税的交通成本、时间成本和咨询成本,让纳税人足不出户就能办理税务事宜。现代信息技术在办税系统中的应用越来越多,技术支持使税务部门能够提供更全面、更便捷的纳税服务,纳税人可以选择最适合自己的纳税途径,通过综合办税系统节省纳税时间,降低纳税成本。

(三)提高了办税效率

智能办税系统的设计和开发使办税效率和简化程度有了显著提高,主要体现在以下几个方面:首先,纳税人办税的平均时间由十年前的几个小时缩短到 10 分钟左右,注销纳税记录平均时间缩短到 1.13 个工作日,同样的业务办理时间越来越短,为纳税人节省了时间,提高了办税效率。其次,纳税人通过电子税务局服务申请出口退税、抵扣税款或退还错缴税款,受益于无纸化业务流程,纳税人无需再提交纸质资料,实行"即时提交、即时分析、即时审批、即时退税"的原则,平均响应时间为 1.5 个工作日,不仅降低了提交纸质资料的风险,而且大大加快了纳税人办理退税、抵扣税款或退还错缴税款的速度。最后,远程服务中心通过在线视频、电话等方式为纳税人提供优质服务,根据纳税人不同的办税需求,为纳税人提供在线辅导,使纳税人平均 5 分钟即可完成土地使用税征收,平均 4 分钟即可完成增值税退税申请,平均 2 分钟即可完成优惠政策申请,极大地方便了纳税人。

(四)加强了监督管理

以海量税收数据为基础开发的智能税务系统,不仅提高了稽查能力,还促进了法律的科学应用。智能税务系统的引入不仅方便了纳税人,也加强了管控。通过大数据技术的运用,可以快速识别税收风险,税务机关对有偷税嫌疑的纳税人推出多种形式的提醒和说明,要求自查自纠,将税收执法与纳税服务有机结合,既体现了严格执法,又提升了纳税服务,充分实现了心系纳税人的理念。税务机关的办税部门、税务部门的行政执法确立了国家的法治办税环境,在工作实施中,要全过程界定,以有效保证法律的适用,保障纳税人的合法权益。"双向"控制作为智慧税务的一部分,能够有效提高纳税人的遵从度,促进纳税人遵纪守法,从而营造和谐的征纳环境。

三、纳税服务智能化的现状与所面临的问题

(一)统筹规划能力较差

虽然纳税服务单位在具体职能层面发挥着协调和规划纳税服务工作内容的作用,但纳税服务工作仍以分散的形式存在于各单位。当前,纳税服务协调管理机制尚未完全成形,难以形成有效的纳税服务体系,纳税服务工作无法形成合力,仍以各部门各自为政的形式存在。这种分散的工作形式很难对纳税人的需求作出即时反应,也很难在较短的时间内解决纳税人的问题。当一项工作需要几个部门共同解决时,部门之间没有明确的职责分工,会导致各部门出现分歧或协调困难,大大降低工作效率。税务调查工作同样需要很好的协调,否则效率就会大大降低。

(二)设计规划不足

智能财税服务的发展并不是一蹴而就的。作为一种新生事物,智慧财税服务也在不断发展和进步,智能化管理服务难免存在一些相对滞后的现象,功能模块的开发往往忽视纳税人的实际需求,缺乏人性化设计和长远眼光。首先,对技术进步带来的数据量增长没有合理的预测。例如,配套的软件、硬件、接口等基础设施难以应对海量信息的传输需求,导致一些功能在现有硬件条件下难以实现。其次,操作软件开发不够细致。智能化纳税服务应使纳税服务更加便捷,应努力使纳税人能够在网上进行相关交易。智能纳税服务是一个复杂的过程,在为纳税人提供纳税服务之前,需要考虑很多因素。纳税服务的可用性往往受到许多因素的影响,忽视软件设计会阻碍改进纳税服务的进程。最后,若没有充分考虑纳税人的实际需求,会造成纳税服务供需矛盾。虽然税务机关提高了纳税服务的质量,但纳税人的满意度并没有明显提高。这是因为没有找准纳税人的真实需求和关键问题,没有对需求进行全面的收集和准确的预测,导致纳税服务的改进存在问题,需求难以得

到有效回应。

（三）智慧税务平台的应用不够广泛

已实施综合在线程序的税务事项数量仍然相对较少,很多环节尚未建立联系,特别是一些复杂的问题仍然需要通过线下方式来解决。相关发票的电子使用率很低,这是阻碍该领域取得进展的一个主要因素,也是现阶段急需解决的一个问题。此外,税务发票的电子化和网络化尚未普遍实施,缺乏电子媒介仍然是一种负担,税务成本也难以大幅降低。税务机关不是简单地将离线服务转换为数据服务,也不是让纳税人提交更少的文件。归根结底,税务部门需要营造一个"量身定制、省心省力"的办税环境,打造一个高度集约化的平台,而不是简单地将实体服务复制到互联网上。

（四）信息交流不够顺畅

尽管税务信息领域取得了一些进展,但信息交流仍处于起步阶段,不同部门之间、有关部门与第三方之间的壁垒尚未完全消除。造成这一问题的原因如下：首先,思想认识不到位,对税务信息交换重视不够,出于保密的考虑,数据仍被严格分开,相关服务部门没有认识到信息交换对提高工作效率的重要性。其次,互动体系不健全,信息收集和机构间支持过于笼统,缺乏有效的信息共享平台。最后,数据互通标准不统一,数据通道难以及时有效打通,数据不集中,数据管理系统互不兼容。

（五）专业人才不足

开展面向纳税人的智能服务,需要建立相关领域的人才队伍,而在这方面存在明显的不足。首先,人员结构不合理,税务人员年龄结构普遍偏大,难以掌握服务纳税人的新理念、新思路。其次,专业人员短缺,具有相关领域知识的专门人才数量在相关部门中占比较小,难以满足纳税服务智能化发展的需要。

四、纳税服务体系优化的对策建议

（一）逐步完善纳税服务体系建设

智慧纳税服务一体化是纳税服务体系的重要组成部分。通过互联网技术特别是移动互联网的应用,网络平台将有效汇集各纳税服务部门分散的征管资源。此外,与税收相关的各种社会资源也将被纳入其中,成为纳税服务资源的重要组成部分,有效提高纳税服务过程中的资源配置效率。在确定税收征管组织模式时,要充分考虑数据之间的关系,基于关联性思维进行发展,而不是简单地划分职能。要通过大数据思维,改进思维方式、调整组织方式,充分满足纳税人的不同需求,根据纳税人的需求调整纳税服务产品的生产流程、组合形式和服务方式。税务机关还应进行组织形式的变革,将原来分散的组织形式转变为整合统一的纳税服务体系。在纳税服务专业化方面,要建立覆盖各类企业的统一服务模块,打造"一站式"服务。

(二)建立更集中的税务数据云平台

税务部门应采用基于网络的思维方式,依靠云平台来收集和处理税收数据和信息。在云平台数据中可以发现有价值的信息,这些信息可供纳税人使用,并成为税务机关和其他相关机构的决策工具。云平台上生成的信息具有严格的针对性,与其他数据库相比具有更高的价值。在分析重要的税务报告时,实施云税务平台可以加快数据检索速度,提高数据分析的准确性。这些应用程序基于云计算基础设施,可改进业务应用程序,并将税务服务提升到新的水平。

(三)创建税务数据一体化访问机制

新技术在交通和公共安全领域的应用已经取得了很好的效果,如智能交通系统和智能公共安全系统,使公共部门获取数据变得更加容易。税务部门也应继续朝着这一方向努力,实现税务数据的无缝整合。但也应注意,对税务机关获取的各种纳税人信息和数据要有一定的限制。这在法律层面上涉及法律实体的隐私权,在技术层面上需要更复杂的访问机制。因此,主管当局必须在法律层面解决这一问题,并在技术层面建立适当的数据访问机制。近年来,税务机关在税务信息系统与企业财务系统的数据接口方面进行了多项研究,并实施了多项智能技术,使税务信息系统能够自动读取财务数据,自动生成纳税申报表格。这项新技术的应用提高了公司税务人员的工作效率。同时,相关部门可以对大数据产生的财务数据进行分析,及时预测相关企业可能出现的税务风险,并提前提出相应的解决方案。应用和完善税务风险监控系统,可以及时消除企业的税务风险,确保纳税安全。同时,要丰富各类涉税大数据资源,确保与公共部门、第三方进行有效的数据交换,更好地体现数据的决策价值。

(四)采用智能税务服务

在税务服务领域,需要进一步减少人工劳动,从人工服务转向人工智能服务。近年来,由社会机构开发的实用软件(如税款计算器等),已经得到普及和普遍接受。同时,税务机关也在定期推出新的服务,如自动报税提醒、自动风险提醒等。纳税人可以通过二维码获取相关税务信息,下载税务应用程序获取各种问题的相关信息,甚至可以通过税务应用程序进行网上报税。一些地区的税务中心安装了新的自助服务设施,还有一些地区的纳税人开始在智能机器人的帮助下进行咨询。新时代,纳税服务也必须向智能化方向发展。在纳税服务智能化转型的过程中,互联网、大数据、云平台等技术会发挥不可或缺的作用。在此基础上,可以进一步构建纳税服务人工智能平台。通过这些措施,构建一个统一的平台,整合各领域的税务信息,打通各种封闭的信息库。未来,智能系统必将在税收大数据处理中发挥更加积极的作用,将税务部门的智能化水平提升到一个新的高度。

五、结论

智慧税务是现代信息技术与税收业务的深度融合,借助互联网、大数据、人工智能等信息技术,可以不断优化和创新纳税服务体系,实现线上线下的有机衔接和业务转型,为纳税人提供更加多元化、智能化、个性化的服务。智慧税务的发展还可以进一步优化纳税服务秩序和内容,但将最新信息技术应用在纳税服务体系中是一个漫长的过程,需要不断研究并进行改革。

参考文献

[1]付慧丽.税收征管信息化实践的国际比较与借鉴[J].财会通讯,2021(7).

[2]韩京培.信息化背景下的纳税服务优化研究[J].投资与创业,2022(21).

[3]徐熙晗.信息化背景下纳税服务的优化策略研究[J].财经界,2021(36).

中国式现代化进程中的分税制体制改革刍议

郭 伟 陈 婷[①]

摘 要：我国分税制改革取得巨大成功，近30年的分税制改革历史变迁值得认真回顾。我们也认识到，渐进式的分税制改革加剧了事权财权的不平衡，分税制在发挥正面作用的同时，其负面影响也逐渐显现，现行分税制体制面临诸多挑战。尤其在当前房地产行业深度调整、土地财政萎缩、地方债风险显现的新形势下，迫切需要拿出系统的解决方案，与时俱进地深化分税制体制改革，健全现代财政体制，以适应中国式现代化进程的高质量发展要求，助力全面建设社会主义现代化国家的宏伟目标。

关键词：中国式现代化；分税制；体制改革

一、分税制改革的历史变迁与重大意义

从全球范围看，实行市场经济体制的国家一般都实行了分税制。理论上，市场竞争要求财力相对分散，而宏观调控又要求财力相对集中，这种集中与分散的关系反映到财政管理体制上，就是中央政府与地方政府之间的集权分权关系问题。分税制很大程度上协调了集权分权关系。我国1994年启动的分税制改革取得了巨大成功，扭转了当时中央财政拮据、地方竞争失序的局面，调动了中央和地方两个积极性，促进了全国统一市场建设，影响深远，意义重大。

（一）中央财政收入集中度上升，中央权威得到加强，宏观调控能力得到增强

1994年的分税制改革把税收分为中央税、地方税、共享税三类，同时分设国税、地税两套机构，这种设置可以减少地方政府对税收的干扰，保障中央税收收入。直到2018年，为了降低税收征管成本、提高税务工作效率，分立24年的国税地税机构得以合并。分税制改革一举扭转了中央财政收入占全国财政收入比重不断下滑的局面。分税制改革前的1993年，中央财政收入占比跌到谷底，仅为22%；改革后的1994年，中央财政收入占比就上升至55.7%，之后一直维持在45%~55%，中

[①] 郭伟，信达地产股份有限公司党委副书记、董事、总经理。陈婷，武汉纺织大学研究生。

央政府牢牢地将政府间财政收入分配主动权掌握在自己手中(吕冰洋,2022)。中央财政收入集中度的加强,一方面有利于树立中央政府的权威,另一方面中央政府可凭借集中财力来协调地区发展不平衡的问题。分税制改革通过划清中央与地方税收的边界,强化了我国税收增长的激励机制,激发了各级政府发展经济、扶持企业、拓展税源的积极性,促进了国家财政收入的快速增长。尤其是进入信息化时代以来,分税制改革伴随税收信息化建设及税务机构改革,大幅提高了我国征税能力。在经济高速增长的时期,我国曾多年出现减税背景下税收收入持续增长的良性循环状态。

(二)分税制改革增加地方自主性,激发地方政府活力,同时推动统一市场建设,激发市场活力

20世纪90年代,正是我国开启建立社会主义市场经济体制时期。2001年我国加入世界贸易组织,自此中国经济开始腾飞,快速融入全球价值分工体系,成为"世界工厂",并逐步向价值链上游延伸。值此千载难逢的发展战略机遇期,需要充分调动地方政府发展经济的积极性。分税制改革给地方政府推动经济发展提供了财力支持。分税制改革后,地方政府主要收入来源为营业税、企业所得税和增值税的分成收入。其中营业税的税基主要来自生产性服务业、消费性服务业、建筑业和房地产业,通过调动地方政府的积极性,大大促进了交通运输、居民消费、基础设施和城市建设,快速形成了架桥修路、百业兴旺、塔吊林立、农民进城的城镇化浪潮。企业所得税和增值税的税基主要来自企业的利润和增加值,税收多集中在工业部门,也有利于调动地方政府招商引资、创建产业园区的积极性,加速了工业化进程。正是城镇化、工业化浪潮彻底改变了中国的面貌,也为我国后来抓住信息科技机遇奠定了坚实的基础。与此同时,中央权威提高后,有利于抑制地方保护主义,制约地方政府过度干预市场,形成地方政府有序竞争,促进全国统一市场的建设,从而提高全国一盘棋的资源配置效率,为建立社会主义市场经济体制提供重要的制度保障。

二、当前分税制体制面临的问题与挑战

在看到分税制改革取得成就的同时,我们也要看到分税制改革并不彻底,同时现行分税制体制也面临诸多问题和挑战,深化分税制体制改革的时机正在形成。

(一)渐进式的分税制改革加剧了事权财权的不平衡,中央与地方财政事权和支出责任划分改革还有优化空间

政府间财政关系主要涵盖事权、财权和转移支付三个方面,其中事权划分是处理好政府间财政关系的核心,而转移支付在我们这个大一统的国家是由来已久的

传统。由于历史条件的限制，当初分税制改革在事权和支出责任划分改革方面还不够深入。我国自实施分税制以来，全国财政收入中，中央财政收入占比总体呈现上升趋势，相应地，地方财政收入占比有所下降；但在财政支出方面，公共财政支出中地方财政支出占比却占了大部分。也就是说，分税制下中央事权下放不断增加，但地方财权仍然有限，客观上加剧了事权财权的不平衡。当然我们也不可能为了追求事权财权的绝对平衡，重新回到分税制改革之前的财政包干制。因为财政包干制虽然带来了地方政府的财权事权平衡，但却是以中央政府财政收入拮据、全国统筹能力不足为代价的，这就背离了分税制改革的初衷。由此可见，中央与地方政府之间出现的财权事权不平衡可能是一个常态，不必追求绝对的平衡，但我们应认识到，中央与地方财政在事权和支出责任划分改革方面还有很大的优化空间。

早在2016年8月，国务院就印发了《关于推进中央与地方财政事权和支出责任划分改革的指导意见》，明确指出，合理划分中央与地方财政事权和支出责任是政府有效提供基本公共服务的前提和保障，是建立现代财政制度的重要内容，是推进国家治理体系和治理能力现代化的客观需要，并强调实现权责利相统一、激励地方政府主动作为、做到支出责任与财政事权相适应的原则。多年来，各地不断完善省以下财政体制，充分发挥财政职能作用，在推动经济社会发展、保障和改善民生以及落实基层"保基本民生、保工资、保运转"等方面取得积极成效。为健全省以下财政体制，增强基层公共服务保障能力，2022年6月，国务院办公厅发布《关于进一步推进省以下财政体制改革工作的指导意见》，要求合理划分省以下各级财政事权，明晰界定省以下各级财政支出责任，更多地也是希望"问题不上交"，在地方层面就能得到解决。总体来看，改革总是先易后难、循序渐进的，省以下财政体制改革先行，中央与地方财政事权和支出责任划分改革还有待于深入推进。

（二）分税制在发挥正面作用的同时，其负面影响也逐渐显现，改革势在必行

大量研究已经表明，我国地方政府职能和经济增长方式存在的诸多问题与现行分税制体制有着千丝万缕的内在联系，尤其是一些地方政府急功近利，出现了背离长期利益的短期行为，突出表现在土地财政和地方债这两个典型现象上。在过去经济高速增长、地方税收大幅提升的时期，财权事权不平衡带来的矛盾并不突出，地方增量的财力掩盖了很多的问题，但在经济增速下滑、地方税收收入减缓的情况下，如果地方政府的财政支出超出财政收入，地方就会遭遇财政压力。近年来，新冠疫情、逆全球化、脱钩断链等外部冲击导致的经济增速下滑加剧了地方财政压力，使得一些经济欠发达地区的地方财政捉襟见肘。久而久之，不断扩大的财政资金缺口致使地方政府另寻资金来源，由此土地财政和地方债应运而生、不断扩张，直至难以为继。深入分析土地财政和地方债的由来，追根溯源分税制体制是绕

不过去的制度因素。

首先,财政资金缺口致使一些地方政府大力发展土地财政,严重依赖土地、房地产带来的税费收入。1994年启动分税制改革时,为了推动改革,调动地方政府的积极性,中央政府在土地政策上给地方政府留足了余地,此后土地出让金作为政府性基金归地方所有,土地出让金在此后逐渐成为地方政府的"第二财政",土地财政走上历史舞台。由于地方政府基本垄断土地供应,在高速城镇化背景下,地方政府推行城市运营,土地财政的雪球也越滚越大。近十年,地方土地出让金和房地产相关税费占地方财政收入三成左右,有些城市甚至达到五成以上。其次,财政资金缺口致使一些地方政府大量举债,地方债面临的偿还压力也与日俱增。分税制实施后,一些地方政府刺激经济发展的动力十足,通过举债发展经济已经司空见惯。过去多年我国基础设施建设水平突飞猛进,地方债功不可没,因此对地方债要一分为二地看,不能因噎废食,关键是要合理适度。目前地方债风险不容小觑,已经到了需要制定实施一揽子化债方案的阶段。此外,土地财政和地方债关联性大,不能割裂开来,需要综合施策。土地财政一度成为地方政府非常稳定的财力来源,也赋予地方政府大规模举债的底气,大量与土地运营、基础设施投资捆绑的城投平台大干快上,导致地方隐性债务激增。2022年以来,在房地产市场持续调整、房企土地投资趋于谨慎的情况下,地方城投平台在土地招拍挂市场上频频托底拿地。导致这种现象的主要原因在于地方政府希望以此稳定当地的土地市场、缓解当地的财政收支矛盾、促进当地的房地产投资并拉动经济增长。

当前我国房地产市场供求关系已经发生重大变化,其中影响市场供求关系最根本的因素还是土地供应。现在部分城市,特别是一些三、四线城市出现供过于求,根本原因在于一些地方土地财政依赖度较高,土地供应过多,导致库存去化周期过长。在目前房地产行业深度调整的新形势下,旧有的粗放扩张模式已经不可持续。未来我国房地产业需要逐步摆脱"高负债、高杠杆、高周转"模式,向新发展模式平稳过渡,这不仅是对房企的要求,也需要地方政府作出相应改变。例如,目前我国正在推进的超大特大城市城中村改造就是一种新的发展模式。对于房企而言,城中村改造以拆除新建、整治提升、拆整结合三种方式并进,同时作为混合用地,需要多业态并举,要求房企精耕细作,具备多业态开发经营的能力,从单一开发"高周转"转向运营服务"慢盈利"。对于地方政府而言,城中村改造最大的受益者将是村民和村集体,除了扩展居住空间和产业空间外,城中村改造将弥补教育、文化、历史、休闲、商业、绿地、一老一小服务等城市公共服务的短板,同时通过提升容积率,还可以用多出来的居住空间来扩大保障性住房供给,这与以往简单卖地的土地财政模式截然不同。

2023年7月24日,中央政治局会议提出,要切实防范化解重点领域风险,适应我国房地产市场供求关系发生重大变化的新形势,适时调整优化房地产政策,因城施策用好政策工具箱,更好地满足居民刚性和改善性住房需求,促进房地产市场平稳健康发展。要加大保障性住房建设和供给,积极推动城中村改造和"平急两用"公共基础设施建设,盘活改造各类闲置房产。要有效防范化解地方债务风险,制定实施一揽子化债方案。8月28日,财政部在《国务院关于今年以来预算执行情况的报告》中指出,要防范化解地方政府债务风险,中央财政积极支持地方做好隐性债务风险化解工作,督促地方统筹各类资金、资产、资源和各类支持性政策措施,紧盯市县加大工作力度,妥善化解存量隐性债务。

综上所述,我们已经认识到现行分税制体制是导致土地财政和地方债问题的制度性因素,各级政府也在积极采取城中村改造、债务风险缓释等有效措施弱化土地财政、化解地方债风险。但为着眼长远、标本兼治,我们还是需要拿出改革勇气,从推进中央与地方财政事权和支出责任划分改革等方面深化分税制体制改革。

三、中国式现代化进程中的分税制体制改革思路

党的二十大报告系统阐述了中国式现代化的主要特征,包括人口规模巨大的现代化、全体人民共同富裕的现代化、物质文明和精神文明相协调的现代化、人与自然和谐共生的现代化、走和平发展道路的现代化。分税制体制改革牵一发而动全身,事关治国理政、国计民生,只有与时俱进,不断适应中国式现代化进程,契合高质量发展要求,才能更好地实现全面建设社会主义现代化国家的宏伟目标。

(一)系统推进分税制体制改革,健全现代财政体制

分税制体制改革应贯彻党总揽全局、协调各方的根本要求,以习近平新时代中国特色社会主义思想为指导,加强顶层设计和整体规划,抓住分税制体制改革的"牛鼻子",协调央地关系,激发基层和市场的活力,为经济社会的稳定发展提供强有力支持,为我国高质量发展注入强劲动力。在深化分税制体制改革中,各级政府通过财税手段参与市场活动时,要充分发挥市场在资源配置中的决定性作用,减少政府对市场资源的直接配置,实现"有效市场"和"有为政府"的辩证统一。

为解决财权事权倒挂现象带来的弊端,应进一步规范中央与地方的财政事权和支出责任的划分,健全财政事权匹配的动态调整机制。例如,在教育、卫生、保障性住房等公共服务领域,中央财政可以进一步加大资金扶持力度,不断提高财政民生支出比重,补齐民生领域短板,引导和支持地方财政提高公共服务能力。下一步要继续推动落实已出台的医疗卫生、交通运输、自然资源等领域中央与地方财政事权和支出责任划分改革方案,进一步合理确定中央与地方支出责任,明确中央与地方职责范围。继续完善财政转移支付制度体系,充分发挥其在地区收入分配中的

调节作用,通过中央政府有力的财政转移支付,平衡地区间发展差异,加大财力下沉力度,建立健全生态保护补偿机制,使发展成果更多惠及全体人民,不断增强人民群众的获得感、幸福感和安全感,促进我国人口规模巨大的现代化、全体人民共同富裕的现代化、人与自然和谐共生的现代化。

(二)加大中央政策支持力度,积极引导地方化债

截至2022年底,我国以国债口径统计的中央政府债务约25.9万亿元,中央政府代发的地方政府债券约35.1万亿元,地方政府融资平台发行的"城投债"约12.4万亿元,其中后两项可计入地方债。这三项合计73.4万亿元,占我国2022年121万亿元GDP的近六成(徐高,2023)。总体来看,中央政府债务占比较低,仅占2022年GDP的近两成,中央财政还有发力的空间,理论上中央政府还可以加大力度,支持和引导地方化债,防止地方债风险蔓延,不过在基本原则、时机选择、道德风险考量等方面,目前确实还有不同的看法。

2018年以来,中央多次强调对于隐性债务坚持中央不兜底、中央不救助原则。近期我国防范化解地方债风险,仍然强调压实地方和部门责任,严格落实"省负总责,地方各级党委和政府各负其责"的要求。目前,我国地方政府债务风险总体可控,但受经济增速放缓、财政收入下滑、举债规模积累、偿债高峰到来等影响,一些经济基础薄弱的市县偿债能力不足。而地方政府债务风险又主要集中在隐性债务上,即地方政府在法定政府债务限额之外直接或承诺以财政资金偿还等方式举借的债务,因此债务风险较高。2023年以来,个别边远市县表示仅靠自身能力无法化债,叠加一些城投平台公司出现流动性风险事件,引起市场对地方债风险的担忧,对此应引起高度重视。一些省份正积极争取纳入财政部扩大建制县区隐性债务化解试点工作,试图通过发行再融资债券来置换部分隐性债务,从而延长偿债期限,降低利息成本,有利于缓释风险。

(三)全景式看待分税制体制改革,加大财政金融协调力度

中国式现代化在各国现代化中具有自身特色和优势,对此我们应树立道路自信,在加大财政金融协调方面,我国具有西方发达国家无可比拟的体制优势。与此同时,我们也不能孤立地看待分税制体制改革,而是应该纳入整个财政金融体系来看。由于新冠疫情冲击、逆全球化等不利影响较大,加上前期货币政策运用较多,当前西方多国都在论证政府是否还有可利用的财政空间实施经济刺激计划。相比之下,我国可以采用的政策工具更多。科学测算财政可自主抉择空间,需要考虑一个现实问题,即财政政策与经济系统的相互作用关系,因为财政可自主抉择空间不只是财政支出和财政收入工具的选择结果,还会受到经济系统反应的影响(李永友、杨春飞,2023),包括居民购房行为对地方政府财政状况的反应、资本市场对"城投债"、房企债券融资的反应等,不能"头痛医头,脚痛医脚"。如果居民看到地方

财政困难,也会降低未来收入预期,进而降低房价预期,导致购房信心不足,市场观望浓厚。如果"城投债"、房企债券违约蔓延,那将提高债券融资成本,提高借新还旧的难度,进而加剧风险积聚。从长期看,通过有序推进分税制体制改革,有利于提高地方政府的财政可自主抉择空间,有利于地方经济和市场的稳定,也有利于提振信心,促进资本市场的繁荣。

当前要进一步加强财政部门与央行在货币创造及调控方面的协调,建立常态化的磋商机制,提高二者在政策、时机、力度等方面的协同效应,形成优势互补,避免不必要的"政策合成谬误";还应加大财政金融协调力度,回应市场关切,引导市场预期。例如,近期热论的资产负债表衰退理论来自日本、美国等西方发达国家曾经出现过的房地产泡沫破裂和经济衰退现象。笔者认为,通过采取有效的政策和措施,能够促进房地产市场企稳复苏,包括一些爆雷房企也能够通过积极自救和外部合理支持,做好"保交楼"工作,逐步出清风险、恢复元气;一些健康房企能够构建新发展模式,进入高质量发展新阶段。从长远看,我国城市化率仍有一定增长潜力,未来新增住房需求包含新增城镇迁入人口需求、改善住房需求、拆迁更新改造需求等,我国不会重蹈日本泡沫破裂的覆辙。同时,我国疫情防控平稳转段后,经济恢复是一个波浪式发展、曲折式前进的过程,我国经济具有巨大的发展韧性和潜力,不会陷入通货紧缩,但确实要防范一些企业和机构短期流动性不足的问题。总之,深化分税制体制改革有利于治本,其他配套措施有利于治标,只有标本兼治,我们才能攻坚克难,化解风险,长治久安。更重要的是,我们要树立发展信心,坚定改革决心,通过推行结构性、制度性改革,跳出"资产负债表衰退""通货紧缩""中等收入陷阱"等固化思维和理论窠臼,从中国实际出发,深化改革,坚定地走改革发展之路。

参考文献

[1] 吕冰洋. 央地关系:寓活力于秩序[M]. 北京:商务印书馆,2022.
[2] 徐高. 理解我国地方债问题的三个维度[J]. 清华金融评论,2023(10).
[3] 李永友,杨春飞. 中国财政抉择弹性空间估计[J]. 经济研究,2023(5).

中国税收现代化建设浅析

李婉婉　郑彦臣[①]

摘　要：党的二十大报告提出要以中国式现代化全面推进中华民族伟大复兴。税制作为国家治理与经济社会发展的基础性制度，在实现中国式现代化道路上发挥着重要作用。本文主要对中国税制改革历程的优缺点进行分析，提出符合中国现代化发展的税收现代化建设的研究建议；为适用税制及征管的现代化改革，涉税服务及税务师行业需要的创新、升级及税务师立法的建议。

关键词：税制改革；现代化；涉税服务；立法

一、引言

习近平总书记在党的二十大报告中提出要以中国式现代化全面推进中华民族伟大复兴，同时对中国式现代化的深刻内涵作出详细阐述。中国式现代化是中国共产党领导的社会主义现代化，既有各国现代化的共同特征，更有基于自己国情的中国特色。

税收是国家财政的重要来源，税收现代化建设是实现国家现代化的必要条件。近年来，中国税制和征管的现代化建设取得了显著成效，但仍面临着一些挑战。本文将从税制结构优化、征管能力提升等方面探讨如何进一步推动税收现代化服务中国式现代化。

二、税制改革和征管改革现代化

税收是国家财政的重要来源，是国家治理的基础性、支柱性、保障性作用之一。在新时代背景下，中国如何更好地发挥税收在国家治理中的作用，是一个重要的问题。

税收是国家财政的基础，在国家治理中起基础性作用。税收是国家财政收入

[①] 李婉婉，中税网税务师事务所集团有限公司业务总裁。郑彦臣，中税网税务师事务所集团有限公司董事长。

的重要来源,可以为国家提供稳定的财政收入,保障经济和社会的可持续发展。税收可以通过调节经济结构、优化资源配置等方式,促进经济发展,推动经济转型升级。税收可以为社会公共服务提供必要的资金支持,如教育、医疗、社会保障等,保障人民群众的基本权益。

税收是国家治理的支柱之一。税收可以为政府提供足够的资金,维护社会稳定,保障社会安全。税收可以提升政府对经济和社会的管理能力,提高政府服务水平和效率。税收可以促进政府改革,推动政府职能转变,实现政府治理现代化。

税收是国家治理的保障之一。税收可以为国家安全提供必要的资金支持,维护国家安全和领土完整。税收可以通过环境和资源税等方式,保障环境和资源的可持续利用。税收可以通过调节财富分配、减轻贫困等方式,保障公平正义,实现社会稳定和和谐。

在新时代背景下,我们应该进一步加强税收制度建设,完善税收政策体系,推动税收现代化建设,更好地发挥税收在国家治理中的作用。

(一)中国的历史税制改革

中国的税制改革是一个长期而复杂的过程,可以追溯到 20 世纪 80 年代初期,改革的主要历程如下:

1980 年代初期,中国实行的是计划经济体制,税收主要由中央政府统一征收和分配。1984 年,中国开始试行地方税制改革,探索实现地方的税收自主权。

1994 年,中国开始实施税制改革试点,试点范围为深圳、珠海、厦门等 14 个城市。改革试点内容主要涉及增值税、企业所得税、个人所得税等方面。

1999 年,中国全面推开税制改革,实行"三税合一"改革,即将原来的增值税、营业税、企业所得税三种税种合并为一种增值税。

2008 年,中国实施了个人所得税改革,将个人所得税起征点从 800 元提高到 2 000 元,并对高收入人群征税实行了逐级累进。

2016 年,中国开始推进营改增试点,将原来的营业税改为增值税,并逐步扩大试点范围。营改增试点的成功推进为深化增值税改革奠定了基础。

2018 年,中国全面推进增值税改革,将原来的四个税率调整为三个税率,并对小规模纳税人实行免征或减征政策。

总体来说,中国的税制改革是一个渐进式的过程,从试点到全面推开,从单一税种到多种税种并存,从简单征收到分类征收,不断探索和完善。这些改革不仅促进了经济发展和社会进步,也为国家治理提供了有力支持。

(二)中国的目前税制优点

中国税制在不断改革和完善的过程中,目前税制的主要优点是:

第一,增值税制度相对完善,能够有效地调节经济结构,促进经济发展。此外,增值税还可以实现跨地区、跨企业的税收均衡。

第二,企业所得税税率相对较低,对企业的发展提供了一定的支持。此外,中国还为一些高新技术企业和科技型中小企业提供了税收优惠政策。

第三,个人所得税改革取得进展,个人所得税起征点不断提高,逐级累进的税率也有所调整。这有助于提高个人收入水平,促进消费升级。

第四,地方税收自主权逐步扩大,地方政府可以根据本地实际情况制定地方性税收政策,促进地方经济发展。

第五,税收征管技术手段先进,如电子税务局、电子发票等,为企业和个人缴纳税款提供了便利。

第六,税收政策稳定性较高,政府不会频繁调整税收政策,给企业和个人带来了一定的预期性和稳定性。

总体来说,中国税制在不断改革和完善的过程中,已经取得了一些成果,为经济社会发展提供了一定的支持和保障。

(三)目前税制的主要缺点

第一,税收结构单一。中国的税收结构主要由增值税、企业所得税和个人所得税组成,缺乏多元化。这使得税收结构单一,无法满足经济发展的多样化需求。

第二,税收征管不规范。中国税收征管存在着一些问题,如征管机构分散、征管方式不规范等。这导致不少企业和个人在遵守税收法规方面存在困难。

第三,税收透明度不高,缺乏公开透明的税收信息和数据。这给企业和个人缴纳税款带来了不便,也增加了税务机关的管理难度。

第四,税收优惠政策过多,导致企业和个人在享受优惠政策方面存在不公平现象。同时,一些企业和个人也可能通过滥用优惠政策来逃避纳税责任。

第五,税负过重,对企业和个人的经济活动产生了一定的制约作用。在一些行业和领域,企业的税负甚至超过了其利润。

第六,地方税收自主权有限,地方政府在财政收支方面仍然面临一定的压力。

(四)税制改革和征管改革现代化建设

税收现代化建设是中国式现代化的重要组成部分,是实现高质量发展的必要条件。而税制改革和征管改革现代化是税收现代化建设的核心内容,是实现税收现代化的关键。

1. 优化税制结构,推进税收数字化转型

优化税制结构是税收现代化建设的重要任务。政府应该加强税收政策的协调和整合,优化税制结构,以适应经济发展和社会变革的需要。具体来说,政府可以通过以下措施来优化税制结构:

第一,减少税种,简化税制,降低企业和个人的税收负担,提高税制的透明度和可操作性。

第二，加强税收数字化转型，实现税收管理的智能化、精细化和高效化，提高征管能力和服务水平。

第三，加强税收政策的宣传和解释，增强公众对税收政策的理解和支持。

2. 提升征管能力，实现税收现代化

征管能力是实现税收现代化的重要保障。当前，我国征管能力还存在一些问题，如信息化程度不高、执法力度不够等，需要进一步提升。具体来说，可从以下方面进行提升：

第一，加强信息化建设，实现信息共享和协同办公，提高征管效率和精度。

第二，加大执法力度，严格执法标准和程序，加大对违法行为的查处力度。

第三，完善纳税人服务体系，提高服务质量和效率，增强纳税人的获得感和满意度。

3. 推动税收现代化服务中国式现代化

推动税收现代化服务中国式现代化是实现税收现代化的重要目标。具体来说，可从以下方面进行推动：

第一，坚持中国特色，发挥我国的文化优势和制度优势，推动税收现代化与中国式现代化相互促进。

第二，增强创新意识，推动科技创新与税收征管相结合，提高征管效率和精度。

第三，加强国际合作是推进全球税收治理的重要途径。作为一个全球性问题，税收治理需要各国之间加强合作，共同推进国际税收规则的制定和执行。具体来说，政府可以通过以下措施来加强国际合作：积极参与国际组织（如 G20、OECD 等），推进国际税收规则的制定和执行；加强与其他国家之间的合作，推进跨境征管和信息共享；加强反避税合作，打击跨国企业的避税行为，维护公平竞争环境。

总之，推动中国税制和征管的现代化建设是实现税收现代化的必要条件。我们应该加强对税收现代化建设的认识，在政策制定和执行中积极探索和实践，为实现中国式现代化贡献更大力量。

三、涉税服务适应税收现代化要求高质量发展

随着税收现代化建设的深入推进，各类涉税服务也需要不断创新和升级，以适应税收现代化的要求，实现高质量发展。本文将从数字化、智能化、个性化等方面，探讨各类涉税服务如何适应税收现代化的一系列要求。

（一）数字化转型，推动涉税服务的智能化、精细化和高效化

数字化转型是各类涉税服务适应税收现代化的重要举措。数字化转型可以推

动涉税服务的智能化、精细化和高效化,提高服务质量和效率。具体来说,数字化转型可以实现以下目标:

第一,实现纳税人信息的集中管理。政府可以通过建立统一的纳税人信息管理平台,实现纳税人信息的集中管理和共享,提高征管能力和服务水平。

第二,推进电子税务局建设,实现涉税服务的数字化、智能化和个性化,提高服务质量和效率。

第三,通过建立在线办税系统、在线咨询系统等,实现涉税服务的在线化,方便纳税人随时随地进行涉税服务。

(二)智能化升级,提高涉税服务的质量和效率

智能化升级是各类涉税服务适应税收现代化的另一个重要举措。智能化升级可以提高涉税服务的质量和效率,满足纳税人和社会公众对税务服务的需求。具体来说,智能化升级可以实现以下目标:

第一,通过推广人工智能、大数据等技术,实现涉税服务的智能化升级,提高服务质量和效率。

第二,通过建立自助办税终端、自助查询终端等,实现涉税服务的自助化发展,方便纳税人进行涉税服务。

第三,加强对涉税服务机构的监管和管理,保障纳税人的合法权益。

(三)个性化定制,满足纳税人和社会公众对税务服务的需求

个性化定制是各类涉税服务适应税收现代化的又一个重要举措。个性化定制可以满足纳税人和社会公众对税务服务的需求,提高服务质量和效率。具体来说,个性化定制可以实现以下目标:

第一,加强对纳税人需求的了解,了解纳税人对涉税服务的需求和期望。

第二,根据纳税人的不同需求和特点,推动涉税服务的个性化发展,提供个性化定制的服务。

第三,加强对涉税服务机构的引导和规范,推动涉税服务机构向个性化定制方向发展。

总之,各类涉税服务需要不断创新和升级,以适应税收现代化的要求,实现高质量发展。数字化转型、智能化升级、个性化定制等是推动各类涉税服务适应税收现代化发展的重要举措。政府、企业和社会各界需要共同努力、加强合作,促进各类涉税服务的创新和升级,为纳税人和社会公众提供更好的服务。

四、税务师行业立法的建议

近年来,我国税务师行业发展迅速,成为税收现代化建设的重要组成部分。然

而,税务师行业在发展中也暴露出一些问题,如缺乏法律规范、行业标准不统一等,需要加快行业立法和规范化建设。为此,笔者提出以下建议:

(一)加快税务师行业立法,建立法律规范

加快税务师行业立法,建立法律规范,是解决税务师行业存在问题的重要途径。政府应该加强对税务师行业的监管和管理,完善税务师资格认证制度,建立健全税务师行业的法律体系和规范体系。具体来说,政府可以通过以下措施来加快税务师行业立法:

第一,制定税务师行业法律法规,明确税务师的职责和权利,规范税务师的行为和标准。

第二,建立健全税务师资格认证制度,提高税务师的专业水平和职业素养。

第三,加强对税务师行业的监管和管理,规范税务师的从业行为和职业道德。

(二)建立统一的行业标准体系,提高服务质量

建立统一的行业标准体系是提高税务师服务质量的重要途径。目前,我国税务师行业标准不统一、服务质量参差不齐,需要加强标准化建设。具体来说,可以采取以下措施:

第一,建立统一的行业标准体系,明确税务师服务的标准和要求。

第二,加强对税务师服务质量的监督和评估,及时发现和纠正服务不规范、不合格等问题。

第三,加强对税务师的培训和教育,提高他们的专业水平和服务水平。

(三)推动税务师行业转型升级,促进创新发展

推动税务师行业转型升级,促进创新发展,是实现税收现代化的必要条件。税务师行业应该积极探索新的服务模式和技术手段,提高服务质量和效率。具体来说,可以采取以下措施:

第一,推进数字化转型,实现涉税服务的智能化、精细化和高效化。

第二,建立在线办税系统、在线咨询系统等,实现涉税服务的在线化,方便纳税人随时随地获得涉税服务。

第三,鼓励和支持采用新技术、新模式,如人工智能、区块链等,提高涉税服务质量和效率。

总之,加快税务师行业立法等问题是实现税收现代化建设的必要途径。政府应该加强对税务师行业的监管和管理,建立健全税务师行业的法律体系和规范体系,推动涉税服务数字化转型、在线化、智能化等方面的创新发展。同时,税务师行业也应该积极探索新的服务模式和技术手段,提高服务质量和效率。

高新技术企业减税降费政策梳理与纳税分析

李 新 刘笑天[①]

摘 要:随着科学技术的发展,高新技术企业已然成为推进我国经济发展的动力之一,近几年来,政府相继出台多项对高新技术企业的扶持政策和一系列的优惠政策,目的是促进高新技术企业的高速发展。本文主要探讨减税降费政策对高新技术企业发展的影响,并在此基础上,对高新技术企业进行纳税分析。

关键词:减税降费;高新技术企业;纳税分析

高新技术企业是指从事科学技术发展、转化研究成果的具有核心自主知识产权的企业,是集技术和知识一体的经济实体。党的十八大以来,党中央坚持以深化改革来激发科技创新活力,在高质量发展战略趋势下,各类高新技术企业蓬勃发展。胡莹(2023)指出,高新技术实际上是我国科学技术不断发展的产物,是相对于传统技术而言的,具有高、精、尖的特点。在中国,对高新技术企业的认定有严格且明确的法律规定,它包含着诸多高新技术领域的研发和研究。当前的经济形势离不开高新技术企业的快速发展,同时也需要加快创新技术的研发。随着高新技术的发展,各种中小企业不断壮大,一方面有利于社会的稳定发展,提高就业率,降低失业率,另一方面也可减轻居民的税负,提高居民的消费能力,促进消费增长和调节收入分配。

高新技术企业要迅速发展,必须注重研发和创新,不断推出新技术和新产品,提高技术含量,形成自身的核心竞争力;注重产业链的完善与发展;保护自己的知识产权;加强企业合作,实现资源共享和多方双赢。政府需要提供良好的政策环境,推行税收优惠、人才引进和资金扶持等。在这些政策之中,对高新技术企业减税降费的政策显得尤为突出。减税降费政策对高新技术企业的发展具有重要的意义,主要体现在以下几个方面:

第一,减轻税收负担。减税降费政策可以降低高新技术企业的税收负担,例如增值税加计扣除、企业所得税优惠等。这可使企业能留下更多的利润用于研发、创新和扩大生产,提高企业的现金流和资金周转能力。

---

① 李新、刘笑天,湖北经济学院财政与公共管理学院。

第二,促进研发投入。减税降费政策对高新技术企业的研发投入具有积极的税收激励作用。例如,对于符合条件的研发费用,可以按照一定比例加计扣除或者享受税收优惠,减少应纳税所得额。这能够鼓励企业加大对研发活动的投入,提高技术创新能力,推动科技进步和产业升级。

第三,促进技术转让和知识产权保护。减税降费政策对高新技术企业的技术转让和知识产权保护也具有税收意义。例如,对于技术转让所得可以享受税收减免或者减半征收的政策,能够鼓励企业进行技术转移和合作,促进技术的流动和应用。

第四,吸引外资和人才。减税降费政策能够降低企业的税收负担和成本,提高企业的投资回报率,使得高新技术企业在国际竞争中更具吸引力。这有助于吸引外国投资者和高素质人才的流入,推动产业的国际交流与合作。

为促进高新技术企业的发展,国家相继出台多项税收优惠政策,此时高新技术企业如何运用政策降低自己的税负就显得尤为重要。本研究从政策梳理出发,探索减税降费政策对高新技术企业发展的影响,并对高新技术企业的纳税进行分析,在合规前提下降低高新技术企业税负,促进企业发展,推动经济发展。

一、高新技术企业的减税降费政策梳理和解读

(一)国家需要重点扶持的高新技术企业减按15%的税率征收企业所得税

《国家税务总局关于实施高新技术企业所得税优惠政策有关问题的公告》(2017年24号)规定,企业获得高新技术企业资格后,自高新技术企业证书注明的发证时间所在年度起申报享受税收优惠,并按规定向主管税务机关办理备案手续。

(二)经济特区和上海浦东新区新设立的高新技术企业在区内取得的所得定期减免企业所得税

《国务院关于经济特区和上海浦东新区新设立高新技术企业实行过渡性税收优惠的通知》(国发〔2007〕40号)规定,在经济特区和上海浦东新区内取得的所得,自取得第一笔生产经营收入所属纳税年度起,对于高新技术企业第一年至第二年免征企业所得税,第三年至第五年按照25%法定税率减半征收企业所得税。按政策规定,一般高新技术企业成立当年无法申请,至少需要成立三年左右再申请,所以区内企业应该及早申请高新技术企业。

(三)高新技术企业研究开发费用加计扣除

针对高新技术企业研发费用的加计扣除主要分成三类:先进制造业企业、集成电路企业和工业母机企业。

《财政部、税务总局关于进一步完善研发费用税前加计扣除政策的公告》(2021年第13号)规定,先进制造业实际发生的研发费用,未形成无形资产计入当期损益的,在按规定据实扣除的基础上,自2021年1月1日起,再按照实际发生额的100%在税前加计扣除;形成无形资产的,自2021年1月1日起,按照无形资产成本的200%在税前摊销。非制造业实际发生的研发费用,未形成无形资产计入当期损益的,在按规定据实扣除的基础上,在2018年1月1日至2023年12月31日期间,再按照实际发生额的75%在税前加计扣除;形成无形资产的,在上述期间按照无形资产成本的175%在税前摊销。其中,在2022年10月1日至2022年12月31日期间,税前加计扣除比例提高至100%。《关于提高集成电路和工业母机企业研发费用加计扣除比例的公告》(2023年第44号)规定,集成电路企业和工业母机企业开展研发活动中实际发生的研发费用,未形成无形资产计入当期损益的,在按规定据实扣除的基础上,在2023年1月1日至2027年12月31日期间,再按照实际发生额的120%在税前扣除;形成无形资产的,在上述期间按照无形资产成本的220%在税前摊销。

研究费用的加计扣除使企业的运行成本降低,让企业更好地与其他企业融资,获得更多的外部资金支持,导致更多资金流向技术创新研发,便更有成效地推进企业发展进而提高经济发展的质量和水平。

(四)高新技术企业亏损结转年限延长至10年

《关于延长高新技术企业和科技型中小企业亏损结转年限的通知》(财税〔2018〕76号)规定,自2018年1月1日起,当年具备高新技术企业资格的企业,其具备资格年度之前5个年度发生的尚未弥补完的亏损,准予结转以后年度弥补,最长结转年限由5年延长至10年。

(五)高新技术企业设备器具加计扣除

《财政部、税务总局科技部关于加大支持科技创新税前扣除力度的公告》(2022年第28号)规定,高新技术企业在2022年10月1日至2022年12月31日期间新购置的设备、器具,允许当年一次性全额在计算应纳税所得额时扣除,并允许在税前实行100%加计扣除。

(六)高新技术企业增值税加计抵减政策

高新技术企业按照现有规定用一般计税方法下计算应纳税额可基于企业情况进行当期可抵扣进项税额的不同优惠标准计提当期加计抵减额。《财政部、税务总局关于先进制造业企业增值税加计抵减政策的公告》(2023年第43号)规定,自2023年1月1日至2027年12月31日,允许先进制造业企业按照当期可抵扣进项税额加计5%抵减应纳增值税税额。《财政部、税务总局关于集成电路企业增值税加计抵减政策的通知》(财税〔2023〕17号)规定,自2023年1月1日至2027年12

月31日,允许集成电路设计、生产、封测、装备、材料企业(以下称集成电路企业),按照当期可抵扣进项税额加计15%抵减应纳增值税税额。在《财政部、税务总局关于工业母机企业增值税加计抵减政策的通知》(财税〔2023〕25号)规定,自2023年1月1日至2027年12月31日,对生产销售先进工业母机主机、关键功能部件、数控系统(以下称先进工业母机产品)的增值税一般纳税人(以下称工业母机企业),允许按当期可抵扣进项税额加计15%抵减企业应纳增值税税额。

综上所述,减税降费政策对高新技术企业的优惠主要分为以下三个方面:

所得税优惠:高新技术企业可以享受所得税税率优惠政策,适用15%的企业所得税率。①研发费用加计扣除优惠。允许高新技术企业在计算应纳税所得额时,将研发费用加计扣除一定比例。②技术入股优惠。允许高新技术企业将研发成果以技术入股的方式进行转化,并享受所得税优惠政策。③免征企业所得税优惠。对于符合一定条件的高新技术企业,可以在一定年限内免征企业所得税。

增值税优惠:高新技术企业可以享受增值税加计扣除政策,对于不同的高新技术企业允许按照当期可抵扣进项税额的不同优惠加计抵减应纳增值税税额。

其他税种优惠:除了所得税和增值税优惠外,高新技术企业还可以享受其他税种的优惠政策,如:对于高新技术企业的科研、开发和生产经营活动,可以免征城市维护建设税和教育费附加;对于高新技术企业的科技型、创新型项目,可以免征土地增值税。

二、减税降费下高新技术企业税收缴纳分析

(一)企业所得税纳税分析

A公司是一家高新技术企业,主要从事软件开发和技术服务。根据国家相关政策,该企业享受高新技术企业所得税优惠政策,可以减免企业所得税。该企业当年的营业收入为1 000万元,营业成本为500万元,税前利润为500万元。对该公司应纳企业所得税分析。

在出台高新技术企业所得税优惠政策之前,A公司需按照企业所得税税率为25%缴纳企业所得税:$500 \times 25\% = 125$万元。

在高新技术企业所得税优惠政策发行后A公司应缴纳企业所得税:$500 \times 15\% = 75$万元。A公司少缴纳企业所得税50万元。

【案例一】A公司在2018年在上海浦东新区注册成立,取得第一笔生产经营收入。根据相关规定,该公司在2018年至2020年可以享受免征企业所得税的政策,2021年至2023年按照25%法定税率减半征收企业所得税。

分析:根据上述政策,该公司在2018年至2020年期间不需要缴纳企业所得

税,可以将相应的资金用于公司发展、扩大生产等方面。这将为公司提供了一定的财务优势和发展空间。而在2021年至2023年期间,该公司需要按照25%法定税率的一半来缴纳企业所得税。这意味着公司在这期间需要缴纳的企业所得税会有所增加,但仍然较之前的税负有所减轻。税收优惠促进了企业的可持续发展。

通过这个案例可以看出,经济特区和上海浦东新区对于吸引外资和促进企业发展有着积极的税收政策,这些税收优惠措施有助于吸引更多的企业在这些特区内开展经营活动,推动经济的快速发展和区域的繁荣。

【案例二】A企业为高新技术企业,在2020年进行了一项研究开发项目,投入了100万元用于研发人员工资、实验材料采购和研发设备购置等费用。根据国家相关政策,该企业可以将这部分费用加计扣除,即按照费用的2倍计入企业当期成本。

根据该政策,该企业若实际发生研发费用100万元,而可以加计计入成本的研发扣除金额为100万元。假设该企业考虑研发加计扣除前当年利润为200万元,高新技术企业所得税率为15%,原本应缴纳200×15%=30万元的企业所得税。但由于研发费用加计扣除政策的存在,该企业可以将100万元的加计扣除额度从税前利润中扣除。因此,该企业加计扣除后的利润为(200-100)×15%=15万元,即应缴纳的企业所得税为15万元。通过研发费用加计扣除政策,该企业实际节省了15万元的企业所得税。

【案例三】若A企业在2018年至2020年连续三年亏损,累计亏损金额为500万元。

根据之前的税收政策规定,亏损企业只能在以后的五年内进行结转抵扣,也就是说,在2021年至2025年之间可以抵扣这500万元的亏损。然而,根据最新的政策调整,亏损企业的结转年限延长至10年。因此,在新的政策下,该企业可以将亏损金额结转抵扣的年限延长至2028年。

分析:这对A企业来说是非常有利的,因为可以将亏损的抵扣年限延长,有更多的时间来抵消未来盈利所要缴纳的企业所得税。同时,也为该企业提供了更多的发展空间和时间,以期望在未来实现盈利。

【案例四】A企业在2021年购置了一批研发所需的设备器具,总金额为200万元。根据国家相关政策,该企业可以将这部分设备器具的购置费用加计扣除,即按照费用的1倍加计计入企业当期成本。

根据该政策,该企业200万元的设备器具费用可以得到200万元的加计扣除额度。假设该企业当年税前利润为300万元,按照企业所得税率15%计算,原本应缴纳45万元的企业所得税。但由于设备器具加计扣除的政策,该企业可以将200万元的加计扣除额度从税前利润中扣除。因此,该企业应纳税额=(300-

200)×15%=15万元,即应缴纳的企业所得税为15万元。

通过设备器具加计扣除政策,该企业实际节省了30万元的企业所得税。对企业来说,这既减轻了负担,又为研发投入提供了更多的资金支持。

(二)增值税纳税分析

【案例五】B企业为先进制造业企业,在当期有100万元的可抵扣进项税额,按照政策规定,该企业可以加计5%抵减应纳增值税税额。

在此情况下,该企业可以将100万元的可抵扣进项税额乘以5%的加计比例,得到5万元的加计抵减额。企业在计算应纳增值税税额时,可以将这5万元抵减额直接减去应纳税额。假设该企业的应纳增值税税额为50万元,根据政策规定,该企业可以将5万元的加计抵减额直接减去应纳税额。这样,企业实际需要缴纳的增值税税额为50万元减去5万元,即45万元。

通过加计抵减政策,该企业在缴纳增值税时可以减少5万元的税额,从而减轻了税费负担。政策的目的就是鼓励和支持先进制造业的发展,促进经济的转型升级。

三、结论

高新技术企业减税降费政策的核心是通过减免或者减少企业所得税和增值税,降低企业负担,鼓励企业加大研发投入和技术创新。总之,高新技术企业的良好发展离不开政策的优惠,而减税降费政策对高新技术企业发展的影响十分显著。减税降费能有效降低高新技术企业的税收负担,从而使企业的资金压力得以缓解,进而使其拥有更多流动资金用于研发和创新。而且提供了更好的服务平台和制度环境,使高新技术企业的融资环境得以优化,营造了良好的外部条件。减税降费政策的实施有利于提高高新技术企业的研发能力和创新水平,促进科技成果转化和经济发展。同时,这些政策还可以吸引更多的投资和人才流入高新技术领域,推动产业升级和转型发展。

参考文献

胡莹.我国高新技术企业税收筹划策略及优化方案研究[J].会计审计,2023:181-184.

小微企业减税降费政策梳理与纳税分析

李 新 仲子怡 罗 敏①

摘 要:小微企业在中国经济社会的地位举足轻重,在保障民生、改善就业形势等方面的作用尤其显著。近几年,政府为扶持小微企业发展,出台了一系列税费优惠政策,促进了小微企业发展。本文以小微企业为主体,在梳理相关减税降费政策的基础上,分析计算了小微企业运用减税降费政策所获得的税负降低额。

关键词:减税降费;小微企业;纳税分析

小微企业②,即小型微利企业的简称,因其资产、从业人员规模小,年应纳税所得额少而得名(刑明权,2021)。小微企业是中国经济发展的重要参与者,对国民经济贡献达到60%以上,提供了75%左右的就业机会,直接或间接创造了50%左右的出口收入和财政税收。③ 林芳(2023)指出中国小微企业已经逐渐成为国民经济的重要部分,不仅能有效保障就业、改善民生,同时也是推动经济改革的重要力量。近几年,我国经济发展增速放缓,发展预期逐步下降,实体经济呈现疲软状态。小微企业在夹缝中艰难存活,为帮助小微企业轻装上阵,国家出台了一系列有针对性的减税降费优惠,帮助其规模化发展。

减税降费政策对小微企业有激励作用,有利于经济高质量增长。第一,促进经济发展。小微企业是中国经济的重要组成部分,降低税费能够减轻其税负,使其获得更充足的发展资金,促进经济发展。第二,促进就业。小微企业是就业的主要来源,降低税费减轻企业负担后会增加企业投资和招聘的动力、促进就业。第三,改善税收环境。减税降费可以改善税收环境,减少税负,减少企业的税收成本和税收风险,提高企业的税收合规性,促进税收征管的规范化和透明化。第四,促进创新创业。小微企业是创新创业的主要力量,减税降费可以降低企业创新创业的成本、风险,增加其创新创业动力,提升其创新创业的活跃性。第五,改善小微企业的融

---

① 李新,湖北经济学院财政与公共管理学院教授。仲子怡、罗敏,湖北经济学院 MPAcc。
② 小微企业是指从事行业是从事国家非限制和禁止行业且同时符合以下三个条件的企业:①员工人数不能超过300人;②资产总额不能超过5 000万元;③年利润不能超过300万元。
③ 《中国小微企业发展报告(2020)》,http://nads.ruc.edu.cn/yjdt/45ba80192b7a407f8fff301f2d48a337.htm。

资环境。政府通过降低小微企业的融资成本,推出融资担保、信用贷款等措施,帮助小微企业解决融资难题。第六,促进社会稳定。小微企业是社会稳定的基石,减税降费可以减轻企业负担,增加就业和收入,提高民生福祉,从而促进社会稳定。

综上所述,减税降费政策对小微企业的影响非常显著。虽然政策本身并不能解决所有小微企业的问题,但这些政策为小微企业提供了更多的机会和平台,在促进小微企业发展方面发挥了积极的作用。减税降费政策带来的税负降低,对于抗风险能力较差的小微企业来说助力更大,可以有效地降低小微企业的经营成本,提高企业的盈利能力和竞争力,促进企业的发展壮大,利于企业的良性运营,促进经济增长,同时减轻社会稳就业、保民生的压力;小微企业的良性经营对于加大创新研发投入与壮大第三产业发展,也发挥着举足轻重的作用。

为鼓励小微企业发展,应该充分发挥宏观政策的指挥棒作用,发挥税收对经济的调节作用。国家政策出台后,研究如何运用相关政策降低税负,对于小微企业的发展就变得十分必要。本研究从政策梳理出发,探索小微企业如何利用现有政策,合理纳税,降低负担,进而促进自身发展,拉动经济增长。

一、小微企业减税降费政策梳理和解读

(一)增值税

增值税小规模纳税人不同于增值税一般纳税人按照当期销项税额减当期进项税额后的余额的一般计税方法计税,其增值税应纳税额为按照销售额和增值税征收率3%计算的增值税额,不得抵扣进项税额。

2023年出台的最新、阶段性减征小规模纳税人增值税政策(财税〔2023〕1号文)规定,自2023年1月1日至2023年12月31日,增值税小规模纳税人适用3%征收率的应税销售收入,减按1%征收率征收增值税;适用3%预征率的预缴增值税项目,减按1%预征率预缴增值税;对月销售额10万元以下(含本数)的增值税小规模纳税人,免征增值税。

因此,2023年小微企业可以减按1%低税率交税或预交增值税,月销售额10万元以下的企业可以免税。这使小规模纳税人的增值税征收率下降,可以减少应纳增值税额。

(二)所得税

1. 企业所得税

对于小微企业所得税方面的税收优惠:

(1)《关于实施小微企业普惠性税收减免政策的通知》(财税〔2019〕13号)规定,从2019年1月1日至2021年12月31日,对小型微利企业年应纳税所得额不

超过100万元的部分,减按25%计入应纳税所得额,按20%的税率缴纳企业所得税;对年应纳税所得额超过100万元但不超过300万元的部分,减按50%计入应纳税所得额,按20%的税率缴纳企业所得税。

(2)《关于实施小微企业和个体工商户所得税优惠政策的公告》(财政部、税务总局公告2021年第12号)规定,自2021年1月1日至2022年12月31日,对小型微利企业年应纳税所得额不超过100万元的部分,在财税〔2019〕13号规定的优惠政策基础上,再减半征收企业所得税,即减按12.5%计入应纳税所得额,按20%的税率缴纳企业所得税。

(3)财税〔2022〕13号文件规定,自2022年1月1日至2024年12月31日,对小微企业年应纳税所得额超过100万元但不超过300万元的部分,减按25%计入应纳税所得额,按20%的税率缴纳企业所得税。

(4)财税〔2023〕6号文件规定,自2023年1月1日至2024年12月31日,对小微企业年应纳税所得额不超过100万元的部分,恢复减按25%计入应纳税所得额,按20%的税率缴纳企业所得税。

因此,2023年小微企业可以减按25%计入应纳税所得额,年应纳税所得额不超过300万元的部分,均可按20%的税率缴纳企业所得税。这使小微企业的企业所得税税率有所下降,可以减少缴纳企业所得税额。

2. 个人所得税

个人所得税的税收优惠主要针对个体工商户。财税〔2023〕6号文件规定,对个体工商户应纳税所得额不到100万元的部分,在现行优惠政策基础上,减按50%征收个人所得税。这使小微企业的个人所得税得到进一步优惠,可以减少缴纳个人所得税额。

(三)其他

1. 残保金

依据我国财政部〔2023〕8号文件《关于延续实施残疾人就业保障金优惠政策的公告》规定,自2023年1月1日起至2027年12月31日,延续实施残疾人就业保障金分档减缴政策。其中:用人单位安排残疾人就业比例达到1%(含)以上,但未达到所在地省、自治区、直辖市人民政府规定比例的,按规定应缴费额的50%缴纳残疾人就业保障金;用人单位安排残疾人就业比例在1%以下的,按规定应缴费额的90%缴纳残疾人就业保障金。在职职工人数在30人(含)以下的企业,继续免征残疾人就业保障金。这使小微企业尤其是残疾人较多的小微企业需要缴纳残保金减少,进一步降低其税负。

2. 工会经费优惠政策

根据《中华全国总工会办公厅关于实施小额缴费工会组织工会经费全额返还

支持政策的通知》(厅字〔2022〕47号)规定,2023年1月1日至2024年12月31日,全年上缴工会经费低于1万元(不含)的小额缴费工会组织,于每年11月底前工会经费全额返还。这使小微企业需要缴纳的工会经费减少。

3. 借款合同印花税优惠政策

根据《财政部、税务总局关于支持小微企业融资有关税收政策的通知》(2017年77号)文件以及《财政部、税务总局关于延长部分税收优惠政策执行期限的公告》(2021年第6号)的规定,自2018年1月1日至2023年12月31日,金融机构与小型企业、微型企业签订的借款合同免征印花税。

4. 其他税种减免

财税〔2022〕10号公告规定,2022年1月1日至2024年12月31日,对增值税小规模纳税人、小型微利企业和个体工商户可以在50%的税额幅度内减征资源税(不含水资源税)、城市维护建设税、房产税、城镇土地使用税、印花税(不含证券交易印花税)、耕地占用税和教育费附加、地方教育附加。

增值税小规模纳税人、小型微利企业和个体工商户已依法享受资源税、城市维护建设税、房产税、城镇土地使用税、印花税、耕地占用税、教育费附加、地方教育附加其他优惠政策的,可叠加享受上述规定的优惠政策。

因此,符合条件的小微企业可以得到残保金、工会经费以及资源税等其他税种的减免。

二、减税降费下小微企业税收缴纳分析

(一)增值税纳税分析

【案例一】B公司是一家小微企业,由于2月份春节的到来,生意较好,2023年2月取得销售收入共计12万元,并开具了一张12万元的发票,现对A公司2月份应缴增值税进行分析。

在出台阶段性减征小规模纳税人增值税政策之前,B公司作为小规模纳税人,其销售货物的收入适用3%的征税率,需缴纳0.35万元的增值税:

应纳增值税额 = 12÷1.03×0.03 = 0.35(万元)

在政策出台之后,B公司作为小规模纳税人,其销售货物的收入适用1%的征税率,只需缴纳0.12万元的增值税:

应纳增值税额 = 12÷1.01×0.01 = 0.12(万元)

阶段性减征小规模纳税人政策出台之后,B公司少缴增值税0.23(0.35 - 0.12)万元。

【案例二】小微企业B公司在经历2023年2月份的好生意后,在3、4月进入淡

季,经计算,2023 年 3 月销售不动产 3 万元,销售货物 5 万元,提供服务 1 万元;4 月份生意略有好转,销售货物 7 万元,提供服务 2 万元,销售不动产 4 万元。根据新出台的小规模纳税人免税政策,对 B 公司 3、4 月份的销售额应缴增值税进行分析。

3 月份,合计销售额为 9(3+5+1)万元,未超过 10 万元的免税标准,因此,B 公司销售货物、服务和不动产取得的销售额的 9 万元,可享受小规模纳税人免税政策,全部不缴纳增值税。

4 月份,合计销售额为 13(7+2+4)万元,剔除销售不动产后的销售额为 9(7+2)万元,因此,B 公司销售货物和提供服务相对应的销售额 9 万元可以享受小规模纳税人免税政策,这一部分不缴纳增值税,但销售不动产的 4 万元应按照规章缴纳。①

减税降费前应纳增值税税额=(9+13)÷1.03×0.03=0.64(万元)

减税降费后应纳增值税税额=(0+4)÷1.01×0.01=0.04(万元)

小规模纳税人相关免税政策出台之后,B 公司应纳增值税销售额少计 18(9+9)万元,减纳增值税额 0.6 万元。

(二)所得税的纳税分析

【案例三】小型微利企业 B 公司在 2021 年和 2022 年业绩较好,经计算,公司年度应纳税所得额均是 120 万元。

为了验证新出台的减税降费政策对企业的助益,进行计算。

(1)若在 2018 年,可计算应纳企业所得税税额=120×50%×20%=12 万元。

(2)在应纳所得税额同样为 120 万元的情况下,2021 年应纳企业所得税税额=100×12.5%×20%+(120-100)×50%×20%=2.5+2=4.5 万元。

(3)在出台进一步企业所得税优惠政策的 2022 年,同样的应纳税所得额,在 2022 年应纳企业所得税税额=100×12.5%×20%+(120-100)×25%×20%=2.5+1=3.5 万元。

减税降费政策使得该小微企业的税负减少了(12-3.5)÷12=71%。

【案例四】经计算,小微企业 B 公司在 2023 年度年要缴纳 80 万元的所得额。

在未出台企业所得税减税降费政策之前的 2018 年,该小微企业是按 50%计入应纳税所得额。

其在 2018 年,应纳企业所得税税额=80×50%×20%=8 万元。

按照企业所得税 2023 年的减税降费政策,在应纳税所得额一样的情况下,

---

① 根据财税〔2019〕13 号文件的规定:小规模纳税人发生增值税应税销售行为,合计月销售额超过 10 万元,但扣除本期发生的销售不动产的销售额后未超过 10 万元的,其销售货物、劳务、服务、无形资产取得的销售额免征增值税。

2023年缴纳为4万元的企业所得税,减税降费政策使得企业减少了一半的税负。

应纳企业所得税税额=80×25%×20%=4万元。

小微企业企业所得税优惠政策出台之后,B公司少缴企业所得税4万元。

(三)其他税费的纳税分析

【案例五】 B公司在2022年在职职工年工资总额200万元,在职职工人数30人,实际安排残疾人就业人数0人,2023年(申报期)应缴纳多少残保金?

分析:残保金应缴纳额=(2022年用人单位在职职工人数×1.5%-2022年用人单位实际安排残疾人就业人数)×2022年用人单位在职职工年平均工资=(30×1.5%-0)×(200÷30)=3万元。

根据政策规定,B公司符合"在职职工总数30人(含)以下的企业"的条件,可以享受暂免征收小微企业残保金优惠,该小微企业本期减免费额3万元。

三、结论

小微企业合理规划纳税具有重要意义。第一,有利于小微企业利益最大化,通过税务规划达到降低税负的效果。第二,有利于小微企业改善经营方式。小微企业按照国家政策的引导方向选择纳税方案,能够更具前瞻性与长远性,有利于企业改善经营方式。第三,有助于小微企业防范或降低涉税风险。小微企业在法律框架下进行纳税规划,设置正规的会计账证表,依法依规进行会计处理,在减轻税负的同时大大降低了涉税风险。第四,有助于提高小微企业纳税意识,提高征管效率。小微企业通过规划纳税保障自己的权益,不仅有利于增强其自觉纳税意识,也会降低税务机关的征缴成本,有利于提高征管效率。

近年来,小微企业的数量在市场主体中的占比逐渐增加。对于小微企业来说,应充分合理利用减税降费的一系列政策,对企业所涉及的要缴纳的各个税种的进行合理纳税安排,达到降低税负的效果。首先,要关注增值税,既要注意小规模纳税人适用的征收率和预征率,也要注意免征增值税的规定,还要了解增值税小规模纳税人关于其他税种的税收优惠。其次,要注意所得税,一方面要关注企业所得税不同所得额所对应的不同的税收优惠,要分类正确计算,另一方面要关注个人所得税在一定应纳税所得额下的税收减免。最后,除了小微企业主要缴纳的增值税和所得税,不能忽略类似残保金、印花税、工会经费等其他税费的税收优惠,它们也是企业减轻税负的重要组成部分。

减税降费政策对小微企业发展具有十分重要的意义。未来,政府在保持宏观税负水平的基础上,还应该增强结构性减税降费的针对性,完善对特定市场主体的减税降费,对小微企业等实体经济加大优惠力度,精准助力企业发展。

参考文献

[1]邢明权. 小微企业税收筹划探析[J]. 全国流通经济,2021,2272(4):180-182.

[2]林芳. 减税降费政策下小微企业纳税筹划研究[J]. 财经界,2023,656(13):159-161.

民国时期遗产税兴废及其启示

刘 荣[①]

摘 要:近年来,围绕我国是否应该开征遗产税的争议日渐升温。本文回顾了民国时期遗产税的发展历程,并对其征收制度进行评析,以期对我国未来的遗产税建设有所启示。

关键词:遗产税;民国时期;贫富差距;社会公平

遗产税是现代直接税体系中的重要税种,意在通过对富有人士身故后留世财产的课税,减少其继承人的财富总量,从而缩小贫富差距,维护社会公平正义之原则。民国时期,正值西学渐进、专制与民主激烈交锋的年代,部分有识之士积极探寻民族复兴与提振经济之路。在西方平等、公正思想的影响下,遗产税得到我国财政当局与学界的重视。几度酝酿之后,1940年推出了遗产税,虽然其征收时间只有短短几年,但在中国税收史上留下了许多值得回顾与研读的印迹。经历了数十年的风雨后,后人再来梳理当年遗产税产生的脉络、解构其制度、评判其得失,无疑将对我国现实与未来的税制建设有所启迪。

一、民国时期酝酿开征遗产税的动因与存在的阻力

(一)开征遗产税的动因

民国时期,开征遗产税的动议由来已久,早在北洋政府建立初期,几任财政总长熊希龄、周学熙、梁启超等人都提出过应增设遗产税的主张。当时的政府财政顾问法国人铎尔孟向政府递交的《拟办遗产税说帖》得到政府要员的肯定。遗产税之所以受到政府青睐,有以下几方面原因:

1. 符合"节制资本"的政治主张

孙中山提出的"三民主义"中,包含"平均地权"与"节制资本"的民生思想。其中前者涉及土地税的改革,而后者则表现为建立现代直接税。孙中山主张用累进的所得税和遗产税限制私人资本。遗产税的征收,一方面可以在一定程度上避免

[①] 刘荣,天津财经大学会计学院教授、博士。

财富集中于个人手中,使私人资本不能操纵国计民生;另一方面可以增加财政收入,用于扶危济困、文化教育等事业。遗产税的立法精神顺应了从家族本位主义向社会本位主义的社会变革趋势。

2. 符合税制现代化的改革需要

民国初年,中国的税制以盐税、关税、厘金等间接税为主体,而田赋作为一种古老的直接税,不符合现代税制的要义。经济学家马寅初、何廉等纷纷发表言论,主张仿效西方各国税收制度改革,从速开征现代意义的直接税。当时,中国人民生活于水深火热之中,减少间接税、增加直接税具有现实意义。间接税往往将税负由纳税者转移至其他人,而遗产税作为直接税则不能转嫁,政府若提高针对富人的直接税比重,能减轻普通民众的税收负担。

3. 有助于教化百姓,提高国民素质

1915年夏,时任财政次长章宗元拟订《遗产税条例草案》11则,阐述了开征遗产税的理由。他认为遗产非劳动所得,富家子弟继承遗产,容易养成依赖性,而且还经常会发生继承遗产的纠纷,"为养成国民独立自尊之意志,当革命此恶习"。这一观点也得到许多学者的支持,认为开征遗产税能够"免除家庭的争端""免除国民的依赖性"。[1]

4. 有助于为政府筹措财政资金

当时中国连年混战,政府财政面临困境,遗产税的聚财功能格外受到青睐,一时间开征遗产税的呼声甚高。鉴于英美等发达国家早已开征此税,并由此取得大宗财政收入,倡议中国开征遗产税者认为我国若征遗产税,"为数必匪细微""收入大而可靠",由此可"开源之一端"。

(二)开征遗产税存在的阻力

1. 政局不稳,政令不通

北洋政府对章宗元提交草案的纳税人、课税对象及税率作了一些调整,该草案经修正通过。但是碍于北洋政府时期军阀割据,政令不通,该项税法未能得到实施。1927年,南京政府财政部参照原北洋政府拟定的《遗产税条例草案》,重新拟定了《遗产税暂行条例草案》13条及《遗产税施行细则草案》16条,于次年提交第一次全国财政会议讨论。会议通过决定举办遗产税,但因遗产法尚未公布,相关的户籍法、财产登记法等也没有颁行,故未予实践。1931年"九一八"事变后,财政部考虑到战时财政的需要,再次动议开征遗产税,草拟了《遗产税法草案》12条,并于1934年提交第二次全国财政会议议决。该法规定详细,设计合理,学术界评价甚高。但旋即爆发日本侵华战争,南京沦陷,立法院停会,该项法案又被迫搁置。

2. 中国传统的家族制度成为推出遗产税的羁绊

中国的历史长河中,宗族观念根深蒂固,对社会经济生活具有深远影响。当时的学者比较客观地分析了中国开征遗产税面临的不利环境,指出:"中国第一件与外国不同的地方,就是中国是家族制度,而外国是个人制度。""中国的遗产继承,习惯上不必更立户名,只需凭乡族证认即可承受,无须经过官厅的手续。不经过官厅,每年所有遗产转让人的死亡无从查出,遗产税也就无从征起"。

3. 制度保障不甚健全

开征遗产税必须要有一定的配套措施与征管手段。学者侯厚培认为,为使税务当局了解税源,应废除与家族制度相连的"堂名制",建议每人所继承之财产,若更名立户,其文书均需官厅盖印;若不更名立户,文书不需官厅盖印,但法律上不能承认其有效。由于当时战乱不绝,政权更迭频繁,官厅认可的权威性和长久性难以保障,这样的提议也就很难落实。此外,严格的征管手段也是必不可少的。"遗产税之举办,——若专凭理想,徒使负担公平,则多扞格难行。因为遗产税易隐匿规避,逃税之机会遂多,国家税收为数亦少,而经理税收之大小官吏,竟可从中贪污舞弊,合理的新税制随被破坏矣。"[2]当时遗产税之所以迟迟不能出台,也有对征管能力和税收执法公正程度的担心。

二、民国时期遗产税开征与演进历程

抗日战争全面爆发后,国民政府为支持长期抗战,增辟税源,又有征收遗产税的倡议,1938 年 9 月,由财政部另拟"遗产税暂行条例草案"24 条,于同年 10 月 6 日公布。次年财政部复拟定《遗产税暂行条例施行条例》和《遗产评价规则》,于 1940 年 7 月 1 日开始在全国施行。至此,酝酿近 30 年的遗产税正式付诸实施。

农业用具或从事其他各业之工作用具价值未超过 500 元者;依法不得采伐,或未达采伐年龄之树木等。[3]

上述制度规定在今天看来仍有可圈可点之处,但在遗产税开征之初,随着战局变化,物价飞涨,加之纳税人偷漏欠税现象严重,征收效果不甚理想。1943 年,国民党政府主席林森逝世,依照遗产税法本应课征遗产税。但财政部却批示:"依法固不应免,惟此问题,似可暂缓提出。"林森的继承人没有依法申报遗产税,财政当局也没有依法催交,这无疑助长了权贵阶层拒缴税款的风气。

为了适应形势,控制税源,财政部于 1945 年 2 月修正遗产税暂行条例及施行条例,主要包括:将起征点从 5 000 元提高到 10 万元,税率级次进行了一些修改,把分析或赠与财产征税时间从 3 年延长至 5 年,提高了罚金,并增加了相关的处罚措施。经过修正后的遗产税条例减少了物价变动带来的损失,有效防止了拖欠税款,对改善遗产税征收状况起到了一定的积极作用。

1945年,抗日战争胜利后,国民政府为了将战时财政逐步转为平时财政,开始修订各项税法。1946年4月16日,国民政府公布了《遗产税法》,遗产税起征点上调为100万元,税率采用最低1%、最高60%的超额累进制。1946年6月,国民党政府全面发动内战后,因战争支出需要,遗产税预算连年成倍增加,并强令征收机关完成任务,从而使得这一"良税"变成了搜刮民脂民膏的工具,其结果有悖于遗产税的创立原则,加重了人民负担。1949年9月7日,国民政府又公布了《修正遗产税法》,但这项法律公布不足一个月,国民政府就被中国共产党领导的人民革命彻底推翻,民国时期的遗产税制度至此画上了句号。

三、民国时期遗产税制度评析

民国时期的遗产税尽管"千呼万唤始出来",而且实施起来步履维艰,但毕竟开创了我国历史上征收遗产税的先河。在外侮不绝、内战频仍的情况下,经济学家与立法者能够以严谨的态度探究中国税制改革的方向,希望借助遗产税提升直接税在中国的地位,以此"节制资本",改变不劳而获的风气,贯彻公平正义之精神,初衷是应该肯定的,其在立法及实践中的经验与教训也值得我们加以总结。概括来讲,民国时期遗产税具有以下几个特点:

(一)体现"民生主义"

遗产税免税范围的规定较为详尽,体现出对小康及以下阶层的保护。遗产税初设阶段免税额定为5 000元,而在20世纪30年代末5 000元资产已属小康之家,因此遗产税的课征范围较为有限,主要局限于商贾巨富、社会名流。对不足500元农具的免税政策及对继承土地自耕行为的减税措施,无疑又体现出对农民利益的关注。

(二)采用总遗产税模式

遗产税的类型可分为总遗产税和分遗产税。1940实施的税法采用的是总遗产税制,即被继承人死亡后,其所遗财产总额均予合并课税。总遗产税制课税于遗产未分之前,相对于分遗产税课征手续比较简单,更易于被纳税人所接受。

(三)鼓励慈善捐助与社会文化事业发展

遗产税法中有针对捐赠教育文化或慈善公益事业的优惠措施,对著作权、发明专利的继承行为也有免税规定,有利于促进慈善事业发展与社会文化的进步。

(四)税率结构较为复杂

遗产税采用累进税率是税收公平原则的要求。南京国民政府在遗产税的税率设定上力求缜密,其税率档次一度达到 16 级,在实现温和累进、顾及纳税人感受的同时,也有过于繁琐之嫌,不符合简化税制的原则。

(五)征收需要经过评估

为了准确、规范地评价遗产,税法中规定:非经评价委员会评价不得征税。评价委员会包括当地司法、行政、地政、教育及文化机关代表、地方自治团体代表、社会公正人士等。又规定:非有全体委员过半数出席,不得开议;非有出席会员过半数同意不得决议。虽然这样的规定执行起来有一定难度,但程序规定中体现出对纳税人权利的保护,不失为进步之举。

(六)地方参与收入分成,并实行专款专用

南京国民政府公布的《财政收支系统法》中规定:遗产税为中央税,但中央应以其纯所入按一定标准分给省、市、县(省 15%,市、县 25%)。地方政府所分之税款,除 40% 用于教育经费外,概作为保育慈善事业之用。上述规定对充实地方政府财力、保证遗产税收入的用途有一定积极意义。

四、对我国当今遗产税建设的启示

(一)我国开征遗产税应遵循的基本原则

1. 兼顾公平与效率的原则

遗产税的税制建设应强调贯彻公平原则,但在追求公平的同时,亦应兼顾效率,必须注意保护社会成员劳动和投资的积极性,以促进效率提高和经济增长。笔者认为,中国社会的贫富分化虽然已经到了应引起足够重视的程度,但在社会经济生活中仍然要坚持效率优先,当务之急是发展、壮大我国的经济实力,首先"做大蛋糕",在社会财富增加的同时,鼓励公民通过合法渠道获取更多的财产。2004 年颁布的宪法修正案体现出了承认并保护私人财产的政策导向,这无疑为个人财富的增长提供了更加稳定的制度环境,同时也为遗产税的税制建设定下了基调。在社会主义市场经济建设的起步阶段,应特别注意掌握好遗产税对收入分配调控的力度,使其合理、适度。

2. 简化税制、便于征管的原则

我国作为一个发展中国家,税收征管水平有待进一步提高,开征遗产税的相关配套制度尚在建设之中,加之该税在我国历史上只短暂出现,在新中国税制中该税始终处于缺失状态,税务机关缺乏管理遗产税的经验,民众也没有缴纳遗产税的习惯。因此,遗产税税制应力求简化,既便于征纳双方对税法的理解、执行,也可以降低纳税人的奉行费用和税务机关的征收成本,减小遗产税的征收阻力。

3. 保证收入、专款专用的原则

虽然遗产税的收入功能不及调节功能显著,但它筹集财政收入的能力不容忽视,我们应在税制中设置相应的反避税条款,增强税法的科学性和严密性,尽可能避免侵蚀税基现象的发生,堵塞税款流失的漏洞。另外,遗产税的税款应坚持专款专用的原则,将遗产税收入作为政府公益性、慈善性支出的一个重要资金来源,应用到对贫困人口的转移支付上,充分体现借助遗产税调节贫富差异的政策意图。

(二)遗产税制度设计初步构想

1. 税制模式的选择

总遗产税的特点是先纳税,后分割财产,征收手续简便,且便于控制税源。出于降低税收征管成本、提高征管效率的考虑,建议我国采用总遗产税的模式。

2. 纳税人的规定

遗产税的纳税人应是遗产继承人或遗嘱执行人。借鉴个人所得税的做法,遗产税应采用属人和属地相结合的原则确定纳税人的纳税义务。凡被认定为中国居民的纳税人负全面(无限)纳税义务,就境内、境外遗产向我国政府纳税;凡被认定为非居民的纳税人负有限纳税义务,仅就中国境内遗产纳税。

3. 课征对象的规定

遗产税的课税对象应具有广泛性,具体包括银行存款、有价证券、车辆、船舶、首饰、收藏品等动产,房产等不动产和具有财产价值的各项权利。对财产所有人死亡前一段时期内,赠与他人的财产应计入遗产总额一并征税。这样的规定可以堵住财产所有人在世时以赠与方式逃避缴纳遗产税的税收漏洞,且不必再单独设置赠与税这一辅助性税种,有助于简化税制。

4. 计税依据的确定

遗产税应以应税财产的价值为计税依据,实行从价计征。为排除价格水平变动对税收负担的影响,对非货币形态的遗产应以被继承人死亡后特定日期的评估价值作为计税依据。其中,对公开发行的股票和债券,应以评估日的市场交易价格为评估标准;对非上市企业的股权,应依据企业的资产与获利能力或参考有意购买方的出价情况合理估价;对不动产和其他权益性财产,应根据其不同种类和用途采用相应的方法评定公平市价;而对居民住宅中的"浮财",可以考虑按房屋价值的一定比例确定其价值,以简化税款的计征手续、方便征管。

5. 税率的设定

为了更好地发挥调节收入分配和贫富差异的职能,遗产税应采用超额累进税率的税率形式,而且税率级次不宜过多,边际税率应适中。边际税率过高会强化纳税人逃税的动机,引发资本外流等问题,过低则达不到税收调控的目的。参考周边国家遗产税税率水平,我国遗产税最低一级的税率可以设定为10%,最高一级的税率控制在50%左右。

6. 扣除项目的规定

遗产税的扣除项目,首先应考虑对被继承人担负的债务、生前的医疗费用、死后的丧葬费用以及遗产管理费用等项目的扣除。其次是对被继承人的配偶及未成年子女给与一定的遗产扣除。再次是对公益性、慈善性捐赠应允许全额扣除,不受扣除比例的限制。最后是对经营性财产的扣除问题,如果这个问题处理不好,遗产税对民营经济的负面影响就有可能出现。许多国家的税制中都有对经营性财产的照顾性规定,建议对直接用于生产经营的固定资产采用从低计价的办法,以评估市场价值的一定比例作为计税价值(许多国家的遗产税制对经营性财产采用此类方法计税)。对农业经营性财产可实行全额扣除,但继承人出售该财产时需补缴遗产税。

7. 免征额的设置

为控制遗产税的实际征收面,免征额的设定应高出居民的平均财富水平,并建立与物价指数挂钩的机制,使遗产税的免征额随着物价水平的上升而相应提高。为避免产生"马太效应",确保不同经济发展水平的地区之间税负平衡,遗产税的免征额和扣除项目在全国范围内采用统一标准。[5]

参考文献

[1]侯厚培.中国设施遗产税问题[J].东方杂志,1923(20).

[2]马寅初.财政学与中国财政(下册)[M].北京:商务印书馆,2001.

[3]李军.民国时期的遗产税[J].浙江档案[J].2000(1).

[4]中国财政史编写组.中国财政史[M].北京:中国财政经济出版社,1987.

[5]刘荣,刘植才.开征遗产税须消除的疑虑与制度设计[J].现代财经,2008(1).

税收法定进程中地方授权现状及完善建议[①]

刘 颖[②]

摘 要：税收法定进程中的地方授权，是指在中央统一出台税收法律法规的前提下，授予地方对税率（适用税额）、税目、税收优惠等税收要素在有限范围内的决定权、调整权。地方税收立法权的类型主要分为自主性立法和授权性立法，地方授权本质上是地方税收立法权配置。完善我国税收法定进程中地方授权，要注意三个方面：规范授权实施，统一被授权主体；加强机构合作，完善决定流程；加强实施管控，建立后评估机制。

关键词：税收法定；立法权；授权

税收法定进程中的地方授权，是指在中央统一出台税收法律法规的前提下，授予地方对税率（适用税额）、税目、税收优惠等税收要素在有限范围内的决定权、调整权。地方税收立法权的类型主要分为自主性立法和授权性立法，地方授权本质上是地方税收立法权配置。

一、我国税收法定进程的历史和现状

改革开放初期，考虑到税收制度的建立、完善面临的错综复杂的情况，同时缺少相关经验，全国人大及其常委会遵循税收法定原则，依据宪法第八十九条关于全国人大及其常委会可以授予国务院其他职权的规定，于1984年出台《全国人民代表大会常务委员会关于授权国务院改革工商税制发布有关税收条例草案试行的决定》（已于2009年6月废止），授权国务院在实施国营企业利改税和改革工商税制的过程中，拟定有关税收条例，以草案形式发布试行；1985年4月10日，第六届全国人民代表大会第三次会议通过《全国人民代表大会关于授权国务院在经济体制改革和对外开放方面可以制定暂行的规定或者条例的决定》，授权国务院必要时制定暂行的规定或者条例，颁布实施，并报全国人民代表大会常务委员会备案。经过

[①] 本文为"北京市地方税体系建设"课题组部分研究成果。
[②] 刘颖，首都经济贸易大学税收研究所教授。

实践检验,条件成熟时由全国人民代表大会或者全国人民代表大会常务委员会制定法律。国务院根据有关授权决定颁布实施了一系列的税收暂行条例。

2015年3月15日,十二届全国人大三次会议修正通过的《中华人民共和国立法法》(以下简称《立法法》)对税收法定原则进行了明确表述,这有助于推动我国税收法治建设和税法理论研究,充分发挥税收在推进国家治理现代化和法治化中的关键作用。

2015年,由全国人大常委会法工委牵头起草的《贯彻落实税收法定原则的实施意见》(以下简称《实施意见》),由党中央审议通过。《实施意见》对税收条例修改上升为法律或者废止的时间作出了安排。根据《实施意见》,不再出台新的税收条例;拟新开征的税种,将根据相关工作的进展情况,同步起草相关法律草案,并适时提请全国人大常委会审议。同时,2015年人大常委会法工委负责人就《实施意见》答问中明确指出,力争在2020年前将税收暂行条例上升为法律或者废止,并相应废止《全国人民代表大会关于授权国务院在经济体制改革和对外开放方面可以制定暂行的规定或者条例的决定》。

此后,我国加快落实税收法定原则步伐,将现行由行政法规规范的税种上升为由法律规范,同时废止有关税收条例,环境保护税法、烟叶税法、船舶吨税法、资源税法等多部税法相继获得通过。2018年10月,十三届全国人大常委会第六次会议审议通过了修改个人所得税法的决定,认真落实党中央"逐步建立综合与分类相结合的个人所得税制"的改革要求,扩大综合征税范围、完善费用扣除、优化税率结构,减轻了纳税人的负担。2018年12月,十三届全国人大常委会第七次会议通过了耕地占用税法、车辆购置税法,明确、细化相关规定,增强了税法的可操作性和可执行性。2019年8月26日,十三届全国人大常委会第十二次会议表决通过了资源税法。十八届三中全会将"税收法定原则"明确列入决定,使之成为我国未来改革的一个重要方向和内容。十三届全国人大常委会第二十九次会议于2021年6月10日表决通过了印花税法。至此,我国18个税种中已有12个完成立法,税收法定进程仍在推进当中。

二、我国地方授权实践现状

我国目前有12个税种已经完成了税收立法并实施。这12个已立法税种中,有地方被授权事项的包括车船税、环境保护税、耕地占用税、资源税、契税、城市维护建设税,授权项目涉及税率、计税依据、税收优惠(见表1)。

表1 税收立法中地方被授权项目及决定方式

税种	地方被授权项目	决定方式
车船税 (自2012年1月1日起施行)	(1)根据车船税法所附《车船税税目税额表》确定车辆具体适用税额 (2)对受地震、洪涝等严重自然灾害影响纳税困难以及其他特殊原因确需减免税的车船,可以在一定期限内减征或者免征车船税	省、自治区、直辖市人民政府确定,报国务院备案
环境保护税 (自2018年1月1日起施行)	应税大气污染物和水污染物在环保税法所附《环境保护税税目税额表》规定的税额幅度内,确定或调整具体适用税额	由省、自治区、直辖市人民政府提出,报同级人民代表大会常务委员会决定,并报全国人民代表大会常务委员会和国务院备案
耕地占用税 (自2019年9月1日起施行)	(1)各地区耕地占用税的适用税额,在规定的税额幅度内的具体适用税额 (2)人均耕地低于0.5亩的地区提高适用税额	
资源税 (自2020年9月1日起施行)	(1)《税目税率表》中规定实行幅度税率的,其具体适用税率 (2)《税目税率表》中规定可以选择实行从价计征或者从量计征的,其具体计征方式 (3)以下减免资源税的具体办法:纳税人开采或者生产应税产品过程中,因意外事故或者自然灾害等原因遭受重大损失;纳税人开采共伴生矿、低品位矿、尾矿	
契税 (自2021年9月1日起施行)	(1)3%~5%幅度内的具体适用税率 (2)以下减免契税的具体办法:因土地、房屋被县级以上人民政府征收、征用,重新承受土地、房屋权属;因不可抗力灭失住房,重新承受住房权属	
城市维护建设税 (自2021年9月1日起施行)	纳税人所在地具体地点的确定(影响适用的税率)	省、自治区、直辖市确定(未明确由政府确定还是人大确定)

目前,我国尚未完成立法的税种有增值税、消费税、关税、土地增值税、房地产税(含现在的房产税和城镇土地使用税),但是目前实施的暂行条例级相关规章中存在授权地方决定或确定的内容(见表2)。

表 2 尚未正式立法的税种中,地方被授权项目及决定方式

税种	地方被授权项目	决定方式
房产税	房产税依照房产原值一次减除10%至30%后的余值计算缴纳 注意：上海、重庆试点新的房产税,不再适用该规定；西藏暂未开征房产税,不涉及该项地方授权	具体减除幅度由省、自治区、直辖市人民政府规定
城镇土地使用税	1. 土地使用税每平方米年税额： (1)大城市 1.5 元至 30 元； (2)中等城市 1.2 元至 24 元； (3)小城市 0.9 元至 18 元； (4)县城、建制镇、工矿区 0.6 元至 12 元	省、自治区、直辖市人民政府,应当在规定的税额幅度内,根据市政建设状况、经济繁荣程度等条件,确定所辖地区的适用税额幅度。市、县人民政府应当根据实际情况,将本地区土地划分为若干等级,在省、自治区、直辖市人民政府确定的税额幅度内,制定相应的适用税额标准,报省、自治区、直辖市人民政府批准执行。经省、自治区、直辖市人民政府批准,经济落后地区土地使用税的适用税额标准可以适当降低,但降低额不得超过本条例第四条规定最低税额的30%
	2. 部分税收优惠政策： (1)个人所有的居住房屋及院落用地。 (2)房产管理部门在房租调整改革前经租的居民住房用地。 (3)免税单位职工家属的宿舍用地。 (4)集体和个人办的各类学校、医院、托儿所、幼儿园用地	省、自治区、直辖市税务局确定减免土地使用税
增值税	增值税起征点的幅度规定如下： (1)销售货物的,为月销售额 5 000～20 000 元； (2)销售应税劳务的,为月销售额 5 000～20 000 元； (3)按次纳税的,为每次(日)销售额 300～500 元	省、自治区、直辖市财政厅(局)和国家税务局应在规定的幅度内,根据实际情况确定本地区适用的起征点,并报财政部、国家税务总局备案

三、完善我国税收法定进程中地方授权的建议

(一)规范授权实施,统一被授权主体

《立法法》第八十二条明确,应当制定地方性法规但条件尚不成熟的,因行政管理迫切需要,可以先制定地方政府规章。规章实施满两年需要继续实施规章所规定的行政措施的,应当提请本级人民代表大会或者其常务委员会制定地方性法规。但我国目前税收政策的地方被授权主体、地方授权立法层级不统一,这不利于保持法律严肃性,也难以发挥地方人大的民主优势。本文建议将地方授权立法被授权主体统一为地方人民代表大会及其常务委员会,立法层级为地方性法规。

(二)加强机构合作,完善决定流程

税款征收涉及各类经济行为,而多种经济行为又由多个管理部门归口管理,地方税政策能否顺利实施,是否会出现某些负面效应,相关委办局基于管理经验,会有一些对实施效果和可能发生问题的预期。因此,按照《立法法》《地方各级人民代表大会和地方各级人民政府组织法》,对地方立法的授权、由地方享有重大事项的决定权,必不可少地需要地方人大和相关政府部门的协同。按照法定授权和部门职责,及时研究工作方案,明确政府相关部门工作任务,做好相关事项的沟通交流,必要时可以建立联席工作专班,保障授权地方的事项能顺利完成立法或顺利作出决定。

(三)加强实施管控,建立后评估机制

有些已经立法征税的税种,在复杂的现实环境中实施,也会产生不公平的现象。以北京市为例,城市维护建设税已经在2021年正式立法,其税率分为三个档次:纳税人所在地是市区的(北京为街道办事处辖区),税率为7%;纳税人所在地是县城、镇的,税率为5%;不在上述地区的,税率为1%。在北京城市化进程中出现了一些城乡结合部,一条马路的两侧繁华程度可能差不多,但是一侧属于街道办事处辖区,这里的经营者的城建税税率就是7%,而道路另一侧属于乡管辖,经营者的城建税税率就是1%。仅几米的距离,税率却差7倍,这类制度性问题无法要求全国人大修法,只能由北京市梳理政策、研究城市区划,充分行使地方政府决定权来改变。

数字经济对地区税制结构的影响：
理论机制与实证检验

王怡婷　李永海[①]

摘　要：数字经济发展日新月异，改变了工业时代的经济发展模式，也对与经济社会形态相适应的税制结构产生了深远影响。本文从数字经济影响税制结构的机制出发，从理论角度阐述数字经济促进税制结构优化的路径，并实证检验数字经济总水平及其各维度发展水平对税制结构的影响效应。研究发现，数字经济能够显著促进税制结构优化，且这种促进效应存在显著的门槛效应。分维度研究发现，相较产业数字化和数字产业化，数字基础设施对税制结构的优化效应更强。本文的研究对于数字经济时代税制结构的选择与完善具有一定的参考意义。新时代，应从推进新型数字基础设施建设、完善税收制度、促进数字经济与实体经济深度融合等角度，大力促进数字经济发展，发挥其持续促进税制结构优化的作用。

关键词：数字经济；税制结构；直接税占比；数字基础设施

一、引言

作为第四次工业革命的战略新高地，数字经济对经济社会产生了全方位、多领域的影响，已成为引领科技革命、产业变革，催生新业态、新模式，进而实现经济高质量发展的关键。中国数字经济关系发展大局，事关中国未来竞争力。我国历来重视发展数字技术、数字经济，党的十九大报告指出建设数字中国、智慧社会；党的十九届五中全会提出要发展数字经济，推动数字经济和实体经济深度融合；党的二十大从实体经济发展方面提出要加快数字中国建设。数字经济横跨实体经济与虚拟部分两大领域，在实现规模经济、范围经济和长尾经济的过程中深刻改变着全社会的生产组织形式及资源配置方式，也对建立在工业经济基础上的税制结构产生了深远影响。

数字经济包含设施、技术和要素三大支柱。以5G、数字中心为代表的数字基

[①]　王怡婷（通讯作者），中南财经政法大学博士研究生。李永海，兰州财经大学财政与税务学院院长、副教授。

础设施作为社会分摊资本,优化了各类企业的生产条件,创造了新的就业形式,为中低收入群体提高收入创造了机会(解洪涛等,2021),是经济腾飞的基础和底座;现代信息网络和信息通信技术的建设助力企业降低生产成本、提高生产效率,同时,企业可以借助信息网络与消费者面对面,提供更精细化的定制服务,实现供需一致,进而提高企业的边际利润,为流转税和所得税创造大量税源;数字经济还诞生了数据这一新生产要素,ICT贸易业、云服务、区块链等"无重量经济"发展如火如荼,对传统要素与产品的流转产生一定冲击,使得流转课税的形式更加丰富(蒋震等,2021)。税收在国家经济平稳运行中发挥着基础性和保障性作用,现有税制结构与数字经济发展的适配性已成为新的研究课题,围绕数字经济影响地区税制结构的作用机制与路径进行探讨,能够为数字时代税收政策的制定和优化提供指导。因此,构建相应的数理模型给出数字经济发展影响税制结构的内在逻辑,再通过实证分析进行验证,就成为本研究的主要内容。

二、文献综述

数字经济发展赋予了全人类新的生产生活方式,与此同时,对我国现行税制结构也提出了新的挑战,日益加剧了我国现行税制模式与数字经济发展的不适应性(张斌,2016;谢波峰等,2019;李蕊等,2020;樊慧霞等,2021)。探究数字经济发展对税制结构的影响,是与数字社会运行和劳动价值创造紧密相关的内容。国内外学者主要从理论角度分析数字经济对税制结构的影响。

绝大多数学者肯定了数字经济对税制结构优化的积极作用。工业经济向数字经济转型过程中,生产方式、产业结构、经济结构以及价值创造和分配方式的变迁,需要对现有税种进行改进并开设新税种,这将会引发所得税占比的提升及内部结构的调整(肖育才等,2022)。张斌(2016)认为数字经济发展使自然人纳税人在经济活动中的地位上升,传统的企业所得税和增值税体系将难以长期维持,可能最终会放弃对流转环节的征税。蒋震等(2021)通过构建数理模型也得出了相似的结论,认为数字经济发展将会推动税制体系变革,企业所得税比重会不断下降,个人所得税比重不断提高,数据流转税将成为新的流转税形态。

多位学者从未来税制设计角度给出数字时代税制结构的优化建议。李红霞等(2022)、王向东等(2021)从短期、中期、长期出发,认为数字经济税制改革的近期目标是对现行税制进行调整优化,中远期可以考虑开征数字税,并将我国现行以流转税为主体的税制结构,转变为以所得税为主体,辅之以财产税且与数字税并存的新税制体系(李红霞等,2022)。王向东等(2021)认为未来我国的税制转变应为以个人所得税为主体、财产税为辅助、增值税与数字服务税并存的税制结构。数字经济作为人类社会一种新的经济模式,必然催生出与之相适应的税种、税制,其中既包括对现有税种的改造,也包括创设一种新税(冯俏彬,2021)。从实践上看,目前,各国税制对数字经济发展的应对主要有以下两种途径:一是开征一项新的税种,即数字服务税。部分国家已经开始了探索进程,例如法国在 2019 年 7 月决定对部分大型跨国互联网企业征收 3% 的数字服务税(王向东等,2021)。二是不开征独立的数字服务税,而是通过调整纳税人、课税对象、征税范围等税制要素,改良原有税制,将其并入现行商品服务税的征税范围。比如,英国针对搜索引擎服务、在线市场广告服务等征收 2% 的税(崔景华等,2020);日本自 2015 年 10 月 1 日起,对电子图书、音乐及广告按照 8% 的税率征收进口服务消费税(李勇等,2021)。

从目前已有文献看,绝大多数学者认为数字经济发展将会促使税制结构优化提升,直接税规模不断提升而间接税规模逐步缩小。然而,现有文献主要从理论分析的角度分析数字经济发展对税制结构的影响,从实证角度具体评估数字经济对地区税制结构作用机制的分析研究还有待完善。基于此,本文以 2011—2020 年我国 30 个省份的面板数据为切入点,研究数字经济发展对地区税制结构的影响,进一步从异质性视角探讨不同维度、不同发展水平下数字经济带来的税制结构差异等问题。本文的研究结论不仅丰富了数字经济对地区税制结构作用机制的相关研究,而且为数字经济与地区税制结构的优化效应提供了实证证据,为未来我国数字经济税收制度的完善提供理论参照。

三、数字经济对税制结构的影响机制

为了更好地从理论角度探讨数字经济和税制结构之间的作用关系,本文构建了一个简单的关系模式。按照税种把社会税收总收入分为四部分:流转税收入 T_1,企业所得税收入 T_2,个人所得税收入 T_3,除流转税和所得税以外的其他税种收入 T_4,则全社会税收收入总额 T 如式(1)所示。

$$T = T_1 + T_2 + T_3 + T_4 \tag{1}$$

随着数字经济的快速发展,其已经渗透到经济社会的各个方面。税务部门借助大数据、智慧税务等系统,联结各部门优化税收征管工作,有效降低了税收征纳成本,提升了税收治理效率。同时,数字经济时代下,数字平台能够打破时空限制,减少供应链层级,实现供需双方的快速对接,使参与数字贸易的企业可以直接触及最终客户,从而大幅度降低远程通信和沟通成本,压缩贸易组织成本和组织间的协调成本。数字经济下的生产者能够通过大数据精准匹配用户需要,实现以用户为导向的精细化定制服务、预测市场需求,缓解交易双方信息不对称带来的成本损失问题。数据资产还可独立作为一种生产要素参与社会经济活动,催生网络直播、线上广告投放等众多商业活动。个人所得税方面,数字经济改变了工业社会的就业形态和资源配置方式(刘尚希,2021),生产资料和消费资料的相互转化促使居民财富来源途径的多样化显现。数字产业规模的持续扩大创造了大量新增就业岗位(何宗樾,2020),持续吸纳着新增的社会劳动力,数字产业化领域中的招聘岗位数已占所有招聘岗位数的32.6%。不仅如此,数字技术也催生出互联网经济领域的创业新模式,衍生出众多就业新形态,为自由职业者提供了更多就业创业机会。新业态平台经济、零工经济正日渐成为推动"新就业形态"的重要力量和促进国民经济高质量发展的新增长点,数字经济在一定程度上促进了个人财富增速加快。

根据以上简要理论分析,数字经济的发展在联结传统产业、催生新业态新职业等方面极大地提高了社会生产力,各类产品及服务的生产消费选择也对社会税制结构的组成产生了较大影响。本文借鉴蒋震等(2021)的建模思路,增值税的课税对象主要为各类工业产品,企业所得税的课税对象为产品及服务的收入减去工资成本之后的企业利润,个人所得税主要来自各企业的劳动报酬。由于我国现行税制主要针对工业产品的价值流转过程征收增值税,而对数字各类虚拟数字产品及服务还未出台相应的征收细则。因此,数字经济发展影响流转税的方面主要体现在数字技术提升工业产品生产率方面,而企业所得税是针对企业销售产品或服务取得的利润部分征税,数字时代企业产品数量的提升包括受数字技术影响而提升的传统产品生产量和数字经济催生出的新产品、新服务两部分。假设不再考虑除流转税、企业所得税和个人所得税以外的税种,全社会各产品的价格统一为p,社会非数字经济领域工业产品的产量为Y,同时把数字经济领域生产的产品分为Y_k和Y_D两部分,Y_k为传统工业产品借助数字技术生产率提高而产出的产品数量总额,Y_D则为纯粹由数字经济这一领域诞生出的新产品数量,各税种的税率统一为t,各税种的税收征收成本率为θ,同时,由于流转税的征收成本要小于所得税的征收成本,因此,未受数字经济影响的流转税的税收征收成本率为θ_1,所得税的税收征收成本率为θ_2,其中,$\theta_1 < \theta_2$。θ_D为税收征管受数字化影响而降低的税收征收成本率,L为全社会劳动力数量,w为劳动力价格,则传统的工业社会全社会的税收收入总额T_A及数字经济时代全社会的税收收入总额T_B分别如式(2)、式(3)所示。

$$T_A = (1-\theta_1)tYp + (1-\theta_2)t(Yp-Lw) + (1-\theta_2)tLw \tag{2}$$

$$T_B = [1-(\theta_1-\theta_D)]t(Y+Y_K)p + [1-(\theta_2-\theta_D)]t[(Y+Y_K+Y_D)p-Lw] \\ + [1-(\theta_2-\theta_D)]tLw \tag{3}$$

生产部门利润最大化的要素适用规则是$Lw=\beta Yp$,随着数字经济的快速发展,生产函数的劳动产出弹性β将不断上升,因此,相比工业时代,数字经济时代的劳动产出弹性变为$\beta+\beta_D$,β_D即为受数字经济影响劳动产出弹性增加的部分。因此式(3)可以写成式(4)。

$$T_B = [1-(\theta_1-\theta_D)]t(Y+Y_K)p + [1-(\theta_2-\theta_D)]t[(Y+Y_K+Y_D)p-(\beta+\beta_D)(Y+Y_K+Y_D)p] \\ + [1-(\theta_2-\theta_D)]t(\beta+\beta_D)(Y+Y_K+Y_D)p \tag{4}$$

不考虑其他税种影响,税制结构设定为所得税与流转税之比,则工业时代的税制结构 TS_A 及数字经济时代的税制结构 TS_B 分别如式(5)、式(6)所示。

$$TS_A = \frac{(1-\theta_2)t(Yp-Lw)+(1-\theta_2)tLw}{(1-\theta_1)tYp} \tag{5}$$

$$TS_B = \frac{[1-(\theta_2-\theta_D)]t[(Y+Y_K+Y_D)p-Lw]+[1-(\theta_2-\theta_D)]tLw}{[1-(\theta_1-\theta_D)]t(Y+Y_K)p} \tag{6}$$

将式(6)减去式(5),可以推导出数字经济发展前后税制结构的变动情况,整理后得到的结果如式(7)所示。

$$TS_B-TS_A = \frac{Y_D[(1-\theta_1)(1-\theta_2)+\theta_D(1-\theta_1)]+Y\theta_D(\theta_2-\theta_1)+Y_K\theta_D(\theta_2-\theta_1)}{[1-(\theta_1-\theta_D)](1-\theta_1)(Y+Y_K)} > 0 \tag{7}$$

由于税收征收成本率 θ_1、θ_2 和 θ_D 均 $\in (0,1)$,且流转税的征收成本 θ_1 小于所得税的征收成本 θ_2,因此,式(7)恒大于0,即相比于工业经济,数字经济的发展更有助于促进税制结构的优化。具体来看,数字时代的税制结构可以整理为 $(1+\frac{\theta_1-\theta_2}{[1-(\theta_1-\theta_D)]})(1+\frac{Y_D}{Y+Y_K})$。短期内,不受数字经济影响的税收征收成本率 θ_1、θ_2 基本保持不变,社会非数字领域的产品产量 Y 也处于一个较为稳定的水平,则数字时代的税制结构主要受数字技术提高的税收征收成本率 θ_D、数字经济催生出的新产品产量 Y_D 和数字技术提高的传统工业产品产量 Y_K 三个因素影响。假设其他因素不变,数字技术助力税收征收成本率降低得越多,税制结构也就越完善;数字领域生产的产品及服务数量越多,越有助于提高直接税比重、优化税制结构。然而,短期内,借助数字技术生产的传统工业产品数量越多,则会通过扩大间接税占比的方式削弱数字经济发展对税制结构的优化作用;但从长期看,在市场竞争的环境下,越来越多的企业会选择使用数字技术来提高自身生产率,因此,社会非数字领域的产品产量 Y 会下降,整个社会的工业产品数量趋向于保持动态稳定的状态。

进一步,借助式(4),仅分析数字经济发展对企业所得税、个人所得税占流转税比值的情况。数字时代,企业所得税占流转税的比值可以整理为 $(1+\frac{\theta_1-\theta_2}{[1-(\theta_1-\theta_D)]})(1+\frac{Y_D}{Y+Y_K})\frac{1-(\beta+\beta_D)}{Y+Y_K}$,个人所得税占流转税的比值可以整理为 $(\beta+\beta_D)(1+\frac{\theta_1-\theta_2}{[1-(\theta_1-\theta_D)]})(1+\frac{Y_D}{Y+Y_K})$。由此可以看出,数字经济的发展将通过提高劳动产出弹性明显促进个人所得税占流转税的比重。而企业所得税占比变化则较为微妙,数字经济提高的劳动产出弹性将不利于企业所得税占流转税比重的提升,原因是数字时代的人力资本水平通常也会相应提高,由此带来企业用工成本的上升。此外,相比个人所得税,企业所得税占流转税的比重还受产品产量的约束,原因是企业的生产销售行为通常既需要缴纳增值税又需要缴纳企业所得税。

在上述理论分析的基础上,结合文章研究侧重点,提出以下假说:

假说1:数字经济能够促进税制结构的优化完善。

假说2:数字经济对地区税制结构的影响呈现非线性关系。

四、数字经济对税制结构影响的实证分析

(一)计量模型设定

1. 面板固定效应模型

为验证上述分析结论,定量研究数字经济总体水平及其各维度发展对地区税制结构的具体影响效应,设定面板回归模型如下:

$$Tastr_{i,t} = \beta_0 + \beta_1 D_{i,t} + \beta_2 Control_{i,t} + u_i + \lambda_t + \varepsilon_{i,t} \tag{8}$$

$$Dtax_{i,t} = \beta_0 + \beta_1 D_{i,t} + \beta_2 Control_{i,t} + u_i + \lambda_t + \varepsilon_{i,t} \tag{9}$$

$$Indtax_{i,t} = \beta_0 + \beta_1 D_{i,t} + \beta_2 Control_{i,t} + u_i + \lambda_t + \varepsilon_{i,t} \tag{10}$$

其中,$Tastr_{i,t}$表示地区税制结构,$Dtax_{i,t}$表示直接税收入占总税收收入之比,$Indtax_{i,t}$表示间接税收入占总税收收入之比,$D_{i,t}$表示数字经济总体及其各维度发展水平,$Control_{i,t}$表示与税制结构相关的一组控制变量,β表示常数项及各解释变量回归系数,u_i为省份i的固定效应,λ_t为时间t的固定效应,$\varepsilon_{i,t}$表示既不随时间变化也不随个体变化的随机扰动项为随机扰动项。

2. 面板门槛模型

为进一步研究不同数字经济发展水平下税制结构的变化,建立门槛模型,设定的面板双门槛回归模型如下:

$$\begin{aligned} Tastr_{i,t} = & \beta_0 + \beta_1 De_{i,t} \cdot I(De_{i,t} \leq \gamma_1) + \beta_2 De_{i,t} \cdot I(\gamma_1 < De_{i,t} \leq \gamma_2) + \\ & \beta_3 De_{i,t} \cdot I(De_{i,t} > \gamma_2) + \beta_4 X_{i,t} + u_i + \varepsilon_{i,t} \end{aligned} \tag{11}$$

其中,γ_1和γ_2是数字经济指数变量门槛值的大小,且$\gamma_1 < \gamma_2$。$I(\cdot)$代表示性函数,括号里式子成立则取1,否则取0。其他符号及变量设定同上。

(二)变量选择与数据描述

1. 被解释变量

目前,国内外文献主要使用三种方法衡量税制结构,分别是直接税比重、间接税比重以及直接税与间接税的比值(李香菊等,2022),其中又以直接税与间接税之比的税制结构概念使用较为广泛(刘胜等,2016)。因此,本文的被解释变量为税制结构,使用直接税收入与间接税收入之比表示。同时,考虑到结果的稳健性,采用直接税比重与间接税比重作为被解释变量进一步分析,考察数字经济发展对直接税、间接税占比的影响。单独考虑直接税比重或间接税比重的方法也较为常见,曹

润林等(2022)使用直接税比重与间接税比重两个维度研究税制结构与经济高质量发展之间的关系。

关于直接税与间接税的划分,《中国税务年度报告2020》按照税种性质把我国税种分为货物和劳务税、所得税、财产和行为税三类,再结合梁季等(2021)的划分标准以及部分税种的征收性质,本文把个人所得税、企业所得税、房产税、城镇土地使用税、车船税、土地增值税、契税、耕地占用税之和划定为直接税收入,其余税收的收入总额划定为间接税收入。

2. 核心解释变量

数字经济综合发展水平(De)、数字基础设施水平(Df)、数字产业化(Dd)、产业数字化(Di)。其中,数字经济综合指数由数字基础设施、产业数字化和数字产业化三个维度体现,它们分别代表数字经济的不同发展方面。

结合中国信通院历年发布的《中国数字经济发展白皮书》、工信部《中国数字经济发展指数报告》等,在借鉴梁晓琴等(2020)、向云等(2022)的指标构建体系基础上,从数字基础设施、数字产业化和产业数字化三个维度对数字经济综合发展水平(De)进行测度。其中,数字基础设施水平(Df)包括用户基础、硬件基础、软件基础、人才基础四个方面十个具体指标,数字产业化(Dd)包括数字产业、数字服务和数字创新三个方面九个具体指标,产业数字化(Di)包括数字化改造、数字化交易和数字化金融三个方面十个具体指标。在具体指数的测算上,先对数据进行标准化处理消除量纲影响,再用客观赋权法中应用较为广泛的熵值法计算指标权重,对于个别缺失数据,通过线性插值等方法补充完整。数字经济综合发展水平及各维度发展水平测度指标如表1所示。

表1 数字经济发展水平指标测度体系

一级指标	二级指标	衡量方式	总水平权重	分维度权重	属性
数字基础设施 (0.318 6)	用户基础 (0.083 3)	互联网宽带接入端口	0.023 7	0.074 5	+
		互联网宽带接入用户	0.024 7	0.077 6	+
		互联网普及率	0.024 7	0.077 6	+
		移动电话普及率	0.010 2	0.031 9	+
	硬件基础 (0.031 6)	长途光缆线路长度	0.014 2	0.044 4	+
		移动电话交换机容量	0.017 4	0.054 7	+
	软件基础 (0.139 8)	域名数	0.054 6	0.171 2	+
		网页数	0.085 2	0.267 5	+
	人才基础 (0.063 9)	R&D人员全时当量	0.049 2	0.154 6	+
		高等学校普通本、专科学校和学生授予学位数	0.014 7	0.046 0	+

续表

一级指标	二级指标	衡量方式	总水平权重	分维度权重	属性
数字产业化 (0.448 4)	数字产业 (0.157 2)	信息传输、软件和信息技术产业企业单位数	0.045 1	0.100 6	+
		软件业务收入	0.070 0	0.156 2	+
		信息传输、软件和信息技术产业从业人数	0.042 1	0.093 9	+
	数字服务 (0.168 0)	邮电业务总量	0.032 8	0.073 2	+
		电信业务总量	0.047 3	0.105 4	+
		快递业务量	0.087 9	0.196 0	+
	数字创新 (0.123 2)	高新技术企业数	0.061 6	0.137 4	+
		高新技术企业主营业务收入	0.044 9	0.100 1	+
		高新技术企业利润总额	0.016 7	0.037 3	+
产业数字化 (0.233 0)	数字化改造 (0.106 1)	每百家企业拥有网站个数	0.003 7	0.015 8	+
		规模以上工业企业引进技术经费支出	0.072 9	0.312 7	+
		规模以上工业企业技术改造经费支出	0.029 5	0.126 6	+
	数字化交易 (0.088 4)	每百人使用计算机数	0.013 9	0.059 7	+
		有电商交易的企业占比	0.018 0	0.077 3	+
		电子商务交易额	0.056 5	0.242 6	+
	数字化金融 (0.038 5)	数字金融覆盖广度	0.010 4	0.044 8	+
		数字金融使用深度	0.009 3	0.039 9	+
		金融数字化程度	0.008 2	0.035 0	+
		数字普惠金融指数	0.010 6	0.045 5	+

表2展示了极差法处理后,我国30个省份2011—2020年数字经济综合指数。从表2中可以看出,我国地区间数字经济发展水平差距较大,从省份角度看,广东、江苏、北京、浙江、山东、上海6个省份的数字经济发展水平较高,位于第一梯队,其中,广东的数字经济发展水平最高,且与排名第二、三位的江苏和北京差距较大;四川、福建、河南、湖北、河北、湖南、安徽、辽宁、陕西、重庆10个省份的数字经济发展水平居中,位居第二梯度;其余省份的数字经济发展水平较低,位于第三梯度。

表2 2011—2020年各省份数字经济综合指数

省份	2011	2012	2013	2014	2015	2016	2017	2018	2019	2020	历年平均
北京	1.61	1.94	2.41	2.88	3.56	3.82	4.21	4.67	5.12	5.54	3.58

续表

省份	2011	2012	2013	2014	2015	2016	2017	2018	2019	2020	历年平均
天津	0.36	0.50	0.65	0.73	0.86	0.91	1.00	1.12	1.24	1.39	0.88
河北	0.60	0.78	0.95	1.07	1.24	1.43	1.73	1.99	2.29	2.53	1.46
辽宁	0.67	0.81	0.99	1.13	1.30	1.25	1.38	1.55	1.70	1.83	1.26
上海	1.11	1.34	1.72	2.03	2.23	2.87	2.92	3.36	3.68	3.82	2.51
江苏	2.11	2.44	2.83	3.08	3.43	3.77	4.14	4.61	5.22	5.74	3.74
浙江	1.43	1.86	2.00	2.31	2.82	3.23	3.67	4.10	4.80	5.53	3.18
福建	0.79	0.97	1.06	1.21	1.48	1.86	2.36	2.45	2.59	2.51	1.73
山东	1.30	1.55	2.08	2.16	2.30	2.59	2.87	3.31	3.60	4.04	2.58
广东	2.38	2.97	3.55	3.94	4.56	5.48	6.18	7.99	8.96	10.00	5.60
海南	0.05	0.14	0.30	0.39	0.53	0.56	0.61	0.68	0.75	0.78	0.48
东部平均	1.13	1.39	1.69	1.90	2.21	2.53	2.82	3.26	3.63	3.97	2.45
山西	0.30	0.43	0.58	0.63	0.73	0.82	0.92	1.10	1.24	1.39	0.81
吉林	0.23	0.34	0.44	0.55	0.71	0.68	0.77	0.86	1.30	1.11	0.70
黑龙江	0.34	0.43	0.59	0.67	0.76	0.81	0.90	0.98	1.07	1.16	0.77
安徽	0.50	0.66	0.82	0.97	1.21	1.35	1.53	1.81	2.12	2.39	1.34
江西	0.21	0.35	0.50	0.63	0.83	0.87	1.06	1.28	1.55	1.75	0.90
河南	0.64	0.79	1.01	1.16	1.45	1.64	1.86	2.31	2.67	2.98	1.65
湖北	0.54	0.76	0.96	1.13	1.43	1.56	1.74	1.96	2.32	2.51	1.49
湖南	0.57	0.75	0.92	0.98	1.18	1.34	1.53	1.75	2.07	2.27	1.34
中部平均	0.42	0.56	0.73	0.84	1.04	1.13	1.29	1.51	1.79	1.95	1.12
内蒙古	0.33	0.35	0.53	0.59	0.69	0.75	0.81	0.89	1.00	1.07	0.70
广西	0.29	0.41	0.52	0.61	0.74	0.84	1.00	1.22	1.52	1.70	0.89
重庆	0.28	0.42	0.63	0.78	0.97	1.12	1.24	1.34	1.50	1.71	1.00
四川	0.73	0.96	1.11	1.28	1.57	1.77	2.00	2.37	2.79	3.13	1.77
贵州	0.14	0.27	0.37	0.47	0.60	0.69	0.78	0.93	1.14	1.25	0.66
云南	0.22	0.34	0.51	0.61	0.77	0.87	1.00	1.17	1.41	1.55	0.85
陕西	0.40	0.51	0.66	0.80	0.96	1.11	1.21	1.42	1.66	1.83	1.06

续表

省份	2011	2012	2013	2014	2015	2016	2017	2018	2019	2020	历年平均
甘肃	0.09	0.22	0.33	0.40	0.52	0.55	0.64	0.76	0.88	0.96	0.54
青海	0.00	0.08	0.17	0.23	0.36	0.39	0.43	0.49	0.52	0.58	0.32
宁夏	0.01	0.08	0.19	0.29	0.46	0.39	0.45	0.51	0.54	0.59	0.35
新疆	0.12	0.23	0.36	0.42	0.55	0.56	0.63	0.73	0.85	0.95	0.54
西部平均	0.24	0.35	0.49	0.59	0.74	0.82	0.93	1.08	1.25	1.39	0.79
全国平均	0.61	0.79	0.99	1.14	1.36	1.53	1.72	1.99	2.27	2.49	1.49

从区域角度看,如图1所示,我国数字经济发展水平呈现出明显的区域分化特点。东部地区的数字经济发展水平显著高于中部、西部地区,且高于全国平均水平。从上文的省份差异分析也可发现,数字经济发展水平位于第一梯队的6个省份全部位于我国东部地区,中部与西部地区均低于全国平均水平,中部地区略高于西部地区。从区域内视角分析可以发现,中部地区、西部地区也不乏数字经济发展程度较好的省份,比如中部地区的河南、湖北,西部地区的四川、陕西等,但这难以改变整个地区数字经济发展水平较低的状况。

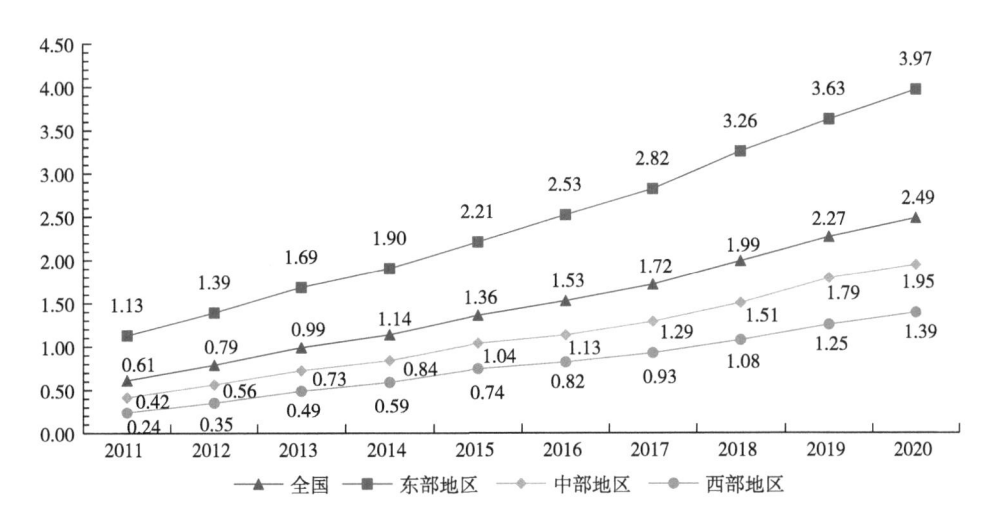

图1 2011—2020年全国及各地区数字经济综合指数图

3. 控制变量

(1)经济发展水平($Pgdp$)。税制结构与地区间的经济发展水平联系密切,一个国家的税制结构是由其特定经济社会发展阶段的经济结构、政治体制、征管能力等多种因素决定的(张斌,2019),郭庆旺等(1986)认为生产力发展水平是决定税制结构的最重要因素之一。经济发展水平的高低影响一个国家主体税种的构成,经济发展水平越高的地区,直接税占比也会越大(刘振亚等,2016)。此外,经济发展的程度不同也会通过影响居民的收入消费选择影响国家的税制结构。本文选取人均名义GDP规模代表各地区的经济发展水平。

（2）产业结构（$Idus$）。国家的经济发展水平既表现在经济规模方面,也表现在经济结构方面(马国强,2016)。从经济结构方面考察经济发展水平,主要体现在产业结构层面。在第二产业占比较高的工业初期时代,税收征收原则主要以效率为主,以流转税为主体的间接税筹集财政收入的功能强,必然成为主体税(肖育才等,2022);而随着经济社会发展,资源配置效率得到大幅提升,要素和产品流转形态更加丰富,产业结构更趋优化合理,税收原则转向效率与公平并重,所得税占比得到扩大。本文借鉴钞小静等(2011)的研究思路,使用主成分分析法测度各省份产业结构的合理化指数,用以说明各地区产业结构的发展水平。

（3）对外开放水平（Opl）。开放程度是一国税制结构变动的主导因素之一。随着全球化进程的加快,来自发达国家、转型期国家的税收政策会对他国税收政策的选择产生外部性,进而产生国际间税收竞争等对税制结构带来波动的行为(韩仁月,2010;王雍君等,2022),刘振亚等(2016)通过聚类分析的方法发现对外依赖程度是影响我国税制演变的潜在因素。改革开放的实践证明,我国对外开放水平的持续提升对税制结构的完善起到了很大作用,财产税制度的培育、企业所得税制度的统一、个人所得税的修正等均得益于对外开放步伐的加快(吴旭东等,2022)。本文使用境内目的地和货源地进出口总额代表各地区的对外开放水平,在对外开放程度不断扩大的背景下考察数字经济对税制结构的影响。

（4）法治化水平（$Lawn$）。一个国家的法治化水平是其社会治理水平的主要体现,在法治化程度较低时期,税收征管系统、稽查体系落后,相应的惩罚制度缺失,民众的纳税遵从度较低,国家的税制结构会偏重征收简便、成本低的间接税;而随着治理体系和治理能力的提升,完备高效的征管体系保障了调节效果更优的直接税征管,国家也逐渐把提高直接税比重作为完善税制结构的重要实现途径(姜明耀,2021)。本文使用年末案件结案数量代表地区法治化水平。

（三）数据来源

本文数据主要来源于《中国统计年鉴》、《中国税务年鉴》、《中国火炬年鉴》、《中国科技统计年鉴》、国家统计局官网、各省统计年鉴及统计公报等,时间跨度为2011—2020年,对于个别缺失数据,通过线性插值等方法补充完整。表3报告了各主要变量的描述性统计结果。

表3 主要变量描述性统计结果

变量类别	变量名称	符号	观测值	均值	标准差	最小值	最大值
被解释变量	税制结构	Tastr	300	0.582 1	0.259 8	0.232 2	2.001 8
	直接税占比	Dtax	300	0.356 4	0.073 1	0.188 4	0.666 9
	间接税占比	Indtax	300	0.643 6	0.073 1	0.333 1	0.811 6
核心解释变量	数字经济发展水平	De	300	0.139 6	0.120 4	0.012 3	0.867 5
	数字基础设施水平	Df	300	0.164 6	0.132 2	0.013 3	0.717 2
	数字产业化	Dd	300	0.092 1	0.124 4	0.003 2	0.960 3
	产业数字化	Di	300	0.196 8	0.120 6	0.023 1	0.894 3
控制变量	经济发展水平	Pgdp	300	0.538 4	0.270 4	0.160 2	1.641 6
	产业结构	Idus	300	0.411 2	0.878 8	-0.379 7	5.112 3
	对外开放水平	Opl	300	0.904 0	1.567 9	0.002 1	8.319 7
	法治化水平	Lawn	300	2.695 1	2.710 4	0.074 4	16.884 5

(四)实证结果

1. 基准回归

为避免多重共线性,对核心变量均采用 VIF 检验,结果显示 VIF 值小于 10,即模型不存在严重的多重共线性。此外,对模型采用 Hausman 检验,结果表明模型均适合建立固定效应模型,经过似然比检验,最终选择个体固定效应模型,得到各模型的具体估计结果如表 4 所示。

表4 数字经济对税制结构影响的回归结果

变量	(1) Tastr	(2) Dtax	(3) Indtax	(4) Tastr	(5) Dtax	(6) Indtax
De	0.657***	0.249***	-0.249***	0.594***	0.200***	-0.200***
	(0.000)	(0.000)	(0.000)	(0.000)	(0.000)	(0.000)
Pgdp				0.131***	0.052***	-0.052***
				(0.006)	(0.004)	(0.004)
Idus				0.056***	0.025***	-0.025***
				(0.000)	(0.000)	(0.000)
Opl				-0.015	-0.001	0.001
				(0.576)	(0.965)	(0.965)

续表

变量	(1) Tastr	(2) Dtax	(3) Indtax	(4) Tastr	(5) Dtax	(6) Indtax
Lawn				−0.028***	−0.011***	0.011***
				(0.000)	(0.000)	(0.000)
常数项	0.490***	0.322***	0.678***	0.494***	0.319***	0.681***
	(0.000)	(0.000)	(0.000)	(0.000)	(0.000)	(0.000)
地区效应	否	否	否	是	是	是
时间效应	否	否	否	否	否	否
观测值	300	300	300	300	300	300
R^2	0.385	0.375	0.375	0.476	0.478	0.478
F检验				48.21	48.44	48.44
				(0.000)	(0.000)	(0.000)

注：***、**、*分别表示通过1%、5%、10%的显著性水平检验。下同。

表4中，模型(1)~(3)表示未加入控制变量与固定效应的情况下，数字经济发展对税制结构、直接税占比和间接税占比的直接影响效应，回归系数均为正值，且通过了1%的显著性水平检验，显示数字经济发展对税制结构有显著促进作用。模型(4)~(6)则是加入了控制变量和地区固定效应的结果，R^2较之前均有提升，且回归系数仍显著为正，说明考虑不同省份经济发展水平、产业结构、对外开放水平和法治化程度等影响差异的情况下，数字经济对税制结构和直接税占比均存在显著的正向效应，对间接税占比则存在显著负向效应。从回归系数的大小看，数字经济发展水平的回归系数分别为0.594、0.200和−0.200，均在1%水平上显著。数字经济对税制结构的影响效应较大，数字经济每提高1个单位，税制结构将提高0.594个单位。数字经济发展水平也提升了直接税占比，数字经济每提高1个单位，直接税占比也增加0.200个单位；数字经济对地区间接税比重的提升则起到了削弱作用，数字经济每提升1个单位，将会使间接税占比减少0.200个单位。

综合各模型结果，可以得出数字经济促进地区税制结构优化的具体影响路径，即数字经济通过提高直接税占比、减少间接税占比的方式促使税制结构的持续优化，证实了前述的理论假设。数字经济的发展改变了经济社会的方方面面，先进高效的数字技术提升了政府治理的数字化水平,降低了直接税的征收成本,也通过打击偷漏税行为减小了税收流失规模;数字经济连接实体与虚拟两个端口,催生了数字新产品的诞生,提高了企业的边际利润空间;同时,数字领域创造的众多就业岗位、衍生的众多就业形态使得社会财富的横向分配与累积效果明显,显著提升了居民的收入、消费水平。

2. 分维度回归

从生产力和生产关系的角度,把数字经济划分为数字基础设施、产业数字化及数字产业化三个维度,进一步分析不同维度数字经济发展对税制结构的影响,具体估计结果如表5所示。由表5可知,三个维度的数字经济发展均对税制结构的完善起到了积极作用,数字基础设施、数字产业化对税制结构的影响均在1%的水平下显著为正,产业数字化对税制结构的影响在5%的水平下显著为正,其余控制变量也均符合预期。与前述估计结果相联系,可以发现数字经济通过数字基础设施、数字产业化和产业数字化三个方面促进了地区税制结构的优化,其中,数字基础设施对税制结构优化的促进作用最强,数字产业化的提升作用次之,产业数字化对税制结构提升的促进作用最弱,且与数字基础设施和数字产业化的优化作用差距较大。具体来看,每1个单位数字基础设施水平的提升,将促进税制结构提高0.407个单位;每1个单位数字产业化水平的提升,对税制结构的促进效果为0.372个单位;而每1个单位产业数字化水平的提升,对税制结构的促进效果仅为0.214个单位。

表5 各维度数字经济对税制结构影响的回归结果

变量	$Tastr$					
	(1)	(2)	(3)	(4)	(5)	(6)
Df	0.706***			0.407***		
	(0.000)			(0.000)		
Dd		0.514***			0.372***	
		(0.000)			(0.000)	
Di			0.553***			0.214**
			(0.000)			(0.010)
$Pgdp$				0.153***	0.221***	0.179***
				(0.002)	(0.000)	(0.000)
$Idus$				0.062***	0.059***	0.054***
				(0.000)	(0.000)	(0.001)

续表

变量	Tastr					
	（1）	（2）	（3）	（4）	（5）	（6）
Opl				0.021	−0.019	0.044*
				(0.387)	(0.506)	(0.056)
$Lawn$				−0.020***	−0.026***	−0.015***
				(0.001)	(0.000)	(0.007)
常数项	0.466***	0.535***	0.473***	0.442***	0.493***	0.422***
	(0.000)	(0.000)	(0.000)	(0.000)	(0.000)	(0.000)
地区效应	否	否	否	是	是	是
时间效应	否	否	否	否	否	否
观测值	300	300	300	300	300	300
R^2	0.369	0.307	0.360	0.460	0.464	0.448
F检验				45.11	45.87	43.01
				(0.000)	(0.000)	(0.000)

具体到各税种，如表6所示，直接税占比方面，模型（1）（2）（3）显示数字经济各维度与直接税占比正相关，模型（4）（5）（6）显示数字经济各维度与间接税占比负相关。与各维度数字经济促进税制结构优化效果不同的是，尽管差距很小，然而并非数字基础设施而是数字产业化对提高直接税占比的促进作用最理想，每1个单位数字产业化水平的提升将促进直接税占比增加0.126个单位。数字基础设施水平的作用次之，产业数字化对提高直接税占比的促进作用较弱。同时，分析各控制变量可得，经济发展对直接税占比的提升作用均在1%的水平下显著，数字经济作为经济高质量发展的强大驱动力，推动经济发展，助力产业结构优化升级，对税制结构的优化产生了间接推动作用。三个维度的数字经济发展水平均至少在5%的水平下与间接税占比显著负相关，数字产业化对间接税占比的促退作用最大，数字经济建构的生产组织体系已经与工业时代间接税的征管体系相脱钩，间接税在流转环节征税的形式必须根据数字经济的发展特点进行调整与改善。

表6 各维度回归结果

变量	$Dtax$			$Indtax$		
	（1）	（2）	（3）	（4）	（5）	（6）
Df	0.125**			−0.125**		
	(0.005)			(0.005)		

续表

变量	Dtax			Indtax		
	(1)	(2)	(3)	(4)	(5)	(6)
Dd		0.126***			-0.126***	
		(0.001)			(0.001)	
Di			0.081**			-0.081**
			(0.011)			(0.011)
Pgdp	0.062***	0.082***	0.065***	-0.062***	-0.082***	-0.065***
	(0.001)	(0.000)	(0.001)	(0.001)	(0.000)	(0.001)
Idus	0.027***	0.026***	0.024***	-0.027***	-0.026***	-0.024***
	(0.000)	(0.000)	(0.000)	(0.000)	(0.000)	(0.000)
Opl	0.012	-0.002	0.019**	-0.012	0.002	-0.019**
	(0.182)	(0.860)	(0.029)	(0.182)	(0.860)	(0.029)
Lawn	-0.008***	-0.010***	-0.007***	0.008***	0.010***	0.007***
	(0.001)	(0.000)	(0.002)	(0.001)	(0.000)	(0.002)
常数项	0.301***	0.319***	0.296***	0.699***	0.681***	0.704***
	(0.000)	(0.000)	(0.000)	(0.000)	(0.000)	(0.000)
地区效应	是	是	是	是	是	是
时间效应	否	否	否	否	否	否
观测值	300	300	300	300	300	300
R^2	0.461	0.468	0.458	0.461	0.468	0.458
F 检验	45.39	46.60	44.82	45.39	46.60	44.82
	(0.000)	(0.000)	(0.000)	(0.000)	(0.000)	(0.000)

3. 面板门槛效果检验

为进一步研究不同数字经济发展水平对地区税制结构的促进效果,建立面板门槛模型进行异质性分析。使用 Hansen(Hansen,2000)的 bootstrap 自助法,把数字经济发展水平(De)作为门槛变量,通过反复抽样 1 000 次得到检验统计量对应的 P 值,判断是否存在着门槛效应,面板门槛模型的检验结果如表7 所示。

表7 门槛效应检验结果

门槛数	RSS	MSE	F 统计量	P 值	门槛值
Single	0.652 5	0.002 2	38.92	0.006 0	0.461 8

续表

门槛数	RSS	MSE	F 统计量	P 值	门槛值
Double	0.586 3	0.002 0	32.72	0.012 0	0.628 4
Triple	0.522 7	0.001 8	35.26	0.136 0	—

由表 7 可知,不同数字经济发展水平对地区税制结构影响的双门槛通过了 1% 的显著水平,三门槛的 P 值为 0.136 0,不显著。两个门槛估计值分别为 0.461 8 和 0.628 4。图 2 展示了数字经济对地区税制结构影响的双门槛结果在 95% 置信区间下的似然比函数图,其中,LR 统计量最低点为对应的真实门槛值,虚线表示临界值为 7.35,临界值 7.35 大于两个门槛值,因此上述门槛值是真实有效的。

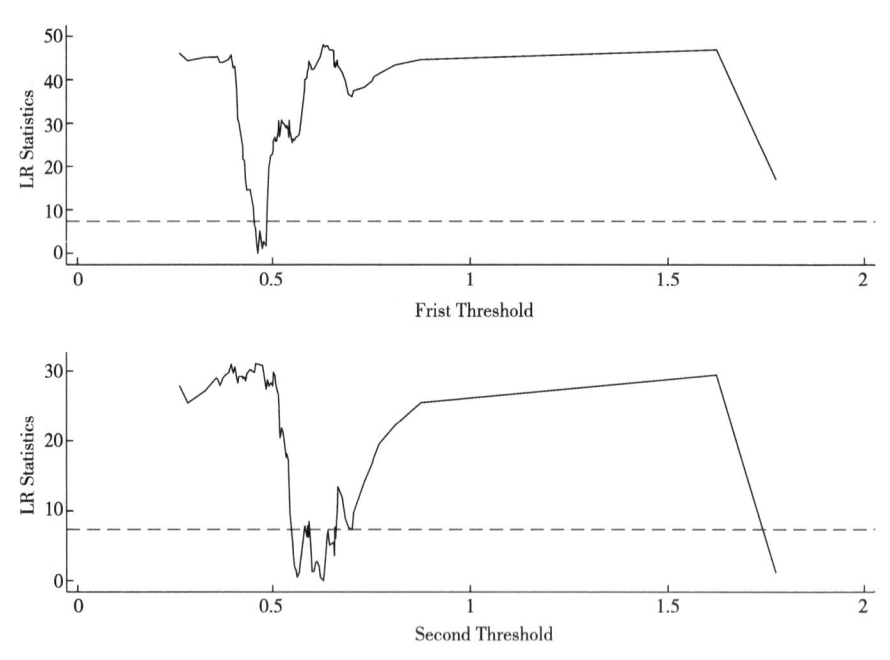

注:两个图依次为门槛值0.461 8和0.628 4对应的估计结果。

图 2　数字经济对地区税制结构影响的双门槛估计结果

面板门槛模型参数估计结果如表 8 所示,从模型估计结果可知,不同数字经济发展水平对地区税制结构的促进作用存在较大差异。当数字经济处于较低发展水平时($De \leq 0.461\ 8$),其对地区税制结构的促进作用为负,即在数字经济发展初期,政府治理对此领域的反应相对滞后,仅能保证与现有税制联系较多的产业数字化领域税款的征收,对个人及企业在数字领域隐匿收入等的逃避税行为缺乏有效监管手段,所得税类税种收入流失严重;当数字经济发展到一定阶段后(0.461 8 <

$De \leq 0.6284$),政府部门的数字化监管框架初步确立,数字治理水平明显提升,数字经济对税制结构的优化作用显现,从回归结果上看,数字经济对税制结构的回归系数显著为正,为 0.277;随着数字经济发展水平进一步提高($De > 0.6284$),各项配套措施日趋完善,数字经济对税制结构的优化效应进一步突出,对地区税制结构的影响系数扩大为 0.543。因此,数字经济发展水平对地区税制结构的促进作用会随着数字经济发展水平的提升而不断增大,当越过 0.4618 和 0.6284 的门槛值时,对地区税制结构的提升效果获得进一步增强。

表 8 面板门槛模型参数估计结果

变量	回归系数	t 值
$Pgdp$	0.173***	4.05
$Idus$	0.066***	4.63
Opl	-0.061**	-2.48
$Lawn$	-0.033***	-5.73
$De \cdot I(De \leq 0.4618)$	-0.342**	-2.12
$De \cdot I(0.4618 < De \leq 0.6284)$	0.277**	2.10
$De \cdot I(De > 0.6284)$	0.543***	4.68

4. 稳健性检验

(1)变量替换。为检验上述结果的稳健性,进一步考察数字经济发展对税制结构的影响,考虑替换被解释变量,以消除单一变量测度对回归结果产生的潜在影响。构成税制结构的各税种收入来源大致可以划分为两种口径,一个是从来源角度,统计各地区税务部门征收的全部来源于本地区的各税种收入,即地区实际创造的各税种税收收入之和;另一个则是从获得角度,各地区收缴的税收收入根据相应比例上缴中央后所剩下的归属于地区享有的税收收入。为了准确衡量数字经济发展对地区税制结构的影响,本文采用第一种口径进行实证分析,为了得到更为稳健的结果检验结论的可靠性,接下来使用各税种收入归属口径的数据对模型进行稳健性检验。

稳健性检验结果如表 9、表 10 所示,对各模型进行 Hausman 检验,结果表明均适合建立固定效应模型。从估计结果来看,数字经济发展水平与税制结构、直接税占比均在 5% 的水平下显著正相关,与间接税占比则在 5% 的水平下显著负相关,验证上文结果。具体到各维度,数字基础设施水平与税制结构、直接税占比正相关,与间接税占比负相关,数字产业化、产业数字化与税制结构各指标虽然不显著,但符号仍符合预期,其余控制变量也均符合理论预期,与前述模型的估计结果基本一致,研究结果具有一定的稳健性。

表9 数字经济对税制结构影响的回归结果

变量	(1) Tastr1	(2) Dtax1	(3) Indtax1	(4) Tastr1	(5) Dtax1	(6) Indtax1
De	1.308***	0.366***	−0.366***	0.614**	0.152**	−0.152**
	(0.000)	(0.000)	(0.000)	(0.019)	(0.040)	(0.040)
Pgdp				0.489***	0.141***	−0.141***
				(0.000)	(0.000)	(0.000)
Idus				0.104***	0.033***	−0.033***
				(0.001)	(0.000)	(0.000)
Opl				−0.031	−0.011	0.011
				(0.553)	(0.483)	(0.483)
Lawn				−0.028**	−0.008**	0.008**
				(0.029)	(0.026)	(0.026)
常数项	0.636***	0.390***	0.610***	0.531***	0.362***	0.638***
	(0.000)	(0.000)	(0.000)	(0.000)	(0.000)	(0.000)
地区效应	否	否	否	是	是	是
时间效应	否	否	否	否	否	否
观测值	300	300	300	300	300	300
R^2	0.392	0.371	0.371	0.500	0.491	0.491
F检验				53.01	51.21	51.21
				(0.000)	(0.000)	(0.000)

表10 各维度数字经济对直接税占比影响的回归结果

变量	Tastr1			Dtax1			Indtax1		
	(1)	(2)	(3)	(4)	(5)	(6)	(7)	(8)	(9)
Df	0.728***			0.198***			−0.198***		
	(0.001)			(0.002)			(0.002)		
Dd		0.250			0.031			−0.031	
		(0.201)			(0.571)			(0.571)	
Di			0.190			0.076			−0.076
			(0.249)			(0.103)			(0.103)

续表

变量	Tastr1			Dtax1			Indtax1		
	（1）	（2）	（3）	（4）	（5）	（6）	（7）	（8）	（9）
$Pgdp$	0.430***	0.595***	0.549***	0.121***	0.170***	0.145***	−0.121***	−0.170***	−0.145***
	（0.000）	（0.000）	（0.000）	（0.000）	（0.000）	（0.000）	（0.000）	（0.000）	（0.000）
$Idus$	0.111***	0.107***	0.103***	0.035***	0.034***	0.032***	−0.035***	−0.034***	−0.032***
	（0.000）	（0.001）	（0.002）	（0.000）	（0.000）	（0.001）	（0.000）	（0.000）	（0.001）
Opl	−0.015	−0.012	0.030	−0.008	−0.001	0.004	0.008	0.001	−0.004
	（0.751）	（0.837）	（0.514）	（0.569）	（0.987）	（0.746）	（0.569）	（0.987）	（0.746）
$Lawn$	−0.025**	−0.021	−0.014	−0.008**	−0.005	−0.005*	0.008**	0.005	0.005*
	（0.027）	（0.110）	（0.196）	（0.017）	（0.162）	（0.099）	（0.017）	（0.162）	（0.099）
常数项	0.503***	0.499***	0.454***	0.357***	0.347***	0.345***	0.643***	0.653***	0.655***
	（0.000）	（0.000）	（0.000）	（0.000）	（0.000）	（0.000）	（0.000）	（0.000）	（0.000）
地区效应	是	是	是	是	是	是	是	是	是
时间效应	否	否	否	否	否	否	否	否	否
观测值	300	300	300	300	300	300	300	300	300
R^2	0.509	0.493	0.492	0.501	0.484	0.488	0.501	0.484	0.488
F检验	54.88	51.46	51.34	53.26	49.69	50.60	53.26	49.69	50.60
	（0.000）	（0.000）	（0.000）	（0.000）	（0.000）	（0.000）	（0.000）	（0.000）	（0.000）

（2）内生性处理。尽管面板固定效应模型在一定程度上克服了模型中的内生性问题，然而被解释变量税制结构与核心解释变量数字经济发展水平之间仍有可能存在反向因果和遗漏变量等问题，为此，借鉴刘国武等（2022）和程思进等（2022）的研究思路，分别采用一阶段和两阶段系统 GMM 方法进行估计，将 $\delta Tastr_{i,t-1}$ 和 $De_{i,t}$ 视为内生变量，并把这些变量的两阶滞后变量作为工具变量。在基准模型的基础上，设定如下动态面板模型：

$$Tastr_{i,t} = \beta_0 + \delta Tastr_{i,t-1} + \beta_1 De_{i,t} + \beta_2 Control_{i,t} + u_i + \lambda_t + \varepsilon_{i,t} \tag{12}$$

其中，引入滞后变量 $\delta tastr_{i,t-1}$ 涵盖了其他可能会对税制结构造成影响的因素，能够缓解模型的遗漏变量问题，减少计量设定可能存在的偏误。同时，为消除离群值对估计结果的影响，对所有变量在1%和99%的分位上进行缩尾处理，缩尾后的估计结果如表11所示。

表 11　系统 GMM 回归结果

变量	（1）One-step 系统 GMM	（2）Two-step 系统 GMM
$Tastr(-1)$	0.900*** (0.000)	0.903*** (0.000)
De	0.156** (0.022)	0.150* (0.060)
$Pgdp$	-0.015 (0.438)	-0.013 (0.616)
$Idus$	0.023* (0.076)	0.023 (0.113)
Opl	-0.009** (0.045)	-0.009 (0.101)
$Lawn$	0.002 (0.561)	0.002 (0.636)
常数项	0.048** (0.031)	0.046* (0.057)
地区效应	是	是
时间效应	否	否
观测值	270	270
AR(1)	0.011	0.013
AR(2)	0.629	0.639
Hansen 检验	0.926	0.926

动态面板模型估计结果显示,地区税制结构显著依赖于过去的税制结构,滞后一阶的税制结构回归系数显著为正,税制结构的变化是一个连续且累积的动态过程。此外,Hansen 检验的结果 P 值均为 0.926,明显高于 0.1,表明工具变量的选择是有效的。残差序列相关性检验显示 AR(1) 的 P 值为 0.011 和 0.013,均小于 0.1,AR(2) 的 P 值分别为 0.629 和 0.639,显著大于 0.1,说明差分后的残差项不存在序列相关性问题,证实了结果的有效性。从实证结果看,数字经济与税制结构之间的回归系数至少在 10% 的水平下正显著,回归系数分别为 0.156 和 0.150,数字经济发展水平的提升会促进税制结构的提高,证明上述估计结果的稳健性。

五、结论与建议

(一)研究结论

数字经济的发展劲头势不可挡,它建立在工业革命的基础之上,又具备了工业经济所没有的特点与优势,在深刻改变生产生活方式的过程中也对原有工业社会税制结构产生了冲击与影响。本文首先从理论角度分析数字经济对地区税制结构的影响,同时利用全局主成分、熵值法对各地区各维度数字经济发展水平进行测算,在此基础上,实证分析数字经济总体以及各维度发展水平对地区税制结构的具体影响效应,并进行稳健性检验。

本文的基本结论如下:

第一,数字经济及其各维度发展水平与地区税制结构显著正相关,即数字经济总体发展水平、数字基础设施水平、数字产业化及产业数字化均能显著促进地区税制结构的优化完善。

第二,面板门槛值检验显示,不同数字经济发展水平对税制结构的作用效果具有异质性,数字经济发展水平越高的地区,数字经济对当地税制结构的改善效应就越显著。

第三,计量结果还表明,地区人均 GDP、产业结构以及法治化程度等也是影响地区税制结构的重要因素。

(二)政策建议

1. 加快推进新型数字基础设施建设

数字基础设施建设是支撑数字经济发展的重心和基础,能够更好地发挥投资对经济的驱动作用,为培育壮大数字经济新动能奠定客观基础。以算力基础设施和网络基础设施为重点,建设覆盖范围广、互通能力强、共享程度深的智能绿色算力网络设施。财政投资建设职能要重点发力,为数字基础设施的建设提供稳定的资金支撑。在建设项目的选择上要因地制宜,依托本地特色行业产业进行协同发展,强化地区城乡、部门、行业的衔接与联系,避免设施项目的重复建设问题。注重各基础设施的深化并进,积极推动云计算、边缘计算部署与信息通信网络架构的深度融合。

2. 完善税收制度,引导数字产业化规范发展

不同于建立在工业经济基础上的产业数字化,数字产业化完全建立在数字化的知识和信息基础之上,对其产生的产品及服务的征税规则的制定,与现有税收规则难以完全匹配。应尽快调整扩充现有税收制度,并出台相应的税收政策加以规

范与引导,避免数字领域税款的流失。适当扩充受数字化发展影响较大的增值税、企业所得税和个人所得税的征税范围,增值税在虚拟平台交换确定的价格基础上明确数字产品的增值额,并划分数字产品及服务分类,以便增加相应的税目、适用税率;企业所得税要通过增设虚拟常设机构来防止数字领域的逃避税问题;个人所得税则要着力扩大综合所得的范围,把零工平台就业者、让渡数字产品使用权的收入纳入进来。

3. 促进数字经济与实体经济深度融合,推动产业数字化转型

数字经济对各类产业的作用效果存在差异,数字技术在电商、物流、广告等第三产业领域的应用要快于以制造业为代表的第二产业。税收优惠政策要多向制造业企业倾斜,扶持制造业企业建立完整有效的数据链,形成税收促进数字经济发展、数字经济推动税制结构优化的良性循环模式。通过税收返还、财政奖补等形式鼓励制造业企业增加研发投入,吸引社会资本参与,提升制造业企业的创新能力。各类企业还要基于品牌和渠道进行精细化布局生产,依托合作伙伴的数字服务,从战略、组织以及运营等多方面提升企业内部的集成与协同,实现系统自洽、决策智能的现代服务模式。

参考文献

[1]解洪涛,杨乔. 数字经济冲击与未来税制改革[J]. 财政监督,2021(22).

[2]蒋震,苏京春,杨金亮. 数字经济转型与税制结构变动[J]. 经济学动态,2021(5).

[3]张斌. 数字经济对税收的影响:挑战与机遇[J]. 国际税收,2016(6).

[4]谢波峰,陈灏. 数字经济背景下我国税收政策与管理完善建议[J]. 国际税收,2019(3).

[5]李蕊,李水军. 数字经济:中国税收制度何以回应[J]. 税务研究,2020(3).

[6]樊慧霞,张艺川. 数字经济时代居民消费模式跃迁与税收政策选择[J]. 地方财政研究,2021(12).

[7]肖育才,杨磊. 数字经济时代与工业经济时代税制的比较分析[J]. 税务研究,2022(2).

[8]李红霞,张阳. 数字经济对税制改革的影响及对策建议[J]. 税务研究,2022(5).

[9]王向东,罗勇,曹兰涛. 数字经济下税制创新路径研究[J]. 税务研究,2021(12).

[10]冯俏彬.数字经济时代税收制度框架的前瞻性研究:基于生产要素决定税收制度的理论视角[J].财政研究,2021(6).

[11]崔景华,李浩研.数字服务税的制度实践及其效应研究[J].税务研究,2020(11).

[12]李勇,李鹏.数字经济时代税收征管环境、问题与建议[J].国际商务财会,2021(13).

[13]刘尚希,梁季,施文泼.经济数字化和金融化中的金融税制转型分析[J].财政科学,2021(11).

[14]何宗樾,宋旭光.数字经济促进就业的机理与启示:疫情发生之后的思考[J].经济学家,2020(5).

[15]李香菊,高锡鹏.税制结构竞争优势与全要素生产率:影响机制与比较分析[J].经济学家,2022(8).

[16]刘胜,冯海波.税制结构与消费外溢:跨国证据[J].中国工业经济,2016(6).

[17]曹润林,陈海林.税收负担、税制结构对经济高质量发展的影响[J].税务研究,2021(1).

[18]梁季,陈少波.完善我国直接税体系的分析与思考[J].国际税收,2021(9).

[19]梁晓琴.数字普惠金融对地方税收影响的实证研究[J].审计与经济研究,2020(5).

[20]向云,陆倩,李芷萱.数字经济发展赋能共同富裕:影响效应与作用机制[J].证券市场导报,2022(5).

[21]韩宝国,朱平芳.宽带基础设施与经济增长研究综述[J].上海经济研究,2014(1).

[22]张斌.经济转型背景下提高直接税比重的必然性与策略[J].河北大学学报(哲学社会科学版),2019(1).

[23]郭庆旺,吴岩.试论我国税制的目标模式问题[J].财经问题研究,1986(4).

[24]刘振亚,李伟.我国税制演变影响因素分析:以税种结构变动为视角[J].中国人民大学学报,2016(2).

[25]马国强.经济发展水平、税收政策目标与税制结构模式[J].税务研究,2016(5).

[26]钞小静,任保平.中国经济增长质量的时序变化与地区差异分析[J].经济研究,2011(4)

[27]韩仁月. 中国省级税制结构变动的主导动因:基于面板门限模型的检验[J]. 中南财经政法大学学报,2010(3).

[28]王雍君,刘幸幸. 开放促进财税体制改革的经验与启示[J]. 开放导报,2022(1).

[29]吴旭东,张景淇,李静怡. 我国税制的巨变:改革开放以来的回顾与展望[J]. 东北财经大学学报,2022(5).

[30]姜明耀. 国家治理现代化背景下的税制结构优化[J]. 税务研究,2021(8).

[31]HANSEN B E. Sample splitting and threshold estimation[J]. Econometrica,2000,68(3)575-603.

[32]刘国武,李君华,汤长安. 数字经济、服务业效率提升与中国经济高质量发展[J]. 南方经济,2023(1).

[33]程思进,任晓聪. 绿色投资、外商投资与二氧化碳排放:基于动态面板系统 GMM 与门槛效应分析[J]. 技术经济与管理研究,2022(8).

推进我国税制改革和征管现代化的思考

薛 钢 侯新建[①]

摘 要:促进税制改革和征管现代化是当前经济学界的热门话题,税收体制关系到我国的长期发展和社会长治久安。党的十八大以来,我国税收体制的建设取得了显著成就,在此期间,我国以减税降费为主线,加快税收立法工作,注重推动经济的可持续发展,税收征管水平也有了显著提高。目前,我国经济发展已进入新时代,同时面临着机遇和挑战,展望未来,税收体制的不断完善必须持续推行下去。我国必须深刻认识到技术的进步和社会的发展,面向数字时代和共同富裕进行税制改革,同时也应当完善地方地方税体系,并积极参与国际税收新体系的建设。

关键词:税制改革;税收征管;税收现代化

税收体制是一国财政制度的重要组成部分,体现了一定社会制度下国家与纳税人在征收、纳税的利益分配上的一种特定分配关系。税收是一国最重要的收入来源,目前我国税收在财政收入中的占比已经超过90%,税收制度的完善对经济长期发展和社会长治久安有重要的作用。税收征管则是国家税收机关根据税法的相关规定,对税收工作实施管理、检查的活动,实现税收征管现代化是我国税制改革的重要环节,直接关系到国家税收的大政方针能不能被正确贯彻与执行。党的十八大以来,我国采取了许多措施进行税制改革和促进税收征管现代化,在这一时期,我国以减税降费作为税制改革的主线,逐步减轻企业和个人面临的税收负担,为国民经济发展注入动力,有力促进了我国的现代化建设。除此之外,我国还积极推进税收法律建设,进一步落实税收法定原则,车辆购置税、车船税、船舶吨税、个人所得税、耕地占用税、环境保护税、企业所得税、烟叶税、资源税、契税、城市维护建设税法、印花税等12个税种完成立法,剩余税种的立法工作也正在稳步推进中。

[①] 薛钢,中南财经政法大学财政税务学院副院长、教授。侯新建,中南财经政法大学财政税务学院硕士。

一、党的十八大以来我国税制改革和促进征管现代化的历程

（一）以减税降费为主线，推进各类税种改革

减税降费政策堪称我国近十年税制改革的主旋律。近年来，我国经济发展逐渐进入新常态，同时受到全球经济不景气的影响，经济增长速度有所放缓。面对这一现实，我国实施积极的财政政策，推进减税降费，近年来，我国历经结构性减税、普惠性减税、实质性减税三个阶段，总体而言，减税规模不断扩大，为各类经济活动的参与者减轻了负担，给经济发展注入了动力。据统计，2013—2021年，我国减税降费的总规模达到了8.8万亿元。减税降费政策主要包括以下几类。

1. 深化增值税改革

党的十八大以来，我国积极推进营业税改增值税，经过不同地区渐进式的试点之后，增值税开始在全国范围内实行，同时适用增值税的行业也不断增多，增值税逐渐成为我国的重要税种。与此同时，增值税的税率同样呈现不断降低的趋势，从2019年开始，我国增值税逐渐适用13%、9%、6%三挡。增值税的留抵退税政策也在持续推进中，使我国增值税制度与国际接轨，同时为各纳税主体提供了税收优惠，进一步提升了我国减税降费大规模和范围。

增值税相比营业税拥有很多优势：营改增减少了重复征税，使各产业间形成经济链条，同时有利于我国推行出口退税政策，为我国企业对外出口争取到更好的营商环境；另外，营改增使很多企业实际税收负担减少，有利于我国经济平稳增长。

2. 推进个人所得税改革

随着我国经济的不断增长，我国居民的个人收入水平也在不断提高。在这样的背景下，以往的增值税免征额标准已经不再适用，为此我国正积极推进个人所得税免征额的改革。2018年，我国个人所得税免征额提升到5 000元，同时对个人所得税分类征收，把个人收入划分为工资薪金所得、劳务报酬所得、稿酬所得、特许权使用费所得四项收入，实现了综合与分类的结合。同时，设立专项附加扣除项目，包括子女教育、继续教育、大病医疗、住房贷款利息、住房租金以及赡养老人，这些扣除项目充分考虑了社会的现实，减轻了个人所得税的税负。总体而言，个人所得税的改革有利于中低收入群体，促进了收入分配的公平，同时减轻了个人税收负担。

3. 优化企业所得税制度

党的十八大以来，企业所得税的税制改革同样以减税降费作为主线，与企业所得税相关的税收优惠政策不断出台，这些政策都在很大程度上减轻了企业负担，释

放了市场活力。与企业所得税相关的税收优惠政策体现出很强的指向性。为提高我国企业创新能力,我国规定高科技型中小企业、制造业企业研发费用税前加计扣除,降低了企业研发新技术所需投入的成本,通过税收政策,激励企业提高自身创新能力;同时,我国积极扶持小微企业的发展,并为小微企业出台了许多相关优惠政策。尽管小微企业规模相对较小,但数量很多,约占我国企业总数的70%,小微企业对于就业率有着显著影响。小微企业规模较小,利润相对偏低,抗击风险的能力较弱,难以抵御经济波动,因此,小微企业受到了国家的重点关注。近年来,我国小微企业的企业所得税税负水平有了明显降低。

(二)加快税收法治建设

推进税收法治建设是促进我国税收现代化的重要环节,也是实现税收征管现代化的重要保证。党的十八大以来,我国税收法治建设进入快车道,按照一税一法的基本模式,促进税收形式法定与税收实质法定的有机结合,对多数税种完成了立法。目前,我国的18个税种已有12个完成了立法,剩余税种的立法工作也正在进行中,税收的法治化建设稳步推进。税收立法加强了税收的权威性和稳定性,规范了政府征税行为,保障了纳税人的权益,同时优化了营商环境,促进了税收政策的公平正义,使税收政策在推进国家治理体系和治理能力现代化过程中更好地发挥作用。

(三)把促进可持续发展作为重要导向

绿色是高质量发展的底色。近年来,我国不断完善绿色税收制度并大力推进落实,逐步搭建起环境保护税、资源税、耕地占用税、车船税等多税共治的税法体系,以及企业所得税、增值税、消费税、车辆购置税等税收优惠政策多策组合的政策体系。有关促进绿色发展的税收政策涉及社会经济的方方面面。我国积极推进环境保护税的完善与实施,对高污染企业的经济行为产生了很大影响,按照"多排多缴、少排少缴、不排不缴"的原则,倒逼高污染企业减少污染排放;深化资源税改革,鼓励企业创新技术,从而减少生产当中不必要的环境污染;改革之后,资源税更好地发挥了杠杆调节作用,更好反映了市场上各资源价格的波动,引导资源集约化使用。同时,在消费方面,我国也积极出台措施,引导消费者消费更加绿色的商品,实行新能源汽车购置税减免政策,促进了经济的可持续发展,改善了我国的产业结构。

(四)积极推进税收征管现代化

党的十八大以来,我国逐渐实现税收征管现代化,主要历经了三个阶段。

第一阶段,2015年之后,以《深化国税、地税征管体制改革方案》为基础,我国进一步深化了国税系统和地税系统的合作,为之后的国地税合并创造了良好的条件。

第二阶段,2018年之后,以《深化党和国家机构改革方案》和《国税地税征管体制改革方案》为指导,我国实现了省级和省级以下国税局和地税局的合并。这一措施在很大程度上提高了我国税务机关的服务水平和办事效率,便利了我国各类纳税主体,为税收征管现代化提供了一个统一高效的制度体系。

第三阶段,以2021年3月中共中央办公厅、国务院办公厅印发的《关于进一步深化税收征管改革的意见》为标志,对国税地税的合并提出了更高的要求,即促进税收征管监督服务的"制度合成"和"体系合成",除了逐步推进国地税合并工作以外,还采取了许多政策推进税收征管能力现代化。近几年,我国不断提高税收征管的信息化程度,提出建立智慧税务,高质量的税收征管必须以高水平的信息技术为支撑。2010年以来,数字技术的发展日新月异,不仅对税收征管提出了新的挑战,也为税收征管的现代化建设提供了技术的支持。其中,推进发票电子化改革便利了纳税人,也减少了税收征管成本。同时,税收大数据的发展为税收执法人员提供了更为高效、更有效率的执法和监督手段。我国还进一步加强了税收征管过程中的系统集成和全局统筹。

二、新时代税制改革展望

新时代,我国发展既面临着许多机遇,也必须积极迎接各类挑战。税制改革应当坚持新发展理念,并不断提高税收征管现代化水平。

(一)面向数字经济时代进行税制改革

数字经济是以数字化的知识和信息作为关键生产要素的新型经济形态。我国已经是数字经济大国,在推进数字经济税制改革时,应当关注国内税制的调整,同时兼顾效率与公平。推进相关制度的完善应当与我国数字经济快速发展的现实相结合,使我国税收制度满足日益发展的社会需求,不仅立足当下,同时展望未来——考虑到数据及其背后的算法逐步成为数字经济时代的核心生产要素,有必要研究探讨数据的可税性及其课税方案。

首先,要提升现行税制对于数字经济的包容程度。随着数字经济的不断发展,必须完善各类税种,将各类数字服务和数字产品纳入征税的范围之内,并为其设置合理税率,在保障税收公平的同时实现这部分税收收入,确保相关税制改革符合我国经济发展的现实要求。其次,为促进我国数字经济长期发展,必须考虑开征新税种的可能性。经验表明,数据能够带来巨大的经济价值,研究数据的可税性及其方案必须提上日程。数据资源税的开征必须解决以下几个问题,即:明确数据的产权和收益,国际税收环境和数字产品竞争力,以及数据资源税的计税依据。最后,我国可以吸收国外数字经济时代税制改革的宝贵经验,结合我国国情,推进我国税制改革与数字时代的接轨。

(二)面向共同富裕进行税制改革

2020年,我国全面建成小康社会,但中国的发展还任重道远。党的十九届五中全会提出,到2035年,要使全体人民共同富裕实现更为明显的实质性进展。税收政策应当兼顾效率与公平,根据中央财经委员会第十次会议的要求,我国调节收入分配的主要目标是扩大中等收入人群的比重,同时调节过高收入,提高低收入者收入,建立起橄榄型的收入分配结构。

为实现这些目标,我国应当推进流转税改革,降低流转税占比,即减少中低收入者消费必需品时所承担的税负,同时提高高收入者消费奢侈品时所承担的税负,以此起到调节收入分配的效果。在征收消费税时,可以把征税环节从生产环节向后移至批发零售环节,这可以更好地监督企业行为,防止企业通过设立销售子公司的方式逃避税负,削弱消费税的收入调节作用。

同时,我国可以进一步提高财产税比重。由于财产税具有"取之于富、用之于贫"的特点,对于调节收入分配和促进共同富裕有很大的促进作用。房产税的开征也是近年来的热门话题,我国应当进一步推进房产税的立法与改革。在开征房产税时,必须因地制宜,考虑城市的经济发展水平以及房地产市场的实际情况,对不同收入家庭差异化征税,充分发挥房产税调节收入分配功能的同时解决我国地方政府的财政困难。另外,遗产税与赠与税的开征也应当开展研究,这可以参考西方发达国家的做法。相关部门需尽早颁布个人财产申报与公开制度、评估制度以及不动产登记法规,建立全国统一的住房信息公示平台,实现个人财产公开透明,进一步增强税收促进社会公平、实现共同富裕的作用。

(三)完善地方税体系

目前,我国地方政府或多或少都面临一定的财政压力。在经济和社会建设的过程中,地方政府承担了大量的责任,为社会公众提供了不可或缺的公共服务,然而其财政收入一直比较紧张。在税收法治建设和税收体制不断完善的背景下,地方政府急需开辟更多的合规收入来源,以更好地履行自身职能。因此,应当合理优化中央地方共享税的分享比例,清晰划分中央与地方事权,同时给予地方政府一定的税权,发挥地方政府拥有更多当地信息的独特优势,构建地方税主体税种。当下来看,确定合理的转移支付规模对于地方政府履行职能也有着重要意义。

(四)共建国际税收治理体系

当今世界正处于百年未有之大变局,中国作为富有责任感的大国,应当积极发挥我国在国际税收治理体系当中的责任和作用。我国应当积极参与国际税收规则的制定,并不断提高自身话语权,促成新型国际税收体系的建立。面对当前税收领域的诸多问题,中国应当提出建设性意见,重点解决利润转移和数字经济征税的问题。除此之外,对外开放是我国的一项基本国策,参与国际税收体系的建设有利于为我国企业创造良好的营商环境,提升我国企业产品竞争力。

参考文献

[1]李华.党的十八大以来税制改革的历程与主要经验[J].财政科学,2022(9):42-51.

[2]刘剑文,江利杰.党的十八大以来我国税收法治建设的成就与未来展望[J].国际税收,2022(10):11-21.

[3]邢丽,樊轶侠,施文泼.面向数字经济时代的我国税制改革前瞻[J].税务研究,2022(5):61-67.

[4]葛立宇,姚凤民,莫龙炯.面向共同富裕的税制改革:挑战与路径[J].地方财政研究,2022(4):66-73.

[5]高志鹏.加快推进税制改革 完善现代税收制度[J].地方财政研究,2022(8):1.

智能税务管理助力税收征管
改革现代化的实践与探索

姚林香　杨　蕾[①]

摘　要：为响应"十四五"规划"深化税收征管制度改革,推动税收征管现代化"的号召,中共中央办公厅与国务院办公厅印发《关于进一步深化税收征管改革的意见》,对进一步深化税收征管改革作出全面部署,擘画了税收征管改革现代化的建设蓝图,我国税收征管改革开启了现代化建设的新征程。本文在明晰智能税务管理的重要意义的基础上,基于智能税务管理实践历程,分析智能税务管理助力税收征管改革现代化过程中存在的问题,提出推进全景式税收大数据共享、强化税收征管智能化改造、优化智能涉税服务、加强智能税务监管、深化智能税务精确执法、提升智能税收协同共治等对策建议,以期为智能税务管理更好地服务征管改革现代化提供参考。

关键词：智能税务管理；税收征管改革现代化；智慧税务

2021年,《中华人民共和国国民经济和社会发展第十四个五年规划和2035年远景目标纲要》提出要深化税收征管制度改革,建设智慧税务,推动税收征管现代化；同年,中共中央办公厅和国务院办公厅印发《关于进一步深化税收征管改革的意见》,对进一步深化税收征管改革作出全面部署,擘画了税收征管改革现代化的建设蓝图,要求着力建设具有高集成功能、高安全性能、高应用效能的智慧税务,我国征管改革开启了现代化建设的新征程。在一系列纲领性文件的指导下,我国各地税务机关从践行"互联网+税务"行动到探索"智慧税务"建设都作了大量努力。作为税务机关工作的核心内容,税务管理的数字化升级与智能化改造也如火如荼地进行着,智能税务管理由此而来并得以发展。智能税务管理是依托大数据、云计算、人工智能、区块链及移动互联网等现代信息技术,借助智能化应用平台,以提升税务机关税收征管效率、社会税收遵从度为目的,逐步实现税收基础管理、税收征管、涉税服务、税务监管等全过程电子化、信息化与智能化的现代管理活动。智能

[①] 姚林香,江西财经大学财税与公共管理学院教授、博士生导师。杨蕾,江西财经大学财税与公共管理学院博士研究生。

税务管理不仅是智慧税务的具象产物与必然诉求,也是推动税收征管改革现代化的重要实践与关键探索。

一、智能税务管理的意义

(一)发展智能税务管理是顺应新发展形势的必备基础

位处重要时代节点,世界百年未有之大变局加速演进,我国的发展不仅充满了机遇也面临着挑战。"十四五"规划立足宏观布局,提出要深化税收征管制度改革,建设智慧税务。《关于进一步深化税收征管改革的意见》进一步明确,要深入推进精确执法、精细服务、精准监管、精诚共治,全面推进税收征管数字化升级和智能化改造。因此,作为智慧税务的重要实践,发展智能税务管理是立足新发展阶段,顺应新发展形势的应有之举。

(二)发展智能税务管理是服务"数字中国"等新发展战略的必要需求

现代信息技术的迅猛发展带动了经济转型,数字经济已然成为全球各国推动经济增长、创新发展和提升国家核心竞争力的重要途径。为此,我国实施建设"数字中国"战略,大力发展数字化变革,探索发展新动力。数字时代下,涉税特征发生明显变化,人工智能与税务管理的结合为管理复杂税源提供了可行方式和手段,智能税务管理在助力增强智慧城市治理能力,提高社会满意度,提升群众获得感、幸福感等方面表现突出,彰显了智能税务管理服务"数字中国"的现实意义。

(三)发展智能税务管理是实现税收征管改革现代化的必然选择

智能税务管理与征管改革现代化"效率""公平"等核心目标高度契合。在数字时代背景下,智能税务管理能够承担更冗杂繁复的工作,更快速地落实相关税收优惠政策,管理流程更为规范;并且,智能化管理更好地体现了公平理念,可以为不同纳税人群体提供更准确、更个性化的服务,并极大地节省税收征纳成本,优化税务机关的资源配置,提高税收遵从度,践行现代化发展理念,为我国税收征管改革现代化的稳步推进作出突出贡献。

二、智能税务管理的实践历程

(一)初始阶段(1994—2000年)

在智能税务管理的初始阶段,税务机关将会计制度改革、税收征管改革与移动互联网技术的开发利用结合,税务管理开启智能化改革历程。1994年,"金税一期"正式推出,并在全国范围内上线了增值税交叉稽核与增值税防伪税控两个子系统。这一阶段,智能税务管理主要承担的是信息采集、数据资料电子化等工作,设置了纳税人信息档案、征收与核算管理等功能模块,用以方便税务机关管理人员对涉税数据资料的记录、存储、查阅,重点聚焦增值税专用发票开具真伪核查。这在一定程度上提高了税务管理工作的效率和质量,税务管理趋向于电子化、规范化和信息化发展,并初步实现了纳税人和税务机关之间的信息共享,基本做到了地市数据集中处理,为智能税务管理的进一步发展奠定了大数据基础。

(二)发展阶段(2001—2010年)

2001年,"金税二期"顺利推行,建立了增值税专用发票系统,下设防伪税控开票子系统、防伪税控认证子系统、增值税交叉稽查子系统与发票协查信息管理子系统,对增值税专用发票实现了从开具、申报到审核的条线管理,智能税务管理也进入了发展阶段。各地税务机关纷纷构建了包含税收征管、涉税服务等项目在内的智能系统以及专门服务于税务机关和纳税人的业务实操电子平台,大部分重复性高、风险性低、程序化强的业务被转移到了智能系统与电子平台操作,实现了省级数据集中处理,推动了税务管理领域的高效发展。在此阶段,税务机关引入了税控设备与电子发票等现代信息技术,探索利用数据分析进行税收监管,进一步提高了税务管理工作的效率和质量,提升了税务管理的信息化、智能化水平,也强化了税务机关与纳税人的信息交流与共享。

(三)深化阶段(2011—2020年)

人工智能等现代信息技术的日渐成熟与充分运用推动了智能税务管理的再次升级,进入到深化阶段。我国逐步推出并实行了"金税三期"系统,配合"互联网+税务"、"数字中国"及"智慧税务"等,智能税务管理以"统一、集中、整合"为发展特征,实现了"由线及面",从地区单独发展趋向于国家领导发展,逐步实现一个平台、两级处理、三个覆盖及四类系统的一体化发展,即基于统一规范的系统与应用平台,利用现代信息技术实现在国家税务总局和省局两级集中进行数据处理,应用内容分阶段实现覆盖所有税种、覆盖所有工作环节、覆盖各级税务机关,包含税务机关征收管理、行政管理、决策支持及外部信息等四类系统,并在2016年完成了被称为"我国最大电子政务平台"的税务云平台的建设,基本做到了全国数据集中处理。

(四)征管改革现代化建设阶段(2021年至今)

2021年,《关于进一步深化税收征管改革的意见》颁布,在其规划指导下,税收征管改革现代化建设如火如荼,各地税务机关都积极尝试运用人工智能、区块链及移动互联网等技术研发并推出各类智能化税务管理应用,并在工作中取得了一些成效。例如,山西省税务机关探索税务地理信息应用系统(GIS),推出"晋税通"手机端智能应用,结合"智能审核+自动办理"模式,实行税费认定流程自动化;河北省税务机关拓展"冀时办"平台,多部门建立了长期数据共享机制,开发"惠冀享""数冀查"等功能,共促"以数治税";甘肃省税务机关构建"24小时自助办税服务厅""5G智慧办税服务厅"等,并辅以智能办税机器人;北京税务机关制定了联通税收政策与纳税人相关信息一体化的标签体系等。在国家战略部署引导下,"金税"系统成效也不断显现,基本实现了法人税费信息"一户式"与自然人税费信息"一人式"智能归集,建立了较为完整的大数据网络体系,建成了全国统一的电子发票服务平台和电子税务局,实现了税收优惠政策和征管操作办法同步发布和解读,基本构建起较为全面的税务执法风险信息化内控监督体系,更加注重涉税服务的个性化发展及税务监管工作的判断、决策及预测等。2023年,"金税四期"逐步在不同省份推广试运行,以期在做到全国数据集中的基础上达成全国应用集中,在税务监控、信息共享、信息核查、"云化"打通等方面有所突破,实现税费全数据、全业务、全流程的精细化管理。

三、我国智能税务管理助力税收征管改革现代化存在的问题

虽然各地税务机关都在努力探索智能税务管理,但从长远发展和规划目标视角来看,我国智能税务管理还存在一些问题。

(一)信息共享不足

数字经济与信息技术飞速发展背景下,信息已成为关键的生产要素,在开展税务管理工作过程中,涉税信息共享十分重要。但现实情况是不同部门运用的数字平台存在一定程度的割裂,造成"数据孤岛"情况的发生,即使同是税务机关,数据格式、数据标准、保密安全建设等方面的不同也阻碍了其内部的信息共享。另外,各地都各自研发推出了类似"税收助手""×服通"等智能应用项目,造成重复性资源浪费。不同部门难以全面做到互相衔接、彼此配合,交流共享存在一定障碍。此外,对第三方涉税数据的收集和利用管理力度不够,监管制度有待完善。

(二)税收征管智能化有待优化

深化税收征管改革与实现税收治理现代化紧密相连,不断推动税收征管的智能化改造是信息时代背景下深化税收征管改革的必要选择。当前,我国基本完成了电子发票改革,更智能的"数字化的电子发票"(以下简称"数电票")已推出,现在正处于实践阶段,需要进一步推广。2023年,"金税四期"在国内开始试运行,它是"金税系统"的又一次升级改良,对现有征管系统提出了更高的要求,需要加以重视,稳步推进。此外,在税收征管各业务环节中,如数据预处理、纳税人行为分析等方面,智能应用的自主决策能力还不够。

(三)智能涉税服务有待提升

我国探索实践税收信息化建设的重点主要放在税收征管改革方面,对促进涉税服务优质、高效发展的关注度相对较低。现有的智能涉税服务主要体现在电子信息采集、语音查询与指导、无纸化线上办税、政策线上推送等方面,难以满足纳税人更为精细化的个性要求、更为自动化的处理需求、更为精准化的服务需要。就目前而言,我国智能涉税服务在大企业税务管理、税收政策精准宣传、个性化智能导办等方面的实质性应用尚未完善,在信息系统自动处理、智能分析并识别纳税人的个性化需求、精简业务办理流程、节约办理时长等方面都有进一步优化的空间。

(四)智能税务监管有待加强

现实工作中,我国税务监管主要仍依赖法律法规、审计稽查等硬性约束,而智能税务监管的发展不仅要求以完善、全面的法律法规和税务稽查保证"硬约束",税收治理现代化更期待实现纳税人自我管理的"软约束"。此外,在具体的税务监管工作中,数字经济的发展、人工智能及移动互联网等现代信息技术的普及都给税务监管提出了问题:如何保证新兴业态、重点行业和核心领域的良性、合法、合规的发展?如何处理类似"阴阳合同""虚假出口"等故意逃避缴纳税款、骗取税收优惠的问题?解决这些问题,需要更完备的业务处理设计。

(五)智能税务执法的精准性有待提高

税务管理不仅对纳税人有约束,对税务执法也有要求,智能税务管理的发展需要精确的执法予以配合。虽然现代信息技术种类繁多且应用广泛,但在实际工作中,人工智能在税收执法质量监管、税务执法全流程中的征纳双方双向监督、税务执法的内部监控及相关管理制度等方面的应用还停留在表层,较为浅显,在精准识别、行为理解、逻辑推导、多轮交互等方面的表现差强人意。此外,在税务执法一体化运行等方面还有待提升。应用层次和应用范围等方面的欠缺,致使对执法全过程的简化、约束及监管不够,对精确执法的支撑不足,与实现税务精确执法的目标还有一定差距。

(六)智能协同共治有待完善

智能税务管理对于我国实现现代化建设具有重要的促进作用,因此,发展智能税务管理不仅是税务机关单方面的责任,在建设智能税务管理过程中,不同部门、社会组织以及国际交流的协同配合也是推动智能税务管理建设、实现税收治理现代化的关键内容。另一方面,目前在智能税务管理建设过程中,关注重点为如何实现现代信息技术与税务管理的结合,而忽视了运维体系在智能税务管理正常、安全、平稳运行中的重要作用。

四、智能税务管理助力税收征管改革现代化的对策建议

为响应国家征管改革现代化的发展要求,推进社会主义现代化建设,我们要坚持党的全面领导不动摇,顺应实践发展,以《关于进一步深化税收征管改革的意见》为蓝本,对标智能税务管理助力税收征管改革现代化存在的问题,进一步完善我国智能税务管理。

(一)推进全景式税收大数据共享

其一,完成税务系统内部数据智能归集。继续推进税务机关信息"一局式"与税务人员信息"一员式"智能归集,加强税费种联动与信息共享,实现同一事项全税费、全流程管理。

其二,优化税务机关与其他部门的数据协同。促进税务机关与金融、海关、市监、银行等部门数据常态化、制度化共享协调,促成涉税信息与社保缴纳、财产登记与交易等方面的信息联动,共促党务、政务、业务融合。

其三,推动个体数据等外部数据共享。通过将公民个人信息、行为数据、财产资料等数据信息与其涉税数据共享,助力税收监管风险识别与防范,推进税收数据多维度智能归集、连接和聚合。

(二)强化税收征管智能化改造

其一,推进数字化的电子发票改革进程。加大数电票推广力度,落实数电票的全面使用,将智能赋予发票自动领取、开具、交付,逐步实现数电票全领域、全环节、全要素的数字化流转。

其二,助力"金税四期"智能应用平稳落地。推动征管流程由"上机""上网"到"上云",税款征收由上门"收税"、自主"报税"到自动"算税"。

其三,提升智能应用的自主决策能力。提升智能税收征管应用对海量数据挖掘、筛选、清洗、存储等程序化处理能力,增强对数据汇总、分类、分析等自主化预处理能力,提高现有应用的智能化、自主化水平,多方位提升税收征管工作效率。

(三)优化智能涉税服务

其一,探索申请事项精细化服务。对税收优惠进行更为精准、细化的政策推送和指导,确保申请便利、受惠迅速、监管有效。进一步优化纳税人涉税事项提交、处理、解决的智能管理应用,实现反馈畅通、处理及时、业务全面、公正公平。

其二,推动办税缴费便利化改良。广泛使用数电票,完善智能应用的信息自动共享、数据自动提取、申报自动预填、税额自动结算等自动化服务。

其三,拓宽个性化的智能涉税服务。继续强化、拓宽虚拟机器人等智能设备语音交流、人机交互等方面"线上+线下"的个性化服务内容,精准分析、识别纳税人

诉求,兼顾特殊群体、特殊业务的服务需求。

(四)加强智能税务监管

其一,拓宽智能税务监管范围。从企业扩展到个人,从纳税环节扩展到非纳税环节,推动企业财务软件对接税务软件,力求实现税收全数据、全业务、全流程的动态监管。

其二,健全新型智能监管系统。将信用评价的激励和惩罚制度引入智能监管应用中,对逃避缴纳税款等失信行为适时预警、及时纠正、严格处理,帮助纳税人对税收风险自我监测、自我约束、自我防范。

其三,加强精准化智能动态监管。对新型业态重点防控,对恶性逃避缴纳税款等行为重点识别,对违法骗取税款等行为重点打击,对重要企业、重要行业、重要区域进行重点分析,提升税收监管工作的判断、决策及预测等监管能力。

(五)深化智能税务精确执法

其一,构建税务执法质量智能控制系统。逐步推进执法信息网上公示、执法流程网上记录、执法活动网上监管、执法结果网上可查等税务执法过程质量的智能监控,对执法行为及时批注、判断、矫正、规范。

其二,完善税务执法内部监控系统。内嵌税务执法风险识别及防范标准,通过系统完善全覆盖、全流程、全员受控的智能监控,实现事前防范、事中打断、事后问责。

其三,健全税收大数据安全治理和执法管理制度。依法加强信息保护,健全常态化数据安全风险评估及检查,完善数据库监测预警及应急处理方案,加强与公安等部门的联合,实现对涉税犯罪情况的信息化、常态化交流。

(六)提升智能税收协同共治

其一,加强部门协作。继续推进会计与财务管理数字化、信息化建设,深化"银税互动",增强信息交流共享,强化涉税执法部门联动。

其二,注重社会协同,发挥社会不同组织的积极作用。例如,将智能税务管理建设纳入科技部重点研究专项,考虑遵照市场原则引入第三方供给个性化智能涉税服务,通过社会组织加强智能税务管理的监管等。

其三,加强国际交流。完善情报交换联动与税收争端解决洽谈制度,构建国际税收对话协作平台,提升我国智能税务管理综合能力。

其四,配套运维体系。全面强化运维管理,及时升级优化运维技术体系,保证智能应用与相关平台的安全运作。

参考文献

[1] 王钰,王建新. 智慧税务建设的目标厘定、结构逻辑与路径选择[J]. 税务研究,2023(2).

[2] 李聪. "金税四期"背景下智慧税务的构建与实现[J]. 地方财政研究,2022(8).

[3] 姜涛. 进一步深化税收征管改革的探索和思考[J]. 税务研究,2022(10).

[4] 王军. 深化税收征管改革 顺应人民群众期盼[J]. 中国税务,2021(10).

[5] 游家兴,柳颖,杨莎莉. 智慧税务助力高质量发展的实践与探索[J]. 税务研究,2022(7).

[6] 张斌. 深化税收征管改革 推进税收治理现代化[J]. 国际税收,2021(10).

[7] 卢艺. 深化税收征管改革 高质量推进税收现代化[J]. 注册税务师,2021(6).

[8] 王志平,张景奇,杜宝贵. 新坐标、新维度框架下的智慧税务建设研究[J]. 税务研究,2021(12).

[9] 卢奕. 拥抱未来:对数字化时代税收征管改革的理解与展望[J]. 国际税收,2021(10).

[10] 刘运毛. 平衡、融合、效能:构建智慧税务生态系统[J]. 税收经济研究,2021(3).

[11] 胡启磊. 区块链技术在税务共享领域的应用研究[J]. 会计之友,2021(11).

[12] 吕铖钢. 税务人工智能的中国进程:基于税法理论的框架性讨论[J]. 现代经济探讨,2021(1).

税法和刑法上对代开发票判罚的差异性探讨

张春平　左宜轩　王雨婷[①]

摘　要：虚开发票一直是我国税收征管过程中面临的难题与重点。现在国家已经开设电子税务局，虚开发票一旦被稽查，除了补缴税款外，如果构成犯罪，更要承担刑事责任。对于增值税发票和其他发票的正确使用，是保证税收制度顺利运行的基础，也是社会公平竞争的良好体现，更是国家税收不被侵害的重要保障。由于小规模纳税人和小微企业在我国市场中占比较大，部分经济主体不具备自行开具增值税发票的能力，因此，代开发票现象普遍存在且形式各异。对于各种形式的代开发票是否应被判定为虚开发票，在税法和刑法上存在一定的差异。本文从代开发票的不同形式入手，探讨虚开发票的判定标准在税法和刑法上的异同点，并尝试分析造成这些差异的原因。

关键词：代开发票；虚开发票；判定差异；税收征管

一、代开发票的概念

《中华人民共和国发票管理办法》（以下简称《发票管理办法》）第十六条规定，需要临时使用发票的单位和个人，可以凭购销商品、提供或者接受服务以及从事其他经营活动的书面证明、经办人身份证明，直接向经营地税务机关申请代开发票。依照税收法律、行政法规规定应当缴纳税款的，税务机关应当先征收税款，再开具发票。税务机关根据发票管理的需要，可以按照国务院税务主管部门的规定委托其他单位代开发票。

可见，代开发票是指根据需要使用发票单位或个人的申请，税务机关或经国务院税务部门委托的其他单位为其代开增值税发票的行为。

随着我国增值税发票抵扣制度的建立，纳税人逃避纳税义务的手段愈发隐蔽且多样。其中，虚开发票是最常见的一种方式。纳税人为了降低企业税收负担，为自己或者让他人为自己开具虚假的、与事实不符的发票，利用非法手段减少增值税

[①] 张春平，首都经济贸易大学副教授，硕士生导师。左宜轩，首都经济贸易大学研究生。王雨婷，首都经济贸易大学研究生。

的应纳税额,或虚列成本、增加税前扣除以达到少缴企业所得税的目的。虚开发票的具体表现形式有很多种,如无实际业务开具发票、对开、环开等。其中,让他人代开发票也属于虚开发票行为,因为根据上述定义,代开发票行为的实施主体只能是税务机关或者税务主管部门委托的部分单位,任何公司均没有权利为他人或其他公司代开发票。此类虚开发票行为,一方面会对企业的信誉造成不良影响并会被税务机关列入黑名单,不利于企业的经营与发展;另一方面企业通过这种非法手段降低税负严重损害国家的税收利益,有损法律的权威。

二、税法对虚开发票的判定标准以及对代开行为的分析

(一)税法对虚开发票的判定标准

1995年,国家税务总局发布了《关于加强增值税征收管理若干问题的通知》(国税发〔1995〕192号)(以下简称"192号文"),其中第一条第三款规定:纳税人购进货物或应税劳务,支付运输费用,所支付款项的单位必须与开具抵扣凭证的销货单位、提供劳务的单位一致,才能够申报抵扣进项税额,否则不予抵扣。此项规定要求货物流、资金流和发票流一致,从而就形成了"三流合一"的说法,其核心是对业务真实性的判断,企业应当关注如合同、协议、收付款凭证等能够证明业务真实性的资料并对其进行留存。然而"三流合一"与"虚开发票"之间并无必然联系,"三流合一"并非税务稽查的唯一依据。但"三流"不一致的情况可能会触发系统预警,存在涉税风险。

在税法中正式提出虚开发票的判定标准的是《发票管理办法》,其虽然先后经历了三次修订,但是对于虚开发票行为的判定标准并未发生改变。2023年修订的《发票管理办法》第二十一条规定,任何单位和个人不得有下列虚开发票行为:

(1)为他人、为自己开具与实际经营业务情况不符的发票;
(2)让他人为自己开具与实际经营业务情况不符的发票;
(3)介绍他人开具与实际经营业务情况不符的发票。

第(1)款和第(2)款中的让他人为自己开具、为他人开具与实际经营业务情况不符的发票属于代开发票行为。该项规定将发生了真实业务的代开发票行为也列入了虚开增值税发票的范围,但实际工作中有一些代开增值税专用发票行为并不以骗取国家税款为目的,并且未对国家税收造成损害。因此,对全部代开行为处以相同的判罚,其合理性有待商榷。接下来,笔者将从税法的角度分析不同形式的代开发票行为是否属于虚开发票。

（二）如实代开发票行为的探讨

1. 如实代开发票案例

小规模纳税人张三从事货物运输业务，某日他为 A 公司（为一般纳税人）运输一批货物。但是 A 公司表示，若张三想要结算运费，就需要为 A 公司出具具有抵扣税款功能的增值税专用发票。于是，张三就找到了与此次运输业务无实际关系的 B 货物运输公司（同为小规模纳税人），从 B 公司取得增值税专用发票并全数交由 A 公司用于抵扣税款。

2. 税法对如实代开行为的判定分析

案例中，B 公司为张三代开的增值税专用发票上的销售方是 B 公司，而非提供真实运输服务的张三。根据"三流合一"的具体规定，开具抵扣凭证的销货单位应与提供劳务、服务的单位保持一致，所以如实代开有违"三流合一"原则。正如上文所述，"三流合一"与"虚开发票"之间没有必然联系，因此单凭"三流"不一致不能判定如实代开就是虚开发票行为，但这种情况会触发税务稽查系统的预警，从而引起税务机关的进一步调查。

《发票管理办法》第二十一条规定，让他人为自己开具与实际经营业务情况不符的发票属于虚开发票行为。上述案例中，虽然王某提供了运输服务，也不存在骗取税款的主观意图，但是发票上注明的销售方并非运输服务的实际提供方，这就造成了发票上提供的信息与实际经营业务情况不相符。其次，案例中张三从 B 公司取得代开发票的行为符合让他人为自己开具发票的判定标准。最后，B 公司没有受到国务院税务部门的委托，也就是说 B 公司没有为他人代开增值税专用发票的权利。综上所述，如实代开行为应该被判定为虚开增值税发票。

（三）灵活用工平台代开发票行为的探讨

1. 灵活用工平台的现状

灵活用工平台可分为两类。一类是灵活用工平台与灵活就业人员建立合法合规的用工关系，平台向灵活就业人员支付工资、缴纳社保并代扣代缴个人所得税。《营业税改征增值税试点实施办法》第十条第二款规定，单位或者个体工商户聘用的员工为本单位或者雇主提供取得工资的服务属于非经营活动。因此，灵活就业人员取得的工资不需要缴纳增值税。增值税的纳税义务人是灵活用工平台，需要向用工单位开具增值税专用发票。在这种方式下，平台不存在为灵活就业人员代开发票的情况。

另一类是灵活用工平台与灵活就业人员之间没有雇佣关系，也就是说，平台承包了用工单位的业务，再将此业务分包给各个灵活就业人员。就业人员可以是自然人，也可以是个体工商户。此方式下，灵活用工平台充当中介的角色，收取平台服务费并代收代付灵活就业人员的劳务费。此时,就业人员就是纳税义务人,而平台只为其代开增值税发票,本文重点分析后者。

2. 税法对灵活用工平台代开发票的判定分析

税法对于灵活用工平台代开发票行为的规范还处于试点阶段,并未普及到所有平台企业。2019 年,国家税务总局发布了《关于开展网络平台道路货物运输企业代开增值税专用发票试点工作的通知》(税总函〔2019〕405 号),明确了互联网物流平台企业可以为符合相关条件的货物运输业小规模纳税人代开增值税专用发票。该文件赋予了互联网物流平台企业代开增值税专用发票的权利,为从事货物运输的小规模纳税人取得增值税专用发票提供了便利。但是,如果从事其他业务的平台企业想要为小规模纳税人代开增值税发票,目前并没有法律文件明确表明该类平台具有代开发票的权利,很可能因此被判定为虚开增值税发票行为。

(四)特殊注册地成立公司代开发票的探讨

1. 具体内容介绍

部分公司为了减少税收负担,会在特殊注册地(即"税收洼地")成立一家采用核定征收方式的新公司(为小规模纳税人)。当公司发生实际业务往来时,新公司会为其代开发票,伪造出新公司有实际业务的假象。这样做有以下三点好处:

(1)可以减少企业的应纳增值税税额。《财政部、税务总局关于增值税小规模纳税人减免增值税政策的公告》(财政部、税务总局公告 2023 年第 19 号)规定:增值税小规模纳税人适用 3% 征收率的应税销售收入,减按 1% 征收率征收增值税。

(2)可以减少企业的应纳企业所得税税额。新公司采用核定征收方式,无论采用核定应税所得率方法还是核定应税所得额方法,企业的利润总额往往低于查账征收方式下计算出来的利润总额,进而减少企业的应纳税额。

(3)新设企业为受票企业代开、虚开其他发票,受票企业取得发票后在计算企业所得税前进行扣除,从而减少受票方的企业所得税。

2. 基于税法的判定分析

《发票管理办法》第二十一条规定,为他人开具与实际经营业务情况不符的发票属于虚开发票行为。在"税收洼地"新设立的公司开具的增值税专用发票上的销售方与实际发生业务往来的公司不符。同时,新设公司为受票企业虚开其他发票以此虚增企业所得税税前扣除额。综上所述,在特殊注册地成立公司代开发票的行为在税法上属于虚开发票行为。

三、刑法对虚开发票的判定标准以及对代开行为的分析

(一)刑法对虚开发票的判定标准

《中华人民共和国刑法》第二百零五条规定,虚开发票指的是为他人虚开、为自己虚开、让他人为自己虚开、介绍他人虚开发票的行为。最高人民法院发布了《关于适用〈全国人民代表大会常务委员会关于惩治虚开、伪造和非法出售增值税专用发票犯罪的决定〉的若干问题的解释》(法发〔1996〕30号)(以下简称"30号文"),从刑法角度提出无货虚开、有货虚开和有货代开三类虚开行为:

(1)无货虚开,即未有货物购销或者未提供或接受增值税应税劳务而为他人、为自己、让他人为自己及介绍他人开具增值税专用发票;

(2)有货虚开,即存有货物购销或者提供或接受了增值税应税劳务但为他人、为自己、让他人为自己及介绍他人开具数量或者金额不相符的增值税专用发票;

(3)有货代开,即存在实际经营活动,但让他人为自己代开增值税专用发票。

(二)刑法对如实代开发票行为的判定分析

30号文第一条规定,存在实际经营活动,但让他人为自己代开增值税专用发票属于虚开发票行为;发生虚开增值税专用发票行为就构成虚开增值税专用发票罪。但随着刑法的不断完善,如今被认定为虚开增值税专用发票行为并不一定会被判定为虚开增值税专用发票罪。2018年,最高人民法院发布了一系列关于保护民营企业合法权益的典型案例,其中包括关于让他人替自己代开增值税专用发票是否触犯虚开增值税专用发票罪。最高人民法院在该案的判决书中明确表示:没有骗税的主观意愿也没有造成国家税款流失的虚开增值税发票的行为不构成犯罪。由此可见,如实代开行为在刑法上虽然会被认定为虚开发票行为,但并不构成犯罪。

(三)刑法对灵活就业平台代开发票行为的判定分析

虽然刑法中并没有针对平台代开发票是否属于虚开发票行为的具体规定,但《最高人民法院关于适用〈全国人民代表大会常务委员会关于惩治虚开、伪造和非法出售增值税专用发票犯罪的决定〉的若干问题的解释》第一条规定,进行了实际经营活动,但让他人为自己代开增值税专用发票属于虚开增值税专用发票行为。因此,平台代开发票存在虚开发票的风险。但是在刑法上,被认定为虚开发票行为并不一定会被判虚开发票罪。原因在于我国刑法对于虚开发票的判定标准更加注重其行为所造成的后果是否导致国家的税款损失。如果平台代开发票涉及的业务真实发生,则一般不会被判定为虚开发票罪;若并未发生真实业务,那么就会被判定为虚开发票罪。

(四)刑法对特殊注册地成立公司代开发票的判定分析

首先,30号文第一条第三款规定,进行了实际经营活动但让他人为自己代开增值税专用发票属于虚开增值税专用发票行为,那么新设公司为原公司代开增值税专用发票应判定为虚开增值税专用发票行为。其次,虽然有真实的业务发生,但是设立在"税收洼地"的新公司利用代开发票和税收优惠减少了增值税应纳税额,从而造成了国家税收收入的损失,存在以偷逃税款为目的的主观意图,因此上述行为构成了虚开增值税专用发票罪。最后,新设企业为受票企业代开、虚开其他发票,根据《中华人民共和国刑法》第二百零五条规定,虚开本法第二百零五条规定以外的其他发票会构成虚开发票罪。

四、税法和刑法对虚开发票判定标准的异同点及其原因

(一)虚开发票判定标准的相同之处

1. 虚开主体一致

税法与刑法上对虚开主体的认定标准是一致的,都包含为他人虚开、为自己虚开、让他人为自己虚开以及介绍他人虚开四类。在交易过程中,开票方可能会为他人虚开发票;受票方可能出于抵扣税款或税前扣除的目的,要求他人为自己虚开发票;部分销售方为个体工商户或自然人,为了提供具有抵扣功能的增值税发票,可能会让他人为自己虚开发票。由此可知,虚开发票的主体涉及交易过程中的开票方、受票方、介绍方以及可能存在的销售方。

2. 均要求业务的真实性和发票信息的准确性

税法在192号文中就提出了"三流合一"的判断依据,其核心就是对业务真实性的判断。刑法在30号文中强调了实际经营活动在虚开发票判定过程中的重要性,可以看出对于业务真实性的判断是税法和刑法最先考虑的问题。直到现在,税务机关在纳税检查时首先要判断的就是业务是否真实发生。如果业务从未发生,就很容易判定为虚开发票。保证业务真实性是规避涉税风险的关键,业务的真实性并不是单纯从形式上要求企业实际发生了该项业务,而应当从经济业务实质角度分析其是否为真实发生。在发生真实业务的基础上,还要求所开发票上的信息应与实际业务相符。"开具数量或者金额不实的增值税专用发票"和"开具与实际经营业务情况不符的发票"均是对发票信息准确性的具体要求。

(二)虚开发票判定标准的不同之处

1. 保护的客体不同

目前,我国已经形成了"以票控税"的税收管理制度,开具与实际不相符的增

值税发票,会扰乱我国以票控税的税收管理制度。《发票管理办法》第三条规定,发票是对纸质发票和电子发票的统称,此处的发票指的就是增值税专用发票和增值税普通发票。在对虚开行为进行判定时,税法并未对专用发票和普通发票加以区分,而是将其统称为"虚开发票行为"。在对虚开发票的处罚上,也是根据虚开金额的多少收取不同程度的罚款。由此可见,税法上对虚开行为的判定标准更注重于对增值税发票管理秩序这一客体的保护。

根据《中华人民共和国刑法》第二百零五条,此条罪行被分为虚开增值税专用发票罪和虚开其他发票罪。从对两个罪行的处罚力度可以看出,对于虚开增值税专用发票罪的处罚力度远高于虚开其他发票罪的处罚力度。增值税作为我国第一大税种,增值税专用发票具有抵扣进项税额的作用,所以虚开增值税专用发票会直接降低我国增值税的税收收入,从而使我国税收总收入明显减少。因此,刑法上对虚开行为的判定标准侧重于对国家税收收入的保护。

2. 对行为人主观意图的判定不同

根据《发票管理办法》规定可知,税法中对虚开发票的认定侧重于行为人开具的发票是否符合"实际经营业务情况",而不考虑行为人是否具有抵扣税款的目的和此行为是否造成税款的流失。若开具的发票与实际经营业务情况不符,在税法上就构成了虚开发票行为,税务机关就可以认定行为人虚开发票并对其作出处罚。而刑法中对虚开行为的认定,不仅包含税法中强调的发生虚开发票行为,还要求行为人存在主观上骗取国家税款的意图和客观上对国家税款造成损害的行为后果。像上文提及的如实代开案例一样,如果行为人没有骗取税款的意图且未造成国家税款损失,刑法上虽会判定其为虚开发票行为,但是并不构成虚开发票罪。相较于税法的判定标准,刑法对虚开发票罪的判定更为严格。

(三)造成判定标准差异的原因

1. 在法理上存在差异

在法理上,税法更注重的是对税收秩序的维护,保证税收秩序能够正常、良好运行。当经济主体发生虚开发票行为时,就会对税收秩序造成一定的负面影响,而产生的负面影响无法进行量化比较。因此,在虚开发票判定标准的制定上,税法并不区分虚开的发票类型以及行为人是否存在骗取税款的主观意图,而是对虚开发票行为制定了较为统一的判定标准。这样既可以保证税收秩序的正常运行,也可以提高纳税人在纳税过程中的合规性。

然而,刑法在制定的过程中需要遵循罪刑相适应的原则。该原则的具体含义是刑罚的轻重应当与犯罪分子所犯罪行和承担的刑事责任相适应。这就要求刑法在制定虚开发票的判定标准时,不能像税法一样采用"一刀切"的方式,而是应该尽可能地细化标准以达到对所犯罪行的区分,这样才能更合理地根据不同程度的罪行作出相应的刑事处罚,进而更好地实现罪刑相适应原则。

2. 立法目的和违法行为属性不同

(1)税法是为了给涉税主体提供具体的指导和行为规范,以保障国家利益和纳税人的合法权益,维护正常的税收秩序,保证国家的财政收入。其更偏向于在发生违法行为之前发出预警和提示,向纳税人说明怎样操作是合规合法的。而刑法是为了用刑罚同一切犯罪行为作斗争,以保护相关权益不受到侵害。由此可知,刑法是在违法行为发生后的治理措施。因此,出于不同的目的,对于同一行为的性质判定和处罚结果自然会存在区别,倘若税法和刑法上都用统一的标准,界定行为人的虚开行为并作出惩处,难免有失公允。

(2)违反税法的行为属于行政违法行为,违反刑法的行为属于刑事违法行为。行政违法和刑事违法对社会造成的危害是不同的,前者侵害的主要是发票管理秩序,而后者主要对税收征管秩序和国家税收利益均产生破坏。在经济活动日益复杂的当今社会,行为人虚开发票不仅包括为了逃避税款的刑事违法行为,还有追求业绩虚增营业额、平衡账簿、虚显实力、相互对开、环开等不以抵扣税款为目的的行政违法行为。与刑事违法行为相比,行政违法行为给社会带来的危害较小,受到的处罚也应当较轻。如果税法和刑法上都将侵犯客体认定为发票管理秩序,那么行政违法和刑事违法的界定将更加模糊,这样既无法体现两者本质上的差异,也无法显露该罪与其他罪的区别。因此,税法和刑法上对行为人虚开发票行为的判定标准有所不同是合理的。

参考文献

[1]方也媛,赵怡平. 虚开增值税专用发票罪与虚开发票罪定罪标准比较研究[J]. 辽宁公安司法管理干部学院学报,2023(1):97-104.

[2]何兆垒,丁健鸽. 法域视角下虚开增值税发票法律竞合问题研究:以偷逃税目的下虚开增值税专用发票案为例[J]. 税务研究,2022(8):57-63.

[3]黄鑫. 虚开增值税专用发票的风险应对[J]. 税务研究,2016(9):108-110.

[4]吕良,吴志明. 论虚开增值税专用发票罪是否属于目的犯:以最高法指导案例为例[J]. 北京印刷学院学报,2020,28(6):21-23.

[5]娄伟杰. 从一起案例看"代开型"虚开增值税专用发票罪的认定[J]. 商业文化,2021(19):67-68.

[6]孙立平. 基于税法交易定性理论的虚开发票行为法律评价[J]. 山东社会科学,2016(3):188-192.

[7]许璐.虚开增值税专用发票行为研究:基于刑法教义学的分析[J].法制与社会,2018(30):85-86.

[8]袁森庚.关于接受虚开发票行为的界定及立法完善分析[J].税务与经济,2012(5):82-85.

[9]赵拥军,孙万怀.虚开发票罪的行为方式与对象相关问题探究[J].河南师范大学学报(哲学社会科学版),2021,48(4):62-70.

[10]张馨予.虚开增值税专用发票罪出罪原理:基于一起如实代开无罪案的分析[J].税务研究,2023(6):78-83.

环境保护视角下拓宽消费税征税范围的政策研究

赵晶晶[①]

一、环境保护视角下我国消费税征税范围现状及问题

(一)消费税征税范围现存问题

1. 征税范围狭窄导致环境保护职能发挥有限

我国消费税征税范围中,有过半的税目涉及节能环保方面,征税范围从1994年至今不断调整完善,但我国消费税总体上为有限性消费税,仍难以满足当前的社会发展需求。涉及当下人们生活的大部分污染物消费品未列入消费税征税范围中,如化工产品中目前只包含涂料和电池,但一次性塑料制品、化肥农药、污染性较高的洗涤产品等都会对自然环境产生不同程度的伤害,其中的"白色污染"备受社会关注。另外,部分不可再生资源和更新换代快的电子产品等,这类生活中需求大且后续的处理过程较为复杂的消费品若被随意丢弃,同样会对环境造成较大污染,对消费者掠夺性开发和消费的行为没有发挥积极调控作用。消费税征税范围的狭窄使得其环境保护职能无法充分发挥,绿色税收的缺位也制约了绿色税收体系的发展进程。

2. 消费税和环境保护税、资源税征税范围划分问题

我国消费税是以特指的消费品和消费行为为课税对象,对规定的消费品向生产者或销售者征收的税。它和其他税种之间存在较为紧密的联系,若征税范围划定不明确,则会出现"重复性征税"和税种间功能定位的交叉重合问题。目前在我国的税制体系中,涉及节能环保相关的税种主要有环境保护税、资源税等。

资源税和环境税是从供给侧出发,在生产环节就限制污染环境、控制浪费资源的经济行为。资源税主要是针对特定资源征收的,征税范围较为狭窄,是对使用自然资源的经济活动主体为取得资源使用权而征收的税。但是我国资源税一直采取从量计征的方法,使得资源税收收入缺乏弹性,税率较低,资源的使用成本不高,无

[①] 赵晶晶,中国社会科学院大学应用经济学院研究生。

法给资源开采者充足的税收痛感,不能促进合理开发使用资源和节约资源,也不利于企业节约资源和国家经济增长方式转变。我国当前资源税分设能源矿产、金属矿产、非金属矿产、水汽矿产和盐五大税目并详细划分子税目,税率在1%到20%不等,覆盖面较窄,仅针对矿产和盐等部分资源课征。故环境保护视角下的消费税,在拓宽征税范围时,可以优先考虑资源税税目以外的其他日常消耗较大或污染排放较高的自然资源,与资源税相互补充协调,更好地发挥保护环境、减少污染排放的职能。

环境税又被称为"生态税",是为保护生态环境而征收的各税种的总称。国内学者大多倾向于环境保护税是以开发、保护和使用环境资源的单位和个人为主体,按不同主体对环境资源的开发、污染和保护程度进行课税或减税的一种税收。2018年我国正式实施《中华人民共和国环境保护税法》,将环境保护税税目设为大气污染、水污染、固体废物和噪声污染四大税目,并根据应税污染物种类规定相应的当量值。环境保护税的实施,促使污染企业外部成本内部化,迫使能源消耗企业和高污染高排放企业调整产品结构,研发更加清洁的能源或者提高污染物处理技术,从而改善我国空气质量,减少污染物排放量,较大程度上促进了我国绿色税收体系的完善,也使我国环境质量有了明显改善。因此,在拓宽消费税征税范围时,可以结合环境保护税的税目及当量值标准,根据不同污染程度划分适用税率,对不鼓励不提倡使用的污染程度较重的消费品(如含磷洗衣粉等)予以重税;也可以适当参考环境保护税的税目,对污染环境行为征消费税(如噪声污染等),填补我国消费税征税范围领域的空白。此外,我国环境保护税涉及污染物数量多、范围广、种类详尽,但因税率限制发挥的调控职能有限。故在制定消费税征税范围时,应避免与环境保护税征税范围出现大面积交叉覆盖,防止"重复征税"问题大量出现,影响居民正常生产生活,也应对重点税目进行着重调控,以达"寓禁于征"的政策目标。

(二)消费税拓宽征税范围的必要性

1. 消费税征税范围改革符合我国经济发展需求

时至今日,我国经济从高速发展转为高质量发展,产业结构不断调整,居民的消费水平、消费结构和消费理念发生重大变化。但是现行消费税征税范围没有得到及时调整,导致我国消费税征税范围目前存在缺位和越位的问题,无法充分发挥作用。同时,越来越多消费者更加注重环保和绿色意识,党的二十大报告中同样强调绿色发展理念,强调自然环境的保护是社会发展的基础和前提,消费者和社会经济发展的共同需求要求对现行消费税征税范围进行及时调整和拓宽。因为外部性效应,环境质量的提高改善仅靠市场主体无法完成,需要政府的参与和调控,而消费税的非中性特征也可以促进经济绿色健康发展,故对消费税征税范围进行改革十分必要。

此外,消费税征税范围的改革顺应了产业转型升级的趋势。我国新能源和环保产业一路坎坷发展,虽然传统能源产业仍在我国占据主要地位,但产业转型升级已经是大势所趋。政府的介入可以推动企业作出正确的决策,迫使企业以长远的眼光看待利润和发展,促使企业树立绿色发展意识,推动企业生产过程和产品结构优化,避免被绿色发展型社会淘汰的噩梦。随着社会经济的迅速发展和产业发展多元化,越来越多的生产者和企业涌入市场,供给消费品琳琅满目,产品质量参差不齐,难免会有部分商家钻政策漏洞逃避税收,导致劣币驱逐良币现象的发生。政府颁布相关行业政策并通过税收手段进行调控,可以规范产业和市场行为,以明确的规定来约束市场不规范行为的恣意横生。顺应和推动产业转型升级,规范行业行为,消费税征税范围改革势不可挡。

2. 消费税征税范围改革符合我国绿色税收体系完善需要

2016年我国推行"营改增"后,通过营业税改增值税解决了商品生产到销售过程中重复征税的问题,总体上减轻了纳税人纳税负担。但增值税具有税收中性特征,税率整体较低,对高污染高耗能等绿色性质商品无法起到充分的调节作用,而消费税征税的非中性特征则决定了消费税完全可以承担特殊调节的职能。我国现行的税制体系以增值税为主体税种,消费税处于从属地位,为充分发挥消费税的引导消费和纠正负外部性的职能,完善我国绿色税收体系,建立健全我国税制结构,结合现实需要,有必要对消费税征税范围进行调整。

3. 环境保护视角下拓宽消费税征税范围的必要性

改革开放至今,我国经济高速发展,已成为世界第二大经济体,取得令人瞩目的成就。但高速发展的代价之一就是生态环境的破坏,以牺牲环境和资源为主的经济发展无法长久,也无法支撑一个国家的长期稳定发展,因此生态文明建设和绿色发展理念成为我国强调的重点。对鞭炮烟火、实木地板、摩托车、小汽车、一次性木质筷子、电池、涂料征收消费税发挥了巨大作用,有利于我国生态环境保护发展,对我国的环境污染起到了延缓抑制之效。但随着社会的发展,消费税征税范围存在的局限性使其已经无法满足环境保护的需要,而新的污染物也会给环境带来负担,如电子产品等。为促进生态保护,改善环境质量,提高居民的环保理念和意识,拓宽消费税征税范围具有必要性。

二、环境保护视角下消费税征税范围国际经验借鉴

(一) OECD 部分国家的消费税征税范围

经济合作与发展组织(OECD),简称经合组织,是由38个成员国家组成的政府

间国际经济组织,旨在共同应对全球化带来的经济、社会和政府治理等方面的挑战,并把握全球化带来的机遇。表1为部分OECD国家特定商品和服务税占国内生产总值百分比。

表1 部分OECD国家特定商品和服务税占GDP百分比 单位:%

国家	2010年	2015年	2018年	2019年	2020年
法国	3.2	3.7	4.0	3.9	4.0
德国	3.1	2.9	2.7	2.7	2.6
日本	1.9	1.8	1.7	1.6	1.5
韩国	3.4	2.6	2.5	2.4	2.2
挪威	3.2	2.8	2.7	2.5	2.7
英国	3.6	3.5	3.4	3.3	3.1
美国	1.7	1.8	1.8	1.8	1.7
加拿大	2.6	2.5	2.5	2.5	2.2
葡萄牙	4.4	4.3	4.5	4.3	4.2

资料来源:OECD. Consumption tax trends 2022[EB/OL].[2023-01-18]. https://www.oecd-ilibrary.org/sites/6525a942-en/1/3/4/index.html?itemId=/content/publication/6525a942-en&_csp_=9be05a02fe0e4dbe2c458d53fbfba33b&itemIGO=oecd&itemContentType=book#component-d1e54014.

近年,OECD国家的特别消费税收入占比总体呈下降趋势,其征税目的不是筹集财政收入,而是通过征税影响消费者行为,对污染环境破坏生态的行为调控,更加强调消费税调控职能。本文选取OECD中的美国、德国、加拿大、韩国、日本、比利时等国为例,参考各国在消费税征税范围、税率及计税依据方面的税制设计,旨在吸取国际经验,为我国拓宽消费税征税范围提供借鉴。

表2为部分OECD国家消费税征税范围中绿色环保税目概览。

表2 部分OECD国家消费税征税范围绿色税目

国家	征收模式	能源产品	污染产品	机动车	消费行为	其他应税商品
法国	分立型消费税制	燃油、煤炭、天然气等消费税	洗衣粉、洗涤剂、杀虫剂	公司汽车		火柴、打火机
德国	分立型消费税制	能源税:燃油、煤炭、天然气等能源;电力税		机动车税		

续表

国家	征收模式	能源产品	污染产品	机动车	消费行为	其他应税商品
日本	分立型消费税制	汽油税、航空燃油税、电力促进开发税、石油煤炭税等		汽车税		纺织品
韩国	综合型消费税+分立型消费税	燃油、天然气				
挪威	综合型消费税	二氧化碳税、电力	包装物、杀虫剂	机动车税		机动船、录像带、电视器件等
英国	分立型消费税制	燃油税		机动车消费税		碳氢化合物产品
美国	综合型消费税	燃油税、煤、压缩天然气等	煤油泄漏责任税、高能耗汽车税等	机动车零售税	航空税、轮船客运税	电动船外机
加拿大	综合型消费税	燃油		机动车		
葡萄牙	综合型消费税	燃油	蓄电池、轮胎	机动车注册税、使用税		纸张、包装物、塑料制品

资料来源：欧盟网站（http://europa.eu/index_en.htm）；荷兰国际财政文献局网站（http://www.ibfd.org）；日本财务省官方网站（http://www.mof.go.jp）；加拿大政府网站（https://www.canada.ca/en.html）；OECD.Consumption Tax Trends 2022[EB/OL].[2023-01-18].https://www.oecd-ilibrary.org/。

由表2可知，美国课税范围特征为范围宽且调节领域广，不仅覆盖了大部分能源产品和污染产品，而且对部分污染环境的消费行为也征收消费税。美国联邦及州级政府在消费税征收方面各有侧重，但二者都重视能源产品。联邦政府对能源产品开设了多个税种，如燃油税、煤炭吨位税及压缩天然气等，对汽油、煤油、柴油等成品油均征收消费税，而美国各州政府主要针对汽油产品征税。此外，美国政府还对泄漏石油征收责任税，对运输用汽、柴油等货物和乘坐飞机、生产特定货物和室内日光浴服务等特定行为征收消费税。针对污染环境或能源消耗较大的消费行为征税，可以减少该种行为的发生，减小居民日常生活对环境的污染程度，也能增加财政收入。并且，美国在2021年扩大了化学品的消费税征收范围，详细更新了化学品消费税目录，以减少化学品使用，降低危险化学物对环境的破坏。由此可见，美国的消费税课税范围很宽，不局限于消费品，对污染环境的消费行为也加以征税,对该国的消费结构和消费行为更具有约束性。

加拿大的消费税课税范围较窄,其中设计绿色税目的主要集中在能源产品和机动车,主要包括低燃油利用率的汽车、汽车专用空调、燃料油。其特别之处在于对燃油利用率低的汽车进行划分并给不同税率:汽车的加权燃油消耗量为每百公里 13 升或以上,但每百公里少于 14 升,则须支付 1 000 美元;汽车的加权燃油消耗量为每百公里 14 升或以上,但每百公里少于 15 升,则须支付 2 000 美元;汽车的加权燃油消耗量为每百公里 15 升或以上,但每百公里不足 16 升,则须支付 3 000 美元;汽车的每百公里加权耗油量为 16 升或以上,须缴付 4 000 美元。对于同样对大气造成污染的汽车专用空调也征收消费税,无论该专用空调是分离装配或者出厂时整车装配,须支付 100 美元。总体而言,加拿大消费税征税范围对环境保护的调节作用较有限。[①]

亚洲国家中的韩国和日本也是 OECD 成员国的主要国家,其消费税改革背景同我国较为相似,消费税改革主要对能源产品和机动车详细的划分,具有一定参考价值。由表 2 可知,韩国征收模式为分立型及综合型模式混合征收,且韩国实行延伸型消费税,税目多且划分详细,涉及环境保护方面的税目主要包括燃油、天然气及机动车。韩国单独开征了交通能源环境税,对不同排气量的机动车定额征税,对于排气量 1 000 毫升以上机动车的生产商,应按照其出厂价格征消费税,排气量 2 000 毫升以下的汽车税率为 5%,排气量超过 2 000 毫升的汽车税率为 10%。针对排气量的大小划分税率,可以有效引导消费者选择排气量低、产生废气较少的车型,有助于减轻大气污染。此外,韩国对成品油等能源产品的税率也进行了详细划分:汽油每升 630 韩元;柴油每升 365 韩元;煤油每升 178 韩元;丙烷气每升 40 韩元;丁烷气每升 360 韩元;天然气(包括液态)每升 60 韩元;重油每升 15 韩元。从 2006 年 1 月 1 日起煤油和丁烷气分别按 134 韩元/升和 306 韩元/升的标准征税。

日本同样实行延伸型消费税,单独开征了汽油税和地方道路税、汽车重量税、汽车税、汽车环境性能税等,对小汽车以及车辆排污征税的划分相比韩国更加详细。日本的环境绩效消费税(汽车税-轻型机动车税),根据环境标准(如车辆类型、燃油效率等)和购置价格的 0~3%(商用车和轻型车为 0~2%)来计算税金;日本的汽车重量税,根据重量对私人车辆和商用车辆征收机动车吨位税,乘用车的税率从每 4.1 吨 0 日元到每 5.6 吨 300 日元不等(从 0 日元到 5 日元不等),卡车每吨 2 600 日元至 2 800 日元(3 300 日元至 6 300 日元);日本的汽车税,根据气缸容量对商用车征收汽车税,乘用车 25 000 日元至 110 000 日元(7 500 日元至 40 700 日元),卡车(最大载重 4-5 吨)25 500 日元(18 500 日元),巴士(41~50 名乘客)49 000 日元(17 500 日元);日本的轻型车辆税,根据气缸容量和标准对轻型

---

① 加拿大政府网站(https://www.canada.ca/en.html)。

车辆和摩托车征收。日本还开征液化石油气税、汽油税、石油税、航空燃料税、矿区税和矿产税等能源产品消费税。其中,石油液化气税对制造商和进口商在制贩转运和离开保税区时,按照石油液化气的重量征收;汽油税则按照汽油的容量征收;航空燃料税对飞机的所有者或使用者按照已使用航空燃料的重量进行征税;石油和煤炭税按照石油的容量和煤炭的重量征收。日本对能源产品详细的划分较好地限制了自然资源的过度开采,促使经营者提高自然资源利用率,推动节能环保改善环境质量。

OECD中的欧洲发达国家对资源性和污染产品征收消费税更加重视。由表2可知,除了燃油税、煤炭税、天然气税,法国还将洗衣粉、洗涤剂、杀虫剂等高污染产品列入征税范围中,一定程度上减少了水污染和环境污染;而将火柴、打火机等日常使用频繁的资源消耗品列入消费税征税范围,同样可以减少对树木的砍伐及石油的开采,有助于环境的保护。挪威的消费税主要集中于资源性消费品,将电、煤、天然气、液化石油气等列入征税范围中,也对包装物、杀虫剂、录像带及电视器件等污染和耗能较大的消费品征收消费税;此外,挪威还将二氧化碳排放量纳入消费税征税范围之中,对于改善空气质量、减少大气污染有一定意义。葡萄牙则将燃油、蓄电池、轮胎、纸张、包装物、塑料制品列入征税范围中。比利时将天然气、电力等燃料能源,农药、白炽灯、包装物,一次性照相机等高污染消费品均列入消费税征税范围中。瑞典于2017年对白色家电和电子产品征收化学产品税,并计划于2021年起对服装与鞋类等产品根据不同的化学成分采用分类税率。上述各国结合自身国情,通过拓宽消费税征税范围,有效促进包装物循环使用,降低塑料污染及化学污染程度,减小水污染及大气污染程度,提高自然资源利用率,降低高污染高耗能产品需求,逐步减少化工产品对环境的破坏,推动环境保护进一步发展。

英国于2021年颁布在原有的塑料制品限令基础上对一次性塑料包装征税的政策,对塑料制品等碳氢化合物按税率17.5%征收消费税,减少一次性塑料污染的同时也减轻废弃物处理压力。相比之下,我国在消费税的课税范围上对环境污染严重商品的限制性较弱,调节能力也十分有限。此外,针对电动汽车的消费税征收问题,为使汽车税制更加公平,英国政府决定从2025年起取消电动汽车免征车辆消费税的优惠政策,标价超过4万英镑的电动汽车,除缴纳车辆消费税外,还需要每年额外支付355英镑的昂贵汽车额外服务费,随着使用年限的增长,这笔费用最高可达每年560英镑。这对我国是否将新能源汽车列入消费税具有一定参考性。

(二)OECD国家优化消费税征税范围的政策及经验借鉴

OECD国家通过政策工具和市场引导相互配合,用消费税政策手段将社会经济与环境保护联系到一起,使环境成本内部化,促进经济朝绿色可持续方向发展。

部分OECD国家的消费税政策对我国消费税绿色改革有较大的借鉴意义。例如,加拿大、日本和韩国等,将机动车按重量、车型和排气量详细划分不同档级的税率和计税依据,对污染物治理更加具有针对性;法国将洗衣粉、洗涤剂、杀虫剂等高污染产品和火柴、打火机等资源消耗品列入征税范围中,降低了水污染和环境污染,减少了对树木的砍伐及石油的开采;瑞典和英国等将碳氢化合物和化学产品等纳入消费税征税范围之中,对于减少白色污染和化学污染有一定意义;挪威还将二氧化碳排放量纳入消费税征税范围之中,有利于改善空气质量,减少大气污染;美国将部分对环境产生污染较大或耗能较高的消费行为列入征税范围中,更有效地引导纳税人行为,有较大参考价值。

三、环境保护视角下拓宽我国消费税征税范围的改革方向

(一)消费税征税范围的制定原则

我国消费税征税范围的制定,应结合国情,突出促进环境保护、支持节能减排的职能,在发挥调节收入分配效用的同时,也使消费税成为一个名副其实的绿色税种,完善我国的绿色税收体系。为使消费税更好地发挥绿色环保作用,在制定征税范围时,不应把我国的消费税作为一个孤立的税种来看待,应考虑多种因素,遵循相关原则。

消费税征税范围制定应体现政策导向,发挥环境保护职能。政府在制定征税范围时,应体现其宏观政策目的,调节相关消费品供需结构,促进产业结构升级,推动形成绿色经济的良性循环发展。同时,应体现"寓禁于征"精神,对于不鼓励消费的消费品可以加税,尤其是对高污染高排放产品和不可再生资源。

消费税征税范围制定应和其他税种相协调,并与国际消费税征税范围接轨。在绿色税收体系中,除了消费税,我国还实施了环境保护税和资源税,调节三者征税范围是重中之重。制定消费税征税范围时,应避免和环境税、资源税产生过多重合,避免"重复征税"现象大量出现,干扰居民正常生产生活,注重三者的衔接,使绿色税收体系的整体布局互相协调。此外,环境保护是一个具有外部性的公共产品,环境改善需要各国共同努力,维护自身利益的同时处理好国际关系。我国结合国情制定消费税征税范围时,应参考各国消费税征税范围,相互借鉴,促进消费税更加全球化,顺应时代发展潮流。

消费税征税范围的制定应兼顾自身固有职能。在推动消费税绿色化以达环境保护目的的同时,也应关注消费税筹集财政收入和调节收入分配的职能。消费税征税范围的制定还要考虑政府财政收入是否充足,避免政府赤字严重或纳税人税收负担过重。此外,消费税还具有调节收入分配、促进社会公平的作用。在制定消费税征税范围时,针对环境保护方面,应优先把消费等级较高,属"奢侈品"的消费

品纳入征税范围中,而对居民大量使用但具有一定污染性的消费品,慎重考虑是否纳入征税范围,或给予多级税率,遵循效率和公平相协调的原则。

(二)拓宽消费税征税范围的改革方向

1. 扩大高污染产品征税范围

增加一次性用品的征收范围,如一次性塑料袋、一次性餐具和一次性泡沫纸等。我国目前只将一次性筷子列入征税范围,随着餐饮业和快递行业的高速发展,每年产生的废弃一次性用品数量激增,而且塑料制品成本低,消费者税收痛感低,征税引导消费的效用也较低,给环境发展带来极大挑战。一次性塑料制品难以降解,一般采用填埋或者焚烧的处理方式,且对土地和周边生态环境的破坏性极强;若燃烧处理,塑料等燃烧产生的废气和有毒气体则会排向大气,对周边环境和空气同样会造成破坏。目前,塑料制品成本低导致的低效用问题亟待解决,将其列入消费税征税范围可以一定程度地减少一次性塑料制品的使用。同时,还可以对可降解塑料、循环使用包装物等对环境污染较小的消费品减免征收消费税,鼓励包装物的循环使用和回收。

增加交通工具等消费品的征税范围,如小汽车、飞机、巨型油轮等,特别是私人飞机和高档小汽车等具备奢侈品和污染物双重性质的消费品。私人飞机一次出行的污染物排放量超过商用飞机的数倍,对大气环境造成极大污染,而小汽车和邮轮等消费品在使用过程中也会消耗柴油、汽油、煤炭等不可再生资源,排放大量二氧化碳、二氧化硫等污染物,进一步加重温室效应,不利于环境保护。列入征税范围时,可以参考加拿大、日本及韩国等,结合污染物排放状况和燃油利用率,划分多档级计税依据和税率,加强对交通工具消费和使用的引导。

将农药化肥、含磷洗涤用品等高污染化学品纳入消费税的征税范围。农药化肥使用过多会造成土地碱性化,流入水体中也会造成水域的富营养化,对陆地植物和海洋生物都会造成较大影响。故应将农药化肥和含磷洗涤用品等加入消费税征税范围,同时详细划分不同含量、不同污染程度的消费品适用税率,对污染程度较高的消费品或者消费行为适用高税率,推动诸如生物农药、生物肥料等更加环保的产品在市场上的流动。

2. 拓宽高耗能产品征税范围

将电子产品纳入消费税征税范围。手机、电脑等电子产品已经在我国广泛普及,大量使用,但电子产品更新换代速度快,产生的废弃电子设备多且处理程序复杂,后续处理不当则会污染土地,影响环境。其制作材料对金属和电力资源的消耗巨大,不利于我国环境保护,应当考虑将其纳入消费税征税范围。

将高档木材的消费品(如高档家具等)列入消费税征税范围内。高档实木家具不仅具备奢侈品的特征,而且耗费大量木材资源,不利于森林资源的保护,比实木地板有过之而无不及。将高档实木家具列入消费税征税范围内,不但有利于减少对林业资源的破坏,还有利于调节居民收入,实现收入分配职能。

3. 其他消费品或消费行为

我国消费税中不可再生资源税目只有成品油,征税范围狭窄,但考虑到天然气、煤炭、电力等消费品为生活必需品,纳入征税范围会导致消费税累退性更强。为此,可以通过颁布税收优惠政策的方式,鼓励用清洁能源代替传统化石能源,鼓励发展风能、太阳能发电技术,减少温室气体和有害气体的排放量,推动我国消费者树立绿色环保观念。除此之外,还可以借鉴美国,将高污染高耗能产品或大量消耗不可再生资源的消费行为列入消费税征税范围,如乘坐飞机、巨型轮船等,以及生产特定货物等消费行为,填补我国利用消费税征税范围调节消费行为的空白,进一步发挥消费税的绿色环保作用。

(三)小结

在党的二十大会议大力倡导绿色发展和新一轮财税体制改革的背景下,本文通过对消费税职能和类型的定位,从生产者和消费者两个角度分析消费税引导行为的作用机制,梳理了我国消费税的改革历程及现存问题,指出消费税征税范围改革的必要性。接下来,同国际经验作对比,探讨了环境保护视角下部分OECD国家消费税征税政策,并依据消费税征税范围制定原则,探索我国环境保护视角下消费税征税范围的改革思路及措施,以期更好地发挥消费税保护环境的作用,推动绿色税收体系的建设、完善。最后得出结论,我国消费税征税范围的改革应遵循政策导向,从全局出发,促进消费税"绿化"和资源税、环境保护税互相协调,使消费税征税范围同国际接轨,发挥环境保护职能的同时兼顾消费税筹集财政收入、调节收入分配、促进社会公平的作用。为此,不仅要增加高污染、高耗能、不可再生资源的相关税目,还应考虑将部分污染较大或耗能较高的消费行为列入征税范围,从而发挥消费税的职能效用,推动可持续发展,实现经济的健康良性循环。

参考文献

[1]国家税务总局政策法规司. 持续完善绿色税收体系 积极助力建设美丽中国[J]. 中国税务,2022(6):12-15.

[2]高阳,李平. 部分OECD国家消费税的特征及借鉴[J]. 国际税收,2015(5):18-24.

[3]龚辉文. 发展中国家消费税制比较及其启示[J]. 国际税收,2015(5):25-30.

[4]龚辉文. 节能减排视角下消费税绿化的国际趋势及启示[J]. 涉外税务,

2013(3):26-31.

[5]龚辉文.消费税征收范围和税率的国际变化趋势与国内政策选择[J].国际税收,2014(3):12-15.

[6]国家税务总局税收科学研究所课题组,龚辉文,李平,等.构建绿色税收体系 促进绿色经济发展[J].国际税收,2018(1):13-17,2.

[7]胡绍雨,刘晨钰.基于绿色发展视野的消费税改革分析[J].西部财会,2021(2):23-28.

[8]贾康,张晓云.中国消费税的三大功能:效果评价与政策调整[J].当代财经,2014(4):24-34.

[9]李佳鹏.消费税的深度"绿化"方向:污染产品税[J].环境与发展,2020,32(4):233-235.

[10]李伟.消费税改革研究综述[J].经济研究参考,2018,(24):64-74.

[11]罗秦.新发展格局下的消费税改革再思考[J].税务研究,2021(4):56-63.

[12]孙开,金哲.环境保护视角下的消费税改革路径[J].税务研究,2012(6):40-43.

[13]孙玉霞.消费税对污染负外部性的矫正[J].税务研究,2016(6):44-45.

[14]王金霞,王佳莹.新时代消费税职能定位的思考[J].税务研究,2018(10):93-97.

[15]王赟杰.强化消费税保护生态环境功能的对策[J].经济纵横,2014(3).

[16]伍红,王昊."双碳"目标下的我国消费税优化:基于节能减排视角的分析[J].税务研究,2023(2):45-50.

[17]吴同童.绿色视角下的消费税问题研究[J].现代经济信息,2017(9):179,181.

[18]徐会超,张晓杰.完善我国绿色税收制度的探讨[J].税务研究,2018(9):101-104.

[19] PTAK M. Environmentally motivated energy taxes in scandinavian countries[J]. Economic and environmental studies,2010,10(3):255-269.

[20]OECD. Consumption tax trends 2022[EB/OL].[2023-01-18]. https://www.oecd-ilibrary.org/sites/6525a942-en/1/3/4/index.html?itemId=/content/publication/6525a942-en&_csp_=9be05a02fe0e4dbe2c458d53fbfba33b&itemIGO=oecd&itemContentType=book#component-d1e54014.

[21]OECD. Consumption tax trends 2020[EB/OL].[2023-01-18]. https:∥

www. oecd-ilibrary. org/taxation/consumption-tax-trends-2020_152def2d-en.

［22］OECD. Revenue statistics 2022：the impact of COVID-19 on OECD tax revenues［EB/OL］.［2023-01-18］. https：//doi. org/10. 1787/8a691b03-en.

［23］WATKINS E, SCHWEITZER J, LEINALA E, et al. Policy approaches to incentivise sustainable plastic design［J］. OECD environment working papers, 2019 (149).

平台经济对我国税收征管的挑战与对策探讨

杨雪慧[①]

摘　要：平台经济在我国发展迅速，市场规模不断壮大，在助推我国经济增长方面发挥了重要作用；平台企业利用数字技术和互联网的优势满足了消费者不断增长的多样化需求，并促进了经济活动的创新和发展。与此同时，平台经济对我国税收征管也提出新的挑战，出现了税收征管精度不足、纳税服务水平滞后、税收共治体系不完善等问题。为此，要完善税收征管法律法规，提高纳税服务水平，构建税收共治体系，推动征管数字化升级，保障平台经济的可持续发展和税收的稳定。

关键词：平台经济；税收征管；纳税

一、平台经济的发展现状

数字技术与经济活动深入融合所形成的平台经济在全球范围内迅速崛起，并成为全球经济发展的重要推动力量。平台企业作为平台经济的代表，在促进经济高质量发展中扮演愈加重要的角色。根据中国信息通信研究院2023年发布的《中国数字经济发展研究报告》中的数据，2022年我国数字经济规模达到50.2万亿元，同比名义增长10.3%，已连续11年显著高于同期GDP名义增速，数字经济占GDP比重达到41.5%，中国已发展为数字经济大国。截至2022年12月底，我国市场价值超10亿美元的互联网平台企业共167家，价值规模为2.37万亿美元。其中，腾讯、阿里巴巴、抖音、美团、蚂蚁金服等五家头部平台企业的价值规模总计约1.3万亿美元，与2021年年底相比，价值总额减少3 800亿美元，同比下降23%。其中，腾讯下降32%，阿里下降29%，美团下降20%，抖音估值下降17%。[②] 在当前全球经济形势严峻的状况下，尽管平台企业面临市值缩水、经营压力加大的问题，但在引领发展、创造就业、国际竞争中仍发挥着重要作用，因此要更加重视平台企业的税收征管问题，引导平台经济稳健发展。

---

① 杨雪慧，中国社会科学院大学应用经济学硕士研究生。
② 资料来源：中国信息通信研究院（http://www.caict.ac.cn/）。

（一）业务结构优化升级

平台经济正在向高质量发展转型升级，业务结构由消费互联网逐渐转向产业互联网。我国互联网消费市场发展速度变缓，平台企业逐步加大互联网产业链的投入，面向工业行业，整合大数据、物联网、企业微信等多个产品，将产品能力对外输出，打造工业互联网平台。以头部平台企业为例，腾讯正在向智能制造服务领域发力，打造的工业互联网平台 WeMake 入选工业和信息化部 2022 年"跨行业跨领域工业互联网平台名单"，通过输出跨平台跨领域解决方案，覆盖企业"研、产、供、销、服"全生命周期流程。阿里云 supET 工业互联网平台已服务工业企业近 10 万家，研发了数百个工业模型和工业应用，服务汽车、钢铁、家电、化工、玩具、食品等数十个行业，数十家制造业龙头企业基于该平台打造了企业级平台、应用。百度在 AI 领域长期投入，积极开拓移动生态、智能云、自动驾驶、智能硬件等方面。平台经济在转型升级的同时，助推实体经济行业高质量发展，因此要优化在平台经济领域的税收征管手段，提升服务水平。税收征管要跟上平台经济转型升级的脚步，满足当前大数据时代企业和个人多元化的涉税需求，保障平台经济业务真实、税务合规，推动平台经济规范稳健发展。

（二）拓展灵活就业渠道

大型平台企业吸纳就业能力较强，催生了许多新的职业和岗位，为社会提供了更多的就业机会。据不完全统计，2022 年，腾讯数字生态带动了 147 个新职业，其中稳定期新职业 14 个，主要集中在云与智慧产业生态、互动娱乐、广告营销等领域；成长期新职业 26 个，主要集中在微信、广告营销等领域；萌芽期新职业 107 个，主要集中在微信、云与智慧产业生态、互动娱乐、广告营销、职业教育等领域。平台经济在产生就业岗位的同时，其吸纳的劳动力资质不一，其中有大量的自然人，这类人群对税收的认识不足，纳税意识不强，在以互联网为依托、数据驱动的平台上进行灵活的交易活动，突破了时空限制，增大了税务机关在海量数据中追踪纳税人的难度，对传统的税收征管方式形成了冲击。

二、税收征管存在的问题

（一）税收征管精准度不足

1. 纳税主体

对于平台企业运营过程中涉及的纳税主体，目前尚无具体的明确规定。平台经济运营模式通过提供信息交换的平台，利用数字技术来分析双方的需求和偏好，使供需之间的匹配更加精准，降低各方的对接成本，提高交易成功率，由此吸引了大量的自然人进入平台。然而平台中承接业务的自然人资质不一,情况复杂多样,在取得身份认证并享受国家税收优惠政策方面存在困难,符合条件的纳税主体可能没有享受到相应的税收优惠政策,出现了税负不均的现象。以个人所得税为例,如果平台企业与自然人纳税人为雇佣关系,自然人纳税人取得的所得应按照取得工资、薪金所得缴纳个人所得税;如果为劳务关系,则应按照劳务报酬所得缴纳个人所得税;如果自然人取得个体工商户的身份认定,从事生产、经营性质活动,则应按照经营所得缴纳个人所得税。身份认定不同,作为平台经济参与主体的两者所享受的税收优惠也不同,由此产生的税负差异可能降低平台经济市场参与者的积极性。此外,现实中不少的自然人纳税人可能为了少缴税,不按照真实的情况申报,而是看哪项税负低就选择哪项缴纳,增大了涉税风险,不利于平台经济健康可持续发展。

2. 纳税地点

传统的实体经济交易活动是在线下的固定场所进行的,然而在互联网技术支撑下平台企业的业务活动克服了地理上的阻碍,交易活动往往在线上进行。这使得平台企业减轻了对机构场所的依赖,业务发生地可能不在税务登记地点,税务机关对税收管辖权归属的认定也不明确。例如,《增值税暂行条例》中有关于"非固定业户销售货物或者应税劳务,应当向销售地或者劳务发生地的主管税务机关申报纳税;未向销售地或者劳务发生地的主管税务机关申报纳税的,由其机构所在地或者居住地的主管税务机关补征税款"的规定,在平台企业中的交易个体在发生应税行为后应及时向税务机关补缴税款,但平台企业的交易范围广且形式多样,其中还有大量的自然人,这类群体流动性较强,居住地变动可能性较大,对税务机关的税款追征构成较大挑战。

3. 虚开发票

在数字技术发展迅速的形势下,"以票管税"的征管模式受到冲击。在传统的税收征管模式中,税务登记是整个税收征管的起点,发票开具是维护税收秩序的重要手段,税务机关能够根据发票的信息,掌握交易活动的情况。而平台经济模式下,准入门槛低,经营主体分散且资质不一,按照标准登记并有开具发票能力的纳税主体相对较少,买卖双方的身份边界模糊,交易业务形式多样,产生了庞大的信息数据,不利于税务机关查验交易信息的真实性,可能出现平台企业为了降低自身税负,利用平台交易分散隐蔽的特点,在对大量个体信息汇总代开发票过程中将真假业务混合虚增支出的现象,加大税收征管难度。

(二)纳税服务有待提高

随着平台经济的快速发展,纳税人数量大幅增加,业务形式也在不断多样化,纳税人对纳税服务的要求也在提高。但当前税务机关提供的税务服务主要针对企业,而针对在平台中进行交易活动的自然人纳税人提供的税收服务较为有限。目前税务机关已经积累了大量的涉税信息,但这些信息尚未得到充分挖掘和利用。当前的服务水平还无法满足平台经济市场主体对税务服务的多样化需求,与为纳税人提供个性化服务的目标还有一定差距。平台企业中的自然人纳税人纳税意识尚显薄弱,纳税申报的自主性有待提高。税收安全与否关系着平台经济的健康发展,如何扩大税收的普及范围、提升其影响力,以增强平台企业及平台内市场交易主体的纳税遵从度,是完善平台经济纳税服务工作中亟待解决的问题。这需要采取切实有效的措施,保证税款及时缴入国库,使政府更好地提供公共产品及服务,进而推动平台经济的稳健发展。

(三)税收共治体系建设不完善

平台经济的税收征管还未建立一个适应其特点的较为健全的协同管理体系,税收共治对于提高平台经济监管效率至关重要。一方面,平台经济的运作模式不同于传统的单一直线型,通过网络大数据的精准匹配,打破了时空限制,将不同区域、不同行业的需求和供给配对,面对复杂多元的交易活动和海量的涉税数据,只依靠政府部门的征管显然是不够的。另一方面,平台企业纳税主体的纳税申报往往是自主进行的,信息的真实性有待查验,税务机关需要对外联络协调以获得外部信息进行核对,因此要与平台企业和其他社会力量合作,以实现更有效的监管。然而,目前我国平台经济的税收征管还未实现各方协同共治,亟待打造一个更为成熟、高效的信息共享平台。

三、加强平台经济税收管理的对策

(一)完善税收征管法律法规提升执法精度

平台经济的发展对传统的税收征管方式提出了新的挑战,现有的税收政策具有滞后性,在一定程度上制约了税务机关对平台经济的税收征管,完善平台经济相关税收法律法规显得尤为迫切。一方面,健全完善《税收征收管理法》及其实施细则,明确规定平台企业的纳税主体、纳税地点、经营场所等要素,以及平台企业、平台企业经营者、第三方支付平台等各方责任,从法律层面为税务机关的精确执法提供更为详细的依据。另一方面,平台经济是新兴的经济模式,虽然目前发展势头稳中向好,但仍需政策的扶持和引导。从企业所得税角度来看,可以出台与平台经济相关的税收优惠政策,降低平台企业税负,减轻其经营压力。从个人所得税角度来看,在平台上进行交易活动的群体中有大量自然人纳税人,此类人群的纳税能力较差、收入不等,在现有的个人所得税征收基础之上,根据收入高低设置更加细化的征收标准、合理征收税款,可更好地发挥所得税促进社会公平的作用。

(二)提高纳税服务水平优化税收环境

一方面,推进智能办税,提高办税效率。我国税务机关正在推广电子发票,但仍有部分平台企业和平台内经营者在开具电子发票方面存在困难。税务机关可利用信息技术手段,优化电子发票的开具系统,根据平台企业以及平台交易者的实际情况,选择合适的电子发票类型,对涉税信息进行全面审核,包括购销双方的名称、纳税人识别号、联系方式等。通过审核后,该系统将发票数据文件自动同步,受票方即可收到开票通知,简化办税流程,降低征纳双方成本。

另一方面,加强宣传教育,提高纳税遵从度。税务机关可以加大税法的宣传力度,积极开展涉税知识普及活动,主动深入平台经济中的纳税人群体,联合平台企业,利用大数据分析其特点,在平台企业网站界面设置税法知识普及链接,有针对性地开展法律法规宣传,引导其正确认识和理解税收的相关内容,增强其依法纳税、诚信经营的意识。

(三)构建现代化的税收共治体系

为了提升对平台经济的税收征管效率,税务机关应加强跨部门的协同共治,构建现代化的税收共治体系。根据平台经济跨行业、跨区域的特点,充分发挥部际联席会议机制作用,加强部门共治、区域共治和央地共治,加强信息互换、执法互助,提升治理效能。首先,由税务机关牵头,与平台企业合作打造信息共享通道,通过信息交流共享,加强对平台企业交易行为的监控,提高对买卖双方的交易全流程的监管,包括但不限于资金、账户、物流等方面的信息。除了与平台企业构建税收数据共享平台外,税务机关可与市场监管、海关、公安等部门联合构建多部门的协同监管,坚持系统观念、协同治理、依法治理,推动实现跨部门、跨行业、跨地区的新型监管共治体系。其次,平台企业要加强自身建设,助力平台经济的规范发展,构建良好的税收环境。平台企业要充分发挥自身的大数据处理能力,保证平台交易信息的准确性、真实性、可追溯性,在必要时及时调出交易全过程的相关信息,确保其平台内交易者身份信息的真实性。此外,平台企业要对其内部管理者及经营者进行专业化培训,增强他们的纳税意识,提高处理涉税事务的能力。

(四)推进税收征管数字化升级

随着平台经济的快速发展,平台企业以及在平台进行交易的主体产生了大量的涉税信息,包括交易金额、时间、商品数量等,税务机关需要进一步主动转变传统的征管方式,积极运用先进的互联网、大数据、人工智能等技术手段,加强对涉税信息的收集和分析。首先,要加强对互联网平台系统整体的运作状况的监管。通过平台企业提供的查询接口,对平台的信息系统运行情况进行监测,利用大数据平台,提升数据的实时性和准确性。其次,应要求平台企业严格落实信息注册管理,利用智慧税务平台加强涉税信息的审核,对已注册登记的相关身份进行随机抽样检查。通过对登记的情况进行抽检,重点查看其录入的身份证件信息是否真实,数据是否完整,交易时所提供的相关证件是否合规,等等。最后,重点监控平台企业开具发票的行为,税务部门应该充分运用已有的数据手段,与其他监管部门、平台公司建立起信息交流共享机制,对平台上的交易信息进行监控比对,及时查验平台企业集中开出、数额巨大的发票,最大限度地降低虚开发票的风险。

参考文献

[1] 欧阳天健. 共享共治理念下平台经济的税收征管挑战与治理优化[J]. 华中科技大学学报(社会科学版),2023,37(5):10-19.

[2] 蓝庆新,史方圆. 我国平台经济发展现状、问题和对策[J]. 人文杂志,2023(7):47-57.

[3] 邓学飞,孟新华,吕敏. 平台经济下直播带货税收治理问题研究[J]. 税务与经济,2022(5):45-52.

[4] 周克清,郑皓月. 平台经济下第三方平台信息共享对个税遵从的影响研究[J]. 西南民族大学学报(人文社会科学版),2022,43(9):96-101.

[5] 国家税务总局河北省税务局课题组,马列,刘淑蕾,等. "四精"视角下加强平台经济税收管理的思考[J]. 税务研究,2022(6):117-122.

[6] 卫纳斯,包志会. C2C 模式平台经济税收治理研究[J]. 税务研究,2022(2):137-139.

[7] 宋永生. 平台经济税收管理问题研究[J]. 税务研究,2021(12):133-138.

[8] 崔志坤,李菁菁,杜浩. 平台经济税收管理问题:认识、挑战及应对[J]. 税务研究,2021(10):62-68.

数据要素的确权路径、价值计量与课税机制

何佳岩 李为人[①]

摘 要：数字经济时代，数据已成为新型生产要素，但尚没有与之对应的税种。数据要素归属的不确定性和价值的不确定性都对现有的税收政策造成挑战。只有厘清数据要素的权利归属，根据数据要素用途采取合理方式计量其价值，才能确定纳税主体和税基。数据要素在价值链条中，与其他生产要素类似，都会经过生产阶段和流通阶段。在数据要素价值创造过程中，数据要素的形态从最初的原始数据，经过收集、加工、汇总成为数据资产，具有了更高价值。而数据要素形态变化时，其权利归属和价值计量都会发生变化。因此，应当结合数据要素在不同阶段中的权利归属，基于现有税制建立数据要素课税机制，对不同环节产生的增值额征收增值税和相应的所得税。

关键词：数据要素；权利归属；价值计量；课税机制

在大数据时代，数据对生产贡献日益突出，成为具有多种价值的生产资料，正与其他生产要素共同参与经济价值创造过程。2020年，中共中央、国务院发布的《关于构建更加完善的要素市场化配置体制机制的意见》更是将数据视为一种新型生产要素，将其与土地、劳动力、资本、技术等传统生产要素并列。2022年以来，我国陆续发布《关于构建数据基础制度更好发挥数据要素作用的意见》（以下简称"数据二十条"）、数据资源入表等相关政策，规范数字资产价值评估和会计处理。2022年6月，中国资产评估协会发布《数据资产评估指导意见（征求意见稿）》，为数字资产入表、交易、流通和相关运作提供切实操作指导；2022年12月，财政部发布《企业数据资源相关会计处理暂行规定（征求意见稿）》，将企业内部使用的数据资源定义为无形资产，企业日常活动中持有或最终用于出售的数据资产可确认为存货；2023年，国家数据局组建并正式挂牌。这些政策表明，数据要素市场化进程不断加速，同时数据要素在市场经济中的地位日益重要，数据资产的价值越来越受到社会关注。

[①] 何佳岩，中国社会科学院大学硕士研究生。李为人，中国社会科学院大学应用经济学院副院长，副教授。

一般情况下，新型生产要素的出现会催生与之相关的税种。目前可以把与生产要素相关的税种分为两类：一是要素流转税，即对生产要素在生产和流通环节的价值增值征税，如增值税；二是要素所得税，即对因持有要素而获得的收入征税，如个人所得税和企业所得税等。然而，我国现行税法规定并未对数据进行征税，易导致税收流失。因此，为应对数字经济带来的税收挑战，应明确数据要素确权路径和价值计量，探索建构数据要素税收制度。

一、数据要素对税收政策带来的挑战

2022 年，我国数据产量达 8.1ZB，同比增长 22.7%，占全球数据总产量的 10.5%，位居世界第二；我国数字经济规模超 50 万亿元人民币，占 GDP 比重达 41.5%，位居世界第二位。随着数据要素市场稳步推进，有望为我国经济发展带来新动能。虽然以新业态、新模式呈现的数字经济能够成为我国经济增长的新引擎，但是因为数字经济与传统工业经济不同，数据经济具有权利归属的不确定性和价值的不确定性，导致数字经济挑战现有税收政策的同时税收贡献也不足。

（一）数字要素归属的不确定性对税收治理带来挑战

数据通过采集、加工、存储、流通、交易等环节才能产生价值。在此过程中，数据要素取得方式较为复杂，其"生产"过程往往涉及多个主体，并不能准确界定为谁"原始取得"了某项数据。例如，一个用户在某购物平台的消费记录可以显示其消费习惯，平台通过对这类数据进行统计、分析，可以甄别、筛选出目标客户，为其推送相关商品广告。在这一过程中，用户为数据的原始提供者，平台对数据进行加工，这类数据产生的权益的归属无法确定，这给基于工业经济逻辑建立的现行税制造成巨大冲击。

依托于数字经济的互联互通，数字经济活动涉及多个产业、多个群体，大量私人经营者和自然人参与其中。首先，平台的接入增加了纳税主体的认定难度。例如，平台通过收集用户使用数据，利用算法向用户推荐内容和推送广告，数据本身来自用户个人，但是经平台处理后才有了使用价值，这使得企业与非企业、生产者与消费者的边界变得模糊，产品提供者和消费者、平台之间的关系日益复杂，交易的纳税主体因为数据要素归属的不确定性而产生分歧。其次，数字经济加剧了税源和税收的背离。2017—2022 年我国 A 股上市公司中，数字企业年均营业利润率为 18.33%，而制造业企业利润率为 12.86%；数字企业年均税负率为 15.6%，远远低于制造业企业的 22.99%。我国现行税收制度遵循生产地原则分配税收征管权，电子商务平台企业得到的中介服务费在企业注册地缴纳增值税，消费者所在地的税务机关无权征收相关税种。数字要素和数字技术弱化了传统交易对物理连接的依赖,数字要素税收收益归属地和价值创造地错配,使得税务机关难以确定交易地而引发税款流失,进一步加剧了区域内税收分配的差距。

(二)数据要素价值的不确定性造成价值创造与税收收益不适配

数据要素的价值难以准确核算导致数字经济价值创造的不确定性。在数字经济时代,通过数字基础设施将数据转化为可以利用的信息进而创造价值是经济发展的主要动力,但是数据要素在开发、传输和使用过程中几乎没有折旧,且因为网络的正外部性,使用数据要素的边际成本几乎为零,所以大部分数字经济业态呈现出规模报酬递增的趋势,数据价值难以确定。不同主体对数据要素的收集开发利用程度存在显著差异,利用率和开发程度较高的主体易形成对数据资源的垄断,相同的数据资源可能会产生不同的价值,使得数据要素价值的衡量标准难以统一。

现行生产要素价格核算方式并不适用于数据要素。传统生产要素的定价原则是成本收益对称原则,但该方法无法适用于数字要素"成本-受益"错位情形。如今在数字经济时代下,传统工业经济中扮演需求方的消费者也能深度参与数据要素的生产和服务提供过程,转变为生产者,身份转变对现行要素价格核算方式提出巨大挑战。因此,从税收角度来看,数据要素价值的不确定性导致税基的不确定性,进而造成税收收益和数字经济价值创造不适配。

二、数据要素的确权路径

有利益必有归属,有权利必有保护。作为一种权利,数据产权必定归属某个主体。《关于构建更加完善的要素市场化配置体制机制的意见》指出:"制定数据隐私保护制度和安全审查制度。推动完善适用于大数据环境下的数据分类分级安全保护制度,加强对政务数据、企业商业秘密和个人数据的保护。"这种以主体为标准的分类较为科学,有助于对数据生态链的不同阶段作出准确划分。相应地,数据要素也应该以主体为标准进行类型化研究,比如可分为个人数据、企业数据和公共数据。

(一)个人数据

根据"可识别性"可以将个人数据分为"敏感个人数据"和"普通个人数据"。敏感个人数据是能够直接识别特定自然人身份的个人数据,如姓名、身份证号、家庭住址等。普通个人数据指难以直接识别特定自然人身份的个人数据,如电商网站上购买商品的种类、自然人共享单车的行驶轨迹等。敏感个人数据应得到更为有力的保护,未经同意数据收集方无权使用和交易;普通个人数据的使用权在经过数据主体同意后,可由数据收集方进行处理和利用。个人数据来源于用户,用户应当对自身产生的个人数据拥有所有权。

（二）企业数据

企业数据可以分为企业自身产生的数据和企业从外部收集的数据。企业自身产生的数据，所有权归企业并无争议。关于企业从外部收集的数据，企业本身没有所有权，但基于"数据二十条"中提到的数据产权结构性分置制度，企业可以和数据所有者协商，将数据持有权、加工使用权等权利让渡给企业，从而推动数据要素在经济中的流通，实现更高的经济价值。

（三）公共数据

公共数据是指各级政府部门、法律法规授权履行公共事务管理职能的组织依法履职或提供公共管理和服务过程中收集和产生的数据，如公共医疗数据、气象数据等。目前各地先后成立大数据局和大数据中心，以释放公共数据价值为核心，推进探索各具特色的授权运营机制。"数据二十条"指出公共数据的开发利用应当做到"原始数据不出城、数据可用不可见"，这意味着国家可以让渡公共数据的使用权，但前提是应保有公共数据的所有权。

三、数据要素的价值计量

面对数据要素价值的不确定性造成价值创造与税收收益不适配问题，现在理论层面和实际层面都进行了一定的探索，作出积极尝试，积累了有效经验。

（一）数据要素定价的理论方法

数据资产的价值具有不确定性和时效性，会受数据本身的质量、可用性以及市场需求、应用场景等因素的影响。据中国资产评估协会2023年9月发布的《数据资产评估指导意见》，数据资产评估的方法主要分为三种：收益法、成本法和市场法。

1. 收益法

收益法基于数据未来预期收益进行评估，具有多种预测途径。收益法是指测算该项数据资产所产生的未来预期收益并折算成现值，进而确定被评估数据资产的价值。因为数据资产作为经营资产，可以通过数据分析、数据挖掘、应用开发等方式来形成数据产品或服务，供内部使用或外部交易，从而产生价值；通过对未来现金流量的预测和折现，还可以反映数据资产的价值。在估算数据资产带来的预期收益时，根据适用性可以选择采用直接收益预测、分成收益预测、超额收益预测和增量收益预测等方式。

2. 成本法

成本法以重置成本为基础进行评估，适用于开发初期的数据资产。成本法首先估测被评估资产的重置成本,然后估测被评估资产已存在的各种贬损因素,并将其从重置成本中予以扣除而得到被评估资产价值,是各种评估方法的总称。成本法的基本思路是用重置成本减去各项实体性、功能性、经济性损耗,其实质是计算资产的各项成本,将它们进行分类归集,基于成本与价值之间的关系来评估。成本法通常适用于尚处于开发初期、尚未明确应用场景的数据资产的评估。

3. 市场法

市场法基于市场交易价格评估,前提条件是存在公开活跃的交易市场。市场法是一种基于市场行情的数据资产评估方法。它通过比较市场上类似数据资产的交易价格和特征来评估数据资产的价值。通过考虑数据资产价值的影响因素,我们可以利用市场法对不同属性的数据资产价值进行对比和分析调整,得出被评估数据资产的价值。开展数据资产评估时,选用市场法的前提条件是具有公开且活跃的交易市场。

(二)数据要素定价的实际探索

数据交易可以分为买卖双方直接交易(场外)和通过数据交易所交易(场内)两种形式。2021年我国数据交易规模超500亿元。2014年以来,在政策推动下,数据交易平台、数据交易中心、数据交易所如雨后春笋般涌现,在实际交易过程中,对数据要素定价方式也进行了探索。

1. 第三方评估定价法

第三方评估定价法主要指数据交易所/中心/平台等场所通过选定的数据价值评估指标对数据提供第三方定价。例如贵州大数据交易所通过数据品种、时间跨度、数据深度、数据完整性、数据样本覆盖等质量评价指标初步评估数据价值,基于评估价格和同类数据历史成交价格得到合理数据价格区间,供数据供需方参考。

2. 协商定价法

协商定价法主要用于买卖双方对数据价值评估存在不同意见的情况,双方通过协商约定价格。上海数据交易中心、中关村数海大数据交易平台均采用协商定价法。该方法的优势在于:交易双方通过实时反馈调整交易价格,使价格逐渐趋于其实际价值,最终协定价格充分反映供需双方的意志,买卖双方有充分沟通,成交率较高。该方法有利于提高数据价格与市场匹配度,促进交易市场稳定。

3. 拍卖定价法

拍卖定价法多用于多个数据需求方对单一数据进行竞拍的情况,以最高拍卖价为数据最终定价。通过此方法进行交易的数据具有稀缺性,价高者得,有助于实现数据要素价值最大化,促进数据交易流通。目前,贵阳大数据交易所和上海数据交易中心都将拍卖定价作为其数据定价的方式之一。

四、数据要素的课税机制

确立数据要素的权利归属和价值计量有助于厘清其纳税主体和税基。目前的研究中,有学者将数据分为原始数据和衍生数据,认为数据要素的课税机制也应当分层次展开。数字经济时代下,数据要素依旧存在价值创造链条,最初的单个原始数据由个体产生,经过企业收集后在社会中流通,经脱敏、清洗、汇总被开发成衍生数据产品,数据产品就拥有了更高的价值,在生产和流通阶段,均存在间接税和直接税规则。

(一)要素生产阶段

个人数据在未经处理之前的经济价值难以衡量,所以不在征税范围内。目前,个人可通过向平台提供个人数据以换取平台提供的个性化定制网络服务,但是交换过程中并不存在货币交易,属于"以物易物",且价值衡量指标难以确定,故以个人数据换服务的行为不具有可税性。对此,可以探索设立个人数据账户,通过技术手段为个人创立单独数据账户,聚合个人在不同平台的数据信息,实现个人对自身数据的控制。税务机关也可以借助区块链技术和智能合约技术,准确把握个人数据的访问方式和访问收益,提高税务机关对个人数据交易的监管能力。

间接税方面,在财产类型上,参照财政部发布的《企业数据资源相关会计处理暂行规定(征求意见稿)》,可以将个人数据定义为无形资产,适用"无形资产转让"的增值税规则。个人数据本身并没有成本,个人将自身数据转让给平台从中获取的收益属于增值收益,个人需要负担缴纳增值税的义务;而企业在取得个人数据并加工处理后得到的衍生数据,可以抵扣相关进项税额。

直接税方面,根据《个人所得税法》对个人数据交易的相关规定,依交易的权属不同,个人数据交易所得可以分为转让财产所得和特许权使用费所得。若用户将数据所有权转让,交易所得可归入转让财产所得;若用户仅转让数据使用权,交易所得应按照特许权使用费缴纳所得税。

公共数据为国家拥有的数据,已有越来越多的企业基于原始公共数据开发产品,如基于城市基础设施仿真数据开发的高德地图、基于气象数据开发的墨迹天气等。企业使用国家数据应支付一定的费用,可以引入市场竞争机制,参照土地使用权出让的模式,优化挂牌、招标、排名、协议四种议定方式,根据公共数据的类型、使用时间等设置不同价格。

(二)要素流通阶段

目前数据要素流通的主要形式是企业收集个人数据和公共数据,经处理后形成具有更高价值的数据资产。而在现实中,企业收集整理的数据资产往往被作为核心机密,企业为保持自身的市场地位,基本不对外开放,企业基于各类衍生数据为客户提供定制化的广告、销售等服务赚取收益。

间接税方面,企业加工后的衍生数据可以参照无形资产征税。比如,借助市场法、成本法等方式确定税基,为保证增值税链条的完整性,企业购入原始数据(个人数据或公共数据)所负担的进项税应予以抵扣,税率选择现有增值税中"信息系统增值服务"。

直接税方面,根据数据出让的具体权属类型,确定征收条目。若转让使用权,则可归入"特许权使用费收入";若转让所有权,归入"转让财产收入"。根据《企业所得税法》,企业实际发生的与取得收入相关的、合理的支出,包括成本、费用、税金、损失和其他支出,准予在计算应纳税所得额时扣除。企业在加工原始数据过程中发生的成本费用,购买原始数据所支付的金额,都可以从转让收入中扣除,扣除后的剩余金额作为应纳税所得额。

参考文献

[1]蔡昌. 数字资产的价值计量、税收政策与税制优化[J]. 新经济导刊,2023(7).

[2]李夏旭. 论数据要素的分层课税机制[J]. 税务研究,2023(3).

[3]楼继伟. 中国税收改革的长期取向:对生产要素征税[J]. 财经界,2006(1).

[4]王雍君. 数字经济对税制与税收划分的影响:一个分析框架——兼论税收改革的核心命题[J]. 税务研究,2020(11)

[5]邬展霞. 数据要素价值创造的原理、模式及其对税收制度的挑战[J]. 税务研究,2023(5).

[6]鄢浩宇. 数据定价的机制构建与法律调节[J]. 金融经济,2022(9).

[7]杨昭,杨杨. 数据要素影响税制体系的机理、表现和应对[J]. 税务研究,2023(3).

[8]余莎,孔祥思,王文甫. 适应数字经济发展的税制选择:数据使用税[J]. 税务研究,2023(12).

[9]周波,刘晶. 应对数字经济挑战的税收治理变革[J]. 税务研究,2023(12).

个人所得税对居民消费的影响分析

项炀骁①

摘　要：随着我国经济不断发展，居民消费对经济增长的影响日渐加大，而想要实现国家经济发展的长期目标，就要进一步扩大国内需求，促进居民消费。收入是影响居民消费水平的重要因素之一，国家可以通过制定相应的政策，增加居民的收入，减小不同收入群体之间的贫富差距，以此来刺激消费，实现经济发展。对于我国而言，能够促进社会公平的一个重要财税制度就是个人所得税，利用该税种能够对人民群众的收入进行调节，还可以在一定程度上增加政府的收入。本文基于凯恩斯的绝对收入假说，将可支配收入以及贫富差距作为中介变量，构建微观模型，以分析个人所得税调节居民消费的机制。

关键词：个人所得税；居民消费；居民可支配收入；收入差距

一、引言

个人所得税作为现代税收体系中的重要组成部分，不仅对国家财政收入和财富分配具有影响，而且对居民消费行为和消费结构也可产生作用。在经济学领域，个人所得税的设计与调整一直是政策制定者和学者们关注的焦点。本文旨在探讨个人所得税对居民消费的影响，分析税制变化如何通过影响居民可支配收入而作用于消费决策，以及这种影响在不同收入群体、不同消费类型中的差异性。

个人所得税作为一种直接税，直接对个人所得进行征税。它通常根据纳税人的收入水平来确定税率和税额，旨在实现收入再分配，减小社会贫富差距。然而，个人所得税的征收和调整不仅影响着纳税人的经济负担，还可能通过改变其可支配收入水平，间接影响其消费行为。在经济学理论中，个人所得税的边际税率和累进性被认为是影响居民消费决策的关键因素。高边际税率可能会抑制居民的劳动供给和储蓄行为，从而影响其消费水平；而累进税率的设计则可能通过调整收入分配，促进或抑制特定消费行为。当前，随着全球经济的发展和国内经济结构的转型，个人所得税制度的优化成为各国政府提升居民消费、促进经济增长的重要手

---

① 项炀骁，首都经济贸易大学财政税务学院博士研究生。

段。在此背景下,研究个人所得税对居民消费的影响,不仅有助于理解税收政策对经济行为的作用机制,对于指导税收政策的制定和调整也具有重要的现实意义。2018 年,我国《关于修改〈中华人民共和国个人所得税法〉的决定》获得了通过,这是我国个人所得税史上的第七次修改。此次修改具有重要意义:首先,改变了原有的分类课征模式,开始正式实行分类综合课征模式;其次,原有的扣除标准也发生了很大变化,将继续教育、医疗保险、住房租金等六项指标引入专项扣除中;最后,提高了个人所得税的生计费用扣除标准。这一改革措施对居民消费行为产生了怎样的影响,正是本文试图探讨的核心问题。

这一问题已在学术界引起一定讨论,但学者们的研究结论不尽一致。部分学者认为减免个人所得税有效促进了消费。Johnson(2006)以 2001 年美国减税政策实施期间居民的消费支出为样本,研究结果发现,在收到政府退税的 3 个月和 6 个月内,美国居民分别消费了税收返还款的 20%~40% 以及 65%。廖楚晖(2013)分析了个人所得税给居民消费带来影响,研究结果显示,就短期而言,个人所得税对居民消费水平的影响效果不显著;而从长期而言,个税对居民消费的影响显著。刘华等(2015)基于我国 2003 年到 2012 年期间的省级面板数据进行研究,认为人均税收负担每降低 1 个单位,人均消费支出就会上升 0.06%。然而还有部分学者认为减税对提高居民消费效果微弱。李普亮等(2014)的研究结果显示,从短期角度而言,个人所得税负担和居民消费这两者之间的关系并不显著。李文(2011)的研究结果显示,对于居民消费而言,产生影响的重要因素就是收入。除此之外,税收负担也会产生一定的影响,但是该影响相对较弱。

本文可能存在的研究贡献在于,通过深入分析个人所得税对居民消费的影响,为政策制定者提供科学的决策依据,帮助他们更好地理解税收政策对居民消费行为的作用路径,在制定税收政策时能够更加精准地平衡公平与效率的关系,从而促进经济的健康发展。同时,本文的研究结果也将为学术界提供新的视角和思路,丰富个人所得税与居民消费关系的理论探讨。

二、理论分析与研究假设

在经济学领域,收入是影响居民消费水平最重要的因素之一。凯恩斯认为,居民的消费水平与收入的关系用数学公式可以表示为:

$$C = \alpha + \beta Y_t$$

式中,C 表示当期消费,α 表示维持基本生活的必要支出,β 表示消费者的边际消费倾向,其大小位于 0 和 1 之间,β 越大表示居民增加的收入中用于消费的部分越多,Y_t 表示居民当期收入,βY_t 是收入所引致的消费,即由于收入提高而产生的消费增加额。而低收入人群的边际消费倾向是大于高收入者的。

因此贫富差距一定程度上也影响着居民整体消费水平,居民整体消费水平随着贫富差距的缩小而增大,运用政策手段缩小收入差距,将社会财富一部分转移给中低收入人群将会提升居民整体的消费水平。这是因为具有高消费倾向的低收入人群获得政府的转移财富后大部分将用于消费,消费倾向较低的高收入群体虽会随着财富的减少而减少消费支出,但消费减少额度低于低收入人群收入增加后增加的额度,这便提高了社会总体消费水平。个人所得税作为一种直接税种,税负难以转嫁,能够实现对居民收入的再分配,从而调节居民消费。一方面,个人在缴纳个税后会减少其可支配收入,从而压缩其支出。而在减税之后,个人的可支配收入提高,会减少其所压缩的支出的幅度,即提高支出水平。另一方面,个人所得税免征额和累进税率的设定可以调节收入分配,随着应纳税所得额的提高,其适用的税率也随之逐级提高。累进税率制度下,高收入者的税负率高于中低收入者,免征额的设置也会使相当一部分低收入者少缴税甚至不交税,利用个人所得税政策缩小收入差距,将社会财富一部分转移给中低收入人群,提升居民整体的消费水平。可以看出,可支配收入、收入差距是个人所得税调节居民消费的中介变量。

(一)可支配收入作为中介变量的理论分析

居民的消费支出可以分为生活必需品支出与非生活必需品支出,从短期消费来看,可将居民个人消费函数列为:$C = C_1 + C_2$。C_1 为生活必须必需品消费,C_2 为非生活必须必需品消费。C_1、C_2 由凯恩斯的收入与消费函数模型 $C = \alpha + \beta Y_t$ 决定,可表示如下:

$$C_1 = m_1 + a_1 Y \tag{1}$$

$$C_2 = m_2 + a_2 Y \tag{2}$$

其中,m_1、m_2 是生活必需品和非生活必需品的自发消费,a_1、a_2 为生活必需品、非生活必需品的边际消费倾向,Y 为当期收入,$a_1 Y$、$a_2 Y$ 为收入带来的生活必需品、非生活必需品的引致需求,a_1、a_2 值介于 0 与 1 之间,a_1 与 a_2 之和小于 1,且 a_1 小于 a_2,表明非生活必需品消费的收入弹性大于生活必需品消费的收入弹性,则居民消费函数可整理为:

$$C = m + (a_1 + a_2) Y \tag{3}$$

其中,m 为 m_1 与 m_2 之和,表示自发消费,$(a_1 + a_2) Y$ 为收入带来的引致消费,当居民收入被征收个人所得税后,消费函数变为:

$$C_{税后} = m + (a_1 + a_2)(Y - T) \tag{4}$$

其中,T 为个人所得税税额,$Y - T$ 为税后居民收入,即居民的税后可支配收入额,征收个人所得税后消费的减少量为 $(a_1 + a_2) T$。由此可以发现,政府对居民课征个人所得税后,收入的一部分被用来缴税,居民的消费能力和消费意愿随着收入的降低而降低,最终导致当期消费支出的减少。

由于 a_1 小于 a_2，个人所得税政策实施后，非生活必需品消费的减少量大于生活必需品消费的减少量，居民消费结构也有所恶化。同理，个人所得税的减税政策会相应增加居民支出，且非生活必需品消费增加量大于生活必需品消费的增加量，居民消费结构有所优化。

居民的收入或用于当期消费，或用于未来消费。为了简化分析，假设经济中仅存在当期和未来两个时期，对应的消费分为当期消费（C_1）和未来消费（C_2），收入也相应分为当期收入（Y_1）和未来收入（Y_2），居民消费后，当期收入剩下的部分会进行储蓄，按市场利率 r 获得收益，且所有收益将用于未来消费。则消费者效用函数为：

$$U = U(C_1, C_2) \tag{5}$$

个人一生的预算约束可表示如下：

$$C_2 = Y_2 + (Y_1 - C_1)(1 + r) \tag{6}$$

对式（5）两边同时除以（1+r），移项整理后得：

$$C_1 + C_2/Y_2(1 + r) = Y_1 + Y_2/(1 + r) \tag{7}$$

政府征收个人所得税可以有以下两种方式：其一，仅对个人的收入征收个人所得税，但不对其储蓄利息征税；其二，既对个人的收入征收个人所得税，也对其储蓄利息征税。

当只对个人收入征收个人所得税时，即分别对当期个人收入 Y_1 和未来个人收入 Y_2 征收税率为 t_1 和 t_2 的个人所得税，此时税后的预算约束变为：

$$C_1 + C_2/Y_2(1 + r) = (1 - t_1)Y_1 + (1 - t_2)Y2/Y_2(1 + r) \tag{8}$$

式（8）左边为当期消费与未来消费按市场利率 r 折现的现值之和，也就是个人的一生总消费，右边为个人税后的当期收入与税后未来收入按市场利率 r 折现的现值之和，也就是个人一生的所有收入。可以看出，仅对个人收入征收个人所得税后，等式左边个人总消费伴随着等式右边个人收入的减少而减少，即个人所得税通过减少居民收入而抑制了居民消费，这就是个人所得税对消费产生的收入效应。同时，由于储蓄的利息免税，没有改变税后利率，因而收入预算线的斜率不变，但由于截距的改变，收入预算线向左下方平移，与效用函数无差异曲线的交点向左下方移动，即个人的当期消费与未来消费将同时下降。

考虑对个人的收入与其储蓄利息同时征个人所得税，即对当期个人收入 Y_1、未来个人收入 Y_2、储蓄利息收入分别按 t_1、t_2 和 t_3 征收率征税，此时预算约束线变为：

$$C_1 + C_2/[1 + r(1 - t_3)] = (1 - t_1)Y_1 + (1 - t_2)Y_2/[1 + r(1 - t_3)] \tag{9}$$

同样，式（9）左边为当期消费与未来消费按市场利率 r 折现的现值之和，也就是个人的一生总消费，右边为个人税后的当期收入与税后未来收入按市场利率 r 折现的现值之和，也就是个人一生的所有收入。可以看出，个人所得税政策的实施会减少居民收入而抑制居民消费,即个人所得税对消费产生了收入效应;同时,储蓄的收益率由于征税而降低,储蓄的价格相对增加,消费者未来消费转为当前消费的成本提高而降低储蓄,减少未来消费而增加当期消费以获得最大效用,即个人所得税对消费产生了替代效应,预算约束线不仅向内旋转,斜率也相应变为 $1+r(1-t_3)$,与效用函数无差异曲线的交点向左下方移动。

基于以上分析,得出本文的假设1。

假设1:个人所得税能够通过影响居民的可支配收入进而影响居民消费支出水平。

(二)贫富差距作为中介变量的理论分析

累进税制的设置坚持了公平原则。在累进税制下,个人收入增加,适用税率也相应提高,纳税金额占个人收入的比重(即平均税率)也是递增的。税收政策实施前后的收入差距可以表示为:$G^* = G - t \times P/(1-t)$。其中,$t$ 表示平均税率,即政府征收的税款占居民收入的比重,G^* 表示税后收入的基尼系数,G 表示税前收入的基尼系数,P 表示税制的累进程度。累进税制下的个人所得税能够一定程度上缩小收入分配差距,即累进税制下,G^* 小于 G。

仍以凯恩斯收入与消费函数模型 $C = \alpha + \beta Y_t$ 为基础。假设社会中只存在低收入群体 A 与高收入群体 B,则收入差距可表示为:$G = Y_B/Y_A$,其中 Y_A 为低收入群体的收入,

Y_B 为高收入群体的收入,G 大于 1,且 G 越接近 1,说明收入差距越小。则居民消费函数可表示为:

$$C_A = a_1 + m_1 Y_A \tag{10}$$
$$C_B = a_2 + m_2 Y_B \tag{11}$$

其中,C_A 为低收入群体 A 的消费支出,a_1、$m_1 Y_A$ 为低收入群体 A 的自发消费与引致消费;C_B 表示高收入人群的消费开支,a_2、$m_2 Y_B$ 表示高收入人群的自发消费与收入提高所引致的消费,因为边际消费倾向是递减的,可知 $m_1 > m_2$,居民总消费可表示为:

$$C = a_1 + m_1 Y_A + a_2 + m_2 Y_B = a + m_1 Y_A + m_2 Y_B \tag{12}$$

其中,a 为居民引致消费,为低收入群体、高收入群体的引致消费之和,则对居民收入按比例税率征收个人所得税后,居民消费函数变为:

$$C_{税后} = a + m_1(Y_A - T_A) + m_2(Y_B - T_B) \tag{13}$$

其中,T_A、T_B 表示比例税率下低收入群体 A、高收入群体 B 的个人所得税税额,由于为比例税率,$T_A/Y_A = T_B/Y_B$,则 $(Y_B - T_B)/(Y_A - T_A) = Y_B/Y_A = G$,则式(13)可以表示为:

$$C_{税后} = a + m_1(Y_A - T_A) + m_2 G(Y_B - T_B) \tag{14}$$

对居民收入按累进税率征收个人所得税后,居民消费函数此时为:

$$C_{税后} = a + m_1(Y_A - T_{AA}) + m_2 G(Y_B - T_{BB}) \tag{15}$$

其中，T_{AA}、T_{BB} 表示累进税率下低收入群体 A、高收入群体 B 交纳的个人所得税税额，累进税率下，由 $G* = G - tP/(1-t)$ 可知，$G' = (Y_B - T_B')/(Y_A - T_A') < G = Y_B/Y_A$，其中，$G'$ 表示累进税率下的税后收入差距，此时，式(15)可以表示为：

$$C_{税后} = a + (m_1 + m_2 G')(Y_A - T_{AA}) \tag{16}$$

比较式(14)和式(16)可知，累进税率和比例税率下的居民消费差额为：

$$C_{差} = (m_1 + m_2 G')(Y_A - T_{AA}) - (m_1 + m_2 G)(Y_A - T_A) \tag{17}$$

其中，$G' < G$，由于免征额的存在，且累进税率下低收入群体的适用税率一般低于比例税率，所以一般 $T_{AA} < T_A$，所以 $C_{差}$ 的正负难以确定。但可以看出，累进税率下，居民贫富差距是个人所得税调节居民消费的中介变量。

基于以上分析，提出本文的假设 2。

假设 2：个人所得税能够通过影响居民贫富差距进而影响居民消费支出水平。

三、实证分析

（一）数据来源与描述性统计

本文数据源自《中国统计年鉴》2013—2020 年的省级面板数据。考虑到个人所得税的征收对象是工薪阶层和个体工商户，一般属于城镇居民，因此本文将城镇居民的消费和可支配收入作为研究对象。本文各变量的描述性统计见表1。

表 1　各变量描述性统计

变量名称	平均值	标准差	最小值	最大值
城镇居民人均消费	17 747.27	7 085.56	6 307	45 605
地方财政个人所得税收入	129.68	174.68	4.72	868.08
城镇居民人均可支配收入	25 113.10	11 234.89	9 740	72 232
失业率	3.20	0.63	1.20	4.60
城镇化率	0.58	0.13	0.24	0.90
地方社会保障支出	2 041.67	1 163.40	220.41	7 090.75
地方生产总值	25 934.75	21 720.38	828.20	110 760.90
基尼系数	0.467	0.004	0.453	0.476

（二）变量选择

1. 被解释变量

本文选取的被解释变量为城镇居民消费支出，计算方法为：城镇居民消费支出＝城镇居民人均消费支出/地方 GDP。考虑到随着地区经济水平的发展,居民生活水平也会不断提高,此时采用居民消费的绝对值作为被解释变量可能出现与核心解释变量同增长的情况,所以将居民消费与地区 GDP 的比值作为被解释变量,以便真实反映两者之间的关系。

2. 解释变量

本文的核心解释变量为居民个人所得税负担,计算方法为:居民个人所得税负担＝地区个人所得税收入/地方 GDP。

3. 控制变量

(1)商品零售价格指数,它反映了在某个特定时期内商品零售价格的变动情况,其变动会直接对居民的生活成本产生影响,进而影响居民的消费能力。

(2)失业率:失业率越高,说明经济越不景气,居民收入越少,就会影响到居民的消费水平。

(3)城镇化率,其计算方法为:城镇化率等于城镇人口和地区总人口之比。城镇化率是城市发展进程的一个重要指标,城镇化率越高,说明经济越发达,居民消费水平相应的也就会越高。

(4)地方社会保障支出,其计算公式为:地区社会保障支出/地区 GDP＝(地方财政教育支出＋地方财政社会保障和就业支出＋地方财政医疗卫生支出)/地区 GDP。社会保障制度是对居民生活兜底的制度安排,良好的社会保障制度能够有效促进居民消费。

(三)回归模型

基于上述理论分析,考察个人所得税对消费的影响,建立以下固定效应模型:

$$y_{i,t} = \alpha + \beta \times Tax_{i,t} + \gamma \times X_{i,t} + \delta_i + \theta_t + \varepsilon_{i,t} \tag{18}$$

其中,被解释变量 $y_{i,t}$ 为城镇居民消费支出,为第 i 个省份在第 t 年的城镇居民消费支出;解释变量为 $Tax_{i,t}$,代表居民个人所得税负担,系数 β 代表个人所得税负担对居民消费水平的边际影响;$X_{i,t}$ 为控制变量;δ_i 为省份个体效应变量;θ_t 为时间虚拟变量;$\varepsilon_{i,t}$ 为随机扰动项。

(四)基准回归

本文首先估计了居民个人所得税负担对居民消费的影响,表2报告了回归结果。其中第(1)列没有加入任何控制变量;第(2)列加入了商品零售价格指数、地区社会保障支出这两个控制变量;第(3)列继续加入了失业率与城镇化率这两个控制变量。可以发现,无论加入多少控制变量,以城镇居民消费支出作为被解释变量时,模型中核心解释变量(即居民个人所得税负担)的系数都至少在5%的显著性水平上为负值,这表明居民个人所得税负担对城镇居民消费支出有明显的抑制作用。该结果验证了假设1。

表2　基准回归结果

	（1）	（2）	（3）
居民个人所得税负担	-35.962**	-26.319**	-38.668***
	(-2.03)	(-2.45)	(-3.78)
商品零售价格指数		-1.108	4.130**
		(-0.71)	(2.34)
地区社会保障支出		-1.625	1.721
		(-1.38)	(1.36)
失业率			0.036
			(0.98)
城镇化率			-2.723***
			(-6.38)
_cons			1.575
			(0.81)
R^2	0.123	0.586	0.653
观测值	247	247	247

注：*、**、*** 分别表示变量在10%、5%、1%的显著性水平上显著；括号内为t值；回归系数的标准误为稳健标准误。后表同。

（五）机制分析

由于个人所得税不会直接影响居民消费，而是通过某些中介变量间接作用于消费，为了验证前文理论分析中提出的个人所得税影响消费的传导机制，需要进行中介效应分析，在理论分析的基础上将中介变量选取为城镇居民人均可支配收入和基尼系数。

为了分析个人所得税究竟在什么方向、多大程度上通过影响居民人均可支配收入进而影响居民消费，建立以下中介效应模型：

$$lny_{i,t} = \alpha_1 + \beta_1 \times Tax_{i,t} + \gamma_1 \times X_{i,t} + \delta_i + \theta_t + \varepsilon_{i,t} \quad (19)$$

$$c_{i,t} = \alpha_2 + \beta_2 \times lny_{i,t} + \beta_3 \times Tax_{i,t} + \gamma_2 \times X_{i,t} + \delta_i + \theta_t + \varepsilon_{i,t} \quad (20)$$

其中，$y_{i,t}$ 为中介变量，代表居民人均可支配收入和基尼系数，$Tax_{i,t}$ 代表居民个人所得税负担，$c_{i,t}$ 代表居民消费，系数 β_1 代表个人所得税对中介变量的边际影响，

β_2 代表中介变量对居民消费的边际影响，β_3 代表居民个人所得税负担对居民消费的边际影响，$X_{i,t}$ 为控制变量；δ_i 为省份个体效应变量；θ_t 为时间虚拟变量；$\varepsilon_{i,t}$ 为随机扰动项。模型(19)用于分析居民个人所得税负担对中介变量的影响，模型(20)用于分析中介变量和居民个人所得税负担对居民消费的影响。表3报告了两个中介效应的回归结果。

表3 机制分析回归结果

	(1)	(2)	(3)	(4)
	居民人均可支配收入	居民消费	基尼系数	居民消费
居民个人所得税负担	-22.957***	-43.024***	-0.621***	-38.668***
	(-4.96)	(-4.16)	(-3.86)	(-3.78)
居民人均可支配收入		0.462***		
		(3.16)		
基尼系数				-10.052**
				(-2.37)
商品零售价格指数	1.780**	1.152	0.215***	4.130**
	(2.52)	(0.76)	(8.73)	(2.34)
地区社会保障支出	1.299**	1.676	-0.055***	1.721
	(2.23)	(1.34)	(-2.72)	(1.36)
失业率	-0.034*	0.040	0.001*	0.036
	(-1.96)	(1.09)	(1.95)	(0.98)
城镇化率	4.810***	-4.648***	-0.030***	-2.723***
	(25.18)	(-5.74)	(-4.44)	(-6.38)
_cons	5.710***	-3.838**	0.276***	1.575
	(7.90)	(-2.20)	(10.98)	(0.81)
R^2	0.820	0.660	0.320	0.653
观测值	247	247	247	247

列(1)的回归结果显示，居民个人所得税负担的回归系数为-22.957，且在1%的显著性水平上显著，说明居民个人所得税负担与居民人均可支配收入呈反向变

动关系,个人所得税负担过重会限制居民人均可支配收入的提高。列(2)在列(1)的基础上将居民可支配收入作为核心解释变量,分析了居民人均可支配收入对城镇居民消费的影响。结果显示,居民人均可支配收入的回归系数为0.462,在1%的显著性水平上显著,说明居民人均可支配收入的提高可以促进居民消费。结合前文基准回归的数据可以计算得出居民人均可支配收入的间接效应为-10.6,约占个人所得税对居民消费影响总效应的29.5%。结合列(1)、列(2)可知,个人所得税确实可以通过影响居民人均可支配收入进而影响其消费。

列(3)的回归结果显示,居民个人所得税负担的回归结果为-0.621,且在1%的显著性水平上显著,说明我国的个人所得税有助于缩小收入分配差距,但是其存在的种种问题导致其效果较小。同时在列(4)中,通过将基尼系数作为核心解释变量分析其对居民消费的影响。结果显示,基尼系数的回归系数显著为负,说明基尼系数与居民消费呈反向变动关系,即缩小收入分配差距有助于提高居民消费水平。并且可以计算得出收入分配的间接效应为6.24,约占个人所得税对居民消费影响总效应的17.4%。综合列(3)、列(4)可以推断,个人所得税可以通过改善国民收入分配进而影响居民消费水平。

四、结论与政策建议

本文的研究结果表明,减轻居民的个人所得税负担可以有效提高居民消费水平。因此,继续推进具有减税性质和减小收入分配差距的个人所得税改革,有利于刺激居民消费、扩大社会总需求。此外,贫富差距、居民可支配收入都是个人所得税影响居民消费水平的路径之一。且个人所得税对贫富差距的影响体现在税制的累进程度以及平均税率。在总量相等的情况下,贫富差距越大,社会消费越少。因此,相对于对高收入群体征税而言,对低收入群体征税可能会抑制消费;而对高收入群体征税,则能够提高社会整体的消费水平。

针对我国未来个人所得税改革,本文的实证分析结果提供了以下建议:

首先,有关部门可以考虑实施更为精细化的税率设计,对不同收入水平的群体采取差异化的税率策略。比如,对于低收入群体,可以通过进一步降低税率或提高起征点来增加其可支配收入,从而刺激消费。

其次,基于促进税收公平的考虑,可以将个人所得税综合所得的征收范围继续扩大。随着我国税务机关数字化税收征管水平的提升,可以先将房屋租金、利息股息等经常性资本所得纳入综合征收范围。

最后,建立更具弹性的个人所得税制度。要优化个人所得税税制设计,发挥个人所得税在收入再分配方面的作用,就应该增强各种类型所得税率的科学性,建立完善的个人所得税前费用扣除制度。因此,应充分考虑不同地区的消费价格水平因素,切实提高居民的实际可支配收入。也就是说,个人所得税的税制设计应该富有弹性,在确定费用扣除标准时,要将消费价格水平因素考虑在内。可以尝试构建新的免征额变动机制,使居民的消费物价指数(CPI)成为影响免征额的重要因素。通过居民消费价格指数和免征额之间的联系建立相应的免征额指数化联动机制,既可以克服税法变动时滞性带来的困难,也可以在一定程度上规避物价水平上升对居民实际可支配收入造成的消极影响,提高居民消费水平,拉动经济增长。

参考文献

[1]王钰,田志伟,王再堂.2018年个人所得税改革的收入再分配效应研究[J].财经论丛,2019(8):31-38.

[2]李文.公平还是效率:2019年个人所得税改革效应分析[J].财贸研究,2019,30(4):41-55.

[3]郝春虹.我国个人所得税改革的福利效应测度分析[J].税务研究,2019(3):40-45.

[4]谷成,张洪涛.税收与居民消费:现代国家治理的思考[J].税务研究,2018(12):10-15.

[5]李香菊,杨欢.助推我国经济高质量发展的税收优化研究[J].税务研究,2019(5):18-24.

[6]清华大学中国经济思想与实践研究院(ACCEPT)宏观预测课题组,李稻葵.2019年上半年中国宏观经济形势分析及其未来展望[J].改革,2019(8):27-47.

[7]李普亮,郑旭东.税收负担、财政民生投入与城镇居民消费[J].税务与经济,2014(1):67-72.

[8]乐为,钟意.城镇居民消费支出对税收的敏感度的统计检验[J].统计与决策,2013(21):139-143.

[9]廖楚晖,魏贵和.个人所得税对我国城镇居民收入与消费的影响[J].税务研究,2013(9):59-61.

[10]谭军,刘巍巍.税收政策对居民消费影响的实证分析[J].统计与决策,2012(15):107-110.

[11]储德银,闫伟.我国税制结构对居民消费需求的影响[J].经济研究参考,2012(36):14-15.

[12]张振卿.个人所得税、城镇居民收入与消费关系实证研究[J].税务与经

济,2010(2):90-94.

[13]高培勇.个税改革:还是要加快向综合与分类结合制转轨[J].税务研究,2008(1):30-33.

[14]袁建国,胡明生,陶伟.国外个人所得税改革趋势及借鉴[J].税务研究,2017(7):54-58.

[15]徐润,陈斌开.个人所得税改革可以刺激居民消费吗?——来自2011年所得税改革的证据[J].金融研究,2015(11):80-97.

[16]岳希明,徐静.我国个人所得税的居民收入分配效应[J].经济学动态,2012(6):16-25.

[17]黄恒君.从制度设计看个税改革的收入分配效应[J].财会研究,2012(24):19-21.

[18] FELDSTEIN M S, GREEN J, SHESHINSKI E. Inflation and taxes in a growing economy with debt and equity finance[M]. National Bureau of Economic Research, Inc, 1983.

[19] TAGKALAKIS A. The effects of fiscal policy on consumption in recessions and expansions[J]. Journal of public economics,2007(5).

[20] MACEK R. The impact of taxation on economic growth: case study of OECD countries[J]. Review of economic perspectives,2014,14(4).

[21] SEN H, KAYA A. Taxes and pricate consumption expenditures: a component-based analysis for Turkey[J]. Turkish studies,2016,17(3).

税收征管环境对个人所得税纳税遵从的影响研究

张宇晨①

摘　要：税收是我国财政收入的重要来源，个人所得税是税制体系中调节收入分配差距的主税种，对促进经济稳定和实现社会公平具有重要意义。纳税遵从问题历来是各国税收研究领域的热点。本文基于税收凸显性理论和前景理论，围绕税收征管环境三个方面的因素，选取税收征管环境对个人所得税纳税遵从度的影响进行了理论分析和问卷调查。我们以纳税人为有限理性经济人的假设为基础，在纳税人的决策过程里融合了不同的心理或价值方面的考量，之后通过定量分析，设计纳税人主体感受的问卷，通过问卷调查来考察影响纳税人自行申报意愿和选择的税收征管环境，并结合现阶段我国推动税收治理现代化、提升纳税服务和改善税收环境等方面提出了一些建议。

关键词：个人所得税；税收遵从水平；纳税服务；税收凸显性

一、导论

随着我国个人所得税收入不断增长，个税占税收收入比重不断提高，个人所得税的征管需要更多地关注纳税遵从度以及税收征管环境对个人所得税纳税遵从的影响。个人所得税的纳税遵从水平不但影响其调节收入分配的作用，也反映着税收制度实际运行中的税收征纳关系，还是税收治理现代化的一个重要组成部分。近年来，我国经济发展和社会治理的数字化进程不断加快，新技术和工具在税收实践中的应用增加了税务部门与纳税人之间进行主动识别和互动的渠道、途径，客观上也推动了个人所得税自主申报纳税遵从。自分税制改革以来，我国政府从简化申报程序、优化税制等方面进行了制度层面的改革和试点，但在税收现代化进程中，个税纳税人的自主申报纳税遵从客观上还存在着一些障碍。这些因素涉及纳税人对税收征管环境的感知，往往使得纳税人的申报成本高于预期。这种在纳税遵从过程中的不确定性对纳税人的遵从行为造成了一定的影响，容易造成税收征管的效率损失。

---

① 张宇晨，首都经济贸易大学财政税务学院博士研究生。

纳税人的纳税遵从意愿影响着税收制度的运行效率。纳税主体的纳税遵从程度偏低,可能导致税收流失现象逐渐突出,税收流失会影响政府治理与财政职能的正常发挥;而社会整体纳税遵从度的提高,既可以增加财政收入,又有助于降低税收损失,使纳税群体与税务部门形成良性互动关系。因此,探讨个人所得税纳税遵从的影响因素具有一定的理论意义和现实价值。

在税收遵从研究中,税收凸显性理论和前景理论逐渐被学者应用于对纳税人行为选择的分析。税收凸显性理论认为,居民往往根据可视度高和凸显性强的税收信息形成认识,忽略不能被直接感知的信息,从而产生认知偏差,即纳税人往往是有限理性人。由于税收成本影响行为决策,当税收信息不凸显时,居民将不会根据税收信息改变决策。比如税收成本无感知、对税收政策和制度的不了解、计算税收负担的时间成本过高、对外部经济环境的预期性认识等,都会导致纳税人作出税收凸显效应的决策行为。前景理论认为纳税行为人在行动决策中会受到确定性效应、反射效应等方面的影响,进一步基于不确定性和有限理性作为分析个人决策选择的假设,即纳税人会基于自身的环境以及对环境感知形成的感受与有限理性认识,形成影响自身行为决策的前景。因而税务部门与纳税人在纳税遵从方面的互动在很大程度上是一种动态响应机制,同时前景理论认为个人行为的重点应当更加倾向于关注个人自身与微观、宏观环境之间的相互影响。与纳税行为关系最直接的就是税收征管环境,纳税人与税收征管环境的相互关系会极大影响个人是否选择自愿性的纳税遵从行为,并选择在多大程度上服从税务部门的管理(Kahneman D,Tversky A,2013)。

相较于传统的预期效用理论,税收凸显性理论和前景理论侧重于对纳税人心理和社会方面等主观因素的考察,同时将有限理性预期引入纳税人行为选择的分析决策中,这使得对纳税主体的纳税遵从度的理论解释更加贴合实际。而我们所关注的是当面临一个或某几个特定的税收征管环境时,纳税人自主申报纳税的实际行为与意愿是否会出现正向或负向的反馈、调整。

在问卷设计中,个人所得税的纳税人面对税收环境的主体感受是问卷的主要关注点,由于在自主申报下的纳税人选择税收遵从行为时一般需要付出相应的非经济成本,如时间成本等,这里选择通过问卷结果来反映个人所得税纳税人的主体感受,进而分析我国税收征管环境对个人所得税纳税遵从行为的影响。即在调查问卷中探讨我国纳税人对于社会心理、纳税道德以及纳税环境的主观感受以及相应选择,力求较为全面地反映我国当前个人所得税遵从水平。

二、税收征管环境对个人所得税纳税遵从的影响分析

(一) 纳税主体的主观感知对纳税主体遵从度的影响

依据税收凸显性理论,衡量税收征管环境的第一个方面是纳税主体的主观感知,这种主观感知可以进一步分解为权责公平、纳税氛围以及税负三方面。纳税人对税收征管环境的主观感受将极大地影响其对纳税遵从行为的选择,从而增强遵从或不遵从的行动倾向,虽然这种倾向的变化在很多情况下无法直接通过行为来显化,但可以通过主观感受的变化来部分体现。

1. 纳税人对权责的公平感

如果个人所得税纳税人较少甚至没有感受到履行纳税义务带来的相应权利,就会对个人所得税制产生不信任感,进而削弱征收机关和程序的权威性和合理性,从而增强纳税人的不遵从倾向。

2. 纳税人纳税氛围的公平感

我国拥有最广的纳税群体,纳税人之间纳税行为的相互影响会产生示范效应,因此纳税氛围的感知尤为突出。换言之,个人所得税的逃税行为具有较强的负面效应,尤其是社会公众的逃税事件更易激发纳税人对环境的负面感知,若税务机关不能及时有效地干预,负面个税纳税氛围将极大地降低纳税遵从度。

3. 纳税人对税负的公平感

在现实生活中,个税纳税人通常不止关注自身所缴的税款,还会关注其他纳税人缴纳的税款,以此产生自身税负是否公平的预期或感受。这样的感受虽受确实税负的影响,但往往是影响纳税人行为的重要因素。当纳税人发现收入水平相同的人承担的个人所得税却比自己轻时,会产生对税负的不公平感,其个人所得税不遵从的倾向就会增强。

(二) 成本收益预期对纳税主体遵从度的影响

衡量税收征管环境的第二个方面是纳税主体对税收遵从行为的成本收益预期,这种预期可以进一步分解为税收遵从成本和政府承诺的公共产品这两方面。基于纳税人的有限理性,纳税人对遵从行为的成本收益预期也会影响其对纳税遵从行为的选择。

1. 税收遵从成本

即纳税人为了履行纳税义务必须付出的各种资源的价值,现实中主要的代价包括时间成本和机会成本。而低收入者承担的税收遵从成本明显高于高收入者,因为申报个税所花费的时间以及劳力,与需要缴纳的个税数额大小并无严格的相

关关系。另一方面,非工薪阶层负担的遵从成本远高于工薪阶层。根据《中华人民共和国个人所得税法》规定,支付所得的单位有代扣代缴员工个税的义务,因此这里假设工薪阶层通常比非工薪阶层拥有更高的个人所得税遵从度。

2. 政府公共产品

从广义的社会交换的互动过程看,政府是提供各种公共产品和劳务的一个经济部门,用于满足社会公共需要;而税收就是社会成员享受政府公共产品和劳务供应所付出的代价。如果政府提供的公共服务没有使民众满意,或政府的公共支出是不合理的,民众会倾向于认为税款的使用率低,进而削弱纳税遵从度。

(三)纳税服务水平对纳税主体税收遵从的影响

衡量税收征管环境的第三个方面是纳税服务水平。纳税服务水平是指税务机关对纳税人在纳税全过程中政策解释和纳税辅导工作效率的高低。申报环节的纳税服务水平会对纳税人的申报质量产生直接或间接的影响。对个人所得税而言,有相当部分个人所得税的遵从风险是纳税人在税法宣传、程序辅导等纳税服务过程中的信息缺失或迟滞而产生的。纳税服务中的税法宣传和纳税程序咨询辅导、申报纳税和涉税事项办理等都会影响纳税人的遵从度。因此,个人所得税纳税服务质量的高低是影响个人所得税遵从水平的重要因素。

三、对个人所得税遵从情况的调查设计和结果

上节基于税收凸显性理论和前景理论对税收遵从影响因素从纳税主体的主观感知、成本收益预期、纳税服务水平三个方面进行了研究分析。本节从定量研究角度讨论上述因素对我国纳税人遵从意愿的影响。

(一)调查的基本情况和问卷说明

本次问卷调查通过"问卷星"发送网络问卷,问卷内容主要基于上文的理论依据,从纳税主体的主观感知、成本收益预期、纳税服务水平等方面设置问题,以了解不同群体对于税收的态度和感受。正式发放前,笔者及同学对问卷进行了反复验证和试填,将发现的不妥当处进行了修改。问卷采用五点量表法,在每个问题下设置5个选项,分别为"完全认同"、"比较认同"、"不确定"、"不太认同"和"非常不认同"。我们认为"完全认同"和"比较认同"是对纳税遵从度有积极影响的选项,"不确定"、"不太认同"和"非常不认同"是对纳税遵从度有消极影响的选项。此次问卷主要包括个人信息(1~5题)和具体问题(6~28题)两部分。

(二)描述性统计分析

本次共发放电子问卷400份,收回有效问卷共363份。从问卷的回收统计结

果可知,此次调查问卷中女性人数为 236 人,占调查样本总数的 65.01%。样本年龄主要集中在 30~50 岁之间,多达 275 人,占比为 75.76%。被调查者的学历在本科及以上的偏多,其中本科的有 183 人,占比为 50.41%,硕士及以上的有 51 人,占比为 14.05%,整体的受教育水平较高。

问卷调查统计结果见表 1 和表 2。

表 1 纳税人的主观公平感受统计情况　　　　　　　　　单位:%

问题简述	非常认同	比较认同	不确定	不太认同	很不认同
因履行个人所得税义务享受了相应的权利	26.45	39.39	23.69	8.82	1.65
身边有很多人逃税会觉得依法纳税不公平	10.19	24.79	16.53	30.85	17.63
个人所得税是否很好地实现了调节贫富差距的职能	12.4	37.47	28.65	16.53	4.96
在取得收入时愿意主动缴纳个人所得税	33.61	49.04	10.74	5.79	0.83
少缴个人所得税是盗窃,是不道德行为	42.7	37.47	10.74	6.61	2.48

1. 对纳税人主观感知的衡量

对纳税人主观感知的衡量主要包括对个人权责公平感,纳税氛围和个人对税负公平感。税收的公平感体现在问卷中的 6、7、14 及 17、20 题,侧重权责、环境感知和相对税负三方面的衡量。从问卷中可以看出,被调查者对义务与权利公平感满意度较高,选择"非常认同"和"比较认同"两项的比重分别为 26.45% 和 39.39%,总体超过样本总人数的半数以上;但对于纳税氛围以及个人所得税税负的公平感,大多数人持消极态度,超过半数的人认为面临的纳税环境不公平。

2. 对成本收益预期的衡量

对成本收益预期的衡量主要包括对纳税遵从成本、政府公共产品供给两个方面。对个人所得税纳税遵从成本的评价体现在问卷中的 11 题,纳税遵从成本中的非经济因素可通过实际成本反映,因此问卷中的问题主要侧重于时间成本和经济成本的衡量。从问卷结果中可以看出,多数人认为缴纳个税花费的时间和费用少。这是因为在样本中单位人员占据多数,单位履行了代扣缴的义务。同时,问卷中的 18 题和 19 题主要侧重于公共产品与所缴税款匹配度和满意度的衡量。超过半数的人认为自己所缴的税收与享受到的公共产品相匹配。由于公共产品的非排他性特征,加之年收入超过12万元的参与者人数不足5%,公共产品匹配度认同度高可以得到解释。

表2 纳税服务水平统计情况　　　　　　　　　　　　　单位:%

问题简述	非常认同	比较认同	不确定	不太认同	很不认同
您会主动向税务机关透露其未掌握的涉税信息	13.5	39.12	33.88	11.29	2.2
税务机关对个人所得税方面信息宣传频率到位	11.85	32.78	23.42	26.17	5.79
纳税时您已经知悉并了解个人所得税的政策	5.51	31.13	13.22	42.42	7.71
您认为税收宣传活动内容对您依法缴纳个人所得税有实际帮助	25.9	46.28	13.5	10.47	3.86

3. 对纳税服务水平的衡量围绕税收信息和宣传两方面

税收信息涉及个人所得税的信息不对称。从问卷可看出,被调查者主动向税务机关提供其未掌握信息的意愿较高,选择"非常认同"和"比较认同"两项总和超过样本总人数的五成,表明税务机关的个人所得税征管水平以及公众的信任度都比较高。而对纳税宣传水平的衡量体现在问卷中的24~28题,其中24、25题侧重纳税人对税务机关宣传工作的评价,26~28题侧重对宣传效果的检验。调查的结果显示,信息渠道多为电视新闻,而税务机关的专门宣传居于次要位置。同时,参与者认为纳税宣传频率较实际需求有所不足。但仍旧有超70%的调查者认为税收宣传活动对纳税行为是有帮助的。这表明专门的纳税服务活动对于一般纳税人能够起到作用,为此税务机关的信息宣传力度还应进一步提升。

四、研究结论分析及对策建议

(一)研究结论分析

本次调查问卷基于第二部分的理论依据,从纳税人自身因素、税收环境、纳税服务三个方面设置了共23道问题,从主观感受和客观环境两个角度了解不同群体其对于个人所得税的态度,力求综合地反映我国纳税人当前的个人所得税遵从情况。上一节通过对问卷中23道题答复情况的数据展示和统计描述,可以大致看出,税收征管环境对我国当前个人所得税纳税人的税收遵从行为产生了比较大的影响。

在纳税人的主观感知方面,居民在缴纳税款时会更倾向于比较周围纳税人的缴纳情况,通过比较来表达自身对税制公平性的感受。本质上,税收公平性也是纳税人获得的公共产品之一,与周围人行为后果的比较是对自身利益得失的定价。当纳税人感觉税法有失公平,便会认为税负过高,纳税遵从的痛感进一步加强,而获得感进一步消退,进而对税制运行产生负向反馈,随着负反馈在边际上的积累,纳税遵从度会不断降低。反之,纳税人则会自行缴纳税款。从成本收益预期的方面看,税务部门在致力于提高民众的纳税遵从度时,应当关注纳税人对申报纳税环节的意见和关注点反馈,如通过数字技术手段定期发放有奖问卷,识别纳税环节中可能阻碍纳税效率的因素,并适时制订定期循环的纳税服务改善计划。同时,政府还应当保证或至少实现承诺纳税人可获得的与纳税成本和预期税负水平相适应的预期公共利益,形成良性的动态反馈,纳税人的纳税遵从度才会相应提升。在纳税服务方面,申报程序便捷性不高、公民纳税权责认识不强、个人所得税宣传效果不理想等情况在此次问卷调查中反映较为明显。提升个人所得税纳税遵从的侧重点是通过识别纳税人意愿和需求,来改善、提升纳税服务水平。

(二)相关对策建议

基于上述的研究分析,本文试图就提高纳税服务水平、简化税收信息渠道以及营造良性纳税环境提出可行的建议。

1. 加快税务机关信息业务线上化的整合,提高税务部门的征管信息追溯

税务机关获取纳税人收入信息的渠道改进会对纳税人产生信息不对称的效应,即便出于趋利避害的动机,纳税人依旧会选择主动公开所知的涉税信息。当纳税人在易于确认自己为信息优势方的环境中时,其不遵从的行为会被强化;反之,纳税人会强化自觉申报纳税的行为。因此,增强税务机关对纳税人的税收信息整合,会改变其对纳税遵从意愿的认识,产生主动纳税的意愿。

2. 构建将纳税申报程序与宣传平台相衔接的服务体系并注重税务宣传内容的针对性和分类

特定的经济发展时期纳税申报的不遵从行为的动因会有不同,纳税人的税收信息收集成本又直接影响纳税人的税收感知和纳税遵从意愿,进而影响其行为。在以往的税法宣传工作中,税务机关在对象和内容分类上的针对性还不足,导致税收宣传效果不明显,没有达到让纳税人了解税法、遵从税法的宣传目的。我们可以通过有针对性的税务宣传来营造规范申报纳税的氛围,这对改善社会环境和纳税主体的主观认知必不可少。

参考文献

[1] 刘锋,黄纪强,郑铿城. 税收执法环境感知与税收遵从:基于媒体报道逃税处罚的威慑效应分析[J]. 公共管理与政策评论,2024,13(1):121-134.

[2] 郭月梅,赵明洁. 行为经济学视角下的个人所得税遵从探析[J]. 税务研究,2021(6):119-124.

[3] 陈思霞,刘锋,卢盛峰. 信息化强征管与自觉纳税遵从[J]. 财经研究,2023,49(2):34-48.

[4] 王玺,刘萌. "互联网+"背景下税收遵从的提高:挑战与对策[J]. 税务研究,2020(7):58-63.

[5] 刘华,魏娟,陈力朋. 个人所得税征管信息凸显性与纳税遵从关系的实证分析[J]. 税务研究,2017(2):56-62.

[6] 刘雯,马万里. 行为经济学与税收遵从:一个理论与应用分析[J]. 公共财政研究,2019(5):54-67.

[7] 储德银,韩一多. 基于行为经济学视阈下的税收遵从问题探析[J]. 税务研究,2016(5):109-112.

[8] KAHNEMAN D, TVERSKY A. Prospect theory: an analysis of decision under risk [M]// Handbook of the fundamentals of financial decision making: part I. Singapore: World Scientific, 2013:99-127.

[9] CLEMENT OLATUNJI OLAOYE, ABIODUN RAFIAT AYENI-AGBAJE, ABIOLA PETER ALARAN-AJEWOLE. Tax Information, Administration and Knowledge on Tax Payers' Compliance of Block Moulding Firms in Ekiti State[J]. Journal of Finance and Accounting,2017(4).

企业所得税优惠对数字经济企业研发强度的影响研究

王东方[①]

摘　要：在不断做强、做优、做大我国数字经济的战略背景下,企业所得税优惠作为重要的产业政策工具,如何有效发挥其激励作用,提高数字经济企业研发强度,推动数字经济高质量发展,是当前我国经济社会面临的重要问题。本文以2012—2022年中国数字经济核心产业A股上市公司为样本,系统探讨了企业所得税优惠对数字经济企业研发强度的影响。研究发现：第一,企业所得税优惠对数字经济企业研发强度具有显著的正向激励作用。第二,企业所得税优惠显著提高了非国有数字经济企业的研发强度,但对于国有数字经济企业的研发激励作用不显著。第三,成长期数字经济企业的研发强度受到企业所得税优惠的影响较大且较为显著,而成熟期和衰退期的数字经济企业的所得税优惠研发激励效应不显著。

关键词：数字经济；数字经济企业；企业所得税优惠；企业研发强度

一、引言

数字经济涵盖了实体经济和虚拟经济两大领域,日益成为推动我国乃至全球经济发展的重要引擎。这一新兴经济形态发展迅猛,覆盖范围广泛,史无前例地推动着经济活动、政府行为、社会生活以及全球治理的深刻变革,成为国家综合实力的重要体现。我国高度重视发展数字技术、数字经济,并将其上升为国家战略。习近平总书记在2015年第二届世界互联网大会上首次提出推进"数字中国"建设这一概念,党的二十大又作出加快建设数字中国的重大部署。2021年国务院发布《"十四五"数字经济发展规划》,数字经济成为新一轮科技革命和产业变革的战略选择,其核心产业范围主要包括计算机通信和其他电子设备制造业、电信广播电视和卫星传输服务、互联网和相关服务、软件和信息技术服务业等数字产业化部分。[②]

与此同时,我国数字经济仍面临"关键领域创新能力不足"等问题。[③] 当今世

[①] 王东方,首都经济贸易大学财政税务学院博士研究生。
[②] 根据国家统计局公布的《数字经济及其核心产业统计分类(2021)》整理得出。
[③] 国务院《"十四五"数字经济发展规划》。

界正面临史无前例的巨大变革,加大研发投入、推进数字技术创新、深化数字化转型,促进数字经济高质量发展不仅关乎我国经济社会发展大局,更影响着我国在未来国际竞争中的地位。2022年,我国研发经费投入总额为30 782.9亿元,较2021年增长198.9%,其中企业研发经费支出为23 878.6亿元,占比高达77.6%。2012—2022年,企业研发经费支出占比均超过76%[1],说明企业作为我国研发创新的中坚力量,其研发投入对技术创新具有决定性的影响(ROMER P M,1990)[1]。数字技术正以新理念、新业态、新模式全面融入人类经济、政治、文化、社会、生态文明建设各领域和全过程,数字经济企业的研发创新有助于推动整个数字经济的技术进步和结构优化,为经济增长提供强大动力,提升我国在全球数字经济领域的竞争力。然而,数字经济的共享性和公益性特征会产生正外部性,从而对企业创新积极性产生抑制作用(张森、温军、刘红,2020)[2],导致数字经济企业研发强度不足。而企业所得税优惠作为国家激励企业自主创新税收优惠政策体系的核心政策(李为人、陈燕清,2019)[3],可以弥补数字经济企业研发创新的正外部性,对企业研发投入产生一定的激励作用。因此,围绕企业所得税优惠对数字经济企业研发强度影响的探讨,对数字经济时代企业所得税优惠政策的制定和优化具有一定的意义。

二、理论分析和研究假设

(一)企业所得税优惠与数字经济企业研发强度

目前我国数字经济企业所得税优惠政策主要分为两类:一是税率优惠,主要以高新技术企业减按15%优惠税率、符合条件的软件企业所得税"两免三减半"优惠等为代表,其优惠税率与企业所得税法定税率25%的差额,构成数字经济企业所得税税率优惠的主要内容。二是税基优惠,主要以研发费用加计100%扣除和固定资产加速折旧等制度为代表,通过减少企业应纳税所得额降低企业所得税费用,税额减少部分即为数字经济企业所得税税基优惠的主要内容。企业所得税优惠措施有助于减轻数字经济企业创新负担,提升数字经济企业的资源禀赋,进而刺激企业加大研发投入。一方面,企业所得税优惠有助于减轻数字经济企业的生产经营负担和成本,提高企业生产效率,在一定程度上增加数字经济企业的现金流和利润,激发企业研发活力。同时,薪酬激励也会使得数字经济企业监管层更加重视企业研发决策,从而提高企业的创新能力(何辉、王杰杰、李威,2019)[4]。另一方面,根据信号传递理论,企业所得税优惠是国家鼓励企业健康高效发展的重要体现,能够在数字经济企业内部和外部释放积极生产经营的信号,不仅有利于企业降低融资成

---

① 根据国家统计局公布的2012—2022年《全国科技经费投入统计公报》整理得出。

本、拓宽融资渠道,还能获得企业内部和外部的支持与信任(钱海燕、徐成,2023)[5],为数字经济企业开展研发创新活动提供必要的设备、资金、人力资源等支持。因此,本文提出假设:

假设1:企业所得税优惠对数字经济企业研发强度具有显著的正向激励效应。

(二)企业所得税优惠影响数字经济企业研发强度的企业所有权性质异质性

从企业所有权性质来看,我国国有数字经济企业和非国有数字经济企业享受的企业所得税优惠程度和税收优惠转化研发投入的程度具有差异性。一方面,国有数字经济企业由于其天然的所有权性质优势,更容易获取政策资源和企业所得税优惠(李子彪、孙可远、吕鲲鹏,2018)[6]。相较而言,非国有数字经济企业在享受税收优惠时,可能会面临更严格的条件约束和流程时间,这可能会导致一部分非国有数字经济企业难以充分享受企业所得税优惠,导致不同所有权性质的数字经济企业享受企业所得税优惠的程度不一,对其研发创新的影响也会有差异。另一方面,鉴于国有企业的政治属性,国有数字经济企业必须严格服从国家战略安排、承担相应的社会责任,其监管层激励亦与之挂钩,这些因素在一定程度上影响了国有数字经济企业的研发创新决策(刘诗源、林志帆、冷志鹏,2020)[7]。此外,部分国有数字经济企业处于垄断地位,缺乏自主研发创新的积极性(刘瑞明,2012)[8]。相比之下,非国有数字经济企业处于激烈的市场竞争环境中,在制度、融资等方面面临较严格的约束,企业具有加大研发投入以塑造竞争优势的强烈动机,而企业所得税优惠能够为其提供更多的自由现金流和利润,激励非国有数字经济企业开展研发创新活动(高宏伟,2011)[9]。因此,本文提出假设:

假设2:相较于国有数字经济企业,企业所得税优惠对非国有数字经济企业研发强度的影响更显著。

(三)企业所得税优惠影响数字经济企业研发强度的企业生命周期异质性

处于不同企业生命周期的数字经济企业,其经营行为、投资行为、融资行为、盈利能力、成长能力和创新能力等方面存在较大差异,导致企业研发创新的环境和需求有所不同。因此,企业所得税优惠对处于不同生命周期的数字经济企业研发强度可能产生不同程度的影响。对于成长期的数字经济企业而言,提升核心竞争力、扩大市场份额是其在本阶段的关键任务,而实施大规模的研发创新投入是实现这一目标的重要途径。然而,处于成长期的数字经济企业,其发展的扩张性和波动性导致企业经营模式不够稳定,经营风险相对较大。在这种情况下,企业往往面临较为严峻的融资约束,从而可能导致资金缺口问题的出现(高松、庄晖、牛盼强,2011)[10]。而企业所得税优惠对资源匮乏的成长期企业是难得之机(杨国超、芮萌,2020)[11],不但减轻了企业的税收负担,而且为了维持税收优惠政策资质,数字经济企业(特别是高新技术企业)会相应加大研发创新力度,以持续享受企业所得税优惠(杨国超等,2017)[12]。对于成熟期的数字经济企业而言,企业已取得一定的资本积累,经营模式较为稳定,具备较强的市场竞争力,企业融资渠道相对畅通(黄宏斌、翟淑萍、陈静楠,2016)[13]且研发基础较为扎实,持续开展研发创新活动的意愿和规模都会有所降低。对于衰退期的数字经济企业而言,企业生产效率下降,利润较低甚至出现亏损,经营风险加剧,可能面临退市风险,导致数字经济企业融资约束变大,企业研发创新的决策和资源受到大幅压缩(童锦治、刘诗源、林志帆,2018)[14]。因此,本文提出假设:

假设3:相较于成熟期和衰退期的数字经济企业,企业所得税优惠对成长期的数字经济企业研发强度的影响更显著。

三、研究设计

(一)数据来源与说明

本文根据国家统计局公布的数字经济核心产业范围,选取2012—2022年数字经济核心产业A股上市公司的年度数据作为研究对象,原始数据主要来自CSMAR数据库、RESSET金融研究数据库,此外笔者从爱企查网站手工整理得到了部分企业所有权性质缺失数据。参照研究惯例,本文对样本数据进行以下筛选处理:①剔除ST、ST*和暂停上市企业样本;②剔除数据缺失样本;③对连续变量进行前后1%的缩尾处理。最终获得881家公司的4 087个公司-年度有效样本。

(二)变量定义与描述

1. 变量定义

(1)被解释变量:本文的被解释变量为数字经济企业的研发强度。参考郭玥(2018)[15]和徐建斌、彭瑞娟(2022)[16]的研究,采用数字经济企业研发支出占营业收入的比重作为研发强度的衡量标准。

(2)解释变量:本文的核心解释变量为企业所得税优惠,笼统包含高新技术企业税率优惠、研发费用加计扣除、固定资产加速折旧政策等全部企业所得税优惠项目。减税政策会激励企业调整研发投入策略,以充分享受低税率优惠,减轻企业税负成本(杨国超等,2017)[12]。因此,本文选取的企业所得税优惠指标为法定企业所得税税率与数字经济企业实际所得税税率之差。差额越大,企业所得税优惠水平越高。

(3)控制变量:为了降低忽略变量所产生的偏差,从数字经济企业层面对可能影响企业研发强度的其他指标进行控制,本文参考徐建斌、彭瑞娟、何凡(2023)[17]的研究选取企业特征变量,包括企业规模、企业所有权性质、企业年龄、资产负债率、流动资产比率、固定资产比率、托宾 Q 值、企业发展能力、股权集中度、独立董事比例、薪酬激励等指标。主要变量定义详见表1。

表1　主要变量定义

变量类型	变量名称	变量符号	变量定义
被解释变量	企业研发强度	RDE	研发支出/营业收入
解释变量	企业所得税优惠	$CITP$	法定税率与实际税率之差
控制变量	企业规模	$Size$	企业期末总资产的对数
	企业所有权性质	NO	国有企业赋值为1,其余企业为0
	企业年龄	Age	企业成立日期至发生年度年数的对数
	资产负债率	DAR	期末负债总额/期末资产总额
	流动资产比率	RCA	期末流动资产总额/期末资产总额
	固定资产比率	RFA	期末固定资产净额/期末资产总额
	托宾 Q 值	$TobinQ$	企业市值/期末资产总额
	企业发展能力	DC	营业收入增长率
	股权集中度	OC	期末第一大股东持股比例
	独立董事比例	RID	期末独立董事人数/期末董事总人数
	薪酬激励	IC	期末董、监、高持股数量/期末总股数

2. 描述性统计

主要变量的描述性统计分析见表2。涉及的统计值包括均值、标准差、最小值与最大值。结果显示,在4 087个样本中,企业研发强度的均值为9.799%,最大值为42.1%,最小值为0,标准差为8.032。这表明我国数字经济企业研发支出占营业收入的比重较高,数字经济企业整体研发强度较大,但不同企业之间的研发强度存在明显差异。我国数字经济企业的企业所得税优惠均值为0.167,最大值和最小值分别为1.137和-0.553,标准差为0.184,说明数字经济企业整体上享受的企业所得税优惠力度较大,但不同企业享受的企业所得税优惠程度差距较大。

表2　主要变量的描述性统计

Variable	Obs	Mean	Std. Dev.	Min	Max
RDE	4 087	9.799	8.032	0.000	42.100
$CITP$	4 087	0.167	0.184	−0.553	1.137

续表

Variable	Obs	Mean	Std. Dev.	Min	Max
Size	4 087	22.053	1.118	19.918	25.673
Age	4 087	2.854	0.340	1.849	3.575
NO	4 087	0.190	0.393	0	1
DAR	4 087	0.363	0.192	0.053	0.912
RCA	4 087	0.637	0.176	0.175	0.966
RFA	4 087	0.136	0.120	0.002	0.535
TobinQ	4 087	2.418	1.517	0.896	9.833
DC	4 087	0.176	0.379	−0.614	2.037
OC	4 087	28.314	13.358	6.874	67.283
RID	4 087	0.385	0.054	0.333	0.571
IC	4 087	0.186	0.200	0.000	0.684

(三)实证模型

为考察企业所得税优惠对数字经济企业研发强度的影响,本文参考徐建斌、彭瑞娟(2022)[16]的研究,采用以下双向固定效应模型:

$$Y_{i,t} = \beta_0 + \beta_1 CITP_{i,t} + \sum X_{i,t} + \alpha_i + \lambda_t + \varepsilon_{i,t} \tag{1}$$

其中:i 表示企业,t 表示年份;$Y_{i,t}$ 为被解释变量,表示企业 i 在 t 年时的研发强度(RDE);解释变量 $CITP_{i,t}$ 表示企业 i 在 t 年时享受的企业所得税优惠;X 为影响企业研发强度的控制变量,包括企业规模、企业所有权性质、企业年龄、资产负债率、流动资产比率、固定资产比率、托宾 Q 值、企业发展能力、股权集中度、独立董事比例、薪酬激励;α_i 为企业个体固定效应,λ_t 为年份固定效应,$\varepsilon_{i,t}$ 是随机扰动项。

四、实证结果分析

(一)基准回归结果分析

基于上述分析,在不同控制变量情形下对回归模型(1)进行参数估计,相关基准回归结果见表3。其中,列(1)是企业所得税优惠对数字经济企业研发强度影响的简单回归结果,未控制个体固定效应和年份固定效应;列(2)是加入企业规模、企业年龄、资产负债率、企业发展能力等控制变量的回归结果,未控制个体固定效应和年份固定效应;列(3)是加入个体固定效应和年份固定效应,企业所得税优惠对数字经济企业研发强度影响的回归结果;列(4)是加入全部控制变量以及个体固定效应和年份固定效应，企业所得税优惠对数字经济企业研发强度影响的回归结果。

表3 企业所得税优惠对数字经济企业研发强度影响的基准回归

Variables	RDE			
	（1）	（2）	（3）	（4）
CITP	5.361 1***	4.464 8***	1.246 2***	1.025 5***
	(7.926 7)	(7.357 3)	(3.476 1)	(2.984 6)
Size		0.576 3***		0.210 2**
		(5.247 9)		(2.151 4)
Age		-0.588 6*		-6.232 7***
		(-1.694 5)		(-4.345 8)
NO		-1.207 4***		0.547 6
		(-3.869 7)		(0.890 1)
DAR		-11.355 5***		-2.088 3***
		(-17.847 8)		(-2.875 6)
RCA		-3.917 0***		-4.076 3***
		(-5.143 9)		(-5.373 4)
RFA		-14.171 2***		3.767 4***
		(-12.765 5)		(2.734 2)
TobinQ		0.881 9***		-0.021 8
		(11.496 3)		(-0.341 8)
DC		-3.264 7***		-2.570 3***
		(-10.860 3)		(-14.818 8)
OC		-0.056 5***		-0.007 7
		(-6.468 2)		(-0.530 5)
RID		2.699 2		-1.088 1
		(1.296 7)		(-0.562 1)
IC		1.911 4***		-2.101 7**
		(2.985 3)		(-2.271 2)
cons	8.905 6***	5.440 9*	9.479 4***	26.953 8***
	(52.980 3)	(1.933 7)	(113.878 8)	(5.750 5)
Individual FE	NO	NO	YES	YES

续表

Variables	RDE			
	(1)	(2)	(3)	(4)
TimeFE	NO	NO	YES	YES
N	4 087	4 087	3 909	3 909
R^2	0.015 1	0.221 4	0.825 0	0.840 9
F	62.832 1	96.562 2	12.083 5	27.576 2

基准回归结果表明,在控制变量不同的情形下,核心解释变量企业所得税优惠的估计系数均在1%的显著性水平上显著为正,即企业所得税优惠对数字经济企业的研发强度呈现出显著的正向激励效应。以列(4)为例,平均而言,我国企业所得税优惠每增加一个单位,数字经济企业的研发强度将增加1.03%。假设1得到验证。

(二)异质性分析

企业所得税优惠对数字经济企业研发强度具有显著的正向激励效应。但是,鉴于数字经济企业之间在资源禀赋、成长能力、管理水平、经营策略、企业所得税优惠转化研发投入程度等方面存在较大的差异,企业所得税优惠对于不同类型的数字经济企业研发强度的影响程度和效果可能会有所不同。因此,本文分别从不同所有权性质、不同企业生命周期的角度,分析企业所得税优惠对数字经济企业研发强度影响的异质性。

1. 企业所有权性质异质性

我国国有企业和非国有企业在经营目标、企业战略、薪酬激励等方面存在一定差异(Wei S J, Xie Z, Zhang X, 2017)[18]。研究企业所得税优惠政策对于数字经济企业研发强度的影响,需要考虑不同企业所有权性质的潜在异质性。因此,本文将样本企业依据所有权性质划分为国有数字经济企业(用虚拟变量1表示)与非国有数字经济企业(用虚拟变量0表示),采用分组回归的方法验证企业所得税优惠对数字经济企业研发强度的影响对不同所有权性质的企业是否存在差异。回归分析结果如表4所示。

表4 企业所有权性质的异质性影响

Variables	RDE	
	1	0
CITP	0.931 1	1.134 9**
	(1.683 5)	(2.192 6)

续表

Variables	RDE	
	1	0
cons	19.883 8**	30.369 0***
	(2.815 1)	(5.210 6)
$\sum X$	YES	YES
Individual FE	YES	YES
Time FE	YES	YES
N	754	3 143
R^2	0.859 2	0.838 9
F	12.653 3	24.628 9

在5%的显著性水平上,非国有数字经济企业的企业所得税优惠系数为1.13,意味着企业所得税优惠对非国有数字经济企业研发强度的影响较大,企业所得税优惠每增加1个单位,非国有企业的研发强度平均提高1.13%,企业所得税优惠对非国有数字经济企业研发强度具有显著的正向激励效应。而国有数字经济企业受企业所得税优惠的影响则相对较小且不显著。这说明企业所得税优惠对于非国有数字经济企业研发强度的影响较国有数字经济企业更为显著,假设2得到验证。

2. 生命周期异质性

处于不同企业生命周期的数字经济企业面临的研发环境和需求有所不同,从而很可能使得企业所得税优惠对不同生命周期的数字经济企业研发强度的影响存在异质性。而企业的经营活动、投资活动和融资活动产生的现金流量能够较为客观真实地反映企业所处的发展阶段。因此,本文参考Dickinson(2011)[19],刘诗源、林志帆、冷志鹏(2020)[7]的做法,根据企业的现金流量特征,划分样本数字经济企业的生命周期阶段。由于样本容量限制,本文对企业的生命周期阶段进行了一定的调整,将导入期和增长期合并为成长期,将衰退期和淘汰期合并为衰退期,以增强分析结果的有效性。如表5所示,本文将样本企业生命周期划分为三个阶段:成长期、成熟期、衰退期。并进一步采用分组回归的方法验证企业所得税优惠对数字经济企业研发强度的影响对不同生命周期的企业是否存在差异。

表5 企业现金流与生命周期

企业发展阶段		经营现金流量净额	投资现金流量净额	融资现金流量净额
成长期-1	导入期	−	−	+
	增长期	+	−	+

续表

企业发展阶段		经营现金流量净额	投资现金流量净额	融资现金流量净额
成熟期-2	成熟期	+	-	-
衰退期-3	衰退期	-	-	-
		+	+	+
		+	-	-
	淘汰期	-	+	+
			+	

回归分析结果如表6所示。在成长期，企业所得税优惠的系数为1.12，在5%的显著性水平上显著，意味着企业所得税优惠对成长期数字经济企业研发强度的影响较大，即企业所得税优惠每增加1个单位，处于成长期的数字经济企业研发强度平均提高1.12%，企业所得税优惠会显著促进数字经济企业研发强度的提高。而企业所得税优惠对成熟期和衰退期的数字经济企业研发强度的影响显著性较低，特别是对于成熟期的数字经济企业来说，其影响作用最小。这说明企业所得税优惠对于成长期数字经济企业研发强度的影响较成熟期与衰退期的数字经济企业更为显著，假设3得到验证。

表6 生命周期异质性

Variables	RDE		
	1	2	3
CITP	1.115 7**	0.194 9	1.045 0
	(1.712 2)	(0.339 9)	(1.211 2)
cons	18.412 6**	28.879 7***	32.449 0
	(2.667 3)	(3.818 6)	(1.498 4)
$\sum X$	YES	YES	YES
Individual FE	YES	YES	YES
Time FE	YES	YES	YES
N	1 670	969	659
R^2	0.861 2	0.931 9	0.854 2
F	8.496 5	10.581 5	3.922 1

(三)稳健性检验

上文以双向固定效应模型控制了遗漏变量的影响，为检验基准回归结果的可靠性,本文进一步从两方面进行稳健性检验:一是替换被解释变量的衡量指标,二是调整样本范围,剔除不稳定样本,以此来检验实证结论的可信度和稳健性。

1. 替换被解释变量

在上文检测中,被解释变量研发强度主要通过计算数字经济企业的研发支出占营业收入的比重来衡量。在稳健性检验中,本文采用数字经济企业研发人员比重($RDPR$)来衡量企业的研发强度,这一指标能够较好地反映数字经济企业在研发方面的投入和重视程度。对各变量再次进行回归,最终结果如表7所示。其中,列(1)至列(3)逐步加入了个体固定效应及年份固定效应。从三列回归结果可以看出,在先后加入控制变量的回归中,企业所得税优惠对数字经济企业研发人员比重的影响均至少在5%的显著性水平上呈现正向影响,这意味着企业所得税优惠对数字经济企业研发强度具有明显的正向激励作用,与上文的检验结果相比,回归结果没有出现明显差异,说明本文的基准研究结果高度稳健。

表7 稳健性检验——替换被解释变量

Variables	RDE		
	(1)	(2)	(3)
$CITP$	10.943 7***	8.304 7***	0.934 1**
	(7.104 0)	(5.392 2)	(1.147 1)
cons	11.936 3	23.026 5***	56.706 8***
	(1.676 8)	(3.762 3)	(4.236 3)
$\sum X$	YES	YES	YES
Individual FE	NO	YES	YES
Time FE	NO	NO	YES
N	4 048	4 048	3 870
R^2	0.255 8	0.395 3	0.887 3
F	115.551 8	123.758 6	2.446 3

2. 调整样本范围

考虑到2020年的新冠疫情对我国宏观经济、政府行为和企业活动均产生了重要影响和变化,例如2020—2022年,我国政府颁布了大量临时性税收优惠政策,企业在疫情期间也相应改变其经营策略,以减轻疫情带来的损失。这可能会对本文的分析结果产生一定的干扰。因此,在稳健性检验中,剔除2020—2022年新冠疫情期间的样本,以降低不稳定因素对研究的影响。回归结果如表8所示,其中,列(1)至列(3)逐步加入了个体固定效应及年份固定效应。从三列回归结果可以看出,在先后加入控制变量的回归中,企业所得税优惠对数字经济企业研发强度的影响系数始终为正,且至少在5%的显著性水平上显著。这一回归结果与基准回归结果保持一致,说明无论在疫情期间还是排除疫情因素的影响,企业所得税优惠均对数字经济企业研发强度有着明显的正向激励效应,进一步证明了上文的结论。

表8 稳健性检验——调整样本范围

Variables	RDE		
	(1)	(2)	(3)
CITP	3.973 7***	1.663 3***	1.432 6**
	(5.047 3)	(3.420 2)	(3.059 0)
cons	−0.232 8	4.763 7	35.402 2***
	(−0.066 8)	(1.054 0)	(4.784 2)
$\sum X$	YES	YES	YES
Individual FE	NO	YES	YES
Time FE	NO	NO	YES
N	2 082	1 974	1 974
R^2	0.224 3	0.840 4	0.844 7
F	49.841 9	8.912 8	7.647 5

五、结论与启示

(一)研究结论

数字经济已成为推动我国经济增长的重要力量。数字经济企业研发创新不仅有助于提高企业竞争力,还对整个数字经济产业的发展具有重要意义。如何有效激励数字经济企业提高研发强度,推动数字经济高质量发展,是当前我国经济社会面临的重要问题。本文利用2012—2022年中国数字经济企业A股上市公司的面板数据,通过实证分析企业所得税优惠对企业研发强度的影响,得出以下研究结论:

第一,总体而言,企业所得税优惠对数字经济企业研发强度具有显著的正向激励作用,还可以提高数字经济企业研发人员比重,增加数字经济企业研发资源禀赋。

第二,从企业所有权性质来看,企业所得税优惠显著提高了非国有数字经济企业的研发强度,但对于国有数字经济企业的研发激励作用不显著。

第三,从企业生命周期来看,成长期的数字经济企业研发强度受到企业所得税优惠的影响较大且较为显著,而成熟期和衰退期的数字经济企业的所得税优惠的研发激励效应不显著。

(二)研究启示

数字技术是重组全球要素资源、重塑全球经济结构、重构全球竞争格局的关键力量,数字经济已成为国际竞争的核心领域。当前我国企业所得税优惠虽然对数字经济企业研发强度具有正向激励作用,但优惠政策在落实过程中仍存在一些不足之处,结合前文研究,本文提出以下建议。

1. 针对数字经济企业实施更大力度的企业所得税优惠

企业所得税优惠对数字经济企业研发强度具有显著的正向激励作用,所得税优惠的力度越大,数字经济企业的研发强度越高。为支持数字经济发展,应制定针对数字经济产业的企业所得税优惠措施。例如,为数字经济企业提供优惠税率,参照高新技术企业低税率优惠,数字经济企业在一定年限内可以享受15%或更低的税率(范源源、李建军,2023)[20];加大数字经济企业研发费用加计扣除比例,相较于西方发达国家,我国研发费用加计扣除比例仍然偏低,可将数字经济企业的研发费用加计扣除比例由100%扩大至200%或更高等,进一步强化企业所得税优惠对数字经济企业研发创新的激励作用,充分释放数字经济企业的创新动能,促进我国数字经济做大、做优、做强。

2. 提高企业所得税优惠政策的有效性和精准度

我国当前正处于经济转型的重要时期,亟须对现有企业所得税优惠政策进行进一步的优化和完善,以更好地激发数字经济企业在研发创新方面的积极性。一方面,加大对非国有数字经济企业的扶持力度,促进其创新能力的提升。同时,也要关注国有数字经济企业的创新需求,在保障国有数字经济企业履行社会责任的同时,激发其创新潜能(寇明婷等,2023)[21],从而整体提升我国数字经济企业的创新能力,为国家的经济发展贡献力量。另一方面,全面审视数字经济企业的生命周期阶段,对企业所得税优惠制度实施差异化策略。本文研究得出,企业所得税优惠对成熟期的数字经济企业的研发强度影响不显著。相较于其他阶段,处于成熟期的数字经济企业整体上具备较高的研发能力,且融资限制相对较小,更容易取得研发创新成果。我国政府应大力支持成熟期数字经济企业的研发创新活动。因此,可以适度调整企业所得税优惠政策,提高其对成熟期企业的适用性,从而促进我国数字经济领域的深度创新与发展。

参考文献

[1] ROMER P M. Endogenous technological change[J]. Journal of political economy,1990,98(5):71-102.

[2] 张森,温军,刘红. 数字经济创新探究:一个综合视角[J]. 经济学家,2020(2):80-87.

[3] 李为人,陈燕清. 激励企业自主创新税收优惠政策的优化探析[J]. 税务研究,2019,(10):40-44.

[4] 何辉,王杰杰,李威. 我国制造业企业税负对企业产值的影响:基于A股上市公司面板数据的实证分析[J]. 税务研究,2019(5):97-104.

[5] 钱海燕,徐成. 税收优惠与研发投入:基于营商环境调节效应的实证研究[J]. 合肥工业大学学报(社会科学版),2023,37(3):82-90,118.

[6] 李子彪,孙可远,吕鲲鹏. 三类政府财政激励政策对高新技术企业创新绩效的激励机制:基于企业所有权性质的调节效应[J]. 技术经济,2018,37(12):14-25,75.

[7] 刘诗源,林志帆,冷志鹏. 税收激励提高企业创新水平了吗?——基于企业生命周期理论的检验[J]. 经济研究,2020,55(6):105-121.

[8] 刘瑞明. 国有企业、隐性补贴与市场分割:理论与经验证据[J]. 管理世界,2012(4):21-32.

[9] 高宏伟. 政府补贴对大型国有企业研发的挤出效应研究[J]. 中国科技论坛,2011(8):15-20.

[10] 高松,庄晖,牛盼强. 科技型中小企业政府资助效应提升研究:基于企业生命周期的观点[J]. 中国工业经济,2011(7):150-158.

[11] 杨国超,芮萌. 高新技术企业税收减免政策的激励效应与迎合效应[J]. 经济研究,2020,55(9):174-191.

[12] 杨国超,刘静,廉鹏,等. 减税激励、研发操纵与研发绩效[J]. 经济研究,2017,52(8):110-124.

[13] 黄宏斌,翟淑萍,陈静楠. 企业生命周期、融资方式与融资约束:基于投资者情绪调节效应的研究[J]. 金融研究,2016(7):96-112.

[14] 童锦治,刘诗源,林志帆. 财政补贴、生命周期和企业研发创新[J]. 财政研究,2018,(4):33-47.

[15] 郭玥. 政府创新补助的信号传递机制与企业创新[J]. 中国工业经济,2018(9):98-116.

[16]徐建斌,彭瑞娟.企业所得税优惠政策对数字经济企业研发投入的激励效应研究[J].税务研究,2022(7):70-75.

[17]徐建斌,彭瑞娟,何凡.政府创新补贴提升数字经济企业研发强度了吗?[J].经济管理,2023,45(4):172-190.

[18]WEI S J,XIE Z,ZHANG X. From "made in China" to "innovated in China": necessity, prospect, and challenges[J]. Journal of economic perspectives,2017,31(1):49-70.

[19]DICKINSON V. Cash flow patterns as a proxy for firm life cycle[J]. The accounting review,2011,86(6):1969-1994.

[20]范源源,李建军.自主创新:税率优惠的作用效应与机制分析[J].财贸研究,2023,34(5):54-66.

[21]寇明婷,潘孝全,王红霞,等.企业创新激励政策加剧创新无效性吗?——来自企业生命周期视角下的经验证据[J].科学学与科学技术管理,2023,44(4):38-59.

我国地方税体系存在的问题及完善建议

李 卉①

摘 要：地方税体系的完善是现代财税制度改革的重要内容。健全地方税体系有助于推动地方经济的发展，增加地方政府的治理热情。目前，我国地方税体系在地方税收入规模与地方政府支出责任的划分、税种与税权的设置以及地方税改革协同性等方面都存在一定的问题。本文从地方税体系功能定位入手，分析地方税体系建设的要求，重点分析其中存在的问题，并针对问题提出建议，以推动地方税体系管理充分发挥作用，促进区域经济协调发展。

关键词：地方税体系；主体税种；税权；税收征管

一、引言

地方税体系是国家治理的制度基础，体现着中央和地方政府间的财政关系，关乎地方经济发展与人民生活幸福。我国于1994年实施了分税制改革，这是我国财税体制上的一次重大改革，重塑了中央政府和地方政府间的财政关系，根据事权与财权相匹配的原则，划分了中央税、地方税、中央地方共享税。该次改革对税种进行的不同层次的划分正式为地方税体系的建设拉开了帷幕，标志着地方税体系基本模式已经确立，一定程度上保障了地方税收收入，促进了地方经济发展。2016年我国又实施了"营改增"政策，该项政策的实施开启了我国地方税体系建设的新篇章。近年来，我国也一直在强调地方税体系建设的重要性，党的十九大提出"深化税收制度改革，健全地方税体系"，在"十四五"规划中也指出要完善现代税收制度，健全地方税体系，合理配置地方税权。地方税体系建设是税收现代化建设的重要组成部分，健全地方税体系有利于保障地方有稳定的收入来源，实现地方经济增长，推动社会进步（杨志勇，2021；郭健等，2021）。我国地方税体系也在不断地进行改革，取得了许多成就。但值得注意的是，其在结构上仍存在一些问题，需要进一步的改革和完善。基于此，本文将就地方税体系存在的问题进行深入剖析，期望为进一步深化地方税体系的改革、促进地方经济健康发展发挥积极作用。

---

① 李卉，首都经济贸易大学财政税务学院硕士研究生。

二、地方税体系的功能定位

（一）确保财政收入稳定充足

地方税体系的建设应确保地方财政收入稳定且充足，从而使地方政府职能得到更好的发挥。地方政府在履行职能、制定政策时都会考虑财政收入。地方税收入作为地方政府的主要收入来源，稳定的地方税收入有利于政策制定者出台稳定的政策，更好地规划长期政策，减少不确定因素的影响。稳定的税收收入还可以提高财政的可持续性，在遇到自然事件或经济周期波动时，地方政府可以更好地应对。充足的财政收入可以更好地满足地方需求。

（二）兼顾效率与公平

地方税体系的建设应兼顾效率与公平，在充分发挥地方政府活力的同时坚持集中统一领导。相较于中央政府，地方政府更加了解本地区的经济发展情况、人口情况、资源禀赋情况等，而针对本地区的发展情况因地制宜地实施相应政策，将有利于地区经济更好的发展。基于此，给予地方政府一定的税权，如某些税种的税率调整权、一些税种的开征停征权等，将使地方政府的财政收入进一步增长，地区经济得到较好的发展，效率得到更大提升。在建设地方税体系时，应充分调动地方政府积极性，发挥地方活力，促进地方经济高质量发展。但值得注意的是必须坚持集中统一领导。在权力下放的同时，地方政府将会面临横向竞争，这在一定程度上促进地方经济发展的同时，也存在地方政府恶意税收竞争的可能性，危害社会经济发展。因此，应坚持集中统一领导原则，避免恶意税收竞争，确保税制统一公平有序。

（三）改革协调发展

地方税体系的建设应与社会经济发展目标、税收征管机制相协同，共同发展。首先，地方税体系的建设应与社会经济发展目标相协调。税收是国家治理的重要手段，在促进经济发展、资源配置方面发挥着重要作用。我国经济正处于高质量发展阶段，地方税体系的建设应与社会经济发展目标相一致，及时回应社会经济发展目标及社会主要矛盾的变化，做到协同发展。其次，地方税体系建设应与税收征管相协调。地方税体系的稳定运行离不开良好的税收征管机制。税收征管机制可以确保税收政策的顺利实施，征管机制的构建和优化，不仅可以有利于征管效率的提高，还可有效增加地方税收入、减少征纳成本、推进税收监管工作。为此，地方税体系的建设要注重与税收征管机制的协同，以实现更好的效果。

三、我国地方税体系存在的问题

(一)地方缺乏主体税种

主体税种一般是指税制结构中占据主体地位的税种,也是政府财政收入的主要来源。1994 年分税制改革后,营业税成为地方税收收入的主要来源,是地方主体税种。2016 年我国全面实施"营改增"后,地方主要税收收入改为央地共享收入,导致我国地方政府缺乏主体税种,更多地依赖共享税。根据国家统计局的相关数据分析,2011—2015 年,地方税收收入的主要来源是营业税,其收入占地方财政税收收入的比重在 30%以上。2016 年营业税取消后,共享税成为地方税收入的主要来源,2017—2022 年增值税占地方财政税收收入的比重平均在 30%以上,企业所得税占比平均在 15%以上,并且企业所得税比重在不断上升,在 2022 年达到 20.65%。综合来说,在 2022 年地方财政税收收入的 76 643.03 亿元中,国内增值税收入为 24 461.90 亿元,企业所得税为 15 827.77 亿元,个人所得税为 5 969.07 亿元,三个共享税占 2022 年地方财政税收收入的比重为 60.36%。2017—2021 年三个共享税占当年地方财政税收收入的比重分别为 65.08%、65.05%、63.47%、61.92%、63.02%。由上文数据分析可知,地方政府税收收入主要依靠的是共享税。地方政府缺乏主体税种影响着其筹集资金的能力,使地方政府缺乏自主性及自有财源,导致地方政府不能因地制宜地调节地方经济,不利于地方经济的高质量发展。

(二)税收立法权高度集中

税收是国家收入的主要来源,影响着国家经济的发展,其中税权是税收体系中一项关键要素,税权的大小影响着地方政府对当地经济的调控能力。我国"十四五"规划中提出"逐步扩大地方税政管理权",近年来也在适当扩大省级政府税权,但仍存在一定的问题需要解决。目前,我国地方政府的税收立法权十分有限,仅有部分税目、税率的调整权和税收优惠的选择权等延伸权力。税收立法权的集中,一方面符合国情,有利于维护全国市场的统一及国家税收法律的权威性,避免地方政府的恶行竞争,实现社会的稳定、和谐发展。另一方面,立法权高度集中,中央政府统一立法难免会出现"一刀切"的现象,而我国不同地区经济状况、要素禀赋和税源结构等方面都存在一定的差异,税收立法权的过度集中不利于地方经济的发展,难以兼顾地区间差异,限制了地方政府根据本地情况制定政策来促进经济发展的灵活性,也不利于地方经济的高质量发展。

(三)地方税改革协同性不够

一是地方税体系建设与税制改革协同性不够。"十四五"规划中提出"健全直接税体系,逐步提高直接税比重",直接税税源更加稳定,也有利于缩小贫富差距,对促进社会公平、推动经济高质量发展具有重大意义。近年来,我国也在不断进行税制改革,提高直接税比重,但地方税体系中财产税所占的比重仍较低,与发达国家相比差距较大,直接税调节收入分配的作用也没有得到很好的发挥,地方税体系建设与国家税收制度的协同性还有待进一步提高。

二是地方税体系建设与税收征管体系的协同性不够。随着信息技术的创新和发展,我国新兴的商业模式和交易方式不断出现,使得现有税收体系中的规则和流程相对落后,不能与发展相适应。具体来说,技术的创新使交易更加复杂和多元,新兴的交易方式和传统交易方式有很大的差别,税务机关的征管难度加大,难以有效地进行监管。比如,数字经济的发展给税收征管带来了挑战,因为数字化具有匿名性和去中性化的特征。其中,匿名性是指在进行商品或服务交易时会保护参与方的具体信息,税务机关难以确定对方的身份,增加了征管难度;去中心化是指交易不依赖于任何中央机构或服务器进行处理和记录,由于缺乏中央处理机构,税务机关难以直接访问或控制这些数据,从而难以快速地追踪交易主体。因此,技术进步以及新兴商业模式和交易方式的出现给税收征管体系带来了不小的挑战,尤其在地方税层面,税务机关不能有效、准确地获取有关的涉税信息,地方税收征管效率有待提高。

四、完善地方税体系的建议

(一)加强地方主体税种的建设

地方政府应当设置主体税种,因为共享税缺乏对地方政府发展经济的激励作用。对于地方主体税种的选择,学术界也有不同的看法,大多数学者认为开征房地产税和改革消费税是完善地方税体系比较关键的一步。也有学者认为应开设新税种(如遗产税、赠与税等),使之成为地方主体税种。这样一方面可以获得财政收入,另一方面也提高了直接税的比重,促进社会公平。本文认为,房地产税作为地方主体税种的可行度较高,房地产税涉及与房屋、土地有关的多个税种,我国正在稳妥推进房地产税立法。由于房产、土地等不动产不易移动,房地产税具有税源稳定、地方政府征管方便的特点。同时,由于在征税范围以内的房地产都需要缴纳税款,地方政府会有稳定的税收收入。根据国家统计局的数据分析,2022 年,房产税、土地增值税、城镇土地使用税三个税种收入占地方财政税收收入的比重在 16% 左右,房地产税的开征涉及个人居住房屋,其收入规模还会进一步增加。房地产税具有典型的受益性,其税收收入的多少与本地区房地产的市场价值有着紧密联系,而市场价值又与地区的教育、医疗等基本公共服务有着密切联系。显然,房地产税与当地居民利益有着紧密的联系,这有利于居民进行监督。因此,将房地产税作为地方政府的税收来源,有利于改善地方缺乏主体税种的现实困境。

(二)赋予地方适度税收立法权

税权的合理划分对地区经济发展有至关重要的作用。税权过大会影响中央政府的调控能力,在面临全球性经济危机时,不能及时地进行调控;税权过小地方政府不能因地制宜地实施税收政策,从而在一定程度上抑制地方经济发展。由上文分析可知,我国地方政府在税收立法上的权力非常有限,对地方政府的积极性产生了一定的影响。为此,给予地方政府一定的税收立法权(如对某些税种的开征、停征的权力以及一些税种的税率、减免政策的决定权等)可以提高地方政府治理的积极性。具体来说,对于关系地区经济发展的税种,权力可适度下放到地方政府,给予地方政府这些税种的开征权与停征权等,同时为确保中央的调控能力,中央政府可以拥有否决权。对于没有区域外溢性的税种,开征和停征权可直接下放到地方政府。在税率和减免政策等的决定权方面,可以实施地方政府申请、由中央进行审批的方式,从而让地方政府更好地发挥自主性。

此外,应积极推进税收立法进程,完善地方税体系建设。目前,地方税种中还有三个地方税尚未立法。只有坚持税收法定,才能通过法定程序来规范征纳行为,保护纳税人权益。为此,应积极推动地方税的立法工作。具体来说,应立足于我国国情以及新时代发展要求,发扬民主,公开透明立法过程,切实反映人民利益,保障公民的参与,完成税收立法工作。

(三)加强税制与税收征管改革,与经济发展相协同

一是加强税制改革。改革完善财产税制度,丰富地方税体系,提高地方税体系的公平性,增强地方税的财政收入与宏观调控职能。

二是建设现代化税收征管体系。为提高税收征管效率以及准确性,需提升税收征管技术并加强人才培养,建设现代化税收征管体系,应对技术进步带来的挑战。在电子商务、数字经济快速发展的背景下,税收征管面临很大的挑战,如跨境交易、避税行为、数字服务征税等问题。为有效解决这些问题,需要提升税收征管技术。首先,提升税收征管技术,如人工智能、大数据分析工具、云计算技术等,使税务机关更有效地处理数据,提高税收征管效率及准确性。其次,加强人才培养,对相关人员进行培训,使其更好地掌握新兴的税收征管技术,做到熟练应用。通过提升技能,税务人员能够更有效地识别异常交易模式、预测税收风险、识别避税行为。

参考文献

[1]周子轩,曹永东,王志强.新时代背景下我国地方税体系的现状、问题与出路[J].决策与信息,2022(10):80-88.

[2]孙华良,王增梅.减税降费背景下地方税体系构建探析:以河北省为例[J].经营管理者,2022(9):58-59.

[3]邓力平,邓秋云.健全地方税体系的分析框架:理论原则与运用实例[J].东南学术,2022(4):137-145,247.

[4]张朔菡.进一步健全我国地方税收体系的探究[J].老字号品牌营销,2022(12):127-129.

[5]李俊英.地方税概念的文献梳理与内涵界定[J].地方财政研究,2019(7):64-73.

[6]王曙光,章力丹.新时代地方税体系的科学内涵与构建[J].税务研究,2019(1):32-38.

[7]郭健,王静茹.经济高质量发展视角下健全地方税体系研究[J].理论学刊,2021(5):68-76.

[8]于淼.税收法定视野下地方税体系之完善:一个地方税立法权的视角[J].法学杂志,2021,42(3):131-140.

[9]谌韵灵.健全地方税体系视域下完善税务管理制度的思考[J].科学社会主义,2021(1):101-107.

[10]谢雪晴.地方税体系完善问题之浅析[J].河北企业,2021(11):119-122.

[11]刘迎芝.企业电子商务税收征管研究[J].环渤海经济瞭望,2024(2):64-67.

[12]胡怡建,周静虹.深化地方税体系改革服务中国式现代化[J].税务研究,2023(8):5-11.

[13]王雅坤.我国地方税体系现实困境与制度研究[J].商业观察,2023,9(18):57-60.

[14]杨志勇.以有效提供地方公共服务为中心:从健全地方税体系到健全地方政府融资体系[J].国际税收,2021(9):20-25.

[15]郭健,王静茹.经济高质量发展视角下健全地方税体系研究[J].理论学刊,2021(5):68-76.

[16]石绍宾,张晓丹,姜琳.中国式现代化背景下地方税体系建设的思考[J].税务研究,2023(8):12-16.

数字化转型对企业税负的影响分析

李 想[①]

摘 要:随着数字经济的发展,企业数字化转型成为提升竞争力的关键。研究发现,数字化转型通过促进创新使企业能够享受税收优惠,如研发费用加计扣除和固定资产加速折旧政策,直接减轻税负。同时,数字化转型相关的投资成本和费用可作为税前扣除项,减少应纳税所得额。此外,数字化提高了企业内部控制和透明度,虽限制了避税行为,但也优化了税收决策,降低了税负。综合分析表明,数字化转型总体上降低了企业税负。政府应继续优化税收优惠政策,支持企业数字化转型,而企业则应深化内部改革,积极利用政策红利,加大创新投入,以实现税收优化和持续发展。

关键词:数字化转型;企业税负;税收优惠;企业创新;避税行为

一、引言

党的二十大报告指出,要"加快发展数字经济,促进数字经济和实体经济深度融合"。随着新一轮科技革命与产业变革的加速演进,全球数字经济蓬勃发展,逐渐成为拉动经济复苏的新动能。其中,数据作为新兴的生产要素改变了企业的组织结构和运营模式等方方面面,极大地提高了企业的生产效率。现阶段正是中国经济由高速发展阶段转向高质量发展阶段的转型时期,中国的人口红利逐渐消退,凭借低廉的人工成本提高产品竞争力的时代已经落幕,依靠数字经济进行企业转型成为维持中国制造国际竞争力的重要途径。

在国家政策的引导和数字经济发展大势的推动下,数字化转型逐渐成为企业进行科技创新的新方向,科技创新又会带动企业的发展,企业的经济效益得到大幅度提升,企业所承担的税负也会随之提高。但数字经济的一些特征和数字技术应用引发的企业经营的变化,也会让税负水平会在一定程度上降低。因此,企业的数字化转型会提高企业的税负水平还是降低企业的税负水平,这应该作为一个重要的议题去重视和研究。与此同时,税负作为企业的一项成本支出,关系到企业的利

[①] 李想,首都经济贸易大学财政税务学院硕士研究生。

润、经营安排,也关系到政府的财政收入。数字化转型后,企业应该如何用新模式去适应税收制度,如何在新模式下减轻税收负担,是企业持续发展所必须要考虑的问题。

关于企业数字化转型影响企业税负的研究已在学术界引起一定讨论。其中,一部分学者认为数字化转型可以降低税负。马洪范(2021)认为,数字资产化显著提升了企业的盈利能力,但因难以通过价格直接衡量价值,使税基估值更为复杂与不确定,可能会带来降低企业税负的结果。牛力和庞凤喜(2023)则指出,企业数字化转型过程中的创新活动,在符合研发费用税前加计扣除等减免税优惠的条件下,通过降低企业实纳所得税税额,客观上可能进一步降低企业税负。而许云霄等(2023)则从企业避税的角度出发,认为数字化转型导致管理费用上升,自由现金流减少,强化了企业的避税动机,有可能会减少企业的税负。与此同时,还有一部分学者认为企业数字化转型增加了企业税负。张萌等(2022)年从企业税收规避的视角考察数字化转型对企业内部的影响,认为企业数字化转型可以通过提高内部控制质量来抑制税收规避,客观上增加了企业税负。Allen等(2016)认为,数字化转型会提高企业的信息透明度,使企业的避税行为更容易被发现,从而抑制税收的规避行为。

本文可能存在的研究贡献在于综合分析数字化转型对企业税负的影响,为政策制定者提供科学的决策依据,帮助他们更好地理解政策对于促进企业数字化转型的作用,并且可能为企业在数字化转型过程中如何降低税费成本提供一定的借鉴价值。

二、数字化转型影响企业税负的主要路径

(一)数字化转型通过促进创新让企业享受税收优惠

数字化转型作为企业发展的新引擎,不仅深化了消费者参与企业创新的程度,还通过高效的大数据分析能力,使企业能够精确捕捉并响应消费者的潜在需求和行为模式。这种深度洞察为产品开发和服务改进提供了数据支持,加速了产品的迭代更新,增加了产品的市场适应性。同时,数字化转型通过构建灵活高效的工作环境,成功吸引了一批高技能人才,这些人才正是推动企业持续创新的关键力量。他们将技术、资本等资源集中应用于价值创造的核心领域,可进一步提升企业的创新竞争力。此外,在数据、计算能力和算法的推动下,企业结构向更高效、平台化的方向发展,催生了共享经济等新型商业模式,这些都是数字化转型带来的商业模式创新成果。总体而言,数字化转型不仅提高了企业的运营效率,还为企业的创新发展注入了强大的动力。

为了推动企业的数字化转型,促进企业创新,政府会在税收政策上为企业提供各种优惠,如研发费用加计扣除政策、固定资产加速折旧政策。这些税收优惠政策或降低了企业的税前利润,或减少了企业的应纳税所得额和应纳税额,引导企业在追求利益最大化的同时将节约的资金投入研发设备更新、新产品发明等技术创新活动中。与此同时,企业数字化转型符合"数字中国"战略要求,更容易得到政府和外部监管者的青睐,良好的政企关系也有助于企业得到更多相关补贴和优惠政策支持,降低企业的税收负担。

(二)数字化转型通过增加税前扣除降低税负

为了进行数字化转型,企业就必须引进与数字技术相关的硬件与软件,进行数字技术投资,具体表现为企业建立数字信息系统,招聘数字化人才,加大数字技术研发资金投入,购入数字化相关软件和硬件设施,等等。传感器、储存设备、记录设备等硬件可以将企业的生产经营过程数据化;OA、MES等系统则可以使不同部门的数据协同共享;同时还需要对内部人员进行培训,以确保他们能够正常使用这些新设备新系统;除此之外,还要招聘一些特殊岗位,将那些来源于生产的数据运用到企业经营当中。更重要的是,这些转型活动的资金需求促使企业寻求外部融资以满足资金缺口,这同样会增加企业的利息成本。

按照企业所得税法的规定,企业在计算应纳税所得额时,可以扣除与取得收入有关的、合理的成本、费用、税金、损失和其他支出。这意味着,企业在正常经营活动中实际发生的成本和费用,只要是合理的且与收入直接相关,都可以在税前扣除。企业在数字化转型初期所产生的大量的成本费用可以在计算所得税之前扣除。此外,由于债务利息可以进行税前扣除,企业在数字化转型初期的外部融资可通过举债的方式进行,而债务融资又可发展"税盾效应",让企业在税前减少利润,从而降低税负。

(三)数字化转型通过提高内部控制抑制企业避税

数字化转型通过促进企业数据的自由流通,有助于技术、资本和人才向更高效的领域集中,有效纠正资源配置不当。这就消除了企业内部的信息壁垒,提升了信息流通效率,减轻了信息不对称问题,增强了企业透明度,从而优化了管理层的税收决策。良好的内部信息环境能优化资源配置,提升决策质量,改善股东与管理层的关系,从而降低代理成本,缓解委托代理问题,为企业的数字化转型创造良好的内部治理条件,显著增强企业的内部控制效能。

诸多影响企业税负因素的存在,为企业提供了税务策划的空间。高质量的内部控制可以让企业管理变得更加科学合理,对管理层的机会主义行为进行有效的监督,抑制管理层的不当行为,如企业的避税行为。同时,企业之间互通共享的数据也会让管理层更好地权衡避税行为所带来的收益与风险,从而抑制企业的避税行为。此外,企业运营透明度的增加使得税务机关更容易监控企业活动,从而降低企业逃税的可能性。由于所有业务流程都实现了数据化,管理层和员工对业务的了解更加清晰,企业内部和外部的信息一致性得到加强。这种高度数据化和高透明度减少了管理层利用信息差进行避税的机会,缩小企业在税务规划上的操作空间,客观上提高了企业的税负。

三、数字化转型对企业税负的总体影响

综上所述:首先,数字化转型促进了企业创新,使企业能够享受到政府提供的研发税收优惠,直接减轻了税负。其次,企业进行数字化转型所需要投资的相关成本与费用可以作为税前扣除项,直接减少应纳税所得额,从而减轻税负。最后,数字化转型提升了企业的内部控制与透明度,限制了企业的避税行为,客观上可能会降低企业税负。综合考虑数字化转型对企业税负的三个影响途径可以得出一个结论:数字化转型可降低企业的税负。

首先,从企业享受到的税收政策来看,它们都能直接减少企业的应纳税额或者减少企业的应纳税所得额。例如,对高新技术企业采取15%的优惠税率和固定资产加速折旧政策,让处在数字化转型过程中的企业能够切实享受到政策红利。其次,从企业增加的税前扣除来看,这些增加的成本与费用也都可直接减少企业的税前利润,而债务融资所产生的"税盾效应"同样也是企业通过税收策划降低税负的常用方法。最后,数字化转型虽然在一定程度上限制了企业的避税行为,但是这种方法只限制了企业通过避税来降低税负的空间,而没有切实提高企业的应纳税额或企业的税前利润。在无法判断企业进行了多大程度的避税的前提下,也无法得出限制企业避税行为会提高企业税负这一结论。同时,企业内部控制能力和透明度的提升也有助于企业更有效地管理税务风险,优化税收决策,从而在合法合规的前提下实现税负的降低。

总的来看,数字化转型有效地降低了企业的税负。

四、相关建议

从政府层面来看,应当继续审视和改进现有的税收优惠政策,确保它们能够及时响应企业数字化转型的需求。特别是对于研发费用加计扣除和固定资产加速折旧等政策,应当确保它们的有效性和易用性,以便企业能够充分受益。同时,政府可以通过设立专项基金、提供税收减免、建立公共技术平台等方式,为不同规模和行业的企业提供定制化的数字化转型支持。此外,政府应当重视数字化人才的培

养和引进,通过教育改革、人才引进计划等措施,为企业数字化转型提供充足的人才支持。

从企业角度来看:首先,应该持续深化企业内部的数字化改革,通过引入先进的信息技术和管理理念,提高决策效率和运营透明度,从而在税收筹划和财务风险管理方面取得更好的成效。其次,应当积极与政府相关部门沟通,了解最新的税收政策和补贴信息,同时与金融机构建立良好的合作关系,利用数字化转型带来的信用提升,获取更有利的融资条件。最后,企业应当认识到创新是发展的根本动力,加大对研发的投入,利用数字化手段提高研发效率,加速企业产品和技术的迭代更新。

参考文献

[1]马洪范,胥玲,刘国平. 数字经济、税收冲击与税收治理变革[J]. 税务研究,2021(4):84-91.

[2]牛力,庞凤喜. 数字化转型对企业税负的影响研究[J]. 财政研究,2023(5):57-70.

[3]许云霄,柯俊强,刘江宁,等. 数字化转型与企业避税[J]. 经济与管理研究,2023,44(6):97-112.

[4]潘孝珍,潘汪哲. 企业数字化转型对税费成本的影响[J]. 税收经济研究,2023,28(2):36-47.

[5]张萌,张永珅,宋顺林. 企业数字化转型与税收规避:基于内部控制和信息透明度的视角[J]. 经济经纬,2022,39(6):118-127.

[6]陈凯,杨亚平. 企业数字化转型缘何增加了征税难度:来自中国上市公司避税活动的证据[J]. 山西财经大学学报,2023,45(12):111-122.

[7]ALLEN A,FRANCIS B B. Analyst coverage and corporate tax aggressiveness[J]. Journal of banking and finance,2016,73:84-99.

[8]孙自愿,梁晨,卫慧芳. 什么样的税收优惠能够激励高新技术企业创新:来自优惠强度与具体优惠政策的经验证据[J]. 北京工商大学学报(社会科学版),2020,35(5):95-106.

[9]贾楠,张承鹫,于晓雷. 数字化转型会降低企业实际税负吗?[J]. 世界经济文汇,2023(5):17-34.

[10]蔡宏标,饶品贵. 机构投资者、税收征管与企业避税[J]. 会计研究,2015(10):59-65,97.

[11]郭吉涛,姚佳成. 数字经济与企业风险承担:管理自主权的调节效应

[J].河海大学学报(哲学社会科学版),2022,24(1):83-91,112.

[12]黄大禹,谢获宝,孟祥瑜,等.数字化转型与企业价值:基于文本分析方法的经验证据[J].经济学家,2021(12):41-51.

[13]戚聿东,蔡呈伟.数字化对制造业企业绩效的多重影响及其机理研究[J].学习与探索,2020(7):108-119.

[14]杨冠华.创新型企业产业风险、融资偏好与融资选择[J].财经论丛,2021(7):60-67.

[15]王素荣,张新民.资本结构和所得税税负关系实证研究[J].中国工业经济,2006(12):98-104.

[16]祁怀锦,曹修琴,刘艳霞.数字经济对公司治理的影响:基于信息不对称和管理者非理性行为视角[J].改革,2020(4):50-64.

[17]曹越,孙丽,醋卫华.客户集中度、内部控制质量与公司税收规避[J].审计研究,2018(1):120-128.

[18]艾华,刘同洲.制造业税费负担剖析及缓解路径[J].税务研究,2019(1):94-98.

[19]LIBERT, B. 7 questions to ask before your next digital transformation[J]. Harvard Business School Cases,2022,2:1-1175.

政府补助、税收优惠对出版上市公司成长的影响研究[①]

胥力伟　李禹霖[②]

摘　要：本文基于28家出版上市公司的数据,通过实证研究政府补助与税收优惠对出版上市公司成长的影响,为出版业财税政策优化提供依据。政府补助、税收优惠是弥补市场失灵、支持出版上市公司成长的主要手段。研究表明,政府补助和税收优惠均正向支持了出版上市公司的规模增长,但对出版上市公司盈利提升的激励效果有待加强。现阶段政府补助和税收优惠重点扶持传统出版业务,对出版融合发展扶持力度有待提高。为了更好地推动出版业深度融合发展,本文建议增加对出版融合的扶持,调整出版上市公司政府补助扶持方向,优化税收优惠,减轻出版上市公司税收负担。

关键词：出版上市公司成长；政府补助；税收优惠

一、引言

党的十八大以来,中央一直把文化建设摆在治国理政的重要位置。2023年6月2日,习近平总书记在文化传承发展座谈会上的讲话明确指出"文化关乎国本、国运"。出版在社会主义文化建设中发挥着支撑作用和基础价值,出版业是我国文化产业乃至经济社会的重要组成部分。为推动出版业发展,我国出台了《关于推动传统出版和新兴出版融合发展的指导意见》(2015)、《关于推动出版深度融合发展的实施意见》(2022)等多项激励政策。在政策支持、科技创新驱动下,出版融合呈现高质量发展态势。[1]出版企业是出版业融合发展的创新主体,出版上市公司又是出版企业的"排头兵",出版上市公司成长对推动出版业深度融合发展具有重要意义。出版上市公司成长体现了公司的可持续发展能力,主要体现为"量"维度上的规模增长和"质"维度上的盈利提升。文化体制改革以来,出版上市公司规模

[①] 本文为北京印刷学院科研重点项目"高质量发展导向下北京文化科技融合的财税政策激励效应与优化路径研究"(Ed202214)的阶段性研究成果。

[②] 胥力伟,博士,北京印刷学院副教授；李禹霖,北京印刷学院研究生。

不断扩大,多家出版企业集团实现了"百亿营收"[2],实现了出版企业规模增长。然而,出版上市公司盈利能力明显低于其规模增长。出版融合背景下,知识付费、数字出版、数据中心等新兴业务毛利率较高,有待成为出版企业新的盈利增长点[3],助力出版上市公司从以营业收入增长为表现的收入驱动盈利模式转型为以高毛利率为表现的利润驱动盈利模式,成为出版业深度融合的着力点与关键[4]。然而,在出版融合过程中,传统的出版上市公司尽管拥有内容优势,但技术壁垒、融资约束等原因导致其融合发展路径困难重重。[5]

关于财税政策与出版上市公司成长,多数研究认为出版企业生产的出版物内容具有明显外部性[6],需要政府通过财税政策补贴好书带来的正外部性,支持出版企业成长,带动出版业发展壮大。因此,政府补助和税收优惠政策对图书出版企业发展乃至自生能力产生重要影响,尤其是出版上市公司享受一般文化单位和文化体制改革试点单位的双重财税政策,财税政策对出版上市公司的影响程度更高。[7]从理论层面来看,财税政策是缓解外部性问题的重要机制,在短期内通过充实企业现金流,提高企业财务竞争力,缓解市场失灵。[8]但是,长期或不恰当的扶持容易形成企业对政策的依赖,挤出企业研发投入,降低企业的自生能力[9],不利于促进国内出版企业与国际出版企业的直接竞争,反而产生政府失灵。因此,不同的研究成果发现,财税政策对企业成长影响的结论不同,原因在于财税政策支持方向、力度和监管等条件不同。出版业的财税政策持续支持传统出版业务,并未随着出版业发展形势的转变而调整,导致现有的财税政策工具对出版企业盈利提升的活力激发不足。[10]

2023年12月,中央经济工作会议指出,2024年经济工作要"持续推动经济实现质的有效提升和量的合理增长",明确"积极的财政政策要适度加力、提质增效"。在出版上市公司成长过程中,审视财税政策对出版上市公司成长的影响,对明确出版业财政政策加力方向,进而推动出版上市公司"质"的提升与"量"的增长,具有重要的意义。本文以A股28家出版上市公司2013—2022年数据为样本,实证研究政府补助与税收优惠对出版上市公司成长的影响。本文的创新之处在于,基于出版上市公司成长的规模增长和盈利提升两个维度,分别考察政府补助、税收优惠两种政策对出版上市公司规模增长和盈利提升的影响效果。

二、理论分析及研究假设

政府补助和税收优惠都具有无偿性,但是两者对企业发展的作用机制不同,政府补助更多体现为事前补助,通过提供投入资金和间接聚拢社会资源,直接促进企业成长。税收优惠属于事后补助,需要先完成企业自身生产销售,通过降低企业税收负担增加企业税后利润,间接激励企业成长。

(一)政府补助与出版上市公司成长的内在机理与假设

1. 出版上市公司的政府补助

政府补助是指出版上市公司从政府部门无偿取得的货币性资产或非货币性资产。2022年,28家出版上市公司获得政府补助总额为95 909万元,除了国家出版基金、宣传文化专项及产业发展专项资金、出版补助之外,还有大量的地方补助,名义多种多样。当前出版企业获得政府补助的对象大量集中于传统纸质图书、企业人力财力扶持等领域,对融合发展的扶持项目和金额较少。

2. 政府补助对出版上市公司成长的影响机理

第一,政府补助直接提供资金弥补企业生产出版物的正外部性,支持企业内部技术研发,降低企业成本,通过成本领先和优质内容助力企业扩大市场规模,实现规模增长层面的成长。

第二,针对出版企业内部资金和研发能力不足问题,政府补助可以将扶持信号传递至资本市场和技术市场,吸引金融机构等的资金投入和技术合作单位的技术支持,间接推动企业突破融资约束和技术障碍,解决信息不对称问题,助力企业深度融合发展,带来盈利提升层面的成长(见图1)。

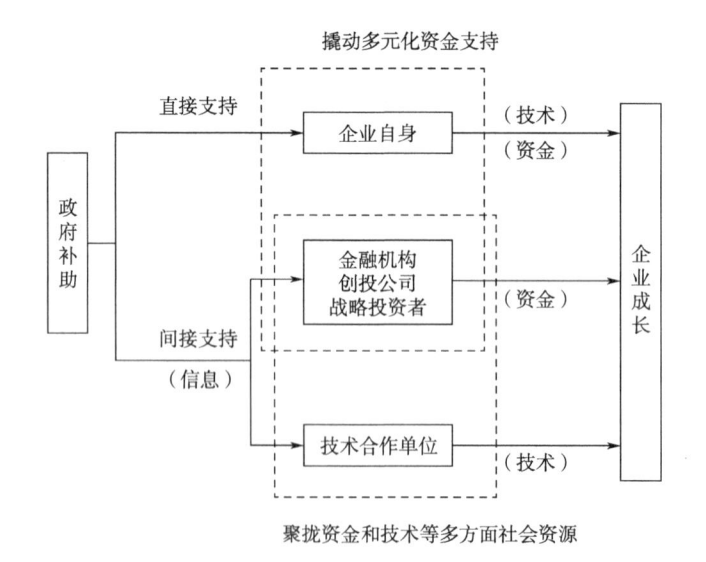

图1 政府补助对出版上市公司成长的影响机理

3. 政府补助对出版上市公司成长影响的假设

不同的研究成果发现政府补助对企业影响的结论不同,原因在于政府补助规模、政府补助对象、政府补助资金监管等条件不同。当前,政府补助支持主要集中于传统出版领域,企业为了获得政府补助资金,可能会更倾向于保守成长,将生产资源集中在传统出版领域的规模扩张,减少高风险、高盈利的融合出版项目投入,这可能不利于出版企业盈利的提升。基于此,本文提出以下假设:

假设1:政府补助对出版上市公司规模增长存在正向调节作用。

假设2:政府补助对出版上市公司盈利提升存在负向调节作用。

(二)税收优惠与出版上市公司成长的内在机理与假设

1. 出版上市公司的税收优惠

税收优惠是指政府给予出版企业的税收减免、税率降低、税收返还等税收激励政策。出版上市公司的税收优惠主要包括增值税优惠和企业所得税优惠。增值税优惠主要包括《关于延续宣传文化增值税优惠政策的通知》(财政部、税务总局公告2021年第10号)、《财政部、国家税务总局关于软件产品增值税政策的通知》(财税〔2011〕100号)。企业所得税优惠主要包括《中华人民共和国企业所得税法》高新技术企业15%税率优惠、《财政部、税务总局、中央宣传部关于继续实施文化体制改革中经营性文化事业单位转制为企业若干税收政策的通知》(财税〔2019〕16号)、《财政部 税务总局关于实施小微企业普惠性税收减免政策的通知》(财税〔2019〕13号)等。因此,出版上市公司的增值税优惠重点围绕纸质图书等传统出版物的出版发行业务,所得税优惠重点围绕高新技术企业、小微企业和国有转企改制企业。税收优惠越多,企业税收负担就越轻。

2. 税收优惠对出版上市公司成长的影响机理

出版上市公司的成长主要依赖传统出版和新兴出版的发展,两者的税收优惠存在差异,税收负担也不同。政府课税降低了企业的利润率和可支配现金流[11],对企业产生两种相反的经济效应:收入效应和替代效应。具体哪种效应占据优势,要视情况而定。一般来说,企业传统出版业务税收优惠较多、税收负担较轻,收入效应占据优势,即政府课税后,为了维持课税前的利润和现金流水平,企业将对传统出版业务增加投入,扩张规模;相反,企业新兴出版业务税收优惠较少、税收负担较重,替代效应占据优势,即政府课税后,新兴出版业务对企业的吸引力下降,企业将资金转向投资其他轻税负传统出版领域(见图2)。

3. 税收优惠对出版上市公司成长影响的假设

在当前的政府课税规制下,传统出版业务收入效应占优势,新兴出版业务替代效应占优势,其综合效果是出版企业加大传统出版领域的资源投入,产生规模增长式的企业成长效果;同时,挤出新兴出版领域的资源投入,降低了出版企业依托新兴出版提升盈利水平的可能性。基于此,本文提出以下假设:

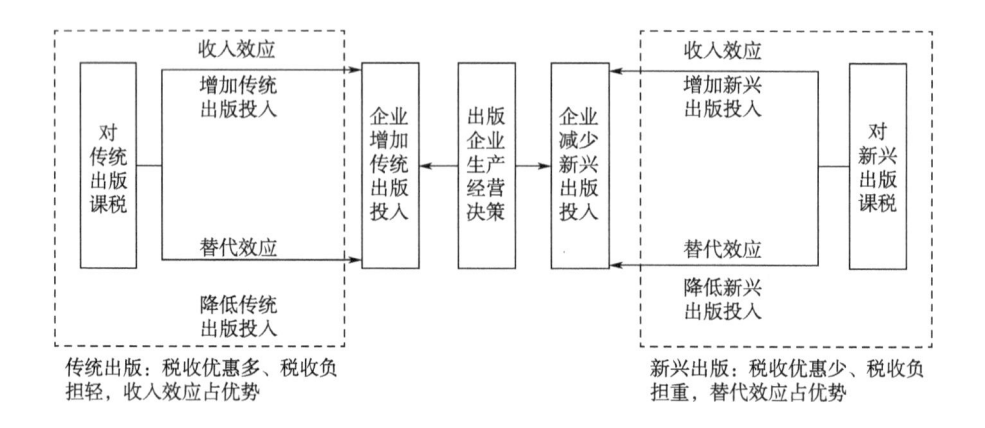

传统出版：税收优惠多、税负担轻，收入效应占优势　　　　　　　　　　　新兴出版：税收优惠少、税负担重，替代效应占优势

图 2　税收优惠对出版上市公司成长的影响机理

假设3：税收优惠对出版上市公司规模增长存在正向调节作用。
假设4：税收优惠对出版上市公司盈利提升存在负向调节作用。

三、研究设计

（一）样本选择

截至2022年12月31日，中国A股（包括上交所、深交所、北交所）出版业上市公司有28家，分别为新华传媒、出版传媒、时代出版、皖新传媒、中南传媒、天舟文化、中文传媒、凤凰传媒、中原传媒、长江传媒、中文在线、城市传媒、读者传媒、南方传媒、新华文轩、中国科传、新经典、中国出版、掌阅科技、世纪天鸿、山东出版、中信出版、读客文化、浙版传媒、龙版传媒、果麦文化、内蒙新华和荣信文化。为了保证数据统一性，本文以这28家出版上市公司为研究对象，研究区间为2013—2022年，并按下列条件对样本进行筛选：①剔除关键财务数据有缺失的样本；②剔除出版企业非上市期间的样本。通过筛选，获得28家出版上市公司的212个观测值。数据来源于同花顺数据库和出版企业历年年度报告，对所有连续变量进行1%和99%的双侧缩尾处理。

（二）变量选取

1. 被解释变量：出版上市公司成长

出版上市公司成长是出版企业实现可持续发展的能力，包括"量"的扩张和"质"的提高两个维度："量"的扩张表现为规模增长，"质"的提高表现为盈利能力提升。出版企业集团上市之后持续发展，多家出版上市集团屡次入围以营业收入为评价指标的"全球出版业50强",出版上市企业规模增长效果显著。与此同时,受政策扶持和知识密集特征影响,出版上市公司普遍毛利率水平较高[5],2022年28家出版上市公司毛利率平均为33.6%,但是不同业务之间的毛利率差异较大。当前,出版上市公司处于深度融合发展阶段,出版上市公司业务包括两类出版业务(传统出版与新兴出版)、文化产业其他领域业务(如出版与广电、游戏、动漫等文化产业领域)以及文化产业之外的其他产业业务(如出版科技领域)。[12][13]这些不同业务中,传统出版业务毛利率普遍较低,例如2022年皖新传媒一般图书及音像制品毛利率为19.55%;数字出版、软件开发、平台运营、游戏传媒等新兴业务属于同一内容的多次售卖,企业毛利率普遍较高。在出版上市企业中,新兴业务占比越高的企业综合毛利率也越高。例如,2022年掌阅科技的毛利率为73.1%,中文在线的毛利率为49.89%,毛利率远远高于其他以传统出版为主营业务的出版上市公司。基于对出版上市公司成长的两个维度界定,本研究选择营业收入和毛利率分别衡量出版上市公司规模增长和盈利提升。

2. 解释变量:政府补助和税收优惠

参考柳光强、张敬文等学者的做法,政府补助(SUB)为企业财务报表附注公布的计入当期损益的政府补助金额[14][15],本文取其对数衡量,数值越大,说明出版企业获得的政府补助强度越高。[8]

结合吕冰洋等、景明禹等的研究方法,税收优惠(Tax)以企业税收负担率作为衡量指标[16][17],在相同的行业范围内,企业享受税收优惠越多,税收负担率就越低。税收负担率分子为实际支付的税金之和[18][19];由于样本企业存在利润、企业增加值等指标为负的异常情况,因此本文选择营业收入作为分母。出版企业的税收优惠主要涉及增值税和企业所得税,为了更细致地考察两个税种对出版企业的影响程度,本文增加了增值税和企业所得税两个子指标。出版业的增值税负担(TaxVAT)以实际支付的增值税占营业收入比重衡量[20],所得税负担(TaxCIT)以当期所得税占营业收入比重衡量。参考童锦治等的做法,笔者以城市维护建设税和教育费附加倒推估算出实际支付的增值税。[21]

出版企业税负=实际支付的税金÷营业收入

出版企业增值税负=企业实际缴纳增值税÷营业收入

出版企业所得税负=企业实际缴纳的企业所得税÷营业收入

3. 控制变量

影响企业成长的因素有很多,参考余明桂、张敬文等,本文主要选取企业规模(SIZE)、资产负债率(LEV)作为控制变量(见表1)。[15][22]

表 1 本文各变量计算方法和含义

变量类型	变量名称	计算方法与变量含义
被解释变量	出版企业量的成长：规模增长（PR）	公司营业收入对数：营业收入越高，市场规模越大。
	出版企业质的成长：盈利提升（PC）	公司综合毛利率：同行业内，公司毛利率越高，该公司产品附加值越高，成本上更具有竞争优势，预示着企业盈利能力更有可能提高。
解释变量	政府补助（SUB）	政府补助的对数：数值越高，政府补助强度越高。
	税收优惠（Tax）	公司税收负担率：同样的税率水平下，税收优惠越多，税收负担越低。
控制变量	企业规模（SIZE）	企业拥有或控制的资产总额的对数：资产总额越大，出版企业越有能力融合发展。
	资产负债率（LEV）	负债总额÷资产总额×100%：根据优序融资理论，盈利越高，公司负债率越低，创新能力越强，出版企业越有能力融合发展

（三）模型构建

出版上市公司获得的政府补助具有地方裁量性，并且政府补助和税收优惠均受到企业股权性质的影响，导致不同企业之间的政府补助和税收优惠存在较大差异。结合王桂军、张敬文的研究，本文构建基于时间和个体的双向固定模型，减轻个体差异导致的内生性问题[15][23]，考察政府补助和税收优惠对出版上市公司成长的影响：

$$PR_{i,t} = a_0 + a_1 Policy_{i,t} + \beta_i + \gamma_t + \lambda_{i,t} \tag{1}$$

$$PR_{i,t} = a_0 + a_1 Policy_{i,t} + a_2 Control + \beta_i + \gamma_t + \lambda_{i,t} \tag{2}$$

$$PC_{i,t} = a_0 + a_1 Policy_{i,t} + \beta_i + \gamma_t + \lambda_{i,t} \tag{3}$$

$$PC_{i,t} = a_0 + a_1 Policy_{i,t} + a_2 Control + \beta_i + \gamma_t + \lambda_{i,t} \tag{4}$$

出版上市公司成长包括"量"维度上的规模增长（PR）和"质"维度上的盈利提升（PC）；模型中 i 代表观测截面的出版上市公司代码；t 表示年份；Policy 表示政府补助 SUB 和税收政策 Tax，在回归时，分别将两项政策纳入模型进行回归；Control 表示控制变量；$\lambda_{i,t}$ 为随机误差项；β_i 表示个体固定效应；γ_t 表示时间固定效应。

在验证假设 1 和假设 2 时，将 SUB 代入 Policy，该数值代表企业获得的政府补助总金额，前面的系数及数值大小代表政府补助对出版企业成长的调节程度。数值为正，说明政府补助对出版企业成长的影响效果为正向，数值为负则相反。在验证假设 3 和假设 4 时，将 Tax 税收负担代入 Policy，该数值越小，说明税收优惠力度越大，其系数及数值大小代表税收政策对出版企业成长的调节程度，数值为正，说明税收优惠对出版企业成长影响效果为负向,数值为正则相反。

四、实证结果与分析

(一)描述性统计

本文对28家出版上市公司的212个观测值进行分析,主要数据的统计结果如表2所示。28家出版企业规模的平均值为21.775 5,最小值为19.537 0,最大值为23.311 5,说明不同出版上市公司的规模有一定差异。28家出版上市公司毛利率平均值为0.336 0,最小值为0.108 4,最大值为0.626 8,说明出版上市公司平均的毛利率普遍较高,然而不同企业因主营业务不同,盈利能力存在较大差异。政府补助最小值为12.959 1,最大值为18.873 4,说明不同的出版企业获得的政府补助有较大差异,这可能受股权性质、经营范围等多种因素影响。税收负担平均值为2.765 6,最小值为0.575 4,最大值为8.820 1,因出版业大量税收优惠,出版上市公司平均税收负担较低,但是不同企业之间因经营业务、股权性质等因素税收负担差距较大。

表2 主要变量描述性统计结果

变量	观测数	平均值	中位数	标准差	最小值	最大值
PR	212	21.775 5	21.687 3	1.163 8	19.537 0	23.311 5
PC	212	0.336 0	0.353 1	0.106 2	0.108 4	0.626 8
SUB	212	16.879 6	17.191 1	1.374 8	12.959 1	18.873 4
Tax	212	2.765 6	2.183 8	1.859 8	0.575 4	8.820 1
SIZE	212	22.371 8	22.435 4	1.098 5	19.874 1	24.079 2
LEV	212	0.317 3	0.332 9	0.106 1	0.074 7	0.596 5

(二)主要回归结果分析

1. 政府补助与出版上市公司成长回归分析

为研究政府补助对出版上市公司成长的影响,对模型(1)和模型(2)进行回归分析。结果显示(见表3),政府补助与出版企业规模增长呈现正相关关系,政府补助的回归系数为0.020 2,在1%的显著性水平上显著,加入控制变量后,政府补助的回归系数为0.007 1,在10%的显著性水平上显著,说明政府补助正向激励了出版企业规模增长,助推了出版企业屡次入围以营业收入为评价指标的"全球出版业50强"。

对模型(3)和模型(4)进行回归分析,发现政府补助与出版企业盈利提升呈现负相关关系,政府补助的回归系数为-0.003 4,在5%的显著性水平上显著,加入控制变量后,政府补助的回归系数为-0.005 0,在1%的显著性水平上显著,说明政府补助负面影响了出版企业盈利提升,究其原因,可能是对政府补助资金扶持方向和补助扶持绩效不足。

表3 政府补助对出版上市公司成长的影响

变量	出版上市公司成长			
	规模增长		盈利提升	
	模型(1)	模型(2)	模型(3)	模型(4)
政府补助	0.020 2*** (3.38)	0.007 1* (1.66)	-0.003 4** (-2.40)	-0.005 0*** (-3.46)
企业规模	—	0.588 3*** (16.06)	—	0.020 3 (1.62)
资本结构	—	0.981 5*** (6.18)	—	-0.161 3** (-2.96)
时间/个体固定	固定	固定	固定	固定
观测值	212	212	212	212

注:*、**、***分别代表在10%、5%、1%的显著性水平上显著。下同。

2. 税收政策与出版上市公司成长回归分析

为研究税收政策对出版上市公司规模增长的影响,对模型(1)和模型(2)进行回归分析。结果显示,税收负担的回归系数为-0.041 2,在5%的显著性水平上显著,加入控制变量后,税收负担的回归系数为-0.053 1(见表4),在1%的显著性水平上显著,说明税收负担越低,税收优惠越大,营业收入越高,税收优惠正向激励了出版企业规模增长。

研究税收政策对出版上市公司盈利提升的影响,对模型(3)和模型(4)进行回归。结果显示,税收负担的回归系数为0.022 5,在1%的显著性水平上显著,加入控制变量后,税收负担的回归系数为0.020 4(见表4),在1%的显著性水平上显著,说明税收负担越低,税收优惠力度越大,企业综合毛利率越低,主要原因可能是出版企业的税收优惠主要集中在传统出版物的出版发行业务以及转企改制企业,新兴业务税收优惠政策较少,税负较高。

表4 税收政策对出版上市公司成长的影响

变量	出版上市公司成长			
	规模增长		盈利提升	
	模型(1)	模型(2)	模型(3)	模型(4)
税收负担	-0.041 2** (-2.53)	-0.053 1*** (-4.78)	0.022 5*** (5.85)	0.020 4*** (5.49)
企业规模	—	0.558 1*** (13.46)	—	0.048 3*** (3.49)
资本结构	—	1.210 8*** (6.17)	—	-0.155 0** (-2.37)
时间/个体固定	固定	固定	固定	固定
观测值	212	212	212	212

出版上市公司主要享受增值税和企业所得税优惠,为了更加明确两个税种的影响,本文将增值税负担和所得税负担分别代入模型进行回归。结果显示,增值税和所得税优惠均与出版企业规模增长呈现正相关关系,加入控制变量后,增值税的回归系数为-0.084 3,在5%的显著性水平上显著(见表5),所得税的回归系数为-0.049 5,在1%的显著性水平上显著(见表6),相比所得税,增值税对出版上市公司规模增长的影响程度更大,原因可能是出版上市公司以传统出版物出版发行为主业,享受较多的增值税优惠政策,直接激励了规模增长。此外,增值税和所得税均与出版上市公司盈利提升呈现负相关关系,加入控制变量后,增值税负担的回归系数为0.030 0,在1%的显著性水平上显著(见表5),所得税负担的回归系数为0.023 6,在1%的显著性水平上显著(见表6),系数均低于其对规模增长影响系数的绝对值,原因可能是新兴出版业务税收优惠政策较少,税收政策的影响力度也较小。

表5 增值税政策对出版上市公司成长的影响

变量	出版上市公司成长			
	规模增长		盈利提升	
	模型(1)	模型(2)	模型(3)	模型(4)
增值税负担	-0.097 6* (-2.54)	-0.084 3** (-3.13)	0.027 9** (2.87)	0.030 0*** (3.27)
企业规模	—	0.530 4*** (12.42)	—	0.058 7*** (4.06)

续表

变量	出版上市公司成长			
	规模增长		盈利提升	
	模型(1)	模型(2)	模型(3)	模型(4)
资本结构	—	1.280 2*** (6.32)	—	-0.181 5** (-2.64)
时间/个体固定	固定	固定	固定	固定
观测值	212	212	212	212

表6 企业所得税政策对出版上市公司成长的影响

变量	出版上市公司成长			
	规模增长		盈利提升	
	模型(1)	模型(2)	模型(3)	模型(4)
所得税负担	-0.021 0 (-0.99)	-0.049 5*** (-3.30)	0.027 9*** (5.60)	0.023 6*** (4.79)
企业规模	—	0.564 0*** (13.01)	—	0.043 4** (3.04)
资本结构	—	1.203 2*** (5.92)	—	-0.145 4* (-2.17)
时间/个体固定	固定	固定	固定	固定
观测值	212	212	212	212

以上回归分析结果中,可以观测到控制变量中公司规模、资本结构等在1%的显著性水平上与公司营业收入正相关,说明公司规模、资本结构提高能有效提升公司增长业绩。公司规模在1%的显著性水平上与盈利提升正相关,说明公司规模越大,企业盈利能力越高;然而资本结构在5%的显著性水平上与盈利提升负相关,说明高杠杆经营不利于融合出版业务和盈利能力提升。

(三)稳健型检验

考虑到政府补助与税收优惠对出版上市公司成长的影响具有滞后性,本文选取政府补助、税收优惠的滞后一期来替代核心解释变量,这样一来滞后一期的解释变量与当期被解释变量之间的内生性关系会得到缓解。重新回归后,关键变量的符号和显著性水平并未发生根本变动(见表7、表8),与前文一致。

表7 滞后一期政府补助对出版上市公司成长的影响

变量	出版上市公司成长			
	规模增长		盈利提升	
	模型(1)	模型(2)	模型(3)	模型(4)
政府补助	0.054 2* (2.04)	−0.015 2 (−0.68)	−0.010 2 (−1.47)	−0.016 3* (−2.38)
企业规模	—	0.573 2*** (9.05)	—	0.064 4*** (3.31)
资本结构	—	1.307 5*** (5.06)	—	−0.174 1* (−2.19)
时间/个体固定	固定	固定	固定	固定
观测值	184	184	184	184

表8 滞后一期税收政策对出版上市公司成长的影响

变量	出版上市公司成长			
	规模增长		盈利提升	
	模型(1)	模型(2)	模型(3)	模型(4)
税收政策	−0.010 7 (−0.64)	−0.058 4*** (−4.44)	0.017 5*** (4.26)	0.016 1*** (3.84)
企业规模	—	0.645 5*** (10.85)	—	0.025 6 (1.35)
资本结构	—	1.403 6*** (5.80)	—	−0.234 6** (−3.05)
时间/个体固定	固定	固定	固定	固定
观测值	184	184	184	184

五、研究结论与建议

(一)结论

本文基于2013—2022年中国出版业A股上市企业数据,考察政府补助和税收优惠对出版上市公司成长的影响。研究表明:

政府补助正向支持了出版上市公司的规模增长,负面影响出版上市公司的盈利提升。一方面，政府补助扶持方向偏重传统出版物，对出版融合新兴业务的补助较少，没有将有限的财政资金用于激励企业融合出版，反而补贴了出版企业传统出版业务的成本等。另一方面，政府补助扶持绩效较低。政府资金多资助公益性的出版融合项目，企业依托此类项目缺少后续经济回报，沦为"面子工程"，企业缺乏后续深度融合发展的内在动机。此外，出版融合项目前期需要大量成本投入，销售收入却如涓涓细流。有限的政府补助资金不能直接弥补出版融合项目的巨额资金成本，没有充分发挥聚拢社会资金和技术资源的作用。

税收优惠正向激励了出版企业规模增长，负面影响出版上市公司的盈利提升。相较所得税而言，增值税对出版企业规模增长的影响程度更大；增值税和所得税对出版企业盈利的影响程度小于两税对企业规模的影响程度。原因可能是税收优惠重点集中在传统出版物，尤其是纸质图书的出版发行领域，而对高毛利率的新兴出版业务缺少税收优惠。出版物的社会效益并不因出版物的载体形式而存在差别，无论是纸质图书抑或数字出版物，均会实现同样的社会效益，对待不同的出版物形式，税收优惠政策不应存在差异。

（二）建议

对于出版企业存在的市场失灵问题，政府应制定长期稳定的产业政策，补充市场机制的不足之处，为出版企业营造公平合理的经营环境。改革开放以来，主要针对传统出版业务的政府补助和税收政策给予出版上市公司大量的政策和资金支持，有效激励了出版上市公司的规模增长，在出版产业萌芽以及成长阶段助推了中国出版业规模快速增长，使中国跃居世界出版大国之列。随着出版产业进入高质量发展阶段，出版上市公司成长也面临"量"的规模增长向"质"的盈利提升转型的关键时期，需要调整优化业务机构，将资源更多配置到盈利能力强的新兴业务领域。然而，出版上市公司发展新兴出版业务普遍面临资金匮乏和技术障碍，此时亟须政府充分发挥政策引导、激励作用，调整政策扶持方向和扶持力度，不断完善与出版业深度融合相适应的财税政策，引导社会资本和技术投入，激励出版上市公司向深度融合业务不断转型。

1. 调整对出版上市公司的政府补助扶持方向

继续完善出版业基金、文化产业发展专项资金等政府补助的长效机制，调整对出版上市公司的支持对象、支持方式和支持方向。

第一，优化支持对象。减少对出版企业生产端的扶持，增加对优秀出版物消费端的扶持。欧美国家的政府补贴主要针对出版行业，而非针对企业个体。在缺少企业个体补贴的情况下，企业没有依赖心理，会想尽办法在市场竞争中求生存。出版物的社会效益需要通过消费才能体现，本文建议财政资金重点支持出版公共服务领域。

第二,优化支持方式。出版融合项目需要持续不断投入大量资金和技术,直接补贴的支持方式无法利用有限的财政资金撬动社会资金,本文建议适当探索财政贴息的支持方式,利用有限的财政资金撬动社会融资和技术投入,解决出版企业面临的资金和技术难题。

第三,优化支持方向。加大对出版上市公司开展出版融合项目的扶持力度,以及对出版融合关键核心技术研发的支持,提高出版融合项目及技术研发补助占比,强化补助资金的事后监督,提高创新补助利用效率。

2. 优化税收政策稳定出版上市公司税收负担

税收是世界各国普遍采用的激励图书正外部性的公共政策。随着我国出版业进入深度融合的关键时期,税收优惠也应随之优化。

(1)将出版物税收优惠政策转变为长期稳定的产业政策。增值税作为中性税种,通过给予出版物零税率或即征即退政策,可促进出版物的消费,又不影响出版企业的自主经营。目前,世界上很多国家实施图书零增值税制度,而我国图书出版环节即征即退等政策多为短期政策,给出版上市公司带来不确定性的税收风险,税收负担的不确定性导致企业无法对未来盈利作出稳定预期,基于预防动机,出版企业可能会降低深度融合的投入。[17]因此,本文建议将出版业增值税减免政策转变为长期稳定的产业政策,在《中华人民共和国增值税法》中以法律形式使之制度化,为出版企业创造稳定的经营环境。

(2)扩大优惠范围。目前增值税优惠政策仅覆盖纸质图书,然而电子图书、数字出版物、融媒体出版物等新兴出版物具有同样的内容属性,可以实现同样的内容正外部性,因此建议统一不同出版物的税收优惠,扩大增值税优惠的覆盖范围,平衡出版上市公司传统出版物和新兴出版物的税收负担。

(3)优化数字出版的增值税抵扣制度。当前出版上市公司的数字出版盈利模式已经相对稳定,但是版权买断价格和版税分成比例逐年提高,出版企业的成长性和未来盈利性会受到影响。出版企业数字出版物往往从个人作者处购买版权,由于个人转让著作权免征增值税,出版企业购买版权的支出无法抵扣进项税额,导致数字出版的可抵扣进项税较少;同时,出版企业的数字出版物却以销售软件产品缴纳增值税,没有纸质图书的即征即退等优惠政策,导致数字出版业务的增值税税负较重。本文建议以出版企业的版权买断价格计算抵扣增值税进项税额,出版企业能获得一定抵扣金额,降低数字出版增值税税负,激励出版企业融合发展。

促进出版上市公司成长需要发挥有为政府和有效市场的协同作用。在出版融合风险大、收益不确定的情况下,政府可通过优化产业政策,弥补市场失灵;当出版企业具备更强的创新能力时,政府需要减少对企业的直接干预,营造公平有序的市场环境,充分发挥市场作用,促进出版企业可持续创新发展。

参考文献

[1]崔海教. 2021—2022 中国数字出版产业年度报告[M]. 北京:中国书籍出版社,2022:6-20.

[2]金英伟,张敏. 上市出版企业财务绩效评价研究[J]. 现代出版,2019(2):31-34.

[3]禹建强,孙亚军. 图书出版上市公司盈利模式及发展趋势分析:以凤凰传媒、出版传媒、中南传媒(2015—2019 年)为例[J]. 新闻爱好者,2021(4):52-56.

[4]王关义,杨荣,胥力伟. 加快出版上市公司深度融合的着力点探析[J]. 中国出版,2023(9):20-26.

[5]周蔚华,陈丹丹. 2021 年中国出版融合发展报告 2022[J]. 科技与出版,2022(5):60-69.

[6]陆颖. 从出版物的外部性看出版企业利益与社会利益的统一[J]. 现代出版,2011(5):20-24.

[7]程丽,周蔚华. 2021 年出版业上市公司发展亮点与展望[J]. 出版广角,2022(9):50-59.

[8]张大龙,曹建海. 供给侧改革下政府补助与企业财务竞争力关系研究:基于研发投入中介视角[J]. 财会通讯,2022(12):38-42.

[9]王淑英,张远芳. 如何防止企业堕入"扶持悖论"陷阱[J]. 管理工程学报,2024,38(1):145-161.

[10]郝东杰. 后疫情时代出版产业发展的财税政策工具供给研究[J]. 科技与出版,2022(6):48-53.

[11]刘行,赵健宇. 税收激励与企业创新:基于增值税转型改革的"准自然实验"[J]. 会计研究,2019(9):43-49.

[12]梁小建. 文化强国建设的出版融合路径[J]. 出版发行研究,2012(9):16-19.

[13]杜方伟,方卿. 从"相加""相融"到"深融":出版融合发展战略历程与展望[J]. 出版广角,2022(5):6-11.

[14]柳光强. 税收优惠、财政补贴政策的激励效应分析:基于信息不对称理论视角的实证研究[J]. 管理世界,2016(10):62-71.

[15]张敬文,童锦瑶. 数字经济产业政策、市场竞争与企业创新质量[J]. 北京工业大学学报(社会科学版),2023,23(1):125-136.

[16]吕冰洋,詹静楠,李钊. 中国税收负担:孰轻孰重?[J]. 经济学动态,

2020(1):18-33.

[17]景明禹,刘璐,王鲁宁.税收负担不确定性、政府补助与企业创新[J].财经科学,2022(9):138-146.

[18]魏天保.税收负担、税负结构与企业投资[J].财经论丛,2018(12):28-37.

[19]汪德华,李琼.宏观税负与企业税负地区间差异之比较:基于工业企业数据计量分解的分析[J].财贸经济,2015(3):17-29.

[20]刘建民,唐红李,杨婷婷.增值税税负如何影响制造业企业升级?——来自中国上市公司的证据[J].财经论丛,2020(6):21-30.

[21]童锦治,苏国灿,魏志华."营改增"、企业议价能力与企业实际流转税税负:基于中国上市公司的实证研究[J].财贸经济,2015(11):14-26.

[22]余明桂,范蕊,钟慧洁.中国产业政策与企业技术创新[J].中国工业经济,2016(12):5-22.

[23]王桂军,张辉.促进企业创新的产业政策选择:政策工具组合视角[J].经济学动态,2020(10):12-27.

第二部分
税务师行业立法和税收策划业务

加快我国税务师行业立法的思考

艾 华 张颂迪[①]

摘 要：党的十八届三中全会首次提出"财政是国家治理的基础和重要支柱"，说明了财税政策在国家治理中的重要性。实践中，税收不仅是财政收入的重要来源，而且税收政策的精准实施能够对微观企业主体产生激励约束作用，进而实现政府的治理目标。近几年，国家出台的一系列减税降费政策减轻了企业税负，对稳定宏观经济发挥了重要作用。尤其当货币政策效果不彰时，财税政策的宏观调节功能就更为突出。具体到政策落地，有效筹集税收收入和提升税收治理能力都需要税务部门、涉税专业服务者和纳税人等形成税收"共治"合力。

涉税专业服务者是税务部门和纳税人之间的中介力量，为建立良好的征纳关系发挥了重要作用。作为涉税服务中重要的人力资本，税务师运用专业的税收知识辅助纳税人合法及时纳税，提高其对税收优惠政策的利用率，进而减轻税务部门的征税压力，提升税收治理效率。目前，我国税务师行业的监管依据仍为部门规章和行业自律规范等，约束力不足。市场上，部分涉税服务中介甚至为纳税人提供非法的逃避税服务，损害了国家税收利益和纳税人权益。为了促进税务师行业的良性发展，我国亟须推进行业立法工作。

关键词：税务师行业；立法；税收法制建设

一、加快税务师行业立法的重要意义

（一）明确税务师法律地位，规范其执业行为

1993年《中华人民共和国税收征管法》（以下简称《税收征管法》）中正式提及"税务代理人"，随后1994年国家税务总局出台了《税务代理试行办法》，为促进税务师行业的发展初步奠定了制度基础。目前，市场上提供涉税服务的主要行业中，只有税务师缺乏行业法律。虽然通过税务师考试并获得税务师职业资格证书的人数逐年增加，但现有的法律法规对税务师的支持和监管力度都显不足，这不利于未

[①] 艾华，中南财经政法大学财政税务学院教授、博士生导师。张颂迪，中南财经政法大学财政税务学院博士研究生。

来行业的健康发展。

缺少行业法律导致了一定的制度漏洞。现有的法规体系，既不能从正面为税务师提供法律地位，也难以对其负面行为进行强制性的监管。涉税专业服务的规章对违规纳税筹划的行为震慑力不足，更有甚者打着专家的名义在市场上提供误导性的税收培训，扰乱正常的征管环境。法规不完善极易导致低价低质的涉税服务占据市场，形成"劣币驱逐良币"的市场环境，挤压高质量涉税服务业务的市场空间。针对这些乱象，国家税务总局、国家互联网信息办公室、国家市场监督管理总局2022年联合印发《关于规范涉税中介服务行为 促进涉税中介行业健康发展的通知》，说明我国需要培养高质量的税务师，并完善监管制度体系。

税务师法的成型将会对行业产生激励约束的双重效应，有利于涉税服务整体质量的提升。一方面，法律能够赋予税务师和税务师事务所明确的法律地位，提高其社会认可度，进而激励从业者提高业务水平，形成涉税服务行业有序竞争的格局；另一方面，法律具有强制性，能够对涉税违法行为产生有力的惩戒效应，提高违法纳税筹划的成本，进而规范税务师的执业行为。

（二）推进税收法治建设，提升税收治理能力

完善的法律体系是国家治理的基石，税收相关法律是其中重要的组成部分。中央提出要推进国家治理体系和治理能力现代化，贯彻税收法定原则是提高税收治理水平的必然要求。目前，我国18个现行税种拥有正式法律的已有12部，加上一部《税收征管法》，说明税收法治化程度越来越高。在实践中，征税人员和纳税人之间难免会就具体事实或税法未明确之处产生税务争议，税法能够为税务部门、纳税人和涉税服务者提供共同的遵循和预期。随着税种立法的逐步完善，规范税务师行业的法律也应逐步提上日程，以更好地完善税法体系。

税收政策作为宏观调控的重要工具，在协调区域发展、促进就业和调节收入分配等方面有良好的治理作用。例如，优惠的税收政策能够促进西部地区的经济发展，设计合理的累进税制度有利于调节收入分配，减税降费等政策有助于保就业、促民生。对企业来说，享受各项税收优惠政策是其正当的税收权益。根据第三方机构麦可思发布的就业蓝皮书，民企尤其是中小企业提供的就业岗位最多，是经济健康发展重要的"毛细血管"，也是近几年减税降费政策实现宏观政策目标的重要载体。但是部分企业不了解针对特定主体、行业以及区域性的税收优惠政策细则，享受不到相关政策优惠，这不利于税收治理目标的实现。而且，政策从发布开始到产生经济效果往往需要一定时间。税务师在合法范围内为企业进行纳税筹划，能够助力政府实现税收治理目标，缩短政策时滞。行业法律的条文可以规定税务师执业范围，明确税务师和税务师事务所的权责边界，更好地助力税收优惠政策的落地，进而提高税收治理能力。

(三)提升企业税收合规性,助力建设良好征纳关系

税收征纳本质上体现的是纳税人和政府之间的权利义务关系,纳税人向政府缴纳税收,政府为民众提供公共服务。和谐的征纳关系有利于提高纳税人的主观纳税遵从度,也有利于增强民众对政府的信任。实践中,企业可能少缴漏缴税款,地方税务机关的涉税处理也可能出错。而税务师可以就纳税争议提供专业建议,既提高企业的纳税遵从率和信用等级,也可以促进部分税务机关依法征税,对构建良好的征纳关系大有裨益。因此,加快税务师行业法律的出台有其现实意义。

首先,税收是政府提供各项公共服务和进行社会治理的物质基础,需要足额及时入库。未来,随着征管体制由"以票控税"向"以数治税"转变,企业与税务机关的交互不只体现在报税时,而是实时交互的。电子化征管为企业提供了涉税服务,减少了制度性交易成本,同时要求企业实时处于税收合规的状态,对企业自身的税收管理能力提出更高的要求。实践中,很多企业对税收细则和新的征税模式不甚了解,不能及时足额缴纳税款。税务师可以帮助企业提高税收合规水平,促进国家税收收入及时入库。

其次,企业的税收合规性和税收权益对自身的长期发展十分重要。随着"银税互动"和各部门之间信息互通程度的增强,企业的纳税信用评级会影响其在金融机构的融资可得性和社会地位,进而直接影响企业的利益。一方面,部分企业对税收风险不够重视,误用涉税服务者提供的不合规的逃避税方案,反而产生更多的罚款,甚至会长期损害企业的融资条件和利益。另一方面,部分税务机关不合理的征税行为会损害企业的合法税收权益,包括征收"过头税"或作出错误的处罚决定等。税务师可以利用专业知识维护企业的合法税收权益,提升企业的纳税信用评级,有利于企业的长期发展。

(四)谋局未来,储备丰富的税务师人力资本

经过30余年的发展,我国涉税服务行业的专业化程度不断提升。随着税收征管数字化技术的应用和国际国内税收形势的演变,市场对税务师的需求将产生结构性的变化。我国制定关于税务师行业的法律,可为税务师的职业地位背书,并前瞻性地引导税务师及税务师事务所的发展,为未来储备丰富的税务师人力资本。

1. 我国税制结构的演变趋势需要更多高质量的税务师

纵观各国的税收发展史,税制结构基本都经历了从间接税为主向直接税为主的转变。目前,国际上很多国家税务师承担的主要工作是为个人和家庭提供最优的税收方案。由于征管能力的限制和保证财政收入的考虑,我国在初期选择了以增值税等间接税为主的税制,但"十四五"规划和数次财税改革方案都提出要提高以所得税和财产税为主的直接税占比,夯实社会治理基础。从直接税的角度看,未来极有可能开征房地产税,个税的征管也会朝着综合课征的方向演进。除此之外,

政府也会对个人进行各类直接的转移支付,诸如生育激励和个人养老金等都可能会涉及税收减免。这意味着未来除了企业涉税服务需求之外,个人对涉税服务的需求也会大大增加。

2. 税收征管数字化将对税务师的需求产生结构性的变化

近几年,国际上数字技术应用于税收征管的实践方兴未艾,我国也在参考多国实践的基础上逐步开发完善"金税四期",便利纳税人申报税款。未来的精准监管对纳税人的税收素养要求极高,会将税收优惠政策等信息直接推送至企业,以消弭信息差。此时,税务师以往对企业税收优惠的信息优势将减弱,纳税申报等简单业务的需求空间缩小,而税务咨询、个人税收筹划和国际税收等高端业务的需求将会大量增加,这对税务师行业的服务质量提出了更大的挑战。

3. 未来国际税收征管合作的变化对税务师执业也有更高要求

数字经济的发展使得市场国难以对跨国数字企业征税,国家间的税收"逐底竞争"形成囚徒困境般的博弈,损害各国税收利益。为此,国际上开启了新一轮的税收征管合作,在重新分配税收利益的同时也加大了对逃税的打击力度。宏观层面上,我国需要专业的涉税人才在国际税收议题上维护国家税收利益,并提出税收方案。微观层面上,"双支柱"方案等不断压缩企业的逃避税空间,未来跨国企业面临更高的税收合规要求。随着我国企业"出海"的数量不断增加,处理各国税法间的冲突需要更多高质量的涉外税务师。

二、我国税务师行业的制度体系现状

(一)税务师缺乏适用的行业法律

目前,《税收征管法》中第八十九条规定"纳税人、扣缴义务人可以委托税务代理人代为办理税务事宜",采用"税务代理人"这一专有词来统称提供涉税服务的群体。从规范性和公平性的角度来说,不论提供涉税专业服务的市场主体是谁,都应该遵循相同的监管规定。目前,提供专业涉税服务的主要群体包括注册会计师、税务律师和税务师。注册会计师和律师行业分别适用于《中华人民共和国注册会计师法》和《中华人民共和国律师法》,相关法律近几年也在吸纳社会各界意见进行相应修订,以与现实更为相符,体现了"从无法到有法,从有法到良法"的转变历程。但是,现行法律和征求意见稿的条文都没有对涉税服务业务作出规定。

相比之下,税务师的业务范围聚焦于税务问题,提供的涉税服务更加精细和专业化,为减轻征税成本和维护纳税人权益作出了重要贡献,但行业法律一直处于缺位状态。由于国家层面的法律迟迟没有出台,部分省份开始推动制定地方性的税务师行政法规,如四川省提交的《〈四川省税务师管理条例〉的议案》、陕西省起草的《陕西省税务师管理条例》等,这也说明社会对税务师行业法律需求的迫切性。但是,各地都制定行政性法规的成本较高,且内容不一致也易引发进一步的治理问题。因此,我国应该加快制定全国层面的税务师法,将税务师及税务师事务所纳入税收法治的范畴。

(二)涉税专业服务适用的行政法规多为原则性条文

改革开放之后,我国经济发展模式经历了巨大的嬗变,加入 WTO 之后更是融入全球发展的新浪潮中,各种经济现象和交易形式都日新月异,经常出现制度滞后于现实的情形。具体到税收领域而言,税制本身和税收征管法规也变更频繁,这会给纳税人带来预期的不确定性,进而影响到具体的经济决策。法律的制定往往需要反复严谨的论证,成型过程较慢,而临时性的行政法规和部门规章能够快速对现实情况作出回应和监管,更加受到青睐。从长期的视角看,我国需要不断推动税收法治化,进而提高税收治理水平,理应尽快推进税务师行业的法律制定工作。

市场上的涉税专业服务属于税收征管领域法律法规的适用范围,税务师行业也在其中。1993 年的《税收征管法》最早提供了税收代理的法律依据,2015 年修订的《税收征管法》中也有明确的"税务代理人"一词,2016 年国务院发布了《中华人民共和国税收征收管理法实施细则》,其中第九十八条规定了税务代理人造成纳税人未缴或少缴税款的罚款数额,附则中第一百一十一条为"纳税人、扣缴义务人委托税务代理人代为办理税务事宜的办法,由国家税务总局规定"。于是,国家税务总局依国务院的行政解释于 2017 年出台了《涉税专业服务监管办法(试行)》《涉税专业服务信用评价管理办法(试行)》等关于涉税专业服务监管的文件,规定了应由税务师、注册会计师、律师签字并承担责任的业务,且给了各省税务机关制定涉税专业服务机构从事涉税专业服务的具体实施办法的权限。2023 年 9 月 5 日,国家税务总局发布了《涉税专业服务基本准则(试行)》和《涉税专业服务职业道德守则(试行)》,明确相关人员的职业要求和道德要求,进一步补充了相关规定。

总体上,现行涉税专业服务的法律法规和部门规章等呈现以下特点:一是监管办法多为原则性规定,不够细化。上位法或规章对涉税服务的规定较为笼统,往往由下一级文件层层细化,国家税务总局的各类规章中对税务师等行业的责权规定有待细化,且给了各省出台文件的空间,而各省间文件规定的冲突可能会导致监管难度增加。二是文件多为试行版,稳定性和强制性有限。

(三)税务师行业的部门规章和行业自律性规范威慑力不足

我国专属税务师执业和考试的规章基本由国家税务总局单独或联合其他部门共同制定,以规范行业的发展。税务师执业的文件由国家税务总局单独制定,包括 2009 年发布的《注册税务师涉税服务业务基本准则》和《注册税务师涉税鉴证业务基本准则》等,但是文件出台的时间已久,有待进一步更新。税务师考试的文件基本由部委联合制定出台,2015年11月之后,我国税务师考试由准入类变为水平评价类,相应的关于注册税务师考试的规定都被废止,包括《注册税务师管理暂行办法》和《注册税务师执业资格考试实施办法》等。同年,人力资源社会保障部、国家税务总局联合出台了《税务师职业资格制度暂行规定》和《税务师职业资格考试实施办法》,保证了税务师考试的平稳过渡。总体而言,现有的专门针对税务师的部门规章大多较为陈旧且多为暂行规定,难以对税务师作出有效支持和监管。

实践中,税务师行业也需要遵循行业自律规范。中国注册税务师协会(以下简称"中税协")认定税务师事务所等级、组织职业资格考试并且出台相关文件,对税务师行业的健康发展大有裨益。行业协会发布的具体业务指引有助于提高执业的规范性,包括《土地增值税清算鉴证业务指引》或《PPP(政府和社会资本合作)项目税收策划业务指引》等。但是,中税协发布的《税务师行业涉税专业服务规范基本指引(试行)》等自律性规范为道德性要求,对税务师的惩戒措施效力有限。针对前两年查出的社会影响较大的偷税漏税事件,2022年,中税协、中国注册会计师协会和中华全国律师协会联合发布了《涉税专业服务诚信执业倡议书》。但是倡议书只是道德要求,无法在事前和事中对相关主体的执业行为产生监管作用。

三、关于我国税务师行业立法的建议

(一)稳步推进税务师行业立法工作

根据中税协发布的数据,2022年我国税务师报考人数达到89.8万人,在一定程度上说明市场对税务师的需求增加,行业规模有望进一步扩张。实践中,税务师行业为纳税人提供涉税专业服务,行业的健康发展和有序竞争有利于维护国家税收利益和纳税人权益。因此,制定一部税务师行业的法律十分有必要。具体来说,制定税务师法律需要解决立法程序和立法内容两方面的问题。

在立法流程上,我国应采取稳妥推进的方式进行立法。第一,可以在对税务师行业发展充分调研的基础上,国务院出台税务师条例,在施行的过程中再充分收集行业协会等社会各界人士和组织的建议。第二,在逐步补充条例中各项条文的基础上,将完善的税务师法提交至全国人大常务委员会会议审议通过,成为正式法律。第三,根据现实中税制的演变和征管的变革对税务师执业的新要求,进一步通过全国人大常务委员会会议的相关程序进行修订。

在立法内容方面,我国可以参考《中华人民共和国注册会计师法》《中华人民共和国律师法》以及国外相关法律的有益经验,制定出符合国情的税务师法。参考已有行业法,税务师法的总体框架应包含总则、税务师考试规定、税务师事务所、税务师的业务范围和权利义务、注册税务师协会、法律责任和附则等相关章节。从国际范围看,各国的法律传统不同,对税务师的考试和业务内容等规定宽严程度不一,涉税服务法律体系较为完善国家的经验值得借鉴。国际上,德国的法律较为严格和细节化,如《税务咨询法》(Tax Consultancy Law)规定,只有持证的税务顾问、律师、会计师和审计师可以提供涉税服务(准入性质),且对涉税服务业务的规定也十分具体;此外还制定了《税务顾问法》、《税务顾问行为准则》和《税务顾问收费条例》规范税务顾问的行为。日本的税务师行业历史较为久远,夏普劝告对其税务师制度的转变起到了重要作用。1951年初始版本的《税理士法》将"税务代理士"更名为"税理士",赋予了税理士独立第三方的法律地位。也就是说,税理士处理业务既不能倾向于征税部门也不能倾向于纳税人。此外,法律规定公认会计士和律师也必须成为税理士并加入协会才可以从事涉税业务,且包含明确的惩处细则。参考相关条文,我国的税务师法也应对税务师的法律地位、业务范围及惩处进行明确严格的规定,同时加强税务师考试和后续的继续教育。

(二)逐步完善涉税专业服务的制度体系

制定税务师法能够规范税务师执业,进而为纳税人提供更好的服务。国际上,大多数国家的税务师、注册会计师和律师都可以提供涉税服务,业务内容有所交叉。因此,完整的法律体系除了包含行业法律之外,还应包括关于涉税专业服务的法律。从现有的法律来看,我国的《税收征管法》及其实施条例等对税务代理的规定条文数量少且较为泛化。本文认为,下一次修订应该吸纳行业协会及纳税人等的建议,增加关于涉税服务及从业者法律地位的条文,并明确行政机关的权力边界,从而为涉税服务行业的良性发展和良好征纳关系的建立奠定坚实基础。

2017年之后,国家税务总局出台了多个关于涉税专业服务办法和准则的试行版本,包括涉税专业服务的监管办法、信用评价办法、基准准则和职业道德守则等,体现出我国在构建涉税专业服务制度体系方面的巨大进步。但是,现有条文对涉税服务从业者间的关系依然界定不明,对业务内容的规定仍有待细化。随着我国各地在执行文件的过程中不断积累经验,应该在修订各类试行版本文件的基础上尽快出台正式版本的部门规章,并逐步形成正式的法规,为全国提供涉税服务的组织和从业者提供统一的遵循,为形成有序竞争的市场奠定制度基础。

参考文献

[1]蔡昌,李长君.推进税务师行业立法 开创税收治理新局面[J].注册税务师,2021(1).

[2]蓝逢辉.推进税务师行业立法的紧迫性和必要性[J].注册税务师,2022(12).

[3]刘剑文.加速推进税务师行业立法 助力税收法治迈上新台阶[J].注册税务师,2022(12).

[4]施正文,薛皓天.新征程中进一步推进税务师行业立法的必要性和基本路径[J].注册税务师,2022(12).

[5]张松,刘晓辉.税务师行业立法研究[J].注册税务师,2016(3).

涉税服务适应税收现代化要求、寻求高质量发展浅析

陈 婷[①]

摘 要：党的二十大指出，以中国式现代化全面推进中华民族伟大复兴。税收现代化作为中国式现代化的重要组成部分，是服务中国式现代化的基本支撑。在中国式现代化背景下，税收现代化在税收法治体系、税费服务体系、税费征管体系、国际税收体系等方面面临着诸多困境。为使税收现代化更好地服务中国式现代化，应进一步推进"坚强有力的党的领导制度体系、成熟完备的税收法治体系、优质便捷的税费服务体系、严密规范的税费征管体系、合作共赢的国际税收体系、高效清廉的队伍组织体系"建设，加快实现税收现代化，助力涉税服务适应税收现代化要求，高质量发展。

关键词：涉税服务；税收现代化；税收法治；高质量发展

一、涉税服务适应税收现代化的重要性

党的二十大提出了以中国式现代化全面推进中华民族伟大复兴的新思路、新战略、新举措，为我们向第二个百年奋斗目标前进指明了方向，提供了根本遵循。税收现代化作为中国式现代化的重要组成部分，是服务中国式现代化的基本支撑。社会主义现代化强国的目标对全面推进税收现代化也提出了更高的要求。在新时代背景下，研究如何更好地发挥税收在国家治理中的基础性、支柱性、保障性作用，推动税收现代化服务中国式现代化，具有重要意义。面对数字技术不断升级的趋势，要秉持与时代接轨、与科技接轨、与国际接轨的理念，自觉将税费服务工作置于中国式现代化的理论和实践中，充分运用大数据、云计算等新技术，不断创新服务方式，构建现代化的税费服务新生态，给纳税人缴费人提供极简、极速、极智、极优的"四极"税费服务，进一步培育和激发市场主体活力，为不断优化宜商环境贡献税务力量，更好地推进税收现代化、服务中国式现代化。

[①] 陈婷，武汉纺织大学会计学院硕士研究生。

（一）税收现代化是中国式现代化的重要组成部分

党的二十大提出的中国式现代化，是对党领导团结全国各族人民要建成的社会主义现代化国家的具体描绘，是具有中国特色的现代化标准，是对过去长期实践的总结，更是面向未来、指导未来的。中国式现代化是对长久以来党领导社会主义现代化建设实践探索的高度概括与总结，而这包括对税收现代化探索的概括与总结。税收作为财政收入的主要来源和调控经济社会发展的重要政策手段，总是基于社会主义现代化建设目标与任务，契合现代化的步伐，进行相应的改革、调整、完善。回顾历次党的代表大会，可清晰看到社会主义现代化建设目标的不断升级，都伴随税收不断向新的现代化目标的发展。新时代的中国式现代化建设需要现代化税收进一步发挥好优化资源配置、维护市场统一、促进社会公平、实现国家长治久安的职能和作用。

（二）税收现代化是中国式现代化的基本支撑

中国式现代化是现代化新的征程，面临一系列风险，需要完成经济建设、政治建设、文化建设等重大战略任务。税收现代化服务中国式现代化，应利于克服风险，助力重大战略任务完成，既保障国家长治久安，又实现全体人民全面发展。"坚强有力的党的领导制度体系、成熟完备的税收法治体系、优质便捷的税费服务体系、严密规范的税费征管体系、合作共赢的国际税收体系、高效清廉的队伍组织体系"，勾画出了系统完备、科学规范、运行有效的税收现代化体系，只有实现税收现代化方能筑牢中国式现代化的基础。

二、涉税服务适应税收现代化面临的困境

党的十八大以来，全国税务系统锚定以"六大体系""六大能力"为主要内容的新时代税收现代化建设总目标，勇于担当、主动作为，着力构建强党治税带队的制度体系，推动税收现代化建设始终沿着正确的方向不断前进，为党和国家事业发展贡献了税务力量。在中国式现代化背景下，税收现代化面临着新形势、新挑战。笔者分析了当前税收现代化建设面临的矛盾与问题，经梳理汇总，主要有以下问题。

（一）税收法治体系还不够规范

法治是国家治理体系和治理能力的重要依托，发挥着重要、稳定和长期的保护作用。税收治理是国家治理的基本要素。税收法治建设是国家法治建设的重要组成部分，要全面依法治国，就必须全面推进税收法治建设，以法治保障和促进财税领域的社会公平正义。然而，相关研究表明，我国税收法治建设的基础还不够牢固，信息技术支撑税收法治的能力还有待提高。个别税务人员随意执法、选择性执法的问题依然存在，主动防控风险的意识尚不够强。比如，在退税、减税、降费方

面,存在减免税不到位、"六税两费"落实不到位等问题。这说明一些基层单位在宣传咨询活动中不够用心,没有及时进行相关提醒,而上级相关部门也存在监管不严、处罚不到位等问题。

(二)税费服务体系还不够便捷

为民办实事、解难题不够,在精细服务、分类服务、个性服务等方面出台的措施不够实、不够管用,税收营商环境不够好。2021年全国纳税人满意度调查的结果反映,缴纳社保费不够便捷、注销税款流程不够规范、电子税务局不够稳定、处理"最多跑一次"问题不够准确……与"放管服"改革的要求、纳税人的期望还有一段差距。

(三)税费征管体系还不够高效

在推进税收征管改革中,一定程度上依赖上级"模板"按部就班,一些改革措施未落实,转变征管方式还不够到位,离"精确执法、精细服务、精准监管、精诚共治"要求还有差距。落实"四个有人管"还不够,对一些重点领域、高风险行业及人群的监管还有不足,税源管理存在管理缺位、责任淡化,风险应对存在分析不准、应对不力,税务稽查存在力量有限、疲于应付等问题,防控风险的各道防线也不够牢固。

(四)国际税收体系还不够完善

外贸出口企业许可证审批权限下放后,大部分设区市税务局同时履行退税和监管职能,有的未能做好风险管理,也疏于对本地出口或供货企业的直接管理,档案审核流于形式。县(区)税务局负责出口退(免)税的工作人员履职能力不足,出口退税风险应对质量不高。国际税务专家相对缺乏,导致跨国公司、大型税务团队和专业中介机构难以应对复杂的全球业务。

三、涉税服务适应税收现代化的路径选择

当前和未来一段时期,要加深对涉税服务适应税收现代化改革的方向和趋势的认识,精准把握税费服务的内涵和外延,加快建立高效便捷、优质普惠的市场主体全生命周期服务体系,塑造税费服务新生态,可对以下几个方面重点探索。

(一)加强税收立法,规范税收法治体系

党的二十大报告强调,要全面推进科学立法、严格执法、公正司法、全民守法。税收法治体系是中国特色社会主义法治体系的重要组成部分,税务机关作为我国重要的行政执法机关,在全面推进依法行政、建设法治政府的进程中承担着重要职责,理应坚持法治税务与法治政府同频共振,推进税收法治化进程,以税务领域法

治化、现代化推动法治中国建设。

法定税收原则是指税收应由立法机关通过的法律来制定和实施的理念。要尽快落实税收法定原则,在现有 12 部税收实体法律基础上,开展剩余几个税种的立法工作,实现全税种法定。为适应中国式现代化的要求,应加强税收立法,修改相关税法,形成完整的税收法律法规体系。在税务执法方面,目前存在监管业务多、办理流程长、管辖范围广等诸多问题,且必须确保行政执法严格按照法定权限和程序进行;推进行政执法"三大制度"建设中,规范税收执法程序和自由裁量权,促进公平文明执法;探索应用税收大数据和智能技术,提高税收执法水平。这有助于将经验执法转变为科学、精确的执法,使执法过程更加高效和准确。在税收司法方面,应加强与其他政府部门的合作,严厉打击税收违法犯罪行为。完善税收司法体系,促进税收司法共治。完善税收司法救济和税收争议解决机制,发挥公职律师作用,推动税费争议化解,保护纳税人合法权益。税收守法方面,要深层次全方位持续推进税收普法,推动税收法治教育纳入国民教育体系,弘扬社会主义税收法治精神;不断完善纳税信用体系,强化对诚信纳税人的激励措施,加大对重大税收违法行为的惩戒力度,共建诚信守法社会,提升税收守法效能。

(二)依托大数据,赋能税费服务体系

充分运用数字技术,以智慧税务为依托,大力推进税费服务智能化转型升级。税务部门应该积极的引入 5G 技术、云计算、区块链等技术,尽快着手开发官方的税费移动 App、微信小程序、网页端,实现网上的全覆盖,引进相关人才,对现有员工进行培训,有条不紊地推进云端智慧大厅的建设,尽早实现纳税人直接从他们的智能手机上提交税款、付款和访问税务信息。税务部门可对线下办税服务厅进行升级改造,为纳税人提供无缝、高效的办税体验。这可能涉及实施预约系统以减少等待时间,实时更新税务申报的状态,以及提供税务咨询和税务表格协助等额外服务。税务部门还应确保工作人员训练有素,以便为纳税人提供高质量的服务。税务部门应积极引进人工智能和机器学习等技术,开发人像识别系统,并依托全国一体化政务服务平台,尽快建立统一的电子证件照系统,实现和公安等平台的对接,通过公众平台积极推广电子营业执照、电子合同、电子印章等,尽快完成各部门间的电子证件互认,提高体系的运转效率。还可以开发 AI 聊天机器人和智能咨询平台,以协助纳税人解决常见问题,并提供实时支持。税务部门可以根据用户反馈和税收政策的变化,定期更新和完善系统。随着数字货币的发行,税务部门可以通过增加数字账户的功能来扩大纳税人自助服务的范围。税务部门还可以提供全面的在线资源,如视频教程和常见问题解答等,以帮助纳税人使用数字平台。定期的用户测试和反馈可以不断改善用户体验,并确保自助服务选项满足纳税人的需求。当然,在创新的同时,也要坚持守正,牢牢守住税收工作这一主责,不能为了创新而

创新。

对于纳税人缴费人端的办税缴费需求,应针对纳税人缴费人的年龄结构进一步分化。年轻人侧重线上体验,中老年人倚重线下办理。要以纳税人缴费人合法合理需求为导向,进行差异化的供给侧改革,打造"线上+线下"税费服务新生态。一是线上"一网通办"。由于互联网技术的发展普及、智能移动终端的广泛应用,纳税人缴费人对"非接触式"税费服务的需求愈加强烈,应大力推行电子税务局"网上办"、升级"V-Tax"终端"远程办"、智能终端"自助办",包括税费服务在内的各类公共服务阵地向线上云汇聚,实现"有网络的地方就能办税缴费"。

(三)打造智能化,深化税费征管体系

1. 数字经济的发展给税收征管带来了新的挑战

为了适应这些变化,应该尽快优化和完善税收制度结构。在提高税收征管效能方面,面对纳税人经营活动日益复杂的趋势,充分利用税务师行业在涉税培训、涉税鉴证和涉税审核等方面的专业优势,降低税收管理风险,提高征管效能。

在制定政策时,应该考虑数字经济时代交易主体和业务的复杂性,积极研究和实施兼顾数字经济特征的数字税收政策,使得税收系统可以尽快实现对数字经济的全面覆盖,并确保所有相关交易都得到适当的征税。另一个重要方面是构建数据驱动的智能税收系统,包括将各种税收政策、社会保险费和非税收入政策嵌入电子税务局流程。通过扩大内部控制制度指标,可以实现税收制度的精准执法。此外,通过收集和分析申报数据、行业属性、企业身份特征,税收系统可以准确匹配纳税人的税收优惠政策。这种数据驱动的方式还可以促使税务系统提供智能化、个性化的服务,加强与公安、海关、人民银行等部门的数据共享,开展精准、全覆盖的风险扫描,以实现精准监管、精诚共治。

2. 加快建设税收大数据挖掘与应用系统

通过税务大数据分析和实时动态监控,调整组织收入工作策略;利用云计算和人工智能等技术,税收系统可以提前识别潜在的税收风险,并及时采取积极措施减轻风险;实施网络安全责任制,确保税务数据的安全管理,严防数据泄露。

(四)促进新合作,完善国际税收体系

在百年未有之大变局下,世界经济面临深刻调整,单边主义和保护主义在不断抬头,但全球化的大趋势不可逆,合作共赢仍然是当今世界解决国际税收问题的有效手段,也是国际经济一体化解决税收争议的客观要求。应加强和境外涉税服务组织的信息交流,充分发挥跨境企业涉税服务联盟作用,定期举办"一带一路"税收服务论坛,邀请境外同行来华参观、学习、研讨,组织有意愿、有能力的税务师事务所为"走出去"的中国企业提供涉税专业服务。根据会员需要,积极提供相关信

息和联络服务,帮助会员采取自设分支机构、加入国际服务网络或与当地事务所合作等更加灵活、多样、包容的方式拓展国际服务网络。采取海外人才引进、境外培训、考取国际资格以及领军人才选拔等手段,提高事务所团队的国际化程度和开展国际业务的能力。积极参与涉税专业服务国际治理,推介行业人才到相关国际组织任职,参与有关国际政策、标准制定,举办、承办国际性交流活动。扩大税务师职业资格考试与境外税务师考试科目互免范围。加强与我国港澳台同行的交流合作。继续推进我国港澳台地区居民及外籍人士参加中国税务师考试,增强税务师行业对港澳涉税专业人才的吸引力。进一步健全合作共赢的国际税收体系,不断深化国际税收交流合作,更好地服务高水平对外开放,为全面推进中国特色大国外交、全面建设社会主义现代化国家贡献税务力量。

参考文献

[1]邓力平.税收现代化服务中国式现代化的内涵思考与实践途径[J].税务研究,2023(4).

[2]李东.关于税收现代化服务中国式现代化的思考[J].税务研究,2023(5).

[3]刘峰,赵强,李佳怡.税费征管现代化服务中国式现代化的思考[J].税务研究,2023(4).

[4]岳树民,王庆.加快税收现代化建设助力实现中国式现代化[J].税务研究,2023(4).

[5]张国钧.服务中国式现代化税费服务改革的基本逻辑与路径选择[J].税务研究,2023(3).

应对老龄化的个人所得税政策梳理与纳税规划

李 新 李 煊[①]

摘 要:截至2021年,中国65岁以上老年人口占总人口比重已攀升至14.2%,中国正式步入深度老龄化社会。本文梳理了与应对老龄化相关的税收优惠政策,包括个人税收递延型商业养老保险、税优健康险和年金,并针对纳税人提供相关纳税规划建议。这可以帮助纳税人规划自己的养老资金,推动多层次的养老保障体系均衡发展,更好地应对中国老龄化问题。

关键词:老龄化;个人所得税;纳税规划

根据第七次全国人口普查公报结果显示的人口年龄构成情况主要数据,中国人口老龄化进程进一步加深,截至2021年,65岁以上老年人口占总人口比重已攀升至14.2%,中国正式步入深度老龄化社会,严峻的老龄化形势使得中国养老保障体系压力巨大。与此同时,中国的多层次养老保障体系"三支柱"极不均衡,呈现出第一支柱(基本养老保险)负担率过高、第二支柱(企业年金和职业年金)规模尚小、第三支柱(个人储蓄型养老保险和商业养老保险)发展落后的态势。为此,国家出台了一系列应对老龄化的有关税收优惠政策,以鼓励企业建立企业年金,引导国民通过购买商业养老保险等自发地做好养老安排,促进养老保险体系第二、第三支柱的发展。笔者将梳理相关税收优惠政策,并提供纳税规划建议。

一、应对老龄化的个人所得税政策梳理和解读

(一)个人税收递延型商业养老保险

个人税收递延型商业养老保险,是纳税人用于投保的支出可以递延纳税的一种商业养老保险。投保人在税前列支保费,根据每年12 000元的缴纳上限标准,在个人所得税综合所得或经营所得中据实限额扣除,在领取保险金时才缴纳税款。个人领取养老金收入时,收入的25%予以免税,其余75%按照10%的比例税率计算个人所得税,相当于领取时需按照7.5%的税率缴纳个人所得税。除了对养老金

---

① 李新,湖北经济学院财政与公共管理学院教授。李煊,湖北经济学院财政与公共管理学院学生。

收入的25%予以免税外,由于递延税费缴纳存在时间差,在领取养老金之前,纳税人可以将这部分税款用于其他投资,获得一个升值的空间,这也是税收优惠的体现。

(二)税优健康险

税优健康险(即个人税收优惠型商业健康保险),是适用于个人所得税税收优惠政策的商业健康保险。纳税人如果购买此保险,则每年有2 400元的税前扣除额度上限,根据纳税人投保的保费据实限额扣除,相当于用以购买此保险的收入在限额内是免税的。除此之外,根据税优健康新政,调整后的税优健康险被保险人群体进一步扩大,投保人不仅可以为自己投保,也可以为其配偶、子女、父母投保。

(三)年金

年金包括企业年金和职业年金,是企业或事业单位在依法参加基本养老保险的基础上,自愿建立的补充养老保险。关于企业年金和职业年金的个税政策如下:

1. 企业年金和职业年金缴费的个人所得税处理

(1)企业和事业单位根据标准为职工缴付企业年金和职业年金单位缴费部分时,个人暂不缴纳个人所得税。

(2)个人根据规定缴付的部分,在不超过本人缴费工资计税基数的4%标准内的部分,暂从个人当期应纳税所得额中扣除。

(3)超过上述(1)和(2)规定的标准缴付的年金单位缴费和个人缴费部分,应并入个人当期的工资、薪金所得,依法计征个人所得税。

2. 关于缴费工资基数的确定

企业年金和职业年金个人缴费工资计税基数为本人上一年度月平均工资和本人工作地所在地区上一年度月平均工资的300%两者之中选取最小值。

3. 年金基金投资运营收益的个人所得税处理

年金基金投资运营取得收益时,暂不缴纳个人所得税。

4. 年金领取的个人所得税处理

领取的年金需补缴个人所得税,不并入综合所得,全额单独计算应纳税款。

总的来说,年金制度的税收优惠主要体现在两方面:一方面是延迟交税,这使得纳税人拥有更多的收入用于投资,因而从中获利;另一方面,纳税人在退休后领取养老金时是全额单独计算应纳税款的,使得纳税人以更低的税率缴纳税款,从而减轻税负。

二、应对老龄化的个人所得税税收缴纳分析

假设小王在武汉某企业任职,每月从任职企业取得工资薪金收入16 000元,

且综合所得当中无工资薪金以外的其他所得,任职企业每月按有关规定标准(武汉三险一金的缴存比例分别为8%、2%、0.3%、和12%)为其代缴"三险一金"3 632元,每月享受子女教育和赡养老人专项附加扣除合计3 000元,则小王购买不同种类养老保险的纳税情况分别如下：

(一)个人税收递延型商业养老保险

若小王购买的税收递延型养老保险产品月缴费1 000元(按享受个税税前扣除最大化的金额购买),则小王的纳税情况如下：

1. 应纳税所得额

未购买个税递延型商业养老保险的应纳税所得额=年收入-基本减除费用-"三险一金"专项扣除-专项附加扣除=16 000×12-60 000-3 632×12-3 000×12=52 416元；

已购买个税递延型商业养老保险的应纳税所得额= 未购买个税递延型商业养老保险的应纳税所得额-依法确定的其他扣除,这里体现为个税递延型商业养老保险：=16 000×12-60 000-3 632×12-3 000×12-12 000=40 416元。

2. 应纳个人所得税

未购买个税递延型商业养老保险的个人所得税=未购买个税递延型养老保险应税所得额×税率-速算扣除数=52 416×10%-2 520=2 721.6元；

已购买个税递延型商业养老保险的个人所得税=已购买个税递延型养老保险应税所得额×税率-速算扣除数=40 416×10%-2 520=1 521.6元。

3. 退休后领取养老金时的个人所得税

投保人在退休后领取养老保险金时要补缴个人所得税,若不考虑通货膨胀的影响,则小王退休后每年需补缴个税12 000×75%×10%=900元。

4. 综合结果

小王若一年中以每月1 000元的标准为个人税收递延型商业养老保险缴费,则这一决定最终可以使小王一年少缴纳300元的个人所得税。

年最终核算少交应纳税额=2 721.6-1 521.6-900=300。

5. 总结

个税递延型商业养老保险这一产品为纳税人提供了合理筹划的空间,购买此保险在一定程度上可以帮助纳税人延缓税收负担,有助于纳税人为自己筹划未来的养老资金,提升晚年生活质量。但是需要说明的是,个人还应将时间成本考虑在内,结合自身的收入状况来衡量,不同收入水平下,个税递延型商业养老保险这一产品享受到的税收优惠不同。对于当期个人所得税税率在3%的人群来说,领取这一部分养老金时7.5%的税率已经超过了当前3%的税率。

(二)税优健康险

若小王这一年选择购买税优健康险,年交 2 400 元(200 元/月),则小王的纳税情况如下:

1. 应纳税所得额

未购买税优健康险的应纳税所得额 = 年收入 − 基本减除费用 − "三险一金"专项扣除 − 专项附加扣除 = 16 000×12 − 60 000 − 3 632×12 − 3 000×12 = 52 416 元;

已购买税优健康险的应纳税所得额 = 未购买税优健康险的应纳税所得额 − 依法确定的其他扣除,这里体现为税优健康险: = 16 000×12 − 60 000 − 3 632×12 − 3 000×12 − 2 400 = 50 016 元。

2. 应纳个人所得税

未购买税优健康险的个人所得税 = 未购买税优健康险应税所得额×税率 − 速算扣除数 52 416×10% − 2 520 = 2 721.6 元。

已购买税优健康险的个人所得税 = 已购买税优健康险应税所得额×税率 − 速算扣除数 = 50 016×10% − 2 520 = 2 481.6 元。

3. 综合结果

未购买税优健康险的个人所得税 − 已购买税优健康险的个人所得税 = 2 721.6 − 2 481.6 = 240 元,则小王若一年中以每月 200 元的标准为税优健康险缴费,这一决定最终可以使小王一年少缴纳 240 元的个人所得税。

4. 总结

与个税递延型商业养老保险不同,投保人用于支付税优健康险的这部分收入相当于是免税的,而个税递延型商业养老保险在领取时仍需缴纳一定税费。税优健康险既有助于减轻纳税人的纳税负担,又可以提供保险保障。

(三)年金

若小王所在的企业建立了企业年金计划,当地月平均工资为 6 000 元,年金方案为企业缴纳 8%,个人缴纳 4%,小王的月工资为 16 000 元,低于上一年度职工月平均工资 300%,按照个人缴费比例 4% 计算为 640 元,暂不计税。则小王的纳税情况如下:

1. 应纳税所得额

未参与年金计划的应纳税所得额 = 年收入 − 基本减除费用 − "三险一金"专项扣除 − 专项附加扣除 = 16 000×12 − 60 000 − 3 632×12 − 3 000×12 = 52 416 元;

已参与年金计划的应纳税所得额 = 未参与年金计划的应纳税所得额 − 依法确定的其他扣除,这里体现为企业年金的个人缴纳部分: = 16 000×12 − 60 000 − 3 632×

12−3 000×12−640×12=44 736 元。

2. 应纳个人所得税

未参与年金计划的个人所得税＝未参与年金计划的应税所得额×税率−速算扣除数 52 416×10%−2 520=2 721.6 元；

已参与年金计划的个人所得税＝已参与年金计划的应税所得额×税率−速算扣除数＝44 736×10%−2 520=1 953.6 元。

3. 综合结果

待小王达到国家规定的退休年龄，小王领取的养老金全额单独计税。若该公司没有建立企业年金计划，则小王的所得 16 000 元将按照 10% 的税率预扣预缴；企业年金建立后，小王按年金方案缴纳的 640 元在未来领取时可以单独计税，单独计税时，税率往往低于 10% 并且有可能为 0。

4. 总结

在一般情况下，纳税人在领取养老金时的税率往往会低于当初这部分钱归属于工资范畴内缴纳个税的税率，因此纳税人可以享受到一定的税收优惠。

纳税总体情况梳理见表1。

表1 纳税总体情况梳理

	缴费时	投资运营时	领取时
税收递延型商业养老保险	可扣12 000元/年	暂免税	相当于以7.5%的税率全额单独计税
税优健康险	可扣2 400元/年	无	（账户里的钱不能直接提取出来）
年金	可扣工资计税基数的4%内/月	暂免税	全额单独计税

资料来源：笔者整理。

三、结论

通过对应对老龄化税收优惠政策的梳理（主要针对个人所得税应纳税额中依法确定的其他扣除这部分，包括养老金递延纳税优惠、税优健康险和年金），可以看到个人所得税纳税规划的空间，纳税人可结合自身情况利用好这些税收优惠政策，有助于减轻自身税负，筹划未来的养老金，同时也有助于推动多层次的养老保障体系均衡发展，更好地应对老龄化问题。

参考文献

齐达. 新个人所得税法中工资与薪金的纳税规划[J]. 财会学习,2021(28):8-10.

做一个卓越的税务师 服务税收现代化事业

李亚民①

摘　要：本文以税务师行业为研究对象，采取文献查阅、实地调研和行业经营情况统计等方式，多维度分析行业发展中的亮点和不足。税务师行业是涉税专业服务的主力军，是维护国家税收利益、纳税人合法权益的社会力量，是税务机关与纳税人之间的桥梁和纽带，也是促进征纳和谐、服务国家经济建设的一支重要力量。他们在深化税收征管制度改革、建设智慧税务、推动税收征管现代化、深化拓展税收共治格局等进程中发挥了独特作用，作出了积极贡献。当前，税务师行业存在规模与法律地位不匹配、行业性质与监管手段不适应、行业发展与政策更新不同步三大矛盾，制约税务师行业的高质量发展，严重影响国家治理体系和监督体系现代化。加快推进税务师立法进程，不仅是行业自身规范发展、高质量发展的迫切需要，也是税收领域治理体系和治理能力现代化建设的应有之义，更是"加强重点领域、新兴领域、涉外领域立法""提升社会治理法治化水平"的客观要求。

关键词：税务；税务师；职业道德

2013年，党的十八届三中全会首次把坚持和完善中国特色社会主义制度、推进国家治理体系和治理能力现代化纳入现代化建设的范畴，并提出，财政是国家治理的基础和重要支柱，科学的财税体制是优化资源配置、维护市场统一、促进社会公平、实现国家长治久安的制度保障。税收作为财政的一个重要组成部分，在国家治理中具有基础性、支柱性、保障性作用。

2013年12月31日下午，国家税务总局党组书记、局长王军到北京税务系统调研时首次提出实现税收现代化，以此拉开了全国税务系统税收现代化的十年历程，税收在国家治理中的地位明显提升，基础性、支柱性、保障性作用日益彰显。

---

① 李亚民，中国税务学会副会长。

一、税收现代化进程波澜壮阔

(一)党和国家贯彻依法治税,税制体系不断完善

第一,围绕优化税制结构,加强总体设计和配套实施,推进增值税、消费税、所得税等税收制度改革,摸索出一套适合中国国情的税收治理制度。制度的规范性、政策的确定性、执法的公正性、市场的公平性都得到了有力保障。

第二,坚持以人为本,纳税服务不断优化。紧紧围绕纳税人缴费人所需所盼,连续十年开展"便民办税春风行动",相继推出620项税费服务措施,实现96%的税费事项、99%的纳税申报可"网上办""掌上办",切实增强办税缴费便利度,提升办理质量和效能。

(二)着力科技引领,信息化水平极大提升

紧跟大数据、云计算、人工智能等现代信息技术发展步伐,不断推动办税缴费、风险监控、精准稽查向数字化、智能化转型升级,税收监管愈加精准;联手协同共治,税收征管效能不断提升,利用人工智能精准筛查税收风险,精准向纳税人、税务管理、税务稽查推送信息,建立税务内部多个管理环节的协同共治;会同公安、检察院、法院、海关、人民银行、外汇管理等多个部门建立常态化数据交换共享机制,着力促进国内部门之间数据联通、信用联建,形成以"信用+风险"为基础的新型税务监管体系,实现监管效能最大化,常态化精准打击涉税违法犯罪,有效防范税收风险。

(三)推动国际合作,维护国家税收利益

深度参与国际税收规则体系制定和调整,为跨国投资和贸易构建更加便利、开放、通畅的税收环境;已于112个国家和地区、87个"一带一路"国家和地区签订了旨在避免双重征税和防止偷税漏税的双边税收协定,深入开展双边协商,消除重复征税和偷逃税300多亿元。

(四)聚焦"惠企"导向,支持实体经济发展

出台一系列税收优惠政策,充分利用税收的经济杠杆作用,配合国家宏观经济政策调控,2018—2022年累计新增减税降费及退税缓费超过11万亿元,助企纾困,支持企业发展。

二、税收现代化呼唤涉税服务

税收是国家宏观调控的重要手段,在推进税收现代化进程中,税收的征与不征、征多征少、减征免征,无不体现国家的产业政策导向。特别地,当前全球经济增

长低迷,贸易保护主义抬头,受此影响,国内稳定和发展的任务都很繁重。以习近平同志为核心的党中央统揽全局,运筹帷幄,作出了稳字当头、稳中求进的总体部署,提出全面实施减税降费政策,进一步降低实体经济成本,推动实体经济高质量发展,为稳定经济基本盘、保障民生就业提供了有力支撑。从国家税务总局官网公布的数据看,"十三五"新增减税降费7.6万亿元。单看2022年,全国税务部门组织税费收入合计完成29.8万亿元,全年新增减税降费及退税缓税缓费超过4.2万亿元,占已征税费的14%,在助企纾困发展、促进高质量发展中发挥了关键性作用。

三、税务师行业在服务税收现代化中高质量发展

税务师是纳税服务的主力军。围绕上述税收现代化的进程,针对这些不同的政策和优惠,涉税服务机构与税务机关同频共振,目标一致,从未缺失,既服务纳税人缴费人,依法合规享受税收优惠、履行纳税义务,又帮助税务机关落实政策、加强征管,提高纳税遵从,助推税收现代化的实现。服务税收工作的同时,行业也得到了健康发展。我们来看截至2022年底近5年的发展数据:

税务师事务所数量增幅43.3%,税务师行业共有税务师事务所8 802家,比2018年度的6 141家净增加2 661家,增幅为43.33%,36个地区的税务师事务所的数量均保持了两位数的增长。全国从业人员共有11.45万人,与2018年度的10.1万人相比增长了12.5%,保持了较平稳的增长;其中,执业税务师5.4万人,占从业总人数的47.16%(远高于税务干部6.9%的比例),与2018年度的4.4万人相比增长了21.94%,比从业人员增速高9.4个百分点,说明行业人才队伍结构不断优化。税务师行业经营收入总额288.63亿元,比2018年度的203.45亿元增加85.18亿元,增长41.87%。有偿服务企业户数170.19万户。

在细数行业服务税收现代化高质量发展的同时,还要看到发展中存在的突出问题,主要表现在:逃避税务部门的行政监管;发布不实信息或歪曲解读政策诱导纳税人寻求服务;直接实施或帮助他人实施虚开、偷税、骗税等违法执业行为;与行政执法人员利益捆绑勾兑,违法谋利,造成国家税款流失。以上种种违法违规现象,虽然主要是涉税服务行业个别中介、非会员单位存在的问题,但在会员单位中也有不同程度的表现,严重影响了我国税收现代化的进程,影响了税务师行业的社会形象,必须引起我们的高度重视。

四、服务税收现代化要着重解决的几个问题

税收现代化建设已经取得了显著成绩,但现代化的建设永无止境,涉税服务行

业服务现代化的进程也永远不能停歇。

(一)认清形势,爱党爱国

中央对社会新阶层十分重视,提出:新的社会阶层人士是伴随着改革开放和社会主义市场经济发展出现的新社会群体,做好新的社会阶层工作,既是着眼于新的社会阶层健康成长的需要,也是不断巩固和壮大爱国统一战线的需要,对于巩固党的阶级基础和执政基础、扩大党的群众基础,具有重大的现实意义和深远的历史意义。全国20多万名税务师(含注册税务师)中有90%多是党外人士,他们是提供知识型产品服务的专业人士,是我国经济治理体系中重要的组成部分,承担着社会管理和社会服务的双重职能。在执业过程中必须坚持党建引领服务税收现代化的进程,所以从业人员必须做到坚定"四个自信",增强"四个意识",做到"两个维护"。

(二)增强自律意识、恪守职业道德

党中央、国务院十分关注涉税专业服务行业健康发展,中共中央办公厅、国务院办公厅于2021年印发了《关于进一步深化税收征管改革的意见》,2023年2月印发了《关于进一步加强财会监督工作的意见》,均对涉税专业服务行业监管工作提出要求。国家税务总局党委和局领导高度重视税务师行业的健康发展,要求"切实贯彻好总局党委要求,进一步营造税务人员廉洁从税、中介机构和人员依法从业的良好环境""要以高质量党建引领行业高质量发展,更好助力税收现代化、国家现代化"。总局领导对行业监管、自律工作批示达20多次,既有充分发挥行业专业作用、助力税收事业发展的希望,又有对行业严监管的要求,充分体现了总局领导对行业健康发展并发挥主力军示范引领作用的殷切期望。

以上这些必须引起全行业从业人员高度重视。从业人员要切实增强行业自律、行业监管的紧迫感和使命感,采取有力措施,规范执业行为。一要认识到,个人自律与否可以成就或毁掉人的一生,团队自律与否将会成就或毁掉整个事业,行业主体自律与否关乎行业社会形象的树立、行业发展的前程乃至整个事业的成败。二要提升自我,自觉地对自己的行为进行约束管制,无论面对什么样的情况,无论眼下有多大的利益诱惑,都要自觉地严于律己,谨慎对待自己的行为和选择;坚决抵制各种渠道、各种形式的非正常利益的诱惑;洁身自好,恪守职业道德。三要严格遵守国家相关法律、法规,虚心接受行政监管;遵守行业规定规范,依照本行业的行规行约严格自律;遵守职业道德和社会公德,依照道德规范严格自律。

事务所的领导者,尤其是所长、法定代表人,欲求个人、团队、组织、行业、事业成功,必须将自律成为经常性、常态化、重实效的高度自觉的思维和行为过程。守法经营,依法纳税,切实真正做到心中有戒、行为有节、心行合一,从而支撑、保障事业在服务税收现代化进程中健康发展。

（三）提前预判、抓住历史发展机遇

随着2020年全面建成小康社会总体目标的实现，我国将完成从生产型社会向消费型社会的转变。税制改革目标也要与社会发展方向相适应，进行结构性调整。

1. 直接税终将取代间接税在税收中的主导地位

从税收的调节作用分析，间接税抑制消费、鼓励储蓄，而直接税的特殊调节作用更符合现代税法税负公平和量能负担原则。我国著名财税专家高培勇认为，我国要构建现代税收制度，促进社会公平，税制改革方向应该是让税费负担的分配和人们的收入、财产挂钩，即财产多的增税，财产少的减税，收入多的加税，收入少的减税。

近年来，我国正通过营业税改征增值税、落实减税降费政策等一系列税制改革措施，逐步降低间接税的比重，提高直接税的比重，最终将形成与发达国家相近的、以直接税为主体税种的税制体系。

2. 分类税制向综合税制的转变

2018年我国的个人所得税法修订开启了分类税制向综合与分类相结合的个人所得税税制改革，纳入综合范围的不同所得项目将合并计算纳税，税负的分配将更为公平，有利于纳税人提高纳税意识，增强参与社会治理的动力。在经济活动多元化、课税对象复杂化、收入差距扩大化的未来社会，要充分发挥税收的调节作用，推行发达国家所使用的综合税制，即通过各种税收抵减、税收优惠政策来引导消费和刺激消费，调整社会结构和分工，实现富人多征税，穷人拿补助的"公平"税收。越"公平"，税收制度、征管流程就会越"复杂"，人们用在申报上花费的时间和金钱就会越大；越是"公平"治理体系，社会分工就会越"精细"，税务机关、单位和个人对涉税专业服务需求就会越大。

目前，社保费越来越具有社保税的性质，将逐步过渡到全部由企业自行申报、税务机关全面征管，实现与国际惯例接轨。与个人所得税相比，社保费的征收范围更广泛、计算更复杂、征管更敏感、社会关注度更高，缴费人更需要寻求涉费帮助。因此，涉税服务市场将更广阔，税务师必须提前预判，做好知识储备，迎接税费服务新时代的到来。

另外，随着国家税制的不断现代化，我国将形成更为严密的税制结构，纳税缴费将更加精细化、严格化和规范化（如金税四期）。

因此，社会需要大量的具有较高核算和管理水平的专业化人才。税务师凭借对税收法律的系统掌握和对财务制度的独特理解，已经成为社会精细化分工中无法替代的职业。

我们要把握政策方向，结合大趋势、大环境，对未来作出准确判断，让自己在现实决策中找到落脚点，借助大势来推动事业发展。

(四)服务税收现代化,不断追求卓越

笔者认为,涉税服务行业有三种境界。

1. 第一境界:无管理

做一般的涉税中介,受人之托、代人办事,只能被动听从税务人员的安排。

2. 第二境界:完整管理

熟悉税收法律法规和各税种的计算,通晓税收征管流程,遇到税法适用、发生税收争议等事项时能与税务局协商,平等对话,这种管理水平是中等的。

3. 第三境界:卓越管理

(1)懂产业、通财务、精税务、善筹划的价值创造者。就是对纳税人全链条、全税种服务,执业范围除税务局的业务外,一般还会涉及市场监管、金融证券监管、外汇管理、海关等,必须做到"业、财、税"融会贯通。"业"就是必须懂得所服务的行业,通过不同的市场主体、组织架构、境内外投资主体组合,设计复杂的持股结构,产生不同的税务效果。"财"需要对税收制度与财务制度差异的掌控和执业能力,企业核算体系应坚持税务引领财务,事先结合地区布局精心设计,以达到节税与促进经营管理的双重效果。"税"就是懂得国家利用税收杠杆进行宏观调控,出台的税收奖限政策和税收优惠如何落地,站在商业模式、全价值链的角度思考问题,凭借对税收法律的系统掌握、对财务制度的独特理解,主动牵引企业的各个环节的融合与发展,最终帮助企业提升盈利能力,同时实现个人财富的积累和自身价值的增值。

(2)有对符合税法立法意图的正确见解,凭借对税收及相关法律、法规的熟练掌握和独特解读能力,积极参与国家税改和国际税改,能够作出符合税法立法意图的正确见解,提出诉求和建议,和税务机关共同推进税收体系向更加公平、透明的现代化方向发展。

综上所述,涉税服务业顺应税收现代化需求而壮大,也是一项税务管理活动,其从事的税务管理具有税务机关和企业自身管理的双重性,是一种既懂甲方又懂乙方的、更重要的税收管理。作为涉税服务的主力军,涉税服务业未来拥有广阔的发展空间,要诚实守信、自律自强,追求卓越,更好地服务我国的税收现代化。

中国式现代化背景下房地产开发行业税务筹划研究

吕平安[①]

摘 要:在数字经济时代,推动中国经济高质量发展不仅需要积极引导企业充分利用数字化工具,加速企业数字化的转型,更需要以数字建设优化配套服务,促进传统业态的数字化转型升级。近30年间,房地产行业在城市化进程中带动上下游多行业快速发展,成为我国经济的支柱产业。面对逐渐缩紧的财税政策,房地产开发行业需要关注如何合理利用涉税服务来降低税务成本。由于行业普遍存在税务筹划意识不足与税务风险管理体系不完善的问题,现阶段针对房地产开发行业开展纳税筹划服务具有一定难度。对此,一方面可以通过税务机关更具针对性的解读及行业内部更多样的宣传税收政策,达到增强税务筹划意识的目的;另一方面可以运用提升税务筹划人员能力和建立更好税企关系等手段,完善税务风险管理的制度。

关键词:房地产开发行业;税务筹划

一、引言

党的二十大提出了以中国式现代化全面推进中华民族伟大复兴的新思路、新战略、新举措。中国式现代化强调坚持中国特色社会主义,实现高质量发展。在数字经济时代,推动中国经济高质量发展不仅需要积极引导企业充分利用数字化工具,加速企业数字化的转型,更要以数字建设优化配套服务,促进传统业态的数字化转型升级。因税收的强制性特征,企业的各个发展阶段都应当考虑税务成本。2021年3月24日,中共中央办公厅、国务院办公厅印发的《关于进一步深化税收征管改革的意见》中,明确提出了税收征管数字化转型建设方向。在税收制度现代化改革的前提下,配套涉税服务也应该适应税收现代化要求,助推企业数字化转型。

房地产开发行业项目涉及住宅、商业办公楼以及城市土地开发建设等,是关乎

[①] 吕平安,湖北经济学院硕士研究生。

国计民生的重要产业。近30年间,房地产行业在城市化进程中带动上下游多行业快速发展,成为我国经济的支柱产业。房地产行业的蓬勃发展,在拉动就业、发展经济的同时,带来了房价快速上涨的社会问题。税收、金融领域政策发挥协同效应,从宏观上规范房地产市场,实现良性有序发展,切实落实"房住不炒"。

相对于其他行业而言,房地产开发行业的税务成本比重较大。企业面临更为激烈的市场竞争环境,要求各方面都产出价值,税务成本优化管理尤为重要(李嘉亮,2022)。与此同时,为了助推房地产开发行业经营发展与转型升级,如何加快涉税服务的高质量发展也同样值得关注与思考。

二、房地产开发行业现状

(一)房地产开发行业的特征

房地产开发行业项目涉及住宅、商业办公楼以及城市土地开发建设等,是关乎国计民生的重要产业。由于产业商品的特性,房地产开发企业具有项目周期长、负债规模大以及涉税核算复杂的特征。

1. 项目周期长

房地产开发行业的营业周期相对较长。从取得土地使用权至完成销售,大致可以分为筹备、开发建设、销售与清算四个阶段。虽然各个阶段的工作不尽相同,但是各个环节的工作都较为复杂。以开发建设阶段为例,包括获得政府部分相应批复、拿地两年内及时开展建设、购置材料、与上下游企业沟通博弈、实际动工建设等工作。经营周期涉及的行业链条长、主体多,由此导致项目周期长。

2. 负债规模大

房地产开发行业是资金密集型行业。行业具有投资金额大、投资风险高、资产负债率高等特征。房地产行业的融资通常涵盖前端拿地融资、房地产开发贷款,以及预售"期房"。近年来,房地产开发行业有息负债规模增速整体下行,但绝对规模仍旧维持上升。同时,明股实债等隐形风险也不容小觑。况且,建设期间的资金高投入往往伴随着较低甚至为零的收益,行业的财务风险也相对较高。近年来,因为债务危机而频频爆雷的房地产开发企业屡见不鲜。

3. 涉税核算复杂

房地产开发行业涉及税收业务较多。不同阶段涉及税种较多,不仅包括具有普遍性的增值税,还有征管更具针对性的土地增值税。考虑到相关税种及附加,有时可能同时涉及高达十余个税种。各个税种的计税依据、纳税期限以及核算方式等存在较大差异。一般主体业务还需要经过税收预征和清算的不同申报。相对于其他行业而言,房地产开发行业的涉税核算更为复杂。

(二)房地产开发行业的税制结构与现状

房地产开发行业涉及税收业务较多,涵盖流转税、财产税、所得税以及行为税等。其中,更具备分析筹划意义的主要为增值税、企业所得税与土地增值税。

1. 增值税

自 2016 年 5 月 1 日全面铺开营业税改征增值税试点,针对房地产行业同步实施了一个办法两个规定。国家税务总局发布的《房地产开发企业销售自行开发的房地产项目增值税征收管理暂行办法》《国家税务总局关于土地价款扣除时间等增值税征管问题的公告》等,初步构建了房地产开发行业的增值税制。在此基准上,行业的增值税征收管理不断完善。

根据 2016 年财税 18 号公告,房地产开发行业涉及增值税预缴和抵缴。在收到预收款项时,以全部预收款为基础计算预缴增值税。在实际交房的时候确定收入,将预缴税款抵缴。

2. 企业所得税

继暂行条例后,《中华人民共和国企业所得税法》自 2008 年正式施行,系统地明确了企业所得税征管问题。2009 年国家税务总局发布的《房地产开发经营业务企业所得税处理办法》针对性地解决了房地产开发行业的相关管理问题,后经 2017 年、2018 年两次会议的修正,现阶段征管体系已相对完善。

房地产开发行业通常涉及销售未完工开发产品的业务。根据国税发〔2009〕31 号公告,要求企业在销售未完工开发产品时,按照预计计税毛利率分季(或月)计算出预计毛利额,并以此为基础计算当期应纳税所得额。在开发产品完工后,企业需要及时进行结算,计算销售收入的实际毛利额,同时将其实际毛利额与其对应的预计毛利额之间的差额,计入当年度企业的应纳税所得额。

3. 土地增值税

1993 年 12 月 13 日发布的中华人民共和国国务院令第 138 号《中华人民共和国土地增值税暂行条例》,在 2011 年进行了修订。随后,国家税务总局针对房地产开发行业等特殊行业、企业改制重组等特殊业务以及营改增后的征管规定,逐渐健全完善土地增值税的税法体制。

基于房地产开发行业的特殊性,我国土地增值税执行预征加清算制度,需要按照工程项目分别进行核算。一般情况下,预征土地增值税的计税依据为预收款扣除应预缴的增值税款。在符合特定条件时,进行清算申报,经由主管税务机关清算审核。由于清算需要按照项目或者对象区分,准予税前扣除的成本费用在不同清算对象之间进行分摊,各省市适用规则也存在差异。

三、房地产开发行业的税务筹划

税务筹划是涉税服务重要的组成部分。税务筹划服务如果能够适应现代化建设需要，那么很可能为企业的成本控制甚至战略发展作出贡献。税务筹划起源于西方，强调预先合理筹划企业涉税事物，以达到为企业减轻税负而不侵害国家财政的目的。有别于主观隐匿收益逃避纳税，税务筹划服务需要在法律法规的规范下进行，属于纳税人合理合法争取利益的手段。

（一）房地产开发行业税务筹划的重要性

税务筹划对于房地产开发行业具有重要意义：一方面税务筹划可以降低企业成本，另一方面可以优化资源配置。

1. 税务筹划可以有效降低企业成本

相对于其他行业而言，房地产开发行业的税务成本占总成本比重较大。房地产开发行业的商品是商品房等不动产，而关系到居民日常生活的商品市场通常会受到更为严格的政策规范。仅考虑税收征管方面，房地产开发行业涉及税种数量较多，相应的税务支出金额较大。有效的税务筹划可以通过预先规划涉税业务，有计划地安排经营活动，利用更优方案降低税收负担，进而减少整体成本。因此，面对逐渐缩紧的财税政策，合理利用涉税服务对于企业降低成本具有重要意义。

2. 税务筹划可以优化配置企业资源

税务筹划服务立足企业整体，是对涉税业务的预先安排。这一服务本身就是对企业资源的整体配置。有效的税务筹划能够减少不必要的成本，节约下来的资金可以更多地投放于再生产。因为行业经营周期较长，项目整体占用资金时间长金额大，避免过重的税负成本对于减少资金占用具有重要意义。同样，如果能够利用税务筹划服务将资源进行更优配置，企业的决策空间也将更为广阔。而合理的经营决策能够为房地产行业的战略发展以及升级转型提供保障。

然而在现阶段的房地产开发行业中，税务筹划服务未能发挥本身作用，未能有效服务于行业发展。针对房地产开发行业而言，在税务筹划方面仍旧存在一定的风险。

（二）房地产开发行业税务筹划的问题

1. 税务筹划的意识不足

房地产开发行业内的经营主体普遍不具备税务筹划的意识。大型企业通常会有税务筹划的意识，寻求专业的机构或者组建专门的机构进行相关涉税服务。而部分中小型企业往往没有利用税务筹划服务完善财务体系的意识。尤其是全面推行营改增之后,重复征税问题得到了改善,缓解了大部分行业尤其是房地产开发行业的税负压力。政策施行后,房地产开发行业的税务成本有所降低,在一定程度上导致行业内管理层与治理层轻视税务成本,进而忽视税务筹划。而税务筹划属于全流程、全业务、全员参与的筹划工作,需要各部门发挥协同作用。在"领头羊"明显缺乏利用税务筹划服务的意识时,提升房地产开发行业的税务筹划质量面临较大的困难。

此外,部分企业对税务筹划的理解存在偏差。税务筹划属于涉税专业服务,在我国起步较晚,现阶段仍处于继续完善的过程中。我国尚未形成健全的税务筹划服务体系,值得借鉴的正面案例也屈指可数。况且,近几年房地产行业的市场逐渐饱和,伴随着激烈的市场竞争产生的是较大的企业甚至行业的生存压力。因此,一部分房地产开发企业或无暇顾及涉税业务的风险防控,或将筹划税务的重点放在税务关系的维护上,甚至存在企业混淆税务筹划与逃税的性质,导致企业承担更高的税务风险。较高的税务风险不仅仅意味着企业需要承担更高的税务成本,更代表着可能损害现有的纳税信用等级、企业信誉以及品牌形象(罗新勇,2023)。对于负债率普遍偏高的房地产开发行业而言,部分价值的损失危及企业的持续发展。

2. 税务风险管理体系不完善

纳税筹划服务本身存在一定的风险,主要包括未能达到节税效果或者未能获得征管部门认可的风险(白金浩,2023)。一般情况下,纳税筹划风险管理工作是企业管理的重点与难点。但是,无论是房地产开发行业自身还是专业涉税服务机构,现阶段的税务风险管理体系都尚待完善。

一方面,房地产开发行业现有的风险管理流程大多缺乏税收风险预警机制。涉税业务的税务风险管理体系需要建立在熟悉当前税收法律制度的基础之上。由于房地产开发行业内部许多管理层缺乏相关法律知识和法律意识,不能从更高层面推动税务筹划风险管理体系的完善。即使是针对涉税业务完成后的税务申报等事后工作,也未能完全以风险为导向,从风险识别、评价与应对的角度进行干预。预警机制的缺乏容易导致企业内部员工未能及时发现潜在的税务风险问题,更可能在发现相关问题时难以切实准确处理。

另一方面,各税种政策协同性不足容易影响涉税服务专业人员开展工作。房地产开发行业涉及税种众多,影响较为深远的增值税、企业所得税与土地增值税均涉及预缴与实际结算的环节。但是在预缴环节计算计税基础的方法,以及最终进行项目清算确认收入的方式,其核算的对象都存在着差异。专业涉税服务机构更为熟悉现行税收征管体制,容易凭借税务机关难以准确有效判断预缴、收入等数据的合理性,产生违法筹划的思维,实施违法行为(于铁牛、武晓燕,2023)。

(三)房地产开发行业税务筹划的策略

1. 增强行业纳税筹划意识

意识形态决定行为方式。只有从战略层面重视税务筹划,才能根据涉税业务经营情况,达到降低项目税务成本、提升业务经济收益的目的。想要增强纳税筹划意识,就需要房地产开发行业的管理层与治理层充分了解税务筹划的必要性以及正确认识纳税筹划的风险。同时,涉税业务的预先规划需要企业内部基层工作人员的配合。因此,不仅需要增强高级管理人员纳税筹划意识,还要提高涉税岗位员工的税务知识与筹划意识。

(1)增强宣传内容的针对性。目前税收征管部门对于涉税服务政策的宣传工作形式多样,但是普遍存在效果欠佳的问题。党的二十大提出,中国式现代化强调高质量发展。结合房地产开发行业数字化转型的必然趋势,更具行业针对性的宣传内容易于让纳税人明确纳税筹划的必要性。例如,在申报土地增值税时,房地产开发行业如果能够提供更为准确合规的票据,在进行扣除项目计算时就可以更贴合实际地扣减成本。在商定对外售价时,考虑超率累进税率征管的前提下,适度降低单位售价可能为企业创造更大的经济效益(蔡昌,2021)。

(2)加强行业内部的政策宣传。筹划工作涉及岗位较为广泛,不能片面地认为只有财务人员才需要具备筹划意识。因为各岗位都受企业内部控制协调管理,企业内部的宣传就显得尤为重要。可以利用企业内网等媒体中介,采用推送文章定期交流的方式,引导各部门积极树立纳税风险防范意识、参与税务筹划工作。

2. 完善行业税务风险管理制度

不以规矩,不成方圆。完善健全的税务风险管控制度能够从整体切入,最大限度地降低税务风险给企业带来的负面影响。要想构建有效的税务风险管理制度,一方面需要提高税务筹划人员的能力,另一方面需要建立良好的税企关系。

(1)提高税务筹划人员的能力。税务筹划属于一项精细且复杂的工作。面对房地产开发行业阶段性与持续性并存的优惠政策,兼具扎实税务专业基础与整体统筹观念的筹划人员必不可少。招聘具有专业背景的员工能够在一定程度上保证扎实的税务基础,但更值得关注的是后续的岗位培训。税收法律体系不断推陈出新,保持应有的关注是获得专业胜任能力的基础。关注税收法律制度的同时也应当注意掌握实务技术。例如,"金税四期"系统可以实现纳税服务模式由线下向线上的转变,提升纳税服务渠道的多元化和现代化(李聪,2022)。

(2)建立良好的税企关系。随着国家经济制度深化改革,房地产行业作为曾经的支柱产业需要寻求新的发展思路。一切的发展与转变需要建立在符合法律法规的基础上。税务机关是税收征管的执行者,对于最新政策的理解与解读更具权威性。无论是房地产开发行业自身还是专业涉税服务机构,加强与税务机关的联系都有助于提升税务筹划方案的可行性。只有筹划方案可行,行业的税务筹划才具有现实意义。

参考文献

[1]白金浩.房地产企业税务筹划研究[J].现代商业,2023(2).

[2]蔡昌.新时代税收筹划方法论:普适方法与操作技术[J].财会月刊,2021(7).

[3]李聪."金税四期"背景下智慧税务的构建与实现[J].地方财政研究,2022(8).

[4]李嘉亮.智慧税务助企业加速实现税务管理数字化转型[N].中国会计报,2022-05-20.

[5]罗新勇.关于房地产企业税务筹划风险防范的思考[J].中国商界,2023(8).

[6]于铁牛,武晓燕.中国式现代化税收治理视角下的房地产开发税收政策协同研究[J].甘肃金融,2023(6).

智慧税务时代税收筹划的合规开展刍议
——兼论税收筹划污名化

宋尚恒　常晓宇[①]

摘　要：税收筹划在我国经过近30年的发展，理论界与实务界结合我国的税收制度在这一领域开展了广泛的理论研究与实践应用。税收筹划作为应用型经济管理的一个方向，本身具有严谨的内涵范畴。但在税收筹划业务的实践开展中，大量冠以"税收筹划"之名的逃避税行为对真正意义的税收筹划活动形成劣币驱逐良币之势，同时使得税收筹划在当今社会出现了一定程度的污名化。依法开展的税收筹划活动，在微观层面是纳税人维护自身合法权益的重要形式，在宏观层面遵循了国家税收杠杆的调控，同时对于我国税制体系的完善也有着积极的促进作用。随着智慧税务建设的不断推进，我国税收筹划业务迎来了升级提质的契机。与智慧税务时代征管形势相匹配的税收筹划必须是合规的税收筹划，在这一导向下，纳税人需从法律、业务和财务三个维度进行全面统筹联动。

关键词：智慧税务；税收筹划；合规

一、税收筹划在我国的发展回顾

诚如本杰明·富兰克林所言："世界上只有两件事是不可避免的，那就是死亡和税收。"与税收同样历史悠久的是纳税人对税收的抗争，在该过程中逐渐萌芽出税收筹划的相关理念。到20世纪50年代，税收筹划发展出了一套相对完整的理论与实务体系，并逐渐成为一门严谨的学科。其中，税收筹划的正式提出始于美国财务会计准则第109号文件《所得税的会计处理》中"税收筹划战略"的概念；荷兰国际财政文献局在《国际税收词汇》中将税务筹划定义为"税务筹划是指通过对纳税人经营活动或个人事务活动的安排，实现缴纳最低的税收"；印度税务专家雅萨斯威编写的《个人投资和税务筹划》一书中认为税务筹划是指"纳税人通过财务活动的安排，充分利用税务法规提供的包括减免在内的一切优惠，从而获得最大税收

[①]　宋尚恒，河南财经政法大学财政税务学院讲师、博士。常晓宇，河南财经政法大学财政税务学院硕士研究生。

利益"。

我国于20世纪90年代中期开始引入税收筹划的理论。在对tax planning一词进行翻译时,国内不同学者表述有所差异,常见的有税收筹划、纳税筹划、税收策划、税收规划等(蔡昌,2020)。1994年,我国出版了系统介绍税收筹划的代表性专著——《税收筹划》(唐腾祥、唐向),该书将税收筹划定义为在法律规定许可的范围内,通过对经营、投资、理财活动的事先安排和筹划,尽可能地取得"节税"的税收利益。同时期,天津财经大学盖地教授作为税收筹划早期研究的代表人物之一,其将税务会计研究延伸到税收筹划研究,为我国税收筹划理论研究作出了突出贡献。盖地在《税务筹划》一书中对税收筹划的定义,除了强调要遵守税法、尊重税法,还加入了规避涉税风险、实现财务目标等内涵。在2000年以后,税收筹划领域涌现出诸如计金标、朱青、蔡昌等专家学者,同时期出版了多部有关税收筹划的专著,其中蔡昌在《税收筹划理论、实务与案例》一书中对税收筹划的定义除了要求税收筹划在既定的税制框架下进行、降低税务风险,还增加了对纳税主体的战略模式进行纳税安排、递延纳税等内容。在理论界开展对税收筹划研究的同时,国家主管税务机关亦站在政府的立场上对这一业务领域予以了定性:国家税务总局于2017年发布的《涉税专业服务监管办法(试行)》(公告2017年第13号)明确"税收策划"为涉税专业服务机构可以合法从事的七大涉税业务之一,该办法中将"税收策划"业务内容表述为"对纳税人、扣缴义务人的经营和投资活动提供符合税收法律法规及相关规定的纳税计划、纳税方案"。从公告表述可知,国家税务总局所定义的"税收策划"业务和传统的税收筹划概念在内涵上有着高度的重合,区别之处在于国家税务总局的表述中未提及"节税"这一导向。中国注册税务师协会也将税收筹划列为税务师行业发展的重要方向,并于近期发布了《税收策划业务指引》,用于规范税务师事务所及具有资质的涉税服务人员提供税收筹划业务的执业行为,提高执业质量,防范执业风险。此外,以税收筹划为主题的民间组织及交流活动也呈有序、稳步发展之势。其中,以中国税收筹划研究会为代表的社会科研团体联合国内诸多知名高校举办的中国税收筹划研究年会已成功举办16届,税收筹划领域的诸多实务专家纷纷参与其中,该年会成为税收领域一项重要的理论及实务研究交流的平台。经过近30年的探索,官方对税收筹划业务的制度规范日益完善,在理论界、实务界、民间组织等多方面的共同努力下,税收筹划的理论研究与业务实践在我国取得了长足的发展。

二、税收筹划污名化现状与税收筹划存在的合理性

(一)税收筹划污名化现状

与此同时,在国家主管税务机关披露的一些重大涉税违法案件中"税收筹划"

的身影却不时出现,诸如深圳市某广告公司利用"税收洼地"霍尔果斯逃避企业所得税(深税稽处〔2021〕242号)、淮南市某药业公司股东鲍某利用"阴阳合同"隐瞒股权转让收入逃避个人所得税(淮南税稽处〔2018〕4号、5号)、惠东县某物业发展有限公司通过"灵活用工平台"违规取得增值税电子专用发票(惠税一稽罚〔2022〕61号)等。随着相关案件的不断发酵,税收筹划这一业务也引起社会上的诸多质疑,甚至引发税务机关对税收筹划业务的微词,涉税服务机构及纳税人谈及开展税收筹划时顾虑重重的现象。认真分析这些典型案例中所采取的"税收筹划"操作细节可以发现,其中所涉及的"税收筹划"活动并非真正意义的税收筹划,而是在我国税收征管体系渐进完善过程中利用征管层面的漏洞、滥用税收政策、假借税收筹划名义逃避纳税义务的违法行为(李勇,2022)。当前,确实存在大量的纳税人被短期利益蒙蔽双眼,为牟取巨额利益而罔顾税务违法风险,采取与税制设计思想、税法立法精神及国家宏观调控政策目标相悖的"筹划"方式方法开展业务。这些所谓的"税收筹划"短期效果"显著",并对真正意义的税收筹划活动形成劣币驱逐良币之势,同时使得税收筹划业务出现了一定程度的污名化。

(二)税收筹划存在的合理性

税收筹划污名化这一现象已威胁到正常税收筹划业务的开展。税收筹划作为纳税人依法进行的一种税务管理活动,理应成为我国社会主义市场经济活动组成的一部分。

首先,现代税收筹划理论形成与实践开展已有70余年的历史,税收筹划理论已形成完备的学科体系,税收筹划业务在世界各国家都得到了认可并广泛开展。美国大法官罗伯特·汉斯(1947年)曾指出"人们合理安排自己的活动以降低税负,这是无可指责的……纳税人无需超过法律的规定来承担国家的税收";我国现行的《中华人民共和国税收征收管理法》(2015年修订)总则第一条也明确规定"保护纳税人的合法权益"。纳税人在法律允许或不违反税法的前提下,依法开展税收筹划活动对其资产、收益进行正当维护是纳税人应有的经济权利(侯卓、吴东蔚,2020),依法开展税收筹划活动正是纳税人维护自身合法权益的重要形式之一。

其次,税收筹划日益成为纳税人财务工作、经营决策中的重要组成部分。尤其在我国经济高质量发展的转型期,机遇和挑战并存,许多企业因成本、资金链等问题造成经营承压,而企业依法开展税收筹划活动可以改善现金流,并在一定程度上降低经营成本,甚至可以提升企业的研发投入,促进企业创新(高文亮等,2020)。与此同时,纳税人通过税收筹划业务的开展可以更好地掌握其整体经营状况,提高财务与会计管理水平,防范税务风险,从而在激烈的市场竞争中持续稳健经营。另外,从国民经济发展的角度来看,一方面,经济活动微观主体开展税收筹划活动可以使其税负降低、留存利润增加,为企业进一步做大做强夯实基础(王建文、张玥瑾,2022),促进国家税源稳定,挖掘税收收入的增长潜力;另一方面,纳税人开展税收筹划活动,尽管在主观上是纳税人为了降低税负而进行的活动,但在客观上遵循了国家税收杠杆的宏观调控,这有利于国家产业结构优化、区域均衡发展等调控目标的实现。因此,税收筹划活动的开展,长期来看不仅不会减少国家税收收入总量,反而有益于国家税收收入总量的持续增长。

最后,税收筹划活动的开展对于我国税制体系的完善也有积极的促进作用。税收制度作为国家治理层面的上层建筑,其必然随着经济活动实践的开展而变化更新,但在时间上具有相对滞后性。税收制度虽在不断完善的过程中,但在不同时期仍可能存在覆盖面上的空白、衔接上的漏洞和适用情形的争议等。现行税收制度作为纳税人开展税收筹划活动的依据,纳税人利用税收制度进行税收筹划实质上是对国家现行税制进行分析的过程。在此过程中,纳税人会对现行税制不尽完善之处进行细致的分析与运用,以实现降低税负的目的。而税务机关可以据此在征管实践中对税收制度是否与经济实践相匹配、税制体系是否逻辑严密、税收征管是否存在漏洞等一系列问题进行验证,并形成税制体系进一步改革完善的方向。税制改革中的诸多实践印证税收筹划活动反作用于税制完善的例子不胜枚举。

三、智慧税务时代税收筹划面临的业态形势

税收筹划污名化这一现象背后有着深刻的社会动因,在一定意义上说,也是税收筹划业务由粗放式增长向高质量发展的必经过程。首先,随着智慧税务建设的不断推进,税务机关将综合利用云计算、大数据、人工智能等技术手段来全面推进税收征管数字化升级和智能化改造。新的税收征管系统会对纳税人不同时期、不同税种、不同费种进行匹配,同时与同规模、同类型纳税人税费情况等自动进行对比、分析、监控,实现对纳税人生产经营活动的全方位监管,冠以"税收筹划"之名的逃避税行为的空间将被极大地压缩。其次,伴随着纳税人税收遵从意识的提高,纳税人的法治意识、权利主体意识不断增强,维护自身合法权益的要求不断提高(付强等,2022),税收筹划业务的市场需求在不断增加。再次,随着我国经济发展进入转型升级的新阶段,国家主管税务机关接续推出一系列减税降费政策,出台大量涉及不同税种、不同纳税主体的税收优惠具体规定,这为税收筹划业务的开展提供了更广阔的政策空间。最后,由于"放管服"改革的持续推进,我国税收营商环境不断优化,譬如95%以上的税费优惠事项由备案制改为备查制(张洪军,2020),这意味着纳税人需对具体税收优惠的政策适用情况自行判别、申报享受,这对纳税人开展税收筹划活动的能力与质量提出了更高的要求。

四、智慧税务时代税收筹划业务合规开展的路径

智慧税务时代，我国税收征管体系建设进入了新阶段，征纳双方面临着新的税情特点，这些为税收筹划业务升级提质提供了重要契机，也是税收筹划业务自我正名、走向良性发展的重要契机，更对维护税收筹划学科的严肃性提出了迫切要求。

为此，首先要解决的一个问题就是辨析真正的税收筹划与冠以"税收筹划"之名的逃避税行为之间的不同：与智慧税务时代征管形势相匹配的税收筹划必须是合规的税收筹划，这也是符合定义的真正税收筹划的题中应有之义。"合规"是指经营主体在经营过程中遵守法律、法规、监管准则或标准，确保其经营活动与法律、准则等相一致。"合规税收筹划"的一个重要着眼点是纳税人在事先进行规划和安排时，不仅要考虑税收筹划方案在当期维护纳税人合法税收权益的落地结果，还要确保方案符合具体税法政策规定及背后的立法意图，能够经得住税务机关后续的纳税检查，实现税收筹划的长期合规（蔡昌，2020）。在"科学精确执法、分类精准监管……"税收征管改革的导向下，我国的税收征管水平不断提高，合规税收筹划是未来纳税人通过开展税收筹划活动维护自身合法税收权益的唯一选择。而合规税收筹划的开展与落地需要纳税人从法律、业务和财务三个维度进行全面统筹联动。

（一）法律合规是合规税收筹划的前提，纳税人需确保整体经营活动是合法合规的

首先，需确保开展税收筹划所基于的业务活动是法律层面非禁止性的业务，从事禁止性业务的主体本身就是违法行为，也就无从谈起税收筹划。同时，纳税人所进行的税收筹划活动必须以税收法律法规为界限，通过任何形式逃避纳税义务的行为都不是税收筹划，而是涉税违法行为，如通过购买发票虚列成本、利用个人账户收款隐匿收入等。其次，纳税人在进行税收筹划时，不仅要正确适用税收法律法规，还要确保其经营活动符合其他相关法律法规的要求。一项业务活动通常会受到多个行政机关的监管，而这些机关对纳税人业务活动监管的角度各异，税收筹划活动的开展在税务上的合规并不能够代表其在其他监管方面也是合规的。因此，纳税主体在设计税收筹划方案、开展税收筹划活动时，不仅要保证税务合规，还要兼顾关务合规、价格合规、反垄断合规及环保合规等。如果纳税人只局限于税务合规而忽视其他政策合规，纵使筹划暂时成功得以节省税收成本，也会面临其他监管部门诸多形式的处罚，甚至威胁到纳税人正常经营活动的开展，导致通过税收筹划实现税后利益最大化的目标则成空谈。最后，税收筹划活动往往需要对业务的全流程进行系统设计，纳税人要时刻关注供应链上下游合作主体的违法风险。与纳

税人有业务往来的相关主体的行为可能存在诸如涉嫌洗钱、虚开增值税发票等违法风险,这些风险如应对失当,纳税人难免被波及。纳税人应做好对供应商、承包商、代理商等第三方的背景、财务及合规方面的调查,有效防范因合作第三方问题而面临的法律风险。

(二)业务合规是合规税收筹划的基础,纳税人需将税务意识、合规思想纳入业务活动开展的全过程

业务活动的发生是纳税人纳税义务产生的根源,业务活动开展方案的差异使得纳税人所承担的税负情况也有所不同。推动税收筹划在业务维度的合规需要纳税人从以下四个方面着手:一是作为合同签订的主要推动者,业务部门在签订合同时应就价格条款、涉税条款、法律条款等内容明确约定,以明晰合同双方权利与义务。二是税收筹划方案的设计需在具体业务开展之前完成,纳税人应就拟签订合同所涉及的税种、纳税义务发生时间、适用税率及税收优惠等形成全面准确的认知,应明确该业务活动将会给纳税人带来的税负细节,并对应拟订合规可行的税收筹划方案。三是业务部门在后续业务开展过程中要及时、全面获取与之相关的证据材料。税收筹划活动需建立在业务真实的基础上,单一的发票并不足以说明业务的真实情况,需要形成包含合同、支付凭证、购货清单、入库单等内容在内的完整证据链来予以支撑,同时也为税收筹划活动的合理性提供充足证据。四是落地执行的细节不容忽视,纳税人在业务活动开展的过程中必须严格按照税收法律法规要求的标准细节执行,才能适用对应的税收政策,进而保证税收筹划方案的实施效果。

(三)财务合规是合规税收筹划的关键,纳税人应从财务维度切入,实现对税收筹划全过程合规落地的指导、实施与监督工作的统筹

一般而言,纳税人应缴纳税款由财务部门进行核算并向税务机关申报缴纳。在合规税收筹划中,财务部门扮演着重要角色,它是税收筹划方案设计的重要参与者和推动者,财务合规对于合规税收筹划的实现起到至关重要的作用。为了实现合规税收筹划,纳税人在财务维度应从以下四个方面做好统筹:一是纳税人在策划税收筹划方案及开展税收筹划活动时,要树立依法纳税的意识,时刻坚守"该交的税一分也不少交"的原则,一个税收筹划方案的实施过程并不以纳税申报结束为终点,税务机关的一系列后续检查是税收筹划活动合规与否必须面对的试金石。二是财务核算是纳税申报的基础,财务部门必须严格遵循会计制度规范——严格把控发票的真实性,杜绝虚开代开发票或接受虚开代开发票的行为;严格审查发票票面信息,确保发票开具明细与实际货物税收编码、规格型号一致;有序做好会计档案、财务资料的归集与保管工作,进而为合规的税收筹划提供必要的材料支撑。三是财务部门在制定税收筹划方案时须全面了解税收法律法规、本地税务机关的相

关规定细则以及国家的宏观调控导向。同时,财务部门作为税收筹划方案设计的重要参与者,具有专业背景的优势,其对税收筹划方案的认知程度天然较高,应与法务部门紧密合作、统筹全局,对业务部门进行全流程的监督与指导工作,确保税收筹划方案能够顺利、合规落地实施。四是我国正在加快税收的立法工作,现行的税收法律法规涉税具体规定条款也在不断更新,财务部门应时刻关注税法政策的变化,确保税收筹划方案所依据的税收法律法规是最新的,并符合时效方面的要求,规避政策变化引发的税务风险。

参考文献

[1]蔡昌. 税收筹划:理论、实务与案例[M]. 北京:中国人民大学出版社,2020.

[2]蔡昌. 新时代税收筹划方法论:思想脉络与框架构建[J]. 财会月刊,2021(5).

[3]付强,夏凝,陈娟. 关于提升高收入高净值人员纳税遵从度的思考[J]. 国际税收,2022(8).

[4]高文亮,胡浩,张正勇. 税收筹划能影响企业创新吗[J]. 会计之友,2020(4).

[5]侯卓,吴东蔚. 税收筹划权的理论建构及其实现路径[J]. 东北师大学报(哲学社会科学版),2020(4).

[6]李勇. 从典型涉税案例看个税纳税筹划风险[J]. 中国注册会计师,2022(6).

[7]王建文,张玥瑾. 税收筹划对企业可持续增长的影响研究:基于研发投入视角[J]. 华东经济管理,2022(11).

[8]张洪军. 新形势下小微企业所得税和增值税的纳税筹划[J]. 财务与会计,2020(20).

立法的滞后严重阻碍税务师行业的高质量发展

王 进[①]

摘 要:《中华人民共和国注册会计师法》于1993年10月31日第八届全国人民代表大会常务委员会第四次会议通过;《中华人民共和国律师法》于1996年5月15日第八届全国人民代表大会常务委员会第十九次会议通过;《中华人民共和国资产评估法》于2016年7月2日第十二届全国人民代表大会常务委员会第二十一次会议通过。马克思曾经说过"税收是喂养政府的奶娘",富兰克林曾说过"世界上只有两件事是不可避免的,那就是税收和死亡",税收的重要性不言而喻。但作为涉税专业服务主力军的我国税务师行业依然缺乏一部正式的法律来指导和规范其从业行为,这种现状亟待改变。

关键词:行业现状;税务师;法规体系

一、立法缺失下的税务师行业现状

俗话讲"要想富先修路",立法也是一种"修路",实践已经证明并将进一步证明,缺失立法的税务师行业要想实现高质量发展必然前途坎坷。税务师行业现状不容乐观,主要表现在以下几方面:

(一)行业发展缓慢

1. 税务师行业收入及税务师事务所规模、从业人数与所在行业已立法的注册会计师、律师、评估师差距在拉大

本文根据中国注册税务师协会《税务师行业"十四五"时期发展规划》、中国注册会计师协会《注册会计师行业发展规划(2021—2025年)(征求意见稿)》、资产评估行业调研分析报告、中国税务报、中国会计报、注册税务师杂志等媒体的数据整理出表1。

[①] 王进,北京鑫税广通税务师事务所有限公司董事长,注册税务师、注册会计师。

表 1　2020 年度四大行业数据统计表

	事务所数量（家）	从业人数（人）	执业师人数（人）	会员总数（人）	行业总收入（亿元）	服务客户数量（万户次）
注册会计师	9 800	400 000	111 113	280 000	1 108	420
律师	34 000	678 000(估)	437 900	522 000	607(估)	1 114.5
评估师	5 400	100 000	40 625	64 280	253	5.727 7
税务师	7 800	109 825	49 871	256 939	267.63	152.37

（1）税务师事务所数量是会计所的 79.59%（7 800 户÷9 800 户），但税务师行业收入是会计师的 24.33%（267.63÷1 100）。

（2）服务客户数量是会计所的 36.28%（152.37 万户÷420 万户）因此，户均收费 17 564.48 元/户，远远低于会计师 26 380.95 元/户。

（3）考取资格证的人员中在事务所执业的，税务师仅占 19.41%；注册会计师占 39.68%；律师占 83.89%；评估师占 56.37%。

（4）所均收入上：注册会计师：1 235.42 万元/所（1 210.71 亿元÷9 800 户）；律师：191.15 万元/所（2018 年 583 亿元÷30 500 户）；评估师：468.52 万元/所；税务师：343.12 万元/所（267.63 亿元÷7 800 户）。

（5）所均拥有的执业师人数：会计所 111 113 人÷9 800 户＝11.34 人/户；律师所：52.2 万多人÷3.4 万户＝15.35 人/户；评估所：34 553 人÷3 570 户＝9.68 人/户。税务所：49 871 人÷7 800 户＝6.39 人/户。

2. 税务师行业从业人员对税务师行业发展信心不够

（1）表现一：报考积极性不高。

近年来，考试报名信息显示，来自税务师行业的考生仅占全部报名人数的 1.9%~5.61%，数量极其有限（见表 2）。

表 2　2015—2019 年税务机关及三所报名人数占总报名人数统计表

单位类别	2015 年	2016 年	2017 年	2018 年	2019 年
税务师事务所	5.61%	5.01%	3.74%	2.72%	1.90%
会计师事务所	10.39%	8.06%	7.04%	6.18%	5.46%
律师事务所	0.96%	0.91%	1.06%	1.07%	0.90%
税务机关	16.50%	14.30%	13.42%	11.48%	9.01%
总计	33.47%	28.29%	25.25%	21.45%	17.26%

表2显示,会计人员通过考取资格证书谋求新岗位或者获得晋级的诉求较为强烈。而已经通过资格考试人员,在税务师事务所中执业的比重也是值得考量的因素。

(2)表现二:考取证书后在行业执业的比重小。

中税协发〔2019〕036号关于税务师行业2018年度报表基本数据情况通报显示,截至2020年底,行业执业税务师共有49 871人,获取资格证书的累计共有256 939人,只有19.41%的持证者在税务师事务所执业。远低于同时期注册会计师的39.68%、律师的83.89%、评估师的56.37%。实际操作中,许多人将证书挂靠在税务师事务所,但并未在税务师事务所执业,这类人占名义执业税务师的比重约为30%~50%,大约低限为税务师人数的5%。由此推测,取得税务师资格证书的人员中85%未在税务师行业工作。这说明大家对税务师行业缺乏信心,而造成这种现象很重要的一个原因是该行业没有立法,没有相对稳固的业务范畴。行业发展受人为因素影响严重。

《中华人民共和国注册会计师法》第三章"业务范围和规则"的第十四条就明确,注册会计师承办下列审计业务:(一)审查企业会计报表,出具审计报告;(二)验证企业资本,出具验资报告;(三)办理企业合并、分立、清算事宜中的审计业务,出具有关的报告;(四)法律、行政法规规定的其他审计业务。同时强调,注册会计师依法执行审计业务出具的报告,具有证明效力。第十五条也明确:注册会计师可以承办会计咨询、会计服务业务。

财政部办公厅2021年10月15日关于《中华人民共和国注册会计师法修订草案(征求意见稿)》向社会公开征求意见的通知,拟在《中华人民共和国注册会计师法修订草案(征求意见稿)》第三条相关条款中增加"鉴证业务",引起各方特别是广大税务师和行业协会的高度关注。

综上,是否有立法,对于行业业务发展、收入规模影响很大,进而对从业人员的信心影响很大。税务师事务所及其他三大行业事务所是人合公司,不是资合公司,如果没有足够多的优秀人才,难以支撑行业高质量发展。

(二)执业规范性、自律性差

行业低价恶性竞争较为普遍,凭专业吃饭在这个行业还没有形成普遍共识。

如上文统计资料显示,若税务师行业按照服务152.37万户次计算,户均收费仅为17 564.48元,远远低于注册会计师、律师、评估师的收费额度。

(三)公信力不够

由于缺少专门立法,不像注册会计师那样依法执行审计业务出具的报告具有证明效力,实际工作中经常出现税务师及其事务所依规出具的鉴证报告得不到主管税务机关的认可,也就是税务师事务所及其执业人员出具的涉税报告资料无足够公信力。

(四)社会认可度地域差异大

涉税专业服务认可度在地区间存在参差不齐的状况,部分地区对税务师参与工作的意识还不够强。

二、没有立法难以发挥税务师主力军作用

由于行业没有立法,税务师作为涉税专业服务主力军的上述作用没有得到充分凸显,主要体现在以下几方面:

(一)政府与社会组织的职能界限不清晰

现阶段,税务机关往往承担着许多本应由社会组织、涉税专业服务机构承担的工作越俎代庖。

例如:国家税务总局研发了个人所得税 App,许多税务师事务所和科技公司投入的研发软件、程序等失去了用户。比起专注于如何将现有政策完善,政策制定者将更多的精力放在若干细节的处理上,一方面造成大材小用的局面,另一方面造成许多模糊、空白地带。比如:结构性存款是否缴纳增值税、全面营改增后房地产企业一般计税方法下,土地价款抵减销项税额的部分,在土地增值税上如何处理;房地产企业预缴税款环节,预收款金额的确认是按照《国家税务总局关于营改增后土地增值税若干征管规定的公告》(国家税务总局公告 2016 年第 70 号)以含税收入减去预缴增值税的差额计算,还是按照含税收入除以(1+适用税率 9%)计算;到期文件不能及时下文明确是延续还是不再执行;等等。

(二)税务师依法执业应享有的权利未充分实现

在征管改革的大背景下,以往关于涉税事项的行政审批、事项备案大多被取消,对于行业自律的行为规范要求变得更高,税务师行业的职业规范更需要有行业立法的支撑,没有行业立法,使得行业从业人员不能依法行事,不能依法执业,得不到主管税务机关的信任与理解及大力支持。

尤其在政策咨询等方面,不像律师法、注册会计师法均有明确规定,而税务师在工作实践中,当所服务的企业和主管税务机关遇到涉税争议,税务机关明确提出在交涉时,不允许企业带上税务顾问一同前往。客观上,税务师作为企业的常年税务顾问,协助其进行相关涉税申辩的权利被剥夺,企业的合法申辩权没有得到充分实现。

(三)税收共治的效能发挥大打折扣

在民法典出台、税收法定原则不断落地的背景下,作为从事涉税专业服务主力

军的税务师行业更需要有立法保障,以做到服务于征纳主体的涉税事项的有法可依。没有行业立法,三方沟通机制形同虚设,税收共治的效能发挥将大打折扣。

比如:中共中央办公厅国务院办公厅印发《关于进一步深化税收征管改革的意见》下发后,北京地区下发的具体意见中,对税务师行业的推动力度就远远小于中央的意见和规定。

(四)行业恶性竞争,劣币驱逐良币的情形普遍

市场准入不够,造成服务质量良莠不齐,质低价低恶性竞争严重,容易出现"一颗老鼠屎坏了一锅汤"的劣币驱逐良币的情形。

(五)现行税务师事务所设立主体的规定导致行业执业风险的隐患较大

在税务师事务所的设立上,现行政策明确,符合条件的从事涉税专业服务的科技、咨询公司,可以担任税务师事务所的合伙人或者股东,这是税务师行业执业风险存在的巨大隐患。

而现行其他三个已经立法的行业中,没有一个行业有法人作为事务所合伙人或者股东的规定。

三、税务师行业立法的建议

(一)明确立法主导方

立法主导方应该是国家税务总局(税务师行业主管部门)而非中国注册税务师协会。这已经被其他三个行业立法成功的实践所证明,包括注册会计师法的修订也是由财政部主导的,而非中国注册会计师协会。

(二)加大宣传力度

1. 行业协会要发挥国家税务总局作为主管部门的优势

除了自身网站、注册税务师杂志、微信公众号等媒体宣传、报道立法相关资料外,要借鉴已经立法行业的成功做法。

(1)由高校、科研院所的专家、教授进行专题课题研究,论证并发表专业文章,为税务师行业立法鼓与呼。发挥国家税收法律研究基地等作用,表达行业诉求。

(2)运用国务院办公厅的资源优势,给行业发展造势。比如注册会计师,2009年10月3日,国务院办公厅转发了财政部关于加快发展我国注册会计师行业若干意见的通知(国办发〔2009〕56号),强调:建立和完善社会主义市场经济体制,促进我国经济社会持续健康发展,需要大力发展会计、审计等经济鉴证类中介行业。加快发展我国注册会计师行业,对于提高经济发展质量,维护国家经济信息安全具有

重要意义。号召各地区、各部门要高度重视、加强领导、密切配合、落实责任,根据若干意见提出的要求,创新体制机制,完善政策措施,优化发展环境,加强行业监管,提高自律水平,引导和促进我国注册会计师行业又好又快发展。

2021年7月30日,财政部对《中华人民共和国注册会计师法》进行修订,形成了《中华人民共和国注册会计师法修订草案(征求意见稿)》,借助国务院办公厅下发的《关于进一步规范财务审计秩序促进注册会计师行业健康发展的意见》(国办发〔2021〕30号)文件,向社会公开征求意见,有利于进一步加强注册会计师行业监管,提升审计质量,促进行业健康发展。

2. 加大税务师行业传递正能量的宣传报道

加大税务师行业传递正能量的宣传报道,除了加强党建宣传外,要就税务师事务所服务客户、维护合法权益,服务政府采购协税护税等成功经验和做法进行大力的宣传报道,让各界了解、熟悉和认识到税务师及其行业从业人员是和谐税收的桥梁和纽带。

曾经轰动一时的"广州红顶税务中介调查"事件,直接导致全国税务师行业取消涉税鉴证业务、禁止税务机关接受税务师事务所鉴证报告等政策出台,影响了行业的正常发展,此种负面影响至今仍在一些地方不能得到消除。

3. 与相关部门积极沟通,反映税务师行业合理诉求

密切跟踪、深入研究《中华人民共和国税收征收管理法》《中华人民共和国会计法》《中华人民共和国公司法》《中华人民共和国企业破产法》《中华人民共和国招标投标法》《中华人民共和国合伙企业法》《中华人民共和国证券法》等行业相关法律法规和司法解释的修订工作,及时沟通协调有关部门,积极反映行业合理诉求。

(三)加大监管力度

打铁仍需自身硬,要加强行业自律,规范执业,提高公信力,增加美誉度。为此,需要加大监管力度。

(1)推动完善现行招投标制度,推动采用竞争性磋商采购方式,切实改变"低价者得"局面。推动相关部门清理、取消中介机构备选库、入围名单、执业地域限制等限制市场竞争的准入许可,不断提升行业执业环境市场化、法治化水平。对收费明显低于行业平均水平的税务师事务所执业情况进行重点监督检查。推动税务师事务所完善服务定价机制,建立与工作量、业务风险和服务质量相匹配的服务收费机制。

(2)开展执业质量检查,健全约谈和质询制度。完善对投诉举报、媒体质疑等事项的处理机制。加大对调查和惩戒信息的披露力度,提高惩戒威慑力。加强监管队伍建设,丰富和完善自律监管措施,构建信用监管体系,推动建立涵盖事中事

后监管、信用监管在内的综合监管机制。

(四)落实三方沟通机制,推进税收共治格局

2019年10月31日中国共产党第十九届中央委员会第四次全体会议通过《中共中央关于坚持和完善中国特色社会主义制度 推进国家治理体系和治理能力现代化若干重大问题的决定》,其中第四条"坚持和完善中国特色社会主义法治体系,提高党依法治国、依法执政能力"中指出要"完善立法体制机制"。坚持科学立法、民主立法、依法立法,完善党委领导、人大主导、政府依托、各方参与的立法工作格局,立改废释并举,不断提高立法质量和效率。完善以宪法为核心的中国特色社会主义法律体系,加强重要领域立法,加快我国法域外适用的法律体系建设,以良法保障善治。

2019年5月11日发布的《国务院办公厅关于印发国务院2019年立法工作计划的通知(国办发〔2019〕18号)》中第三条"坚持党的领导,加强和改进新时代行政立法工作"中进一步明确:深入推进科学立法、民主立法、依法立法。要坚持从我国实际出发,围绕行政立法当中的重点难点问题开展调查研究,提高调查研究实效,防止为了调研而调研、调研与立法工作脱节,确保立法遵循和体现经济社会发展规律。要根据深化党和国家机构改革的精神,坚持精简、统一、效能的原则,科学合理地规定行政机关的职权和责任,增强立法的协调性。要深入推进民主立法,切实提高公众参与行政立法的广泛性、有效性、针对性,确保立法倾听民声、体现民情、汇聚民意、集中民智、深得民心。起草、审查与企业生产经营活动密切相关的立法项目,要充分听取企业和行业协会商会的意见。要严格依法立法,全面准确理解把握现行法律法规,确保立法符合宪法精神和上位法规定,立法程序符合法律法规要求。

据此,纳税人、涉税专业服务社会组织及其行业协会可以就起草和执行中的税收政策提出修改意见和建议;就税收政策的实施情况进行反馈;就纳税服务和征管工作提出建议;就税收政策的适用进行咨询;就税收政策执行中与税务机关存在的分歧进行反馈。

具体方式可以采取召开会议、走访调研等。召开由税务机关、涉税专业服务社会组织及其行业协会和纳税人三方参加的会议,包括座谈会、通报会、征询会、政策宣讲会等。会议由丰台区税务局财行税科等相关业务部门牵头召集,根据每次沟通主题及内容,确定与会的税务机关相关业务部门、纳税人代表等。税务师行业立法工作的开展可以充分借鉴和运用三方沟通机制的落地,推动行业立法工作走深走实。

涉税专业服务如何高质量发展
——基于税务师行业探讨

王拴拴[①]

摘 要: 税务师行业规范化与高质量发展是中国经济高质量发展的重要组成部分,坚持依法依规、诚实守信的规范化发展,是确保税务师行业健康发展的关键。此外,行业制度的规范、人才的培养等也是高质量发展不可或缺的部分。为此,要加强行业制度规范化建设,宣传依法诚信执业意识,加大人才培养力度,不断推进涉税服务行业高质量发展。

关键词: 必要性;现状分析;发展举措

一、税务师行业高质量发展的重要性

我国税务师行业诞生已经有超过 30 年的历史,在全面依法治国的进程中,税务师行业的重要性逐步凸显出来。从宏观层面来看,为了维护国家财税利益,保持经济秩序的稳定,税务师行业起到了重要的作用;从中观层面来看,税务师行业在为委托人(国家或纳税人)提供专业服务以及维护委托人的利益方面发挥着重要作用,并在纳税人与税务机关之间搭建起公平、公正的桥梁;从微观层面来看,税务师领域的高质量发展可以给予客户(无论是政府还是个体)专业的服务,同时也保障了客户的权益。因此,社会发展进步需要税务师行业的参与。

党的十九大报告明确表示,中国经济已由高速增长阶段转向高质量发展阶段,换言之,对所有领域的整体改革和提升都有了更严格的标准。税务师行业发展在提升品质的过程中,需要兼顾其效益。这种发展并非只表现在职业的发展理念和方法的改革层面,而是更多地反映了以公众福祉为主旨,确保税务师行业发展成果可以满足公众对优质生活的期待。

实现税务师行业的高质量发展需要以市场化、法治化、专业化、智能化、国际化和信用化为方向,准确地认识到它在国家管理体系现代化过程中的角色定位,进一步充分利用其独有的专业优势,为税收体系的现代化建设作出贡献。

[①] 王拴拴,北京鑫税广通税务师事务所有限公司项目经理,税务师。

二、税务师行业发展现状分析

（一）行业营收状况分析

"提供服务是基础,赚取利润是本分",无论哪个行业的市场化进程都不能忽视收益问题,税务师行业也不例外。以中国注册税务师协会2021年发布的《2020年度税务师行业经营收入前百家税务师事务所分析报告》为例,7 567户税务师事务所报送了行业报表,占中税协会员系统已登记入会会员数的97%,比上年增加761户,同比增长11.18%。上述税务师事务所的经营性收入合计267.63亿元,同比增长10.81%；利润总额为14.30亿元,同比增长29.49%；利润率为5.34%,同比增长16.86%。在这些企业中,百强企业的总收入达到了161.77亿元,相较于去年同期增加了14.38%,这个数字超过了整个行业的收入增长率3.57个百分点,占据了267.63亿元总收入的60.45%。2021年,百强企业的运营收入保持稳步上升,总计达到166.65亿元,相较于去年同期增加了3.01%,这一数字超过了整个行业的一半,占据了58.75%的比例。这在一定程度上反映出行业内部收入差距过大。

观察百家税务师事务所的列表,我们可以发现,位居前列的税务师事务所中至少有20家拥有相应的会计师事务所,这在某种程度上体现了加强与相关领域的协同合作的优势。在2021年的税务师事务所中,集团化的发展趋势依然明显,共有44个事务所被归类为集团所,前26个都是集团所。这从侧面反映出税务师事务所集团化发展的趋势。

（二）行业人才队伍状况分析

作为涉税专业服务的主力军,对税务师事务所来说,人才是引领发展的"源动力"。百强所普遍重视人才队伍建设,特别是高层次人才培养工作。

总的来说,百强所人才队伍建设呈现"人才塔基厚,人才塔体壮,人才塔尖高"的特点。2021年度,百强所从业人员共30 241人。其中,执业税务师有12 687人。从业人员中,有20 584名拥有本科或更高学历,这一比例达到了百强企业人员的68.07%。13 401名35岁以下的员工,占据了百强企业全部员工人数的44.31%。观察数据,我们可以发现,在百强企业中,职工及专职税务师的总数正在每年稳步提升,他们在全部职工中的份额也在逐年稳步扩大,这个增幅超过了全行业的总体表现。从综合素质看,从业人员和税务师中拥有大专或更高学历的人数超过了整个行业的平均数,这表明拥有较高教育背景和行业领导力的人数众多。另外也存在一些问题,如税务师事务所主要从事一些基础性的、价值不高的业务,员工的收入并不高。相对于律师事务所和会计师事务所,它们在引进人才方面的竞争力相对较弱。在税务师领域,人才团队的知识体系过于简化,且年纪偏大。这是因为那些有着处理复杂问题能力的顶尖专家通常需要长期的学习与实践,目前,这个领域的专家团队已经显示出某种程度的不足。

(三)行业市场化状况分析

"放管服"政策的持续实施使中国的税务和商业环境不断得到改善,同时,中国的税法和征收管理体系也在经历深刻的变革,这都给税务专业人士的成长带来了巨大的可能性。实施税务师行业的市场化可以在推动自身转型升级的同时,提供更符合消费者高标准需求的服务,从而促进行业的高品质发展。

《中国注册税务师协会等级税务师事务所认定办法》于2010年实施后,2017年的更新首次将注册会计师和律师的职位要求纳入5A、4A级的评估体系,这三类专业人士的职位要求也是一致的,这表明这个领域的发展正在根据市场的需要进行逐步调整。尽管如此,目前我国只有9%纳税人的税务服务是由税务师事务所处理的,这个比例远低于其他国家,如韩国(95%)、德国(90%)、日本(85%)、澳大利亚(80%)、美国(企业50%,个人80%)。这一现象在一定程度上揭示了我国税务师行业所提供的税务服务的需求量不足,同时,该行业的服务领域也相对狭窄,服务的质量和水平有待提高。

(四)行业信用化状况分析

随着社会信用制度的持续发展,对于税务行业的信用构建也有着更严格的标准。尤其是《涉税专业服务监管办法(试行)》的实施,使得涉税专业服务的市场得到了扩张,壮大了相关的服务团队,推动了该领域的迅猛增长。与此同时,这个领域也存在一些非法和不合规的情况,这些问题在参与该协会的成员单位中都有所体现,对税收的征缴和管理造成了严重的干扰,对整个领域的声誉产生了负面的影响。显然,通过对税务师行业信誉度的进一步提升,我们可以让该行业更好地适应以信誉为核心的创新监督体系。这不仅能加强该行业的自我约束,也能塑造优秀的行业声誉,扩大其社会影响,使其提供更优质的服务。因此,这将对税务师在所有相关的税收领域发挥其引导角色产生积极的推动效果。

(五)行业智能化状况分析

在大数据时代的背景下,税务师行业得到了税收营商环境日益改善的新机遇,同时税收政策的持续变动也给其带来了新的挑战。数字化的存储和计算,使得大数据的秒级规则得到了有力的验证。涉及税收的专门服务的自动化,既可以提升工作的效率,又可以提升工作的精确度,并且可以在达成信息交流的过程中,进一步增进行业间的凝聚力。

(六)行业国际化状况分析

跨国交易量持续上升和数字经济持续发展,不仅使海外公司承受重复纳税的压力,同时也促使税收在海外区域内的流通度逐渐提高,这给税务专业人士在国际税收服务上带来了新的考验。从另一个角度来看,"一带一路"倡议促进了我国与沿线国家和地区的经济交流,这也给税务师行业的进步带来了新的可能性。因而,推动该行业的全球化进程已经变得至关重要,这是保证税务师领域的高品质服务发展的必要方向。

(七)行业法治化状况分析

所有领域的稳定进步必须依赖于法律法规。目前看来,我国的税务专业服务法律体系还处于不完善的状态。首先,我国尚未制定特别关注税收服务的法律与行政条例,这种较为基础的立法水平导致了它的权威性不足,从而使得该领域的管理效能相对欠佳。其次,我国的三大中介服务行业,无论是注册会计师还是律师,都已经通过相关法律得到了明确的法律地位。然而,国家税务总局只在《涉税专业服务监管办法(试行)》中对税务师和税务师事务所的身份地位进行了明确规定,这无疑削弱了该行业的公众信任度。最后,目前的有关法律法规也有待改进和优化的地方。如2017年第13号国家税务总局公告第七条第二款的规定,税务师事务所的股东和合伙人只能由具备税务师、注册会计师、律师资质的个体构成,这一设定的初衷是提升股东和合伙人的专业水平。但是,这并没有考虑到排除法人可能会妨碍税务师行业的多元化发展(如集团化税务师事务所有限公司的发展)。

三、税务师行业高质量发展的举措

(一)增强人才的培育,提升税务师的综合能力

培养人才不只要关注潜在人才的发展,也应重视全面提高现有税务师的素质。首先,我们需要扩大对未来人才的培育范围,并且要坚持执行国家的产教结合政策。通过与各类院校的协作,如举办演讲、参加实践活动、设立基金等来提升大学生对于税务专业的兴趣,并且根据各个税收领域的特点,为他们提供多层次的教育。其次,鉴于税务行业是一个持续发展的领域,我们必须持续更新专业知识。目前,我国的非执业人员在税务师这个职业中所占的份额相当大,然而,后期的持续教育还有待加强。对于当前的税务师,我们需要通过持续的教育、定期的评估和培训等方法来提高他们的综合能力,同时,利用奖惩制度来持续激发行业的活力,加强行业的自我约束。只有通过全面的素养提升,税务师行业才有可能跟上中国市场经济的飞速进步以及全球化的步伐。

(二)推动市场化进程,提升与有关机构的协同工作

在最近几年中,市场对专门的税务服务的需求持续上升,这与日本和韩国的情况有所区别,我国并没有规定只有专门的税务代理人才能处理税务问题,相反,更

偏向于选择拥有会计、税务、法律等多元化专业知识的服务机构。在税务师的职位上,存在着专职和兼职两种类型。为了满足市场的需求,税务师事务所(专职人员)必须增进与政府机构的协同工作,并依照《全国税务系统政府采购服务指导目录》所列出的与税务师领域密切相连的采购服务事宜,持续地提高其专业技术和沟通技巧。执行税务的人员(税务师)需要增进和像会计师事务所、律师事务所这样的中间服务组织和其他公司的协作,并且在协作的过程中对业务进行分级,最大化地利用他们的专长,并让市场在资源配置上起到关键的作用,从而向顾客提供更全面的服务。从另一个角度看,那些未经职业培训的人士需要最大限度地利用他们的专业技能,持续增强他们的综合能力,并且与执业人员联手打造出更具开放性和包容性的商业环境。

(三)促进在税务师领域内应用智能化方法

为了促进行业的智能化,必须在以下三个方面作出改变。第一,鉴于每个领域都有独特的专长和不同之处,必须扩大税务师领域和所有领域的协同工作,以便让产品设计更加贴合实际。第二,应该提升对当前网络平台的利用率,这样不仅可以塑造行业形象,也可以让潜在的消费者察觉到自身的税务风险,进而转向寻找相关的税务服务,以此来扩大行业税务服务需求。第三,伴随着大数据的兴起,对于互联网的需求持续上升。为了适应这个时代的变化,构建一个智能的税收生态体系,在行业中还需要培育一批专门的IT技术人员。如此一来,产品设计将变得更加专业,运营和维护也将变得更有效率,最终能够提供更方便和高效的税收相关服务。

(四)推进行业法治化,增强行业规范性

税务师领域的高质量发展依赖完善的法律制度。在此基础上,笔者提出了几点建设性的意见。一是需要坚定地遵循税收法定原则,并加强对行业立法的研究,以推动行业立法的进程。同时,也需要明确纳税人和税务师的合法权益和义务,以规范行业的发展。二是需要对那些模糊不清或与经济发展状况不相符的规章制度进行整理和完善,以使税务师行业的涉税服务更具有政策性和实用性。三是需要加强对行业的法律宣传,通过组织公益讲座、提供税务相关服务等活动提升行业的形象,进而为行业的法治化进程创造一个优良的外部环境。

(五)提升服务质量,增强社会认可度

如何提高服务品质并加强社会的认可度呢?在操作过程中,我们需要注意以下事项:

首先,需要预防与税收相关的风险,并确保服务结果能够通过历史检验。为了避免服务客户中面临的税收风险,税务师必须在提供服务的过程中遵循法律、遵守规定进行自主判断,避免被纳税者的观念所影响。税务师的服务决策不仅需要关注纳税者眼前的风险,也需要预估未来可能出现的问题。税务师的决策必须经得

起税务审核以及历史记录的验证,以确保服务客户的安全。为了避免税款损失,纳税人在生产和运营的过程中可能会遇到相关的证据或者会计操作的错误,服务人员需要按照法律和规定进行修正,而不是对所谓的税务策略置之不理。要防范税务师行业自身风险,税务师必须严格遵守税收政策、职业规范和职业道德来提供涉税服务,不能有任何违规或违法的行为,否则会对整个税务师行业的高质量发展产生负面影响。

其次,充分利用税收政策,为纳税人争取合法的权益。在推动经济持续增长的过程中,政府可能会在一段特殊的时期内推行大量税收减免政策。当纳税者对政策内容一无所知,或者虽然明白政策却无法充分运用,税务工作者就需要积极协助他们去理解和运用税收政策。这种做法既能保障他们的合法权益,又能达成政府制定税收政策的初衷。如果相关的税收优惠政策无法得到有效执行,那么国家制定税收政策的初衷就会失去意义。

最后,公正处理复杂问题,推动税务法律和政策的优化。随着经济的飞速增长,部分税务政策与法律条例可能会滞后,这样不仅无法保证公正,还可能会妨碍经济的进步。通常,纳税者和税务部门之间的冲突也就是税务专业中频繁遭遇的困扰。面对这些棘手的问题,税务师领域的工作人员需要坚持公平、公正的原则,积极与纳税者以及税务管理部门进行交流,并迅速将相关的政策法规提交相应部门,以便更好地解决不适应现实情况或可能妨碍经济增长的问题。同时,税务工作者还需要提供对政策的优化建议,这样既能保证问题的公正处理,也能推动税收政策法规的持续改良,从而使得税务师领域的社会信任度迅速提升。

参考文献

[1]中税协常务副会长谢滨表示:行业百强所发挥了示范引领作用[N].中国税务报,2022-07-22.

[2]对新发展格局下推进税务师行业高质量发展的思考[J].注册税务师,2021(9).

[3]对税务师行业高质量发展的思考[J].注册税务师,2021(9).

[4]新发展格局下税务师行业的发展机遇及应对策略[J].注册税务师,2021(9).

[5]深化税收征管改革高质量推进税收现代化[J].注册税务师,2021(9).

推进税务师行业立法工作的思考

薛 钢 秦 松 王一帆①

摘 要:税务师行业是涉税专业服务的主要提供者,在征纳关系当中发挥了承上启下的重要作用。但目前税务师行业上位法缺失,实践中也出现了行业发展不平衡、人才水平参差不齐等问题,一系列因素制约了税务师行业的高质量发展。在全面建设现代化治理体系及推进全面依法治国的道路上,中国税务师行业的立法问题亟待解决,这也是系统完善国家税收制度、维护国家税收利益、保障国家税收事业发展的客观需要。本文将通过回顾税务师行业的发展历程和现状,分析行业立法的必要性及其面临的主要阻碍,结合国外立法先例,提出推进我国特色立法的策略与实施路径。

关键词:税务师;涉税服务;行业立法;依法治国

党的十九届五中全会将推进国家治理体系和治理能力现代化、实现经济行稳致远作为"十四五"时期的经济社会发展指导思想和必须遵循的原则之一。党的二十大报告又提出要坚持全面依法治国,推进法治中国建设。一系列政策方针及改革思路都指向了国家治理能力的现代化以及全面依法治国的推进。2023年2月15日,中共中央办公厅、国务院办公厅印发《关于进一步加强财会监督工作的意见》,明确指出要构建起财政部门主责监督、有关部门依责监督、各单位内部监督、相关中介机构执业监督、行业协会自律监督的财会监督体系。涉税专业服务作为税收治理体系中的重要一环,提高其规范性并充分发挥其效能对我国优化营商环境及提升税收治理能力至关重要。

一、我国税务师行业法制化的发展历程与现状

自20世纪80年代以来,我国部分税务机关开始在征管领域推行税务咨询试点工作,税务中介工作制度的建设也就此开始。1992年,修订后的《中华人民共和

---

① 薛钢,中南财经政法大学财政税务学院副院长、教授。秦松,中南财经政法大学财政税务学院硕士。王一帆,中南财经政法大学财政税务学院硕士。

国税收征收管理法》首次以法律形式明确了税务代理的合理地位;1994年发布的《关于印发〈注册税务师资格制度暂行规定〉的通知》及2004年发布的《关于进一步规范税收执法和税务代理工作的通知》相继规范了注册税务师的运行、管理制度;2006年出台的《注册税务师管理暂行办法》成为税务师行业的第一个正式部门规章,将多年来税务师行业自身的合理运转模式及其治理经验形成管理办法,有利于后续税务师行业管理体系的完善。随后,国家税务总局公告2017年13号文以及2021年3月《关于进一步深化税收征管改革的意见》的发布,不仅全面正式地规范界定了涉税专业服务的组织名称、服务内容、监管要求等,还为税务师行业未来高质量发展指明了方向。

尽管如此,我国的税务师行业立法仍难以满足我国涉税服务领域迅速发展的要求。上述法规只是整体性的规范,这些规章文件无论在公信力、权威性、约束力还是从业违规的惩处力度上,都比不上《中华人民共和国注册会计师》《中华人民共和国律师法》等专项法律。2014年,国务院取消了注册税务师职业资格许可,将职业资格由准入类调整为水平评价类,这也在一定程度上降低了社会各界对税务师职业资格的认可度。当下税务师行业的发展呈现一个波浪式前进的态势,现阶段税务师行业市场环境不成熟、税务高端人才分布不均衡、与国际涉税专业组织对接不畅等问题,制约行业发展,我国税务师行业急需一个完整、规范、系统、国际化的专项法律体系,支撑其实现高质量、可持续发展。

二、我国税务师行业立法的必要性

(一)税务师行业立法是我国全面依法治国的客观需要

《法治社会建设实施纲要(2020—2025年)》要求,加快建立健全社会领域法律制度,完善多层次多领域社会规范,强化道德规范建设,深入推进诚信建设制度化,以良法促进社会建设、保障社会善治;健全社会组织、城乡社区、社会工作等方面的法律制度,进一步加强和创新社会治理。习近平总书记也多次强调,要积极推进国内各领域的立法,健全国家治理急需的法律制度、满足人民日益增长的美好生活需要必备的法律制度,以良法善治保障新业态新模式健康发展。在全面依法治国、进一步深化财税改革、提升国家税收治理能力、促进治理体系现代化的背景下,税务师行业立法既是依法治国的客观需要,也是国家经济安全的现实需要。我国进行税务师立法有利于系统完善国家税收制度建设,有利于维护国家税收利益,同时也有利于维护纳税人的合法利益,是国家税收事业发展的客观需要。我国也在努力推进"共同富裕"的道路上,必然要针对在税收征纳关系当中起承上启下作用的涉税专业服务领域,构建一个公平公正的法制体系。

（二）税务师行业立法是适应当下税收环境的必然要求

随着百年未有之大变局加速演变,数字经济深入发展,全球税改 2.0 正在进行,我国乃至全世界正面对一个十分复杂的税收环境。国内外税收政策不断更迭,加之我国参与的国际税收行动(如 BEPS 行动、双支柱立法等),对很多纳税人来说都意味着巨大的挑战。他们大多没有时间和精力去研究这些复杂多变的税收政策,或者虽然花费大量时间精力仍然不够了解甚至错用,此时税务师提供的涉税专业服务就显得十分重要。一方面,专业机构能够帮助纳税人第一时间掌握政策变动;另一方面,有助于纳税人有效降低税务风险,节约税收成本。但我国的税务师行业没有一部"大法"来对其进行监管和引导,很多地方存在空白,以至于税务师行业的作用无法充分在市场当中体现。纳税人可能无法充分利用税收政策红利,极少数人铤而走险去策划逃避税、偷漏税等行为,造成国家税源流失,增加税务部门的监管难度。涉税专业服务行业的重要性不言而喻。加快行业立法,从法律层面确定其行业地位、执业资质,有助于纳税人、税务师行业以及税务机关适应复杂多变的税收环境。

（三）税务师行业立法契合其实现高质量发展的需要

税务师行业立法是指导和指引税务师行业、涉税专业服务组织依法从业、依法经营、依法执业的重要法律基础依据,对于加强行业管理、保障行业健康发展、更好地发挥税务师的专业职能有重要作用。税务师的服务具有很强的专业性,多年来,税务师行业为纳税人提供了大量涉税专业服务,在纳税服务和税收征管中发挥了重要作用。面对涉税专业服务市场蓬勃发展带来的服务水平参差不齐、专业化水平有待提升等问题,亟待从基本法律依据与具体制度设计层面完善相关法律规范。进入新时代,我国经济发展必然会带来涉税服务需求的增加,面对庞大的市场需求,税务师行业有必要通过行业立法进行规范,实现高质量发展,吸引更多优秀人才。

三、我国税务师行业立法面临的主要障碍

（一）行业内部发展不平衡

我国的涉税专业服务机构目前的发展模式存在一定的缺陷和弊端。涉税专业服务机构作为与税务部门多次脱钩改制、依靠行政改革逐渐脱离的产物,许多地方政府为了保护部门利益,利用行政手段设置市场准入壁垒,致使机构与机构之间、地区与地区之间、行业与行业之间出现业务垄断和封闭。行业内部各机构初始资源分配不均,导致高级业务集中流向资源丰富、规模较大的机构,规模较小的机构只能承接一些初级和中级代理业务则,进一步导致高精尖税务师人才的集中,加剧

了行业垄断的现象。此外,大量小规模涉税服务专业组织的生存能力不强,承接业务能力有限,这会导致人力资源的极大浪费。行业面临着如何消除地区及机构之间壁垒的问题,其影响范围广泛且深入,这在一定程度上加大了立法的难度。

(二)行业人才水平参差不齐

涉税专业服务是一项专业性很强的社会服务,对服务提供人员的专业要求也很高。目前来看,伴随税务师考试热度的增加,税务师行业人才队伍在不断地发展壮大,行业的门槛有所降低。在税务师人才队伍里,存在大量有着较好的理论基础和工作热情但缺乏税务工作经验的年轻群体,以及有较长时间的税务工作经历但理论基础不够扎实的从业人员。目前,会计师事务所、律师事务所也可提供部分涉税专业服务,这些机构规模不一,从事涉税专业服务的人员规模、专业水平、综合素质不尽相同。如果由专业能力不足的机构和人员为纳税人"胡乱"提供高端的涉税专业服务,后果不仅仅是出现经济的损失,很有可能损害整个行业的声誉。税务师人才队伍当前处于一个缓慢上升发展的过渡阶段,相比注册会计师和律师行业,人才队伍不够成熟也使得行业立法的底气略显不足。

(三)行业立法的社会支持力度不足

一方面,我国针对涉税服务专业机构的管理制度不健全、法律级次偏低,全行业尚没有统一的法律与执业准则,在实际涉税服务中,各机构基本上各行其是,按照各地税务机关的要求开展鉴证业务,执业程序、质量控制上存在很大差别。各地税务机关和纳税人会更倾向于选择自身熟悉的涉税服务,对进行统一立法规范可能心存疑虑。另一方面,因为缺乏专业且独立的监管部门,没有良好的行业自治机构,涉税专业服务机构在发展过程中常常出现各种各样的问题。市场上存在一些黑中介,这些非正规的服务机构往往会给纳税人带来较高的纳税风险,使得社会各界对税务师行业的业务范围产生误解,严重破坏税务师行业的社会形象。

四、推进我国税务师行业立法进程的策略分析

(一)充分参考国外经验,推进我国特色立法

1. 制定严格的税务师行业准入规则

作为保障行业规范性和整体质量的第一道门槛,严格且高质量的准入规则是必不可少的。日本的《税理士法》认定税务代理者为民间税务专业者,必须经过严格的考试和注册登记才能成为从业队伍的成员,后经《税理士法实施令》《税理士法实行规则》等文件的进一步补充,日本形成了实体到程序的税务师准入、监管、退出、责任法律体系。市场准入作为国家干预规制经济的一种方式,能够最大限度地

发挥市场经济体制高效进行资源配置的优势。税务师行业作为一种特殊的市场主体,对从业人员有着很高的专业知识以及实务技能要求,需要国家设立较为严格的准入规则加以控制,以最大限度地优化涉税服务领域的资源配置,并杜绝不符合专业机构条件的组织扰乱市场秩序。

2. 健全税务师行业奖惩及责任体系

健全的法律责任归结体系能够起到保驾护航的作用,是国家制定法律和对活动主体行为进行约束的必要元素。澳大利亚现行的涉税服务法律体系就包括对违反职业道德规范的惩罚,包括警告、暂停注册、罚款等。美国财政部重新修订后的230号通告丰富了对税务代理违规行为的处罚形式,包括公开谴责、暂停或吊销执业资格、罚款等,且对这些处罚形式均有对应的责罚规定,具有较强的可操作性。我国税务师行业立法可以参考国外全方位、多层次的责任机制和奖惩制度,相关奖惩立法条文及实施细则可以采用"概括+列举"模式,一方面使其惩罚规范具有范围上的广度和时间上的深度,另一方面防止对自由裁量权的滥用,为法院提供明确的裁判标准。

3. 建立统一的协同监管模式

建立了税务师法律体系的各国,结合自身特殊国情和行业模式,均采取了适合自身的税务师监管模式。日本建立了税理士会联合会,其直接隶属于大藏省(相当于财政部)且由其任命会长,统领税理士的相关活动;美国采取行业和政府双轨管理,行业方面由自律管理社团对该行业开展涉税服务业务进行针对性的有效监管,政府方面设立三个部门分别管理从业人员职业道德、行为检查、犯罪调查和诉讼并实施处罚。我国现阶段税务师行业虽受到双重监管,即政府行政监管和行业自律监管,但国家和地方的监管缺乏统一性,且由于缺失上位法,行业自律能力相对较弱。我国需结合行业实践,通过立法确定税务师行业的整体监管模式,协调中央和地方政府,明确权利分工,并适时将社会监管的成分融入法律体系中,从而实现多元共治,促使税务师行业高质量发展。

4. 拟定防止不正当竞争条款

税务师行业作为征纳关系承上启下的重要一环,其自身的良性竞争是行业持续健康发展的重要保障。德国《税务顾问法》明确规定禁止税务师行业人员采取手段招揽业务,我国在会计师事务所的职业道德准则中也规定了不能通过拉广告招揽业务,以免有损客观公正的形象。涉税服务本身作为征纳环节的辅助手段,只需满足行业、法律规定及客户要求即可,地域性和封闭性本不应该成为正规、专业的涉税服务专业机构发展的阻碍。我国在推进税务师立法的过程中,应重视行业的公正客观性,明确合理合法的业务渠道,处罚非法招揽业务或恶意抹黑其他机构的行为。

（二）阶段性推进立法，配合法治中国建设

2021年，中共中央印发《法治中国建设规划（2020—2025年）》，为到2035年基本建成法治国家、法治政府、法治社会的目标划定了时间表和路线图，要求建设法治中国，必须加强和改进立法工作，深入推进科学立法、民主立法、以法立法，以良法促进发展、保障善治。税务师行业的立法工作也应尽快提上日程，可以考虑在统筹规划的前提下分步实施，制定近、中、远三期目标。

第一，在现有规范性文件的基础上推动制定部门规章及实施细则。

第二，逐步制定国务院层面的实施条例法规，明确税务师从事涉税专业代理的法律地位，明确其执业条件，对涉税鉴证的独立性作出规定。

第三，将制定国家层面的法律设定为税务师行业立法的远期目标。根据党的二十大报告的要求、依据国家"十四五"规划和2035年远景目标，尽快制定税务师法，明确涉税专业服务运行机制，完善涉税专业服务监管手段，健全涉税专业服务体系。

（三）提高党建工作覆盖率，强化依法执业意识

税务师行业的立法工作必须由党牵头，由党部署，全面依从党的管理。税务师行业要认真贯彻落实党中央有关工作部署，按照上级党组织进一步加强行业党建工作有关要求，积极应对税务师行业党建面临的困难，切实全面落实行业党的组织和党的工作全覆盖，为推动行业立法提供坚实的保障。同时，认真总结涉税专业服务行业依法执业经验，正确认识涉税专业服务主体开展涉税专业服务的法治现状，切实强化依法执业意识。

参考文献

[1] 蔡昌,李长君. 推进税务师行业立法 开创税收治理新局面[J]. 注册税务师,2021(1):30-34.

[2] 曹静韬. "十四五"时期税务师行业高质量发展的着力点[J]. 注册税务师,2021(1):24-26.

[3] 崔远. 加强财会监督工作 推进税务师行业立法进程：访安徽省政协委员、安徽中锐税务师事务所所长李锐[J]. 注册税务师,2023(4):18-19.

[4] 刘淑萍,潘妍雯,刘慧娟. 税务代理行业存在的问题及对策分析[J]. 技术与市场,2021,28(10):169-170.

[5] 佟钧. 推进税务师立法进程 促进行业高质量发展[J]. 注册税务师,2022(4):5-9.

关于税收策划风险原因及防范的探讨

张春平　张宇轩　虞　彤[①]

摘　要：企业合理税收策划会减少企业税收负担，提升经济效益。实践中存在各种有意或无意的税收筹划风险，影响企业正常经营活动，给税务机关精确执法加大难度，影响税收征管现代化建设。本文通过分析改变出口商品种类骗取出口退税、隐匿实际交易实质恶意税收策划、受益所有人判定要件认定争议三个案例，阐述实际经济行为中的税收策划形式，并分析其产生的原因；从国家税务机关、涉税专业服务从业者、纳税人三个角度提出完善我国税收法律法规的建议，包括重视对税收策划的税务稽查，重视税务师行业自律，诚信执业、合规经营，加强纳税人与税务机关在税收策划方面的沟通交流等。

关键词：税收策划；税收风险；税收征管

一、引言

税收现代化背景下，税收征管现代化是推进税收治理体系和治理能力现代化建设的重要一环。高质量的税收征管现代化要求国家税务机关不仅要精准执法、依法执法、严格执法，达到维护国家税收安全的目的，也要仔细把握涉税违法犯罪行为和经济主体正当税收策划经济行为的区别，在执法中坚持包容审慎的理念，达到税收征管执法和企业涉税规范"双提升"。金税四期进一步推进智慧税务建设，通过公共大数据平台加强智能化税务风险管控，为新时期信息时代发展和数字化进程下的税收征管保驾护航。

税收策划是在纳税行为发生之前，在不违反法律、法规的前提下，通过对纳税主体的经营活动或投资行为等涉税事项作出事先安排，以达到少缴税或递延纳税目标的一系列策划活动。随着市场经济的快速发展，在实际经济行为中，受企业规模大小、管理要求、风险意识的差异影响，不同企业会实施不同的税收策划方案。大部分企业通过合理税收策划达到了减少税务负担、提高经济效益、优化经营环境

[①] 张春平，首都经济贸易大学财政税务学院副教授。张宇轩，首都经济贸易大学财政税务学院硕士研究生。虞彤，首都经济贸易大学财政税务学院硕士研究生。

的效果。但也有部分企业对税收政策掌握不全面,导致在税收策划中会更看重企业短期收益,利用现有税法不完善之处和税收政策尚未规范的空白区域进行恶意的税收策划,侵害国家税收收入,也给公司带来较大的税收风险,直接影响企业的经济利益和声誉。

本文拟通过案例对我国企业税收策划中存在的风险原因进行分析,并提出风险防范的对策建议,以期给新时期税收征管改革建设提供一定支持。

二、税收策划风险的案例分析

(一)案例一:改变出口商品种类骗取出口退税

某珠宝制造商 A 企业为一般纳税人,主要从事出口未分级、未镶嵌的天然钻石,但是由于《财政部 海关总署 国家税务总局关于调整钻石及上海钻石交易所有关税收政策的通知》(财税〔2006〕65 号)第二条规定,此类钻石产品无法享受出口退税。故该公司与其他企业合作,将其镶嵌在手机、电脑、空心电感器等电子设备可退税产品中出口,并通过提高价格,享受大金额退税,境外收购方后续进行拆解后获得钻石。

本案例中的 A 公司通过改变出口的商品种类申请退税,恶意侵犯了国家关于出口产品退税的管理制度。《中华人民共和国税收征收管理法》(以下简称《税收征收管理法》)第六十六条规定,以假报出口或者其他欺骗手段,骗取国家出口退税款,由税务机关追缴其骗取的退税款,并处骗取税款 1 倍以上 5 倍以下的罚款;构成犯罪的,依法追究刑事责任。对骗取国家出口退税款的,税务机关可以在规定期间内停止为其办理出口退税。随着我国国际贸易的增长,经过策划骗取出口退税的案件逐渐增多。在国家监管方面,根据《财政部、海关总署、国家税务总局关于调整钻石及上海钻石交易所有关税收政策的通知》(财税〔2006〕65 号)第二条的规定:各地税务机关要注意含有钻石的产品的出口动态,凡发现企业出口产品含钻石且价值比重较大,同时不属于以上所列产品范围,以及执行中发现其他问题的,应及时报告财政部、国家税务总局。由此可见,企业进行上述行为存在相当大的涉税风险,很有可能被税务机关认定为偷逃税并受到处罚。税务策划实施者应该努力实现不出现任何关于税收方面的处罚即涉税零风险的状态,并在财务规范前提下减少企业机会损失、违规损失以及操作损失等涉税损失。如果企业过度注重经济短期效益而忽略合法合规性,通过编造虚假交易等违规的手段来达到减少税收或者迟延纳税的目的,造成国家税收流失,扰乱税收秩序,影响经济的正常运行,就会给企业的经营造成极大的风险。出口企业想要实现企业价值最大化,务必在税法法律范围内对投资、经营、理财等活动进行安排和策划。

(二)案例二：隐匿实际交易实质恶意税收策划

A房地产开发企业为增值税一般纳税人，其开发的B项目2022年3月开始建设，2023年5月取得商品房预售许可证，项目尚未竣工。2023年6月，A企业与买方H达成交易意向，预计取得"定金"200万元。"定金"的交付一般伴随着合同的签订，视同收到预收款。

《财政部、国家税务总局关于全面推开营业税改征增值税试点的通知》（财税〔2016〕36号）附件二规定，一般纳税人采取预收款方式销售自行开发的房地产项目，应在收到预收款时按照3%的预征率预缴增值税。但A企业不想在取得预收款时缴纳增值税，于是在税务师的建议下，与买方H达成协议，先将该笔"定金"以购买货物的名义支付给非房地产企业C，但是C企业并不发货，根据《增值税暂行条例实施细则》（财政部令第50号）第三十八条第四款的规定，在该事项中C企业暂时不需要缴纳税款。后期，C企业又将涉及的资金转回给A企业。

税收策划是企业税收管理中最具能动性、实践性、自发性的一项，税收策划者很容易受市场环境下税收利益的驱动，进而产生与立法精神不一致的不合规策划。关于本案件中该行为是否属于恶意策划，重点根据以下几个标准来判断：第一，合理策划以真实业务为基础，而真实业务与低税收负担之间存在逻辑关系。相反，恶意策划则缺乏这种关系，并可能涉及虚假业务或财务处理。该案中A企业和买方H的真实交易是交付商品房的"定金"，双方之间并没有形成购销货物的经营实质，却通过"货物货款"的方式来获取实际"商品房的预收款"，又以不发货的方式进一步隐匿交易款的实质，达到延迟纳税的作用。第二，正当策划是为了避免多交税、重复纳税，或正常递延纳税，而恶意策划则是逃避本来就应当由纳税人承担的法定纳税义务。《财政部、国家税务总局关于全面推开营业税改征增值税试点的通知》（财税〔2016〕36号）附件二规定，以预收款的方式销售自行开发的商品房，要在取得预收款的次月纳税申报期向主管税务机关预缴税款，但是A企业通过策划后逃避了该纳税义务，直接影响国家正常税收收入。第三，大量正当策划行为以预防纳税风险为目的。恶意策划则以短期利益为导向，忽略税务风险。A企业为了延迟缴纳增值税，进行具有重大风险的税收策划，后期可能引发收取企业税收滞纳金并处罚金的后果，同时导致企业信用受损。

综上，案例中A企业与买方H之间的行为属于恶意税收策划。《税收征收管理法》第三十二条规定：纳税人未按照规定期限缴纳税款的、扣缴义务人未按照规定期限解缴税款的，税务机关除责令限期缴纳外，从滞纳税款之日起，按日加收滞纳税款万分之五的滞纳金。

特别要提到，《税收征管法实施细则》第九十八条规定：税务代理人违反税收法律、行政法规，造成纳税人未缴或者少缴税款的，除由纳税人缴纳或者补缴应纳税款、滞纳金外,对税务代理人处纳税人未缴或者少缴税款50%以上3倍以下的罚款。税务师作为企业、国家征纳双方的利益博弈中的中间人,是涉税专业服务的一大主体。由于当前行业管理体制尚不健全,行业相关的管理办法、执业准则等配套制度建设不完善,执业人员的业务水平参差不齐,不可避免地出现了一些违反行业自律和职业道德的不合规经营行为。2021年12月,中国注册税务师协会、北京市注册税务师协会先后召开会议,强调涉税专业服务机构应依法依规执业、拒绝恶意策划,并部署了行业自律专项治理行动。2023年9月,国家税务总局制定并发布了《涉税专业服务基本准则(试行)》和《涉税专业服务职业道德守则(试行)》。以上举措进一步强化推进行业自律管理,坚决抵制钻政策空子、恶意税收策划等违规违法行为,坚决守牢诚信、规范的涉税专业服务从业人员执业底线。

(三)案例三:受益所有人判定要件认定争议

R公司注册地为英属维尔京群岛(以下简称"BVI"),主营业务为法律咨询,受控于我国居民甲和居民乙两夫妻共同成立的信托基金。2017年,R公司投资成立全资子公司WE集团,注册地为开曼群岛。同年WE集团投资成立全资子公司香港公司,注册地为中国香港。2020年,香港C公司在中国内地投资设立北京D公司。

D公司在中国境内从事法律咨询等业务,C公司在香港有办公地点(签有房屋租赁合同),设有董事会,董事会成员共3人,但其成员实际工作地点既不在C公司也不在D公司,也没有从上述两家公司领取薪酬。C公司聘请了3名员工从事法律咨询工作,并签订了雇佣合同。C公司2021年、2022年的收入情况见表1。

表1 C公司2021年和2022年收入情况

年度	股息收入(万元)	咨询收入(万元)	股息占总收入比例(%)
2021	3 000	110	96.46
2022	4 800	120	97.56

D公司分别于2021年和2022年董事会后执行利润分配方案,将各年度3 000万元和4 800万元的股息分配给股东C公司,C公司在取得各年度股息分配后将股息所得全部分回WE集团。2021年7月,根据《非居民纳税人享受税收协定待遇管理办法》,D公司为C公司备案了以"受益所有人"身份享受税收协定待遇的手续,进而享协定税率。并根据《内地和香港特别行政区关于对所得避免双重征税和防止偷漏税的安排》第十条的规定,D公司向C公司分配股息享受企业所得税5%的优惠税率。

这个案例涉及的税收策划是在搭建股权架构中嵌入了离岸信托的设计,案例中甲、乙两个实际控制人通过信托公司和处于"避税地"的离岸公司既实现遥控境内企业,又获得股息红利分配的优惠税率。实际经营公司将收益分配给居民纳税人受益人控制的信托公司境外账户,以逃避国内税务机关的监管,规避取得境外公司股息红利的所得税。此案例中税收策划实施的前提是目前对于在境外的信托公司,中国税务机关缺乏有效的信息获取渠道和管理,并无法准确穿透信托背后的实际控制人。也就是说,无法实际知晓甲、乙两人的居民纳税人身份,以及暂时可以适配相应的协定税率。但是随着国际反避税和数据技术进一步完善,被穿透的可能性越来越大。这提示我们,无论是受益人、信托机构还是委托人,在筹划、设立信托时应当明确这属于不合规的税收策划,尽量避免被穿透信托,追缴税款、滞纳金。

除此之外,2022年税务机关在进行税收管理工作时,D公司主管税务机关对C公司的"受益所有人"身份存疑,认为C公司申请"受益所有人"的不利因素较多,不能使用优惠预提税税率,需要按照规定进行申报。

但D公司认为C公司是在中国香港特别行政区内依法注册成立的,正常从事投资和法律咨询业务,依法享有支配所得的权利。而且C公司在香港设有办公场所,雇佣数名员工并设有董事会,存在真实租赁合同和雇佣合同作为支撑。故C公司应认定"受益所有人"身份。而税务机关通过对C公司的收入构成及经营活动的摸排,调查了C公司员工数量、实际工作情况等信息,并与其年度总收入进行比对,提出C公司身份认定存在以下问题:首先,C公司在公司设立以来各年度所获股息收入均于当年转回母公司R公司,《国家税务总局关于税收协定中"受益所有人"有关问题的公告》第二条第一项规定,申请人有义务在收到所得的12个月内将所得的50%以上支付给第三国(地区)居民,是不利于认定"收益所有人"的因素;其次,C公司2021年和2022年的收入主要来源为股息收入和培训收入,从事其他经营活动(法律咨询工作)的收入占比较低,经营活动不显著,并且未进行项目投资、企业合并、收购及风险投资等资本运作活动,根据国家税务总局2018年9号公告第二条第二项,C公司不构成实质性经营活动;最后,C公司的员工只有3人,其实际履行的功能及承担的风险有限。

企业在认定"受益所有人"时对于政策存在不明确和不确定,没有准确把握从事"实质性"经营活动的范围和判断方法,未能确保"受益所有人"判定的要件符合标准,在进行策划中导致申请方C公司认为自身符合条件,错误适用股息分配预提税优惠税率。

新格局下的国际税收治理体系和国际税收规则的调整以及新型融资形式、股权架构形式等各种复杂的经济形式大量出现,使税收策划的专业性有了更大的挑战。企业或者涉税专业服务从业者在税收策划中要不仅要熟悉法律形式标准,也要对企业的"经济实质"角度进行准确把握和合理安排。同时对于政策中"不够显著""与其履行的功能相匹配"等没有定性定量且文件解释范畴过大的表述应重点关注。此外,企业在进行组建、筹资、投资和经营等一系列决策前,也要注意听取财务和税务人员意见,最大限度降低税务风险。

三、税收策划风险防范措施

防范税收策划风险,国家税务机关、涉税专业服务机构以及纳税人应形成合力。

(一)国家税务机关层面

1. 进一步完善我国税收法律法规

减少税收政策不完备、不稳定导致的风险的同时对文件中解释范围过大的内容进行定性定量的定义,减少认知差异。同时,在相关法律中明确税收策划定位,明确税务机关的征收管理范围,界定合法税务策划与恶意偷逃的界限,进一步提高税收征收的公平性、公正性、严肃性。

2. 重视对税收策划的税务稽查

根据国家税收法律、法规、查处税收违法行为,保障税收收入,维护税收秩序,促进依法纳税,保证税法的实施;并定期通报违规税收策划案例,通过社会舆论引导社会积极正面地认识税收策划,反对违法违规税收策划行为。

3. 加快推进税收征管数字化升级和智能化改造

深入推进精确执法、精细服务、精准监管,构建更加立体、全面的纳税信用体系,对纳税人进行分级管理、智能化动态监控,发现异常实时进行风险预警。

4. 建立起完善的税务信息共享服务机制

实现不同企业、不同地区之间税务信息的高效共享,使企业可以根据实际情况制定和优化税收策划方案。

(二)涉税专业服务从业者层面

1. 加快税务师行业立法进程

一方面通过立法给注册税务师确立必要的法律地位,为税收策划行为提供明确的法律依据,明确有关税收策划的标准、范畴以及实施的手段和方法。另一方面应制定相关配套的实体法、程序法,完善税收策划相关方的权利义务关系的法律规范。加强对企业、社会中介机构税收策划行为的管理,对违法违规从事税收策划的,追究相关主体的法律责任。

2. 强化税务师税收策划风险意识

税收策划人员应立足于纳税主体的具体情况与常规风险,建设科学的风险防控机制。通过构建完善的管理体系、借助网络平台与信息技术等手段规避各类风险。

3. 重视行业自律,诚信执业、合规经营

强化对涉税专业服务机构的诚信约束,通过信息公示、纳入诚信档案、建立负面清单等措施对风险行为予以限制。

(三)纳税人层面

1. 树立正确的税收策划意识

重视更新学习税收相关法律法规、政策,避免企业的税收策划与国家政策、法规相违背。强化税收风险管理意识,从企业发展的实际情况出发,建立和规范实施税收内部控制制度,构建科学合理的税务策划风险管理方案及监控机制。

2. 与税务机关加强沟通交流,保障自身税收策划的合法性和合规性,有效规避税务机关的认定风险

企业要注重咨询税务机关关于税务征管的内容,明确各项要求,保障自身实施的税收策划得到税务机关的认可。

3. 增强企业税收策划人员的业务技能和综合素质

通过人才引进、加强教育培训、构建公正的奖惩机制等方式对之形成有效培养,增加税收策划专业人才,必要时可以由涉税专业服务人员进行代理。

参考文献

[1]蔡昌. 新时代税收筹划方法论:普适方法与操作技术[J]. 财会月刊,2021(7):116-122.

[2]顾涛. 投资控股公司受益所有人认定的域外经验与启示[J]. 国际税收,2022(9):70-79.

[3]原倩. 企业税收筹划的现状与发展路径研究[J]. 财经界,2023(18):162-164.

[4]殷明,倪永刚. 税收治理视角下税收征管现代化的时代要求及路径取向[J]. 国际税收,2023(3):24-31.

海口市证券业发展现状及税收风险分析

赵菲茵 李为人①

摘　要：本文分析了海口市证券业的发展现状、税收贡献及征管现状，并探讨了税收风险及对策建议。海口市证券业作为金融业的重要组成部分，在促进区域经济增长、引导储蓄转化为社会投资方面发挥着关键作用。海口市作为海南自贸港政策试点城市，证券业在经济发展中占据重要地位，但与一线城市相比，在规模和水平上存在差距。近年来尽管有所发展，但上市公司财务状况普遍不乐观，资本市场基础设施有待完善。税收方面，证券业的税收贡献呈现下降趋势，主要税种包括增值税、企业所得税和印花税。税收风险主要体现在税收政策变化、税务合规风险、业务模式风险和反避税风险上。为应对这些风险，建议加强政策研究、建立完善的税务管理体系、提供税收咨询服务、加强信息共享与合作、促进税源发展等。同时，本文提出了完善税收工作、助力行业发展、把握未来新机遇等对策建议，以促进海口市证券业的健康发展和税收贡献的提升。

关键词：海口市证券业；税收风险；税务合规；反避税；金融创新

一、海口市证券业发展现状

证券业是金融业的重要分支之一，具有融通资本、资本定价与资源配置等功能。作为一个新兴而有生命力的行业，证券业的发展过程始终与实体经济紧密相连，在引导储蓄转化为社会投资和促进实体经济发展上具有不可替代的作用。一方面，证券部门通过便利交易、资源配置、公司治理和风险管理等作用的发挥，可降低市场的交易成本和信息成本，促进资本积累和技术创新，从而有利于区域经济增长。另一方面，证券业作为一个高附加值、高增长的产业，其本身就能为区域经济增长作出直接贡献。

作为海南省的省会，海口市是海南自贸港政策试点城市，证券业在其经济发展中具有重要地位。证券公司为海口市提供了证券交易、投资咨询和资产管理等服

---

① 赵菲茵，中国社会科学院大学应用经济学院税务硕士。李为人，中国社会科学院大学应用经济学院副院长，副教授。

务,促进了资本市场的繁荣。此外,海口市积极探索金融创新,推出一系列支持证券业发展的政策措施(如鼓励金融科技应用、支持创业板企业发展等),通过引入人工智能、区块链等新技术,提高证券交易的效率和安全性,促进证券业的数字化转型。

然而,与一线城市相比,海口市的证券业规模和水平还有较大差距,存在投资者风险意识不足、资本市场基础设施有待完善等问题。海口市的绝大多数上市公司于20世纪90年代上市,产业基础不牢,规范程度不高,很多上市公司前期以房地产为主业或有较多资产投入房地产业,并没有形成与海口优势产业相结合的主营业务,而在90年代中前期海南省地产泡沫和20世纪初期区域金融危机爆发后,海口市的区域金融参与度较低,辖区内上市企业无法充分利用资本市场分散金融风险。

证券业发展缓慢,金融机构数量较少、规模偏小、市场排名靠后,意味着多年来海口市证券业的产业发展作用并未得到很好的发挥。一方面,抗风险能力低、证券业务种类较少、竞争力较弱,证券经营机构整体实力较弱,证券机构创新步伐滞缓,证券中介服务体系不健全;另一方面,资本市场规模较小,资金实力强的大客户资源较少,也制约了证券经营机构的发展。

这具体体现为,辖区内上市公司财务状况普遍不乐观,而其内部财务管理制度规范程度较低,许多企业存在同一会计期间报送不同的财务报表给主管部门、税务、银行、董事会的现象。尤其是部分处于发展初期的个体民营企业,内部规章制度不健全,财务会计制度执行不力,报表数据失真的现象较为严重,导致辖区内证券经营机构缺乏可靠依据来评价企业资信。市内中介服务机构数量较少、质量不高,缺乏独立性强、权威度高的中介服务机构,如信用评级机构、审计机构、会计师事务所及律师事务所等,难以为本地证券的承销、发行、流通以及转让等提供一系列的中介服务。

近年来,海口市证券业发生了积极、深刻的变化。2021年,海口市新增1家上市公司。至年末,海口市共有沪深证券交易所上市公司27家,挂牌交易的股票29只(A股27只,B股2只),总股本703.47亿股,总市值为3 411.97亿元。27家上市公司中,主板上市23家,创业板3家,科创板1家。上市公司2021年年报显示,全市27家上市公司中,16家公司盈利,11家公司亏损;年末上市公司总资产为3 398.43亿元,净资产为989.46亿元;全年实现营业收入1 187.15亿元,归属母公司股东的净利润40.99亿元。年内,无新增全国中小企业股份转让系统挂牌公司,共有挂牌公司21家,总股本27.12亿股。21家挂牌公司2021年年报显示,9家公司盈利,11家公司亏损;年末总资产为116.62亿元,归属于挂牌公司股东的净资产为36.94亿元;全年实现营业收入38.79亿元,归属于挂牌公司股东的净利润

27.42亿元(注:1家公司未在2022年4月30日前披露年报)。

2022年,海口市企业在境内证券市场累计筹资92.77亿元,比上年下降6.40%。其中1家上市公司首次公开发行股票,融资4.3亿元;3家上市公司定向增发股票,融资0.84亿元;6家公司发行公司债,融资87.5亿元;1家挂牌公司非公开发行优先股,融资0.13亿元。

海口市有证券公司2家,即金元证券股份有限公司、万和证券股份有限公司;证券公司分公司40家;证券营业部33家。有期货公司2家,即金元期货股份有限公司、华融期货有限责任公司;期货分公司5家;期货营业部7家。具有证券投资咨询业务资格的机构3家,其中专营证券投资咨询机构1家,兼营证券投资咨询机构2家。

海口市在中国证券投资基金业协会完成备案的私募基金管理人有69家。其中,证券投资基金14家,私募股权、创业投资基金54家,其他私募投资基金1家。69家私募基金管理人总计备案基金产品238只,管理基金规模达到216.26亿元。

年内,海口市2家证券公司为投资者开立资金账户81.99万户、证券账户128万户,分别增长10.4%、10.4%;客户托管资产总额为1 564.37亿元,增长11.7%。2家证券公司全年代理买卖证券总额为21 977.14亿元,增长4.2%;营业收入为17.45亿元,增长36.9%;净利润为5.63亿元,增长393.9%。全市证券公司分支机构为投资者开立资金账户147.58万户、证券账户239.62万户、基金账户69.79万户,分别增长10.4%、11.5%、16.4%;客户托管资产总额为1 522.53亿元,增长25.2%。全市证券公司分支机构全年代理买卖证券总额为16 876.67亿元,增长19%;营业收入为7.71亿元,增长26.2%;净利润为0.14亿元,下降91.6%。

2家期货公司客户权益总额为36.31亿元。全年代理成交量2 874.82万手,增长35.9%;代理交易额为21 615.5亿元,增长45.8%;营业收入为14 872.31万元,增长60.5%;净利润为2 219.05万元,增长187.5%。全市期货公司分支机构客户权益总额为11.62亿元。期货公司分支机构全年代理成交量为1 427.1万手,下降15.1%;代理交易额为8 439.6亿元,增长8.4%;营业收入为1 621.38万元,增长154.4%;净利润为-625.78万元[①]。

由于配套不齐全,产业基础薄弱,经济体量偏小,加之人才吸引力不足,海口市资本市场的建设任重道远。资本市场证券服务机构资本普遍实力不强、规模有限,业务类型有待进一步丰富。同时,海口市的上市公司数量偏少,在产业布局上也差强人意,与自贸港重点发展的三大产业——旅游业、现代服务业和高新技术产业之间的协同度和融合度不高。在公司理念、管理水平、利润绩效等方面,上市公司也与自贸港建设所需要的现代产业体系之间存在较大差距。不过,随着海南自贸港

---

① 根据国家税务总局海口市税务局数据整理。

政策的实施和经济发展的持续推进,海口市会吸引更多金融机构和资本进入,证券业有望迎来更好的发展机遇。

二、海口市证券业税收贡献及征管现状

(一)税务登记与税收贡献

2022年,海口市税务局单位纳税人税务登记情况显示,证券业正常户1 781户,占比达84.1%;注销238户,非正常户19户,非正常户注销73户,清算5户,从2019年开始无变化,情况稳定;纳税人登记注册类型除其他有限责任公司外,私营合伙企业数量最多,达329户;纳税人的行业主要集中在资本投资服务,占比达74.8%。

主要税种的税款入库情况为:增值税一般申报入库税额(应补退税额)为165 704 963.13元,与上年相比减少8.32%;增值税小规模申报入库税额为1 510 301.04元,与上年相比增加11.63%;增值税预缴入库税额为14 980.95元,与上年相比减少23.19%;企业所得税入库税额为83 195 968.00元,与上年相比减少28.25%;印花税入库税额为2 180 256.49元,与上年相比增加16.86%;消费税和个人所得税入库税额均为0,与上年相比无变化。

以上主要税种收入与上年相比总计减少15.78%,由此可知,证券业行业总体税负下降,税收贡献出现弱化。

(二)税收贡献数据分析

本文通过分析近年来的税收数据发现:

第一,行业整体发展与经济走势基本一致,存量业态发展稳健。但传统业务相对饱和、缺乏新业务增长点,后续增长动力不足,导致税收贡献减弱。新业态税收潜力有待进一步挖掘,税源稳定性值得关注。

第二,证券业具备实力的总部机构少导致企业所得税外流。业务本土依赖度低,对本地的投资力度不够,以"两头在外"模式为主,有税户比例较低。

第三,净化税收营商环境和税收优惠后,投资回报率变低,短期内会让部分公司持观望态度。

三、海口市证券业税收风险分析

由税收贡献的数据分析情况可知,证券业涉及多个税种,包括企业所得税、增值税、印花税等,税收风险主要体现在遵守税法合规方面。

风险一:税收政策变化。证券业的税收政策往往受到宏观经济和金融政策的

影响,政府可能根据经济形势和税收需求,对税法细则实施调整或改革,修改或取消税收优惠政策。这些变化可能会对证券业的纳税方式和税负产生影响,导致企业承担额外的税负或税收优惠减少。

风险二:税务合规风险。证券公司需要按照相关税法规定履行纳税义务,按时提交各类税务申报表和纳税申报,如未能合规操作,未及时、准确申报税务,将面临承担罚款、滞纳金、利息或其他法律后果,从而增加税收风险。

风险三:业务模式风险。证券公司的业务模式复杂多样,包括证券交易、投资咨询、承销和保荐等。不同的业务模式对应不同的税收规定和税率,证券公司需要合理安排自己的业务结构,以适应税法的变化,并降低税收风险。

风险四:反避税风险。税务部门会对涉嫌避税行为进行调查和审计,如果发现企业存在违规避税行为,将面临巨额税务处罚。对于涉及跨国业务的证券公司来说,税收风险更加多样。不同国家和地区的税法、税率和税务程序差异较大,而且存在双重征税或避税等问题。证券公司需要合理规划自己的跨国业务结构,以最大限度地降低税收风险。

为应对这些税收风险,证券公司可以采取以下措施:加强政策研究和预警机制,及时了解相关税收政策的变化,并调整业务模式和组织架构,以适应新的税收环境。建立健全税务管理体系,确保纳税合规性,包括建立完善的会计核算和报税制度、培训员工的税务意识和专业能力、与税务部门保持密切沟通和合作。树立良好的企业形象和社会责任感,积极参与公益事业和社会贡献,以提高企业的税收信用度,并尽可能地获得税收优惠。

四、对于海口市证券业的税收政策建议

(一)完善税收工作

税务部门应围绕中心任务,结合有关税收数据指标,拓展工作思路,有效履行职责,在工作机制上推出新举措;拓展统计分析和调研的广度和深度,完善稳定评估体系,在服务纳税人质量上有新提高。

1. 完善税收政策

根据证券业的特点和发展状况,不断完善相关的税收政策。这些政策包括税收减免、优惠政策、税收优惠期限延长等,以促进证券业的健康发展,并减少税收风险。

2. 强化税收监管

加强对证券业的税收监管,确保企业按照法律规定缴纳税款,加强对证券公司的税收核查、审计和稽查工作,以及对违法行为的打击力度。

3. 提供税收咨询服务

向证券公司提供税收咨询服务,为企业解决税收问题、提供合规建议,帮助企业降低税收风险,提供培训和指导,帮助企业了解税收政策,正确履行纳税义务。

4. 加强信息共享与合作

与国家证券监管机构、证券交易所等部门进行信息共享和合作,及时获取证券业的相关信息,加强风险预警和监测,有效防控税收风险。

5. 促进税源发展

全力支持本地证券业做大做强,加快"走出去"步伐。通过省外网点布局,实现跨区域经营,扩大税源的总体规模。

(二)助力行业发展

首先,要鼓励海口市内证券经营机构积极参与优化过程,通过扩大证券机构数量、把控金融产品和服务质量,提高优化区域金融生态环境的品质和效率。其次,政府部门应当和证券经营机构共建区域金融信息共享平台,实现政府经济政策、企业财务信息和证券机构金融信息之间共享互通,降低信息成本。最后,金融生态环境作为资本市场良性发展的基石,证券机构和政府有责任在各自的职责范围内共同监管金融环境,同时证券机构应当加强内部控制并完善对所投资企业的治理。具体包括:

1. 推动加强后备上市企业培育,提高上市公司质量

围绕海南自贸港重点产业,推动健全上市后备资源库,对入库企业进行分层次、分梯队孵化培育和动态管理,加强重点公司培育力度。支持创新型中小企业积极对接北京证券交易所,借助北京证券交易所做优做强。鼓励上市公司聚焦主业,提升核心竞争力和盈利能力。引导行业重点企业将产业链资源落户海南,带动产业集群发展。

2. 充分发挥资本市场功能,促进要素资源优化配置

支持符合条件的企业发行股票、公司债券、资产证券化产品,协助相关部门加快推进基础设施公募REITs(不动产信托投资基金)试点落地,进一步拓宽融资渠道。引导企业发行绿色债券、发展绿色产业,支持绿色低碳转型发展,助力碳达峰碳中和。进一步发挥期货风险管理功能,拓宽"保险+期货"覆盖面,助力产业保供稳价。

3. 积极引进优质金融机构,发挥其支持经济发展的积极作用

加强政策宣传引导,围绕海南自贸港重点产业和贸易投资自由化便利化,支持引进优质企业和证券基金期货经营机构,充分发挥行业头部机构的战略资源和创

新能力优势,促进产业资本和金融创新机构集聚。支持自贸港建设投资基金围绕重点产业设立子基金,充分发挥其撬动作用。引导私募基金积极投资自贸港重点产业,促进科技创新和产业转型升级。

4. 提升风险防控能力,推进重点领域风险化解

加强重点公司、重点领域风险监测,对风险苗头早发现、早处置。紧紧抓住上市公司董监高、实际控制人等"关键少数",压实风险化解主体责任。加强与地方政府及金融监管部门之间的监管协作,统筹风险防控资源,提升风险防控能力。稳妥化解债券违约风险,推进私募基金风险分类整治,深入开展"伪私募""伪金交所"整治。

5. 从严打击证券违法活动,维护良好资本市场生态

坚决落实中央关于依法从严打击证券违法活动的决策部署,"零容忍"打击信息披露、内幕交易等违法违规行为,强化市场纪律。落实证券纠纷特别代表人诉讼机制,进一步畅通投资者民事救济和证券期货纠纷解决渠道,有效保护投资者合法权益。

6. 引导海口市内企业利用资本市场进行再融资和并购重组

实现资源整合及企业跨越式发展,提升盈利能力增强核心竞争力,推动中小企业、民营企业借力新三板改革机遇做大做强,引导中小企业在新三板挂牌,利用改革机遇拓宽融资渠道,降低融资成本,进一步做强做精。

(三)把握未来新机遇

"十四五"期间,资本市场发展速度加快,社会变革、经济转型以及资本市场的高速发展将为海口市金融创新、证券业发展提供良好的外部环境和发展机遇,海口证券业在金融制度、服务领域和金融业务创新等方面具备广阔的发展空间。金融创新是金融发展的生命力和源动力,海口证券业与国内证券业发达地区的差距在于金融创新不足。因此,海口市应紧抓资本市场快速发展带来的机遇,重点推进市内证券经营机构的金融创新,促进证券业稳健快速发展,加大证券业对区域经济发展的支持力度,以此提高证券业对本市的税收贡献度。

1. 培育上市公司的核心竞争力

对于海口市证券业发展的困境,即资本市场规模偏小、上市公司缺乏核心竞争力、资产质量不佳的情况,应根据海南省的省情和海口市当前的金融市场情况,制定适当政策鼓励以高新技术为主的优势特色企业发展,加快上市公司现代企业制度建设,完善治理结构。畅通证券市场信息公开渠道,规范信息披露机制,提高信息披露的透明度与及时性,提高其规范运作水平。

同时,注重变"壳资源"为"优质资源"。政府有关部门要充分利用海口市上市

公司的"壳资源",积极引导省内、市内优势企业"借壳上市",对有条件的企业进行实质性重组,以改变市内上市公司资产质量不佳的现状,使得海口市优势企业能够借助资本证券市场做大做强。

2. 增强证券机构的风险抵御能力

要改变海口市证券金融机构整体实力较弱、创新滞缓的现状与困境,证券经营机构要尝试采取增资扩股、引入战略投资者、努力上市等措施不断充实自身资本实力,增强证券经营机构的风险抵御能力。在提高证券经营机构创新能力方面,可以尝试创新经营模式、业务产品、机构组织体系以及激励约束机制等,拓展新的业务发展渠道,形成多元化客户结构。同时要注意有效控制风险,提高竞争能力,保持经营发展的持续性和稳定性。

对于海口市证券中介服务体系不健全的现状,要努力创建一批权威性较高的审计机构、信用评级机构及律师事务所等中介机构,积极发挥其市场监督作用,为证券的承销、发行、流通以及转让提供系列服务;建立独立的会计机构,通过统一标准严格监督市内证券金融机构的经营运作情况;加强中介服务机构的规范化管理,提高中介服务机构的服务质量。

3. 出台相关扶持政策,鼓励本地企业上市

海口市的金融扶持政策对海口市证券业的发展至关重要,政府部门要高度重视相关政策对证券金融机构创新的促进作用,应制定证券业不同发展阶段的战略规划,明确证券行业的发展目标。出台相关扶持政策时,不仅要考虑海口市内证券经营机构的微观发展需要,还要大力改善海口市证券业乃至整个海南省的金融市场环境。

(1)要积极发挥海口市经济的比较优势,充分利用经济金融协调发展机制,通过增强核心竞争力来提高上市公司的质量和市场竞争力。发展重点是紧抓海口市产业发展方针,大力发展以新型工业、旅游业、现代服务业、高新技术产业、海洋经济等为产业背景的上市企业。

(2)要注重激活市场主体,在科学制定扶持政策的前提下,充分利用各方面的政策优惠支持优势产业发展,坚持"大企业进入、大项目带动"的战略发展思路,创造条件引进国内外知名大企业来海口投资。

(3)要鼓励金融部门扶持本地的优秀企业做大做强,推动海口市内优质的地方企业上市,以改善当前市内上市公司的产业结构,着力打造具有本地特色和优势的区域上市公司板块。

(4)要加强对证券经营机构的风险管理力度,进一步完善企业内控制度,严格执行现代企业财会制度规范经营;加强对海口市证券行业的监管工作,严格遵守海口市上市公司监管制度与券商资格审查认定制度,对上市公司和券商的经营行为

实施规范化管理。

4. 整合区域资源,提升地方券商竞争力

本地券商与海口市内的商业银行、保险机构、金融投资公司等是海口市金融市场和金融体系的重要组成部分。全国性券商的服务重点在全国,海口市的地方资源仅仅是其盈利的对象和市场份额的一部分。而本地券商的服务重点应放在海口市地方经济,要有力整合海口市的各项优势资源,帮助本地券商在融通环节、经济发展中发挥更大作用。

海口市需结合海南省经济金融发展现状、证券业发展需求以及市内金融机构的实际状况,促进本地证券金融机构的发展,提高其整合省内、市内资源的能力。在未来5~10年着力组建规模相对较大、有一定核心竞争力的本地证券金融机构,进而实现海口市证券业的跨越式发展。

参考文献

[1]陈文海,彭桂洁.海口统计年鉴[M]北京:中国统计出版社,2022:4.

[2]张钧皓.海南证券业区域发展问题研究[D].长春:东北师范大学,2011.

[3]华欣,祁鸣.证券经营机构助力国家区域经济建设研究[C]//创新与发展:中国证券业2020年论文集.中天证券股份有限公司研究发展中心,2021:9.

[4]中国人民银行海口中心支行课题组,覃道爱.海南建省十八年金融生态环境的演变及深层次思考[J].海南金融,2006(5):26-31.

[5]李金金.开好局起好步奋力铸就证券业新辉煌[J].海南金融,2021(S1):46-49.

[6]赵元鹏.海南自贸港(区)背景下金融业发展存在的问题及对策研究[J].现代经济信息,2019,(24):278,280.

[7]刘磊.精准防控税收风险推进实体经济健康发展[J].今日海南,2022(6):30-31.

[8]严长风.海南自贸港建设背景下的大企业税收风险管理研究[D].海口:海南大学,2021.

引领海口市银行业发展
服务海南自贸港高质量建设

陈玥希　贾绍华[①]

摘　要：2023年作为推进海南自贸港封关运作的关键之年，也是银行业高质量转型全面发力的攻坚突破之年。银行业作为现代服务业中的一员，是海南自贸港建设中不可或缺的重要组成部分。本文通过阐述海口市银行业的特点、问题与挑战等，剖析海南自贸港建设对海口银行业的影响，包括市场开放对同业竞争和跨境资金的作用、金融开放对业务创新的影响，从而针对性地提出相关对策与建议，以实现"引领海口市银行业发展，服务海南自贸港高质量建设"的目标。

关键词：海南自贸港；银行业；金融业

一、引言

当前我国经济增长方式已经从高速发展阶段转向高质量发展阶段，经济增长方式的转变需要实体经济与金融经济的相互配合。当前，金融业已成为国民经济发展的核心行业，而作为现代金融体系的主体和核心，银行业的快速发展可极大推动国家经济实现高速发展。党的二十大报告中提出，坚持把发展经济的着力点放在实体经济上。我们要准确把握中国式现代化的主要特征和本质需求，深刻认识高质量发展是全面建设社会主义现代化国家的首要任务，要把金融服务着力点放在实体经济上。银行业的发展对于发展实体经济有着重要的促进作用。

日益变化的外部环境、复杂的经济形势使中国银行业始终面临各种问题和挑战，银行业的改革创新与时代发展紧密相关，革新永无止境。自改革开放以来，我国银行业市场结构不断变化，逐步形成了以央行为领导，各类商业银行、金融机构并存的多元化竞争体系。从理论上来看，竞争主体的增加会优化市场的竞争行为，然而现阶段我国商业银行的发展存在许多问题。例如：各商业银行从区域到目标客户，包括金融产品都大同小异；信贷业务的发展也更多地倾向于虚拟经济；等等。

[①] 陈玥希，中国社会科学院大学应用经济学院税务硕士。贾绍华，中国法学会财税法学研究会副会长，教授、研究员。

当前,我国银行业正值转型发展的新阶段,及时识别与控制银行业的税收风险将为银行业的转型注入新的发展动力。这不仅有助于增强银行的获客能力、降低运营成本,而且有利于提高风险防控能力,进而强化并提升盈利能力。

2023年是推进海南自贸港封关运作的关键之年,也是银行业高质量转型全面发力的攻坚突破之年。银行业作为现代服务业中的一员,是海南自贸港建设中不可或缺的重要组成部分。目前海南区域银行业的发展程度与自贸港内在需求存在一定差距,银行业应按照总体方案的规划方向,紧抓发展机遇,加快转型升级,实现与自贸港"共命运、同成长"。

二、海口市银行业现状

(一)现阶段海口银行业金融机构业务发展的主要特点

海口现有的331家金融机构中,有银行29家。户数从2018年的289户增加至2022年的332户,2022年银行业税款金额为25.9亿元,户数和税款实现整体增长。其中,海口银行和海口农村商业银行在海口市设有总部机构,中国建设银行、中国农业银行、中国工商银行、中国银行、交通银行、招商银行、兴业银行、中信银行、华夏银行等银行均在海口市设有分支机构。

1. 资金来源以各项存款为主,境内住户存款占比最高

目前,海口银行业的资金来源主要包括各项存款、金融债券、卖出回购资产、应付及暂收款和各项准备等。截至2022年末,海口银行业各项存款共计6 399万亿元。从境内外存款规模看,境外存款数量较少,境内存款规模远远超过境外存款;而境内存款又包括住户存款、非金融企业存款、政府存款和非银行业金融机构存款,其中住户存款占比最高,其次是非金融企业存款。

2. 贷款业务发展拉动资金运用规模扩张,贷款主要投向实体经济部门

从海口银行业的资金运用规模结构上看,其主要由各项贷款、债券投资、股权及其他投资、应收及预付款和固定资产投资等组成。截至2022年末,海口银行业各项贷款余额为7 073万亿元。从贷款投向看,主要投向境内住户部门、非金融企业及机关团体部门和非银行业金融机构部门。其中非金融企业及机关团体部门的贷款份额占比最大,其次是住户部门。

3. 省会城市主导全省资金来源规模,资金投向更为青睐重点城市

全省银行业资金来源的区域结构方面,省会城市海口市的资金来源占比最大,其次是三亚市。从银行业资金投向的区域结构看,海南省银行业资金主要投向海口和三亚两个重点城市。

(二)海口市银行业发展面临的主要问题与挑战

1. 宏观经济回暖,但发展尚不均衡

海口市认真贯彻落实党中央、国务院和省委省政府的决策部署,坚持做好"六稳""六保"工作,坚持"一手打伞、一手干活",坚持稳中求进工作总基调。全市经济发展经受住了诸多不利因素的考验,各项应对措施有力有效,稳大盘预期基本实现。2023年上半年海南省地区生产总值为3 458.79亿元,同比增长8.6%;海口市以GDP总量1 001.05亿元排名全省第一,占全省GDP总量的28.96%,GDP增量为96.83亿元,名义增速为10.71%。2022年海口市全年GDP完成2 134.77亿元,按不变价格计算,同比增长1.3%。从各区数据来看,龙华区GDP最高,为732.70亿元,同比增长2.0%。秀英区和美兰区位居第二和第三,秀英区GDP总量为569.42亿元,同比增长1.0%;美兰区GDP总量为523.12亿元,同比增长0.8%。2022年海口市全年GDP完成2 134.77亿元,按不变价格计算,同比增长1.3%。分行业看,第一产业增加值为99.19亿元,同比增长5.6%;第二产业增加值为406.3亿元,同比增长6.8%;第三产业增加值为1 629.27亿元,同比下降0.1%。2022年海口市完成农业总产值164.28亿元,比上年增长6.0%;农业增加值为105.63亿元,比上年增长5.8%。全年规模以上工业产值实现两位数增长,总产值完成738.39亿元,比上年增长10.4%;规模以上工业增加值较上年增长20.5%,拉动GDP增长1.8个百分点。全年社会消费品零售总额为1 003.05亿元,与上年相比下降5.1%。全年固定资产投资与上年相比下降12.7%[①]。

在经济和货币总量增速放缓的大背景下,宏观经济的回暖使得海口市银行业的规模增长逐步回归正常,商业银行对于未来发展速度的预期将会更加现实和理性。新冠疫情过后,海南金融业全力支持企业复工复产、提升金融服务效能,为海南自贸港建设开好局、起好步作出了应有贡献。然而,总体看,海口市各地区经济不平衡,海口市的经济发展主要集中在市区和东海岸,而其他地区发展滞后。经济发展较好地区的注册网点数量相对更多,地区经济的不均衡直接带来了显著的差异,进而影响了海口市各区的银行业发展。

2. 信贷投放困难,信贷资源对接效率不高

受持续几年的新冠疫情冲击和银企信息不对称等因素叠加影响,企业经营活动有所萎缩,导致有效需求持续下降,海口银行业贷款投放困难加大,信贷业务增长缓慢。受新冠疫情冲击影响,以旅游服务业为主的海南第三产业陷入低迷状态,导致银行业金融机构新客户营销工作难以开展。特别是一些授信客户出现项目业绩下滑、资金回笼缓慢和经营周转困难等不利情形,造成客户的项目在授信审批中

---

① 根据海口市人民政府(haikou.gov.cn)官方网站相关数据整理得出。

难以获得足够额度,甚至无法通过审批。另外,在经济下滑及信贷项目风险增大的背景下,银行业金融机构惜贷情绪上升,对信贷项目的要求提高,而银企信息不对称问题的存在也让有贷款需求的客户难以充分了解有关的信贷政策,这导致海南信贷资源对接效率不高。

3. 中小企业融资困难

中小企业在其生产经营中会出现融资缺口,银行等金融机构向中小企业提供的资金数量无法满足企业进一步发展的需求,同时中小企业也难以达到上市条件来获得直接融资。由此形成了中小企业融资壁垒,在信息不对称条件下,银行会通过提高利率或者附带条件迫使部分中小企业无法获取贷款。相较于大型企业,中小企业信息透明度更低,与银行之间的信息不对称问题更为严重,银行无法识别优质企业与劣质企业。对整个市场而言,因为有坏账风险的存在,银行无法以市场利率为企业提供贷款,这就导致优质企业因为无法获得应得价格的贷款而退出市场。得到贷款的企业为了平衡贷款成本,往往会铤而走险,选择风险高、收益大的项目,这又进一步增加了坏账率。银行为了追求风险调整下的最大利润,也会选择与信息透明度更高的大企业达成贷款协议,中小企业则由于信息透明度低而被淘汰。每一笔贷款对于银行的交易成本几乎相同,相较于大企业而言,中小企业每一笔贷款的数额较小,单位贷款的成本变高,银行更愿意向大企业提供贷款,而非中小企业。

4. 资产质量下行及风险管控压力上升,不良资产处置方式单一

新冠疫情短期内对海南住宿餐饮业、交通运输、批发零售、文化旅游等省内重点行业形成了较大的负面冲击,使这些行业的客户贷款偿还压力增大。例如,有部分借款企业由于订单需求减少、原材料受阻以及经营现金流紧张等,出现还款意愿不足、还款能力下降,甚至要求延期支付贷款本息。这使得海南银行业金融机构面临着贷款不良率提高及信贷资产质量下降的风险。同时受自身财务制度、监管要求和司法处置效率等限制,海南银行业金融机构处置坏账仅依靠自身清收,核销速度缓慢、成本较高,特别是司法诉讼流程较长、处置效率较低,不良资产转让、不良贷款证券化等市场化渠道又不够通畅,这大大限制了银行业金融机构的金融风险消解能力。

5. 金融产品创新和税务管理脱节

近年来,商业银行为追求更高的效益,不断推出新的金融产品,产品形式更加丰富,相应的税收政策适用也就变得更加复杂。2018 年以来,部分银行的非标业务发展迅猛,因其投资底层资产形式多样、收益率高,且利用理财资金不占用银行自有资产,受到各家银行的青睐。但非标业务迅速发展的同时,其增值税税务处理成为业务开展不可回避的环节。2017 年 6 月 30 日,财政部、国家税务总局联合出

台《关于资管产品增值税有关问题的通知》(财税〔2017〕56号),明确资管产品管理人为增值税纳税人,并对资管产品的具体范围进行划定。但由于非标业务的底层资产种类繁多,需要逐一判断每笔非标业务涉及产品是否保本,保本需要缴纳增值税,非保本不需缴纳增值税。而对是否保本的判定不仅要结合合同条款,更需判断其业务实质。由于创新产品的复杂性,对相关产品容易定性错误并误用税收政策,最终造成税务风险,给银行带来损失。

6. 公司治理不健全,内部管理体系不完善

目前,海口一些银行业金融机构在公司治理架构、治理机制和履职有效性等方面还存在一定的问题。一是大股东对银行经营管理活动的直接干预较多,在人员、财务等管理方面未能实现有效隔离;二是股权管理比较混乱,部分法人银行业金融机构股权关系存在不透明、不规范以及股权代持的问题;三是"三会一层"的公司治理体系形同虚设,特别是监事会作用没有充分发挥,难以对董事会和管理层形成有效的制衡,从而难以根治内部人控制问题;四是片面照搬公司治理模式,公司治理文化薄弱,不注重培育公司治理文化,无法将公司治理机制和公司文化相统一起来。另外,海口部分村镇银行在经营管理和业务发展上受到发起行的严格管控,导致银行法人的独立性不足。

三、海南自贸港建设对海口银行业的影响

随着推进海南自贸港建设的政策逐一落地、建设逐步到位,自贸港内企业的经营环境必将优化,国内外市场主体也将随之增多。作为海南省的省会城市,海口的银行结算业务量特别是国际业务结算量将随之增加,具备先天优势的国内银行会加倍受益。与此同时,金融开放力度加大以及对外资银行准入限制减少势必将加剧银行间的竞争,对区域银行业发展造成较大影响。

(一)市场开放将形成同业竞争的"主战场"

随着海南自贸港的建设加速,海南尤其是海口,将成为全球金融机构的必选之地,入驻的国内外银行将呈几何级数增长,市场竞争愈发激烈。集聚效应的产生对于促进银行机构的迭代更新,提升整体金融服务水平具有积极意义。5年来,海南省金融业态不断丰富:全国首家投资管理型村镇银行兴福村镇银行开业;渤海银行海口分行、广发银行海口分行开业;汇丰银行海口分行成为"4·13"以来第一家入驻海南的外资银行;全省首家本土新设法人保险公司海保人寿成立,泰康养老、太平财险、中航安盟财险、紫金财险海南分公司相继获批开业;中国渔业互助保险社海南分社获批开业,成为海南首家相互保险组织。

(二)市场开放将形成跨境资金的"蓄水库"

银行业作为追逐资金流向的行业,自贸港跨境资金流将为银行外汇业务的发展带来广阔发展空间。世界上大多数自贸港均放开资本项目管制,允许境外资金自由汇兑、进出和流动,这将创造一个巨大的外汇交易市场,同时为跨境人民币使用提供更加宽广的平台。中国香港地区实行港元同美元挂钩浮动,允许外汇自由汇兑,日均交易额约为 5 500 亿美元,外汇成交额占全球的 4.2%。同时,中国香港地区拥有一个最大的离岸人民币资金池,处理全球约 7 成人民币支付交易,人民币外汇交易量亦居全球首位。可以预见,海南自贸港发展将带动海量的跨境资金流动,这将推动港区内银行跨境资金业务飞速发展,成为其效益增长的"新引擎"。

(三)金融开放将成为业务创新的"孵化器"

从自贸港建设大环境来看,未来跨国公司的大量进入、跨境资金的大额流动以及跨境业务的大幅增长都向市场提出了业务创新的迫切需求,这将倒逼银行业加速推进业务创新,以满足自由市场需要。从银行自身转型发展来看,面对利率市场化加速造成存贷利息差收窄的现实,银行为了保持市场地位稳定和利润增长,将内生出寻找新利润增长点的动力,众多创新业务随之应运而生。

四、对策与建议

(一)加强政银企协作,提高信贷资源对接效率

一是建议有关部门分类梳理疫情防控重点保障企业、受疫情影响较大的重点领域企业名单及重点项目详细信息,通过建立银企线上信息共享平台的方式,加强信息披露,有效降低信息不对称程度,改善信贷资源对接效率。

二是多途径开展银企对接合作,抓好银行走访对接活动的组织推动,发挥地方政府行业部门信息搜集与共享作用,创造条件促进银企、银农更加精准快速对接,增进借贷双方沟通交流,提高金融服务质效,有效改善营商环境,共同促进海南企业复工复产融资需求和自贸区建设项目的落地。银行业应以银政企为核心创新产品服务,重点对接好海关、税务、市场监督等与自贸港战略建设相关的政府部门,紧紧围绕这些部门开展产品创新研发,在所涉平台上嵌入完备的金融功能,打造集结算账户开立、税款缴退、供应链金融、保险等业务为一体的综合产品体系,让客户体验"一点接入、全流程办理"的优质服务。

三是持续开展针对海口中小微企业的政策宣传工作,强化政银企对接力度,引导中小微企业健全和完善公司组织治理机制和财务经营管理体系等,提高中小微企业的资质以获得信贷资源。党的二十大报告要求:"优化民营企业发展环境,依法保护民营企业产权和企业家权益,促进民营经济发展壮大。"这是坚持"两个毫

不动摇"的重大部署,毫不动摇鼓励、支持、引导非公有制经济发展,是坚持和完善社会主义基本经济制度的基本要求。近年来,我国小微企业贷款保持较高增长的态势,截至2022年末,银行业金融机构普惠型小微企业贷款余额为23.6万亿元,同比增长23.6%。但我国存在大量介于微型企业和大型企业之间的中小企业,其资金需求无法得到有效满足。2022年1月,中国银保监会发布的《关于银行业保险业数字化转型指导意见》明确提出"积极发展产业数字金融"、"推进企业客户业务线上化"与提供"综合化金融服务"。金融机构依托产业数字金融,通过实时获取和深度分析中小企业多维经营数据,建立基于企业"主体信用"、交易"数据信用"的多方互信机制,促进数据流通,帮助破解制造业中小企业融资困境,更好地支持实体经济发展。小微企业信贷需求的特点是"短、小、频、快",助贷机构的补充服务可在一定程度上减少小微客户的材料准备时间,减少与银行对接时的重复性操作类工作,提升银行业务效率。同时,通过设立企业纾困基金、中小微企业融资担保基金、重点产业投资发展基金等措施,解决相关中小微企业担保方式欠缺及担保不足问题。

(二)创新业务形式,拓宽业务赛道

从所开展的业务来看,吸收存款、发放贷款,通过存贷利差获取利润是传统银行生存的主要途径。在传统银行模式下,评价银行经营好坏的重要指标有银行的资本充足率、资产质量、资金流动性、银行盈亏等。地方法人银行业金融机构要进一步完善利率风险管理框架,加强对利率风险的有效监控,细化利率风险的识别、计量、检测和控制方法,加强对利率风险敞口的准确估值,执行有效的限额管理制度,为利率风险计提充足的资本。

在现代银行业务中,通过服务获取的利润,通过中间业务收取费用,在银行收益中所占的比例越来越大。中间业务包括个人租赁、个人保管箱、个人票据托收、个人汇兑结算、个人信托、代理支付、个人外汇买卖及外币兑换业务、个人咨询及理财业务等。商业银行的金融产品也可以看作零售业的一种,银行业金融业务的新零售包括数字化、智能化的技术应用,以及大型综合化体验型旗舰店和小微便利型智能化服务点两种网点形态的重新布局等。随着大型企业客户对股本融资、发债、兼并收购、投资理财、境外融资等全面的金融需求逐渐凸显,商业银行通过提供定增、并购基金、发债等资本市场业务支持,以及股权质押融资、财富管理等私人银行服务,在满足客户多元化金融需求的同时,帮助银行增加中间业务收入,实现"商行+投行"联动发展。

加快业务转型,实施多元化经营战略,从单一的业务发展模式向多元化发展模式转变,将现有的盈利模式从息差为主导升级为息差和中间业务并举。特别是要结合海南自贸港建设方向,充分发挥地缘优势,加强信贷、担保和风险管理能力等

方面的创新,积极拓展资产业务、培育特色业务,实施差异化发展战略,逐步提高核心业务的竞争力,促进高附加值中间业务的发展,不断提高经营管理水平,积极调整改善产品结构、收入结构和贷款结构,有效增强盈利能力和抗风险能力。

(三)借助人民币国际化,增强银行竞争力

借助人民币国际化,培育辐射《区域全面经济伙伴关系协定》(RCEP)成员国的区域性金融市场。突出海南自贸港国内国际双循环重要交汇点作用,着眼全岛封关运作后海南自贸港金融市场的特殊性,立足服务实体,坚持市场驱动,培育真实需求,探索建立与国际通行相接轨的法律制度。稳妥有序发展离岸金融相关业务,创新金融产品,探索培育区域人民币市场,为海南自由贸易港实体经济离岸业务发展提供各项人民币金融服务。利用好 RCEP 区域银行合作会议机制,满足 RCEP 成员国以及境外人民币资产配置和投融资需求,畅通人民币回流渠道,更好地服务人民币国际化。

(四)加强日常风险监测评估,完善金融风险防控预警机制

习近平总书记强调,"防范化解金融风险,特别是防止发生系统性金融风险,是金融工作的根本性任务,也是金融工作的永恒主题"。推进自贸港金融安全型开放,需要牢牢把握风险防控这一决定成败得失的关键变量,加强和完善现代金融监管。一是金融管理部门应加强日常风险监测分析,定期评估分析海南经济金融形势和银行业金融风险状况,特别是风险多发、易发领域的监测分析;二是金融监管部门应加大现场检查力度,摸清海口银行业金融机构风险底数,对存在风险隐患的银行业金融机构要及时发出风险提示函或意见书,做到风险早发现早处置;三是金融管理部门间要加强协调合作,增进沟通交流,实现数据共享,建立风险处置协调机制和区域性宏观审慎管理框架,及时化解风险隐患;四是银行业金融机构要密切监测信贷投放重点领域、高风险行业相关企业的经营业务、资金链和贷款还款等状况,提高风险识别和抵抗能力,并落实好金融管理部门的重大事项报告制度,及时将金融风险动态情况向金融管理部门汇报,制定风险处置应急预案,加强演练,做好应对金融风险冲击的各项准备。

(五)加强信贷资产风险管理,拓展不良资产处置渠道

海南银行业金融机构应进一步加强风险管理,在充分满足受疫情影响的小微企业资金需求的基础上,理性开展贷款业务,避免贷款盲目扩张。针对贷款规模扩张较快、展期贷款较多的银行,金融监管部门应全面摸清银行风险现状,加强风险督导,对于贷款较为集中、出现多头授信的企业,密切关注企业经营状况,督促银行加强贷后管理,严防发生集中性风险。同时,对受疫情影响还贷困难的企业,应积极帮扶,通过设置还款宽限期、调整付息频率、再融资、续贷、变更还款计划、征信保护等差异化政策,纾解企业经营压力,避免出现大面积的不良金融债权。在不良资

产风险处置方面,一要放宽不良资产转让的垄断性限制,扩大地方性资产管理公司经营权限,适当增加其数量,尽快形成不良资产转让价格的市场化;二要加快推进不良资产证券化工作,完善相关法律法规,推动开展海南银行业不良资产的证券化工作;三要发展依托大型电子商务网站或专业的网上金融资产转让处置平台,让大型资产管理公司、投行、地方民营合格受让者等不同市场主体在统一平台上公平竞价。

参考文献

[1]潘孝斌.中小银行如何做好助贷合作管理[J].中国银行业,2023(3):77-79.

[2]李忠元.影响银行业高质量发展的关键问题[J].中国金融,2023(11):42-44.

[3]傅平江.抢抓机遇 主动作为 引领银行业保险业 全力服务海南自贸港高质量建设[J].中国银行业,2023(6):22-24,6.

[4]符瑞武.当前海南银行业面临的主要挑战与对策建议[J].时代金融,2020(29):48-50.

[5]岳树民,张萌.优化我国税收营商环境的借鉴与路径选择[J].税务研究,2021(2).

[6]王柱.牢牢把握党的二十大确立的重大原则 奋力谱写黑龙江银行业保险业高质量发展新篇章[J].黑龙江金融,2022(S1):7-9.

[7]万聪.海南自贸港建设对银行业的影响及对策[J].海南金融,2020(10):64-69.

[8]李成,施文泼.世界银行纳税营商环境指标体系研究[J].厦门大学学报(哲学社会科学版),2020(5).

[9]中共中央,国务院.海南自由贸易港建设总体方案[N].人民日报,2020-06-02.

大数据背景下的海口市房地产税收风险管理困境与对策研究

许翔榕　贾宜正[①]

摘　要：近年来，随着大数据技术的发展与成熟，大数据+税务成为打造服务型政府的必然选择，海口市税务局结合海口市房地产业的具体情况，积极应用大数据技术优化税务管理，以最大限度降低房地产企业的税收风险。但通过调研发现，海口市房地产的税务管理还存在一些问题，如政策缺乏整体性、数据有效性和及时性不足、风险识别效果不佳。为此，建议利用智慧税务提高涉税信息质量和更新速度，完善房地产税收风险管理配套政策，充分利用第三方房地产税收风险管理政策，并依靠新技术构建大数据共用平台构建信息智库，进一步推动外部涉税数据共用。

关键词：房地产业；税务管理；税收风险

一、海口市房地产税收风险管理的研究背景和意义

（一）2023年上半年海口市房地产基本情况

截至2023年6月，海南省正常登记房地产开发企业22 241户，其中海口市正常登记房地产开发企业10 201户，占全省总数的45.87%。全省在建在售的房地产开发项目18 307个，其中海口市在建在售开发项目5 825个。2023年1—6月，全省房地产行业实现税收收入626.26亿元，占全省税收收入3 944.58亿元的15.88%，贡献度较上年同期下降1.32个百分点。其中海口市房地产行业实现税收收入228.74亿元，占全省房地产行业税收收入的36.52%，贡献度较上年同期下降3.2个百分点；全省房地产开发土地供应面积1 804.6公顷，同比增长0.4%，其中海口市房地产开发土地供应面积460.3公顷，占全省土地供应面积的25.5%，同比增长2.90%；全省房地产开发投资共计2 827.3亿元，同比下降19.00%，其中海口市房地产开发企业投资1 342.00亿元，占全省投资总额的47.50%，同比下降

[①]　许翔榕，中国社会科学院大学应用经济学院税务硕士。贾宜正，海南华宜财经研究院执行院长，海口经济学院副研究员。

15.90%；全省房地产开发新开工面积3 162.60万平方米，同比下降34.40%，其中海口市房地产开发新开工面积863.50万平方米，占全省新开工面积的27.30%，同比下降40.60%；全省房地产开发商品房销售面积4 311.90万平方米，同比下降2.70%，其中海口市房地产开发新商品房销售面积1 161.60万平方米，占全省商品房销售面积的26.94%，同比下降4.40%；全省房地产开发到位资金3 878.80亿元，同比下降10.10%，其中海口市房地产开发到位资金2 195.70亿元，占全省到位资金的56.61%，同比增长1.60%。

综上，房地产税收在全省税收收入总额中有着举足轻重的地位，但随着近年来房地产行业整体下行，房地产行业所贡献的税收收入也存在下行的较大压力，作为省会城市的海口市的税收表现能够直接反映全省的整体情况。

（二）研究意义

房地产税是一种重要的地方财政收入来源，对于促进城市建设和社会发展具有重要作用。海口市作为海南省的省会和国家历史文化名城，房地产业是其经济的支柱产业之一。因此，研究海口市房地产税收风险管理的现状、问题和对策，对于提高海口市房地产税收管理水平，保障房地产税收的稳定和增长，促进海口市房地产业的健康发展，具有重要的理论和实践意义。房地产税收风险是指各种内外部因素的影响导致房地产税收实现与预期目标之间存在偏差的可能性。

房地产税收风险管理是指通过识别、评估、控制和应对房地产税收风险，以最大限度地减少房地产税收损失，提高房地产税收效益的过程。研究海口市房地产税收风险管理的困境与对策，可以为海口市政府和相关部门提供科学的决策依据和参考建议，有助于完善海口市房地产税收制度和政策，加强海口市房地产税收监管和服务，优化海口市房地产税收结构和布局，增强海口市房地产税收的适应性和抵御风险能力。

房地产税收风险管理是一个涉及多方面、多层次、多维度的复杂系统工程。研究海口市房地产税收风险管理的困境与对策，可以为我国其他城市和地区提供借鉴和启示，推动我国房地产税收风险管理理论和实践的创新和发展，为我国房地产业的可持续发展和城乡协调发展贡献智慧和力量。

二、海口市税收风险管理现状

国地税合并之前，海口市国税、地税各级税务机关内部机构设置多有重复，多数县级税务局没有设立专门负责风险管理、大企业管理、督察内审、信息综合处理等的部门，多项工作往往由一个部门或多个部门兼管，存在多对一的情况，导致专业人员配备和工作质量跟不上，不能满足税收风险管理的要求。

我国于2018年6月统一成立了省级新税务机构,为各地国税、地税的整合提供了坚实基础。在这种情况下,税务机关人、财、物实行集中管理,新税务机构成立后,海口市设置了实体化运行的内设机构——海口市税收风险管理局。为了实现税收风险工作开展的有序性,海口市以单位主要负责人为主管责任人,成立了相应的领导小组,落实总局、省两级下发的相关文件,全面开展税收风险管理工作,推动税收风险管理工作在全市范围内开展。同时,收集各基层单位在风险应对工作中的成功经验进行推广,利用大数据和网络技术建立税收风险管理模型和数据库,有效开展数据管理。

海口市税务系统税收风险管理局主要负责全市税收风险工作的统一管理,建设风险管理平台,对海口市税务系统的纳税人按照各行各业、纳税种类、风险类型进行分类解析,领导海口市税收风险管理团队解剖分析某家企业或者某种特别种类的风险,评价风险管理工作的进行情况。

自海口市税务局税收风险管理局成立以来,经过近年的磨合,初步构建起了风险管理工作的"1、2、3、4"运行机制。

建立起了1个体系,即税收风险防控体系。税收风险防控体系覆盖风险应对、风险分析、应对结果考核和监督制约机制等各环节,将进一步明确各单位风险管理职责、规范税收风险管理文书、完善税收风险特征库以及规范各环节管理办法等,使实际工作有章可循,促进税收风险管理工作的规范和协调。

重点强化2项保障,即组织保障和人才保障。利用成立税收风险管理工作领导小组这一契机,强化风险管理工作的组织保障,确保各项重点工作得到及时有效的推进;结合风险管理工作的实际要求和回避原则,从各部门抽取专业能力突出的同志组建成风险管理工作团队,集中参与风险任务的排查和应对,同时强化业务知识培训和大数据思维锻炼,扩展专业思路,培养适应实际工作需求的风险管理人才。紧盯纳税人员和税务人员关注税收机构内部管理重要关卡,将内控机制嵌入风险管理全过程,确保税收风险管理的成效,为构建廉洁税务保驾护航。基层税务部门已经从制度、人员、环节等各方面实行留痕管理,将党员教育和廉政教育关口前移,构筑思想防线,降低廉政风险和执法风险。

把握3个环节,即事前预防、事中监管、事后管控。把税收风险防控贯穿企业发展和税务部门管理的始终,逐步强化事前预防和事中监管的职能,在日常工作中不断关注辖区内的行业动态和代表性企业,开展经常性的风险分析和提示提醒工作,将税收风险控制在"摇篮"中。补充和完善风险发生后的快速反应机制,为高效处理紧急情况提供方式方法,从风险任务的发起、推送和反馈等各个环节层层提升工作质效。

实现4项统筹,即机构内部统筹、跨区域统筹、跨系统统筹、重点事项统筹。实行部门联动管理,加强税收风险管理与税政、法制、收入核算、征收管理以及各税源管理部门等的协作,使得分工更为合理,确保优势的最大化,实现税收风险承担能力的大幅提升;依托异地协作平台等系统,为跨区域风险任务的发起和调查提供支撑;加强与其他职能部门的协作管理和服务,实现信息的交互,增强对纳税不遵从行为的震慑与打击力度;持续抓牢增值税发票"打虚打骗"风险管理、重点行业风险研究和税费种联动分析等重点工作,集聚专业力量,重视日常积累。

三、海口市房地产业税收风险分析

根据海口市房地产行业的税收数据可以发现,2019—2022 年,海口市房地产企业数量逐年增长,其中 2019 年有 8 621 户,2020 年增加至 9 104 户,到 2021 年增加至 9 874 户,与上一年相比增多了 770 户。虽然海口房地产企业每年都在增加,但同期无税收和低税收的房地产企业数量也在增加,并且所占比例远高于其他地区的房地产企业,从 2019 年的占比 52% 到 2022 年的占比 65%,从宏观上提示海口市房地产行业税收风险发生的概率在增大。

海口市税务机关在风险分析及应对过程中发现,造成这种现象的主要原因是:一些企业具有了房地产经营的条件,但是在实际运营中缺乏好的实施条件,使得项目搁置;还有一些房地产开发相关项目已经进入尾声,不再产生相关收入,很快要进行项目清算等。从 2019—2022 年的纳税情况看,虽然海口市房地产税收收入基本上与房地产销售形势保持同步增长(2019—2022 年商品房销售额年均增长 12.47%),但同期房地产税收收入年均仅增长 8.41%,低于房地产销售年均增速近 4.06 个百分点。海口市房地产行业税收风险逐步增大具体体现在以下四个方面:

(一)海口市房地产市场的异常活跃

为深入贯彻落实党中央、国务院和省委省政府,海口市委市政府房地产市场调控决策部署,坚决落实"房住不炒"定位,进一步加强对海口市新建商品住房销售价格的备案管理,2021 年 8 月 25 日,海口市发改委、市住建局、市市场监管局联合印发《关于进一步加强新建商品住房销售价格备案管理的通知》(以下简称《通知》),即日起实施,有效期为 2 年。尽管市政府通过行政手段限制了海口市房地产的价格上限,但海口市房地产供不应求的局面近期仍难以根本性转变。房地产开发商便开始巧立名目,将实际购房成本转嫁至其他项目,在备案价格之外加价销售商品房或将委托装修、购买车位、加入会员、签订"阴阳合同"等作为购房前置条件的行为。房地产开发商在向税务机关申报纳税时,申报的销售价格通常是其向住建局备案登记的价款,与实际收取的价款差额巨大,严重侵蚀了海口市房地产行业的税基。房地产商加价销售已成为业界常态,由于海口市房地产市场整体供不应求,购房者与房地产开发商心照不宣,默认了以高于《通知》最高限价的价格购买商品房,导致海口市税务稽查人员调查取证难,难以证实房地产开发商加价销售、转移利润的行为。现已证实的几起加价销售案件根据购房者的实名举报信息得以破获,亟待寻求新的证据搜寻渠道和方式。

(二)房屋工程造价居高不下导致虚开虚抵风险增大

受材料和人工成本双重影响,房屋工程造价从2015年起持续小幅增长,虽然增幅不大,但单位造价却一直保持在每平方米2 440元以上。可预见的是,受环保及人力成本等因素影响,这一趋势仍将长期延续。房地产企业原材料当中沙子、砖头、石灰等材料多数是从本地一些规模较小的企业、村集体或个人手中购买的,这些纳税人往往无法或者不愿意开具增值税专用发票给房地产企业以逃避税务机关监管,这也导致在房地产企业需要大量的发票来入账冲减成本,造成虚开和虚抵的风险。

(三)财务费用逐年大幅增长导致未及时缴纳税款风险增大

从房地产开发资金来源来看,受房地产市场管理及预期影响,企业自筹资金越来越困难,借款费用支出越来越高,比例不断下降,由银行等金融机构提供的资金比例最高不超过5%,对开发企业来讲,这只是杯水车薪,而来源于客户的预交房款和各种借款占绝大部分。与之相对地,开发企业只能以降价促销等降低利润的手段来吸纳客户提前预交房款或订金,无形中又压缩了其利润空间。由于应交税收金额占企业流动资金的比例较大,部分企业通过各种手段尽可能地拖延缴纳税款,以实现减少企业财务费用的目的。

(四)地产销售利润下降导致税款欠缴的风险

在海口市的商品房销售方面,总体上销售额和销售单价量价齐升,但与持续坚挺的成本费用相比较,商品房单位平均售价涨幅相对地价、原材料、人工以及物价仍较小,年均增长尚不到8%,销售利润被成本费用大量挤压,利润空间大幅下降,甚至出现了个别企业拍地后宁可毁约也不愿开发的现象,这直接产生了纳税人拒不申报转为非正常户或者申报后形成欠缴税款的风险。

四、海口市房地产业税收风险管理困境

(一)房地产税收风险管理相关政策缺乏整体性

1. 税务系统内部房地产税收风险管理政策缺乏全面性

在海口市税务机关的征收工作中,各个政策平台大都孤立存在,自行更新,导致各方所用信息缺乏整体性和全面性。各类涉税政策散布在核心征管、行政办公

等多个涉税平台上,处理内部涉税工作的效率不高。此外,海口市税收机关的各个单位的任务管理较为独立,这种传统方式使统筹税务征管很难进行。

2. 风险管理部门对第三方的税收政策利用不够

海口市税务机关颁布了一系列管理措施,同时海口市政府颁布了《海口市综合治理税收工作管理规定》,这一举措是当地政府部门和税收管理系统在外部涉税数据共用上的一次尝试,不过还存在操作规则不够细化、共用系统不够成熟等问题。目前实现外部涉税信息共享的单位还很少,参与海口市税收治理系统的机关单位还远远达不到要求,造成信息更新慢、关键信息缺失、地方信息得不到整合等问题。到 2019 年底,海口市税务局和 19 个单位进行日常涉税数据共用,但是 19 个单位的信息关键字有 155 个,其中只有 56 个关键字能够实时更新并且保持整合性,有 30 个关键字信息缺失。

(二)涉税数据质量和更新速度制约房地产税收风险管理

在大数据背景下,海口市税务机关在进行风险分析中发现,涉税数据的质量和更新速度会造成征纳双方信息不对称,进而制约风险管理作用的发挥。

税务机关从企业获取的涉税数据质量参差不齐、更新不及时。随着社会分工日趋细化,各领域和行业的专业性越来越强。就房地产领域而言,房地产企业的开发与经营中所涉及的业务量巨大,项目化的财务核算繁琐复杂,在实际的房地产税收征管中,税务部门根本无法全面获取纳税人真实的财务核算情况。例如,房地产企业开发的建筑工程方面的造价就是一个专业领域,其建筑工程造价成本核算相当复杂,涉及的相关原材料规格参数多而复杂,若纳税人不主动向税务部门提供真实的关于建筑工程造价方面的数据,税务部门就可能因为缺乏专业性而无法获取并得到相关的涉税信息。从税务部门的角度来看,2020 年海口市共有房地产企业 9 104 家,税务部门无法完全掌握这些企业的生产经营情况、财务核算情况、内部组织结构等相关的涉税信息,造成信息不对称。此外,还存在信息供需不平衡,信息得不到有效利用的问题。

(三)海口市房地产税收风险识别效果不佳

发挥税收大数据价值,精准进行税收风险的识别是风险管理的关键。目前,海口市局虽然建立了涉及房地产行业全税种的风险管理识别指标,但主要是以税负率、税收增长率、简单财务报表数据等为代表的通用型指标,对能够发现房地产行业深层次风险指标建设得较少,总体上对整个行业的风险识别效果不佳。

1. 无法准确定位税收风险点

2020 年在判断房地产业纳税人未按规定足额预缴土地增值税的风险时,海口市下发的风险指引中有两个税收风险疑点都在税务机关约谈或者实地核查后消除,无一户存在上述问题;2019年海口市涉及房地产企业的三批次任务中,由于指标数据主要取自纳税人税收和财务报表,未能充分利用纳税人相关联的其他第三方信息发挥大数据的价值,造成风险指向不精准,且受人力、物力及时间所限,这几批任务整体识别准确度还不到35%。

2. 风险指标参数设置不够科学合理

作为风险模型当中最重要的参数,预警值和权重直接影响到风险识别的风险等级排序结果。海口市目前在建的房地产项目不足200个,因此在房地产行业建模中只是针对3~5户进行小样本调查分析,多数时候是由分析人员根据主观判断来确定预警值。这就使得不同企业性质、不同地域、不同规模或核算模式的房地产企业,在指标的设置时只能经过算术平均或者加权平均来得到预警值,无法应对差异带来的风险,难以筛选出真正有风险的企业。科学合理的参数设置需要利用统计分析方法通过大量的样本以大数据算法结合定量和定性等分析方法来确定,但目前海口市税务机关在风险分析中缺乏相应的数据分析技能,因而对风险指标的参数设置尚不够科学合理。

五、完善海口市房地产税收风险管理的对策建议

面对海口市房地产行业在税收风险管理中所存在的问题,海口市税务部门亟须加强智慧税务建设,利用税收大数据平台提高涉税信息质量和更新速度,通过持续优化人力资源配置,不断完善风险判别方式,提升税收风险管理的成效。

(一)利用智慧税务提高涉税信息质量和更新速度

想要构建大数据平台保证涉税信息质量,深层次利用信息是搭建大数据系统的核心。要深度挖掘数据,税收机关需要集中力量搭建大数据应用系统,深层次理解税收数据间的关系,提高工作效率。另外,搭建大数据应用系统有利于统一处理和归类相关数据,如果有些数据不在合理范围之内,平台模型会筛选出来并发出预警。系统可以根据整合出的数据结论,将风险管理工作推送给单位的风控人员进行处理,风控人员经过调查后反馈出现预警的原因,使上级管理部门能够根据反馈结果进行指导,提高征收管理效率。

(二)完善房地产税收风险管理配套政策

注重税务机关房地产税收风险管理政策顶层设计。对于税务部门而言,整体性、全面性的系统内部房地产税收风险管理政策,不但关系到税务部门内部工作的稳定性,更关系到办理各项房地产税务业务的纳税人自身的配合度和完成度。只有不断完善房地产税收风险管理配套政策,才能够真正为房地产纳税人提供安全可靠的风险管理环境。从法制角度出发,税务部门应当形成运用专业化思维和技

术准确判断相应链接、串口的合法性的工作理念,从源头上保障房地产税收风险管理工作安全可靠。

(三)充分利用第三方房地产税收风险管理政策

具体来说,税务部门需要充分利用第三方的房地产税收风险管理相关法律,对其中有关房地产税收风险管理的内容进行持续更新与补充,逐步改善税务机关和房地产纳税人之间的关系。此外,还应强化对税务部门工作人员的有效监督与控制,尽可能减少忽视第三方关于房地产税收风险管理政策、制度情况的发生,为更加有法可依、有据可行地管理房地产纳税人员提供可靠的保障。

(四)依靠新技术构建大数据共用平台构建信息智库

处于信息时代,涉税信息多,渠道杂,人们不但要采集和整理海量信息建成涉税信息存储区,更要把这种存储区转换为数据库。涉税数据多集中在政府部门、网络和新闻媒体中,税收系统需要大数据网络对企业的涉税经营状况等数据进行采集和筛选,具体要从两方面进行:首先,选用大数据网络采集即时的涉税数据;其次,和其他的数据载体进行高效数据交换,先整理数据,再深度解析每一方面和每一层级的信息渠道。税务部门则需要主动寻找和第三方的信息互换方式,把各类数据归进智能海量数据库,将纳税人风险防控纳入高效处理环节,最终实现把信息存储区转换为智能海量数据库的升级换代。

(五)推动外部涉税数据共用

首先,推进和金融机构合作,完善企业大规模经营信息共用。从采集风险信息这一环节来看,如果税务机关能够获得企业在银行的经营活动数据,那么税务机关在管理上仅需企业进行纳税报告即可。其次,要建立和外部单位的信息交流系统,寻求政府合作,树立数据共用理念,最大限度减少数据获得渠道窄的问题。最后,要实现对外部涉税数据共享的考核,保证这一举措得以顺利施行。

参考文献

[1]贾绍华.我国税收流失的测算分析与治理对策探讨[J].会计之友,2016(13):2-9.

[2]李为人.大数据时代涉税服务面临的挑战及应对策略[J].注册税务师,2018(5):66-68.

[3]冯枫.大数据背景下的税收风险管理研究[J].财经界,2023(24):162-164.

[4]陆强.浅谈金税三期并库后房地产企业面临挑战与对策[J].纳税,2021,15(5):33-34.

[5]于澄清,陈小华.关于海南自由贸易港风险防控问题的思考[J/OL].海南大学学报(人文社会科学版),2023(11):1-7.

[6]陈慧芳.海南房地产土地增值税政策探究[J].纳税,2021,15(23):7-8.

[7]彭乔依,彭晓洁,李欣芸.土地增值税实施中若干问题探析[J].税务研究,2021(12):44-49.

[8]孙添琦.大数据背景下企业税务风险管理研究[J].商业观察,2023,30(30):74-77.

海南自贸港医药制造业税收风险管理研究

程镜竹 李 旭[①]

摘 要：医药制造业的健康发展关乎国民健康的卫生保障。随着我国经济的快速发展，医药制造业已经发展成为比较完备且门类齐全的行业体系。医药制造业虽然不是我国经济的支柱产业，但已经成为国民经济重要的组成部分。近年来，特别是"后疫情时代"，医药制造业规模和税收收入取得快速增长，但由于行业经营特点的多样性、复杂性和信息不对称性等，行业税收风险加大。本文以海口市医药制造行业征管数据为例，对行业发展及税收状况进行分析，并对海南自贸港医药制造行业相关税收政策进行梳理，综合考虑行业背景与发展现状等，指出行业内亟待关注的税收风险，并提出相应对策。

关键词：海南自贸港；医药制造业；税务管理；税收风险

一、2019—2022年海口医药制造业经济税收基本状况分析

行业近几年发展较为稳定，相较于总体经济走势，行业增加值占比逐年小幅下降，但纳税人户数稳步增加，税收贡献显著增加（见图1）。第一，医药制造业增加值在2019年—2021年呈缓慢下降趋势，但幅度较小，2020年下降5%，2021年下降2%，而2022年则上升4%，总体较为稳定。但4年间GDP处于稳步增加状态，行业增加值与总体经济走势并不相同。第二，企业数量规模逐年显著增加，且增长率也逐渐增高，从142户增加至199户（仅统计正常户，见图2），增加了57户，4年内增幅为40.1%。第三，4年间，医药制造业税款总体来看处于上升趋势，税收规模从31.8亿元上升到49.4亿元，总增幅高达55.3%，占全市税收比重由6.9%上升到9.4%。

从具体行业分类来看，化学药品原料药及制剂制造户数占据行业总户数一半左右，且稳步发展（见图3）。其余行业总体规模显著增长，但税收贡献略有下降（见图4）。四年间，化学药品原料药及制剂制造行业户数从73户增加至83户（仅统计正常户），是税收贡献的主力，总体呈逐渐递增态势，4年间在行业中占比均为

[①] 程镜竹，中国社会科学院大学税务硕士。李旭，海南华宜财经研究院研究实习员。

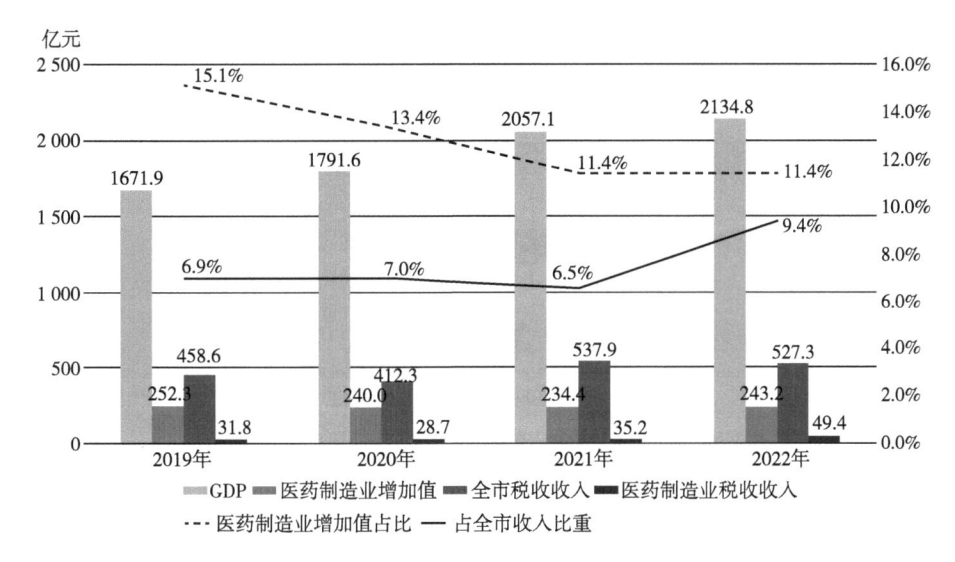

图 1 海口市医药业增加值与税收基本情况

90%以上,且在2022年高达95.3%;中成药生产及中药饮片加工行业规模仅次于前者,且4年间较为稳定,共30余户,每年增长一至两户或无变化,税收规模略有下降;生物药品制造行业与卫生材料及医药用品制造行业较为相似,行业规模于前3年呈现小幅度增长,于2022年大规模增长。2022年生物药品制造业户数则是2021年的2倍,增长至34户,卫生材料及医药用品制造在2022年也有高达34.5%的增长率,但二者的税收贡献于4年间基本不变;其他行业主要包括基因工程药物和疫苗制造与兽用药品制造,规模与税收均较小且稳健,4年内大抵相同。

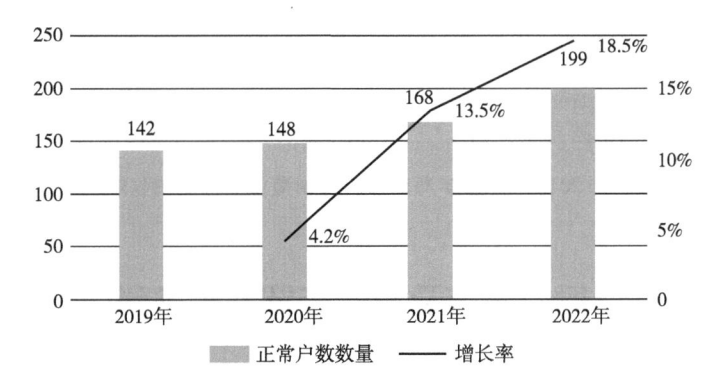

图 2 2019—2022年海口市医药制造业正常户数数量规模

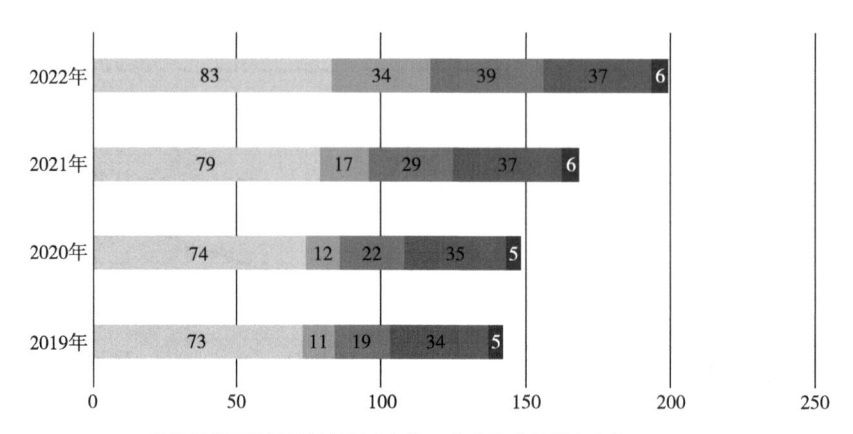

图中数据(图3 2019—2022年海口市医药制造业税务登记户数情况)：

年份	化学药品原料药及制剂制造户数	生物药品制造户数	卫生材料及医药用品制造户数	中成药生产及中药饮片加工户数	其他户数
2022年	83	34	39	37	6
2021年	79	17	29	37	6
2020年	74	12	22	35	5
2019年	73	11	19	34	5

图3　2019—2022年海口市医药制造业税务登记户数情况

	2019年	2020年	2021年	2022年
■化学药品原料药及制剂制造税收	29.4	26.6	32.9	47.1
■生物药品制造税收	0.6	0.4	0.7	0.6
■卫生材料及医药用品制造税收	0.3	0.3	0.4	0.3
■中成药生产及中药饮片加工税收	1.5	1.4	1.3	1.3

图4　2019—2022年海口市医药制造业子行业税收规模

二、医药制造行业特点及海南自贸港相关税收政策

(一)医药制造行业特点

1. 医药制造业的"三高性"：

医药制造业具有高技术、高风险、高投入和高附加值三个特性。

(1)高技术性。医药制造业融合了各个类别学科的先进技术手段,药品的研发和生产需要综合多学科最新理论成果。

(2)高风险性。新药研发耗资大、耗时长、成功概率低,具有很高的不确定性。

(3)高投入和高附加值。药品从早期的研发至最终的上市销售,每一环节都要投入大量资源,尤其是研发方面的投入非常高。而新药一旦获得上市批准,企业便能以高售价获得高额利润。

2. 市场准入机制严格,GMP 标准普遍推行

目前,我国对药品的生产经营实施严格的市场准入机制,企业只有获得《药品生产许可证》才能从事药品生产经营。所有的医药生产企业都必须通过《药品生产质量管理规范》(Good Manufacturing Practice,GMP)认证,企业在药品生产经营过程中必须严格按照 GMP 标准进行药品的研制、生产和销售。

3. 我国医药制药研发能力较弱,拥有自主知识产权较少

从目前我国医药制造企业的技术获得形式来看,内资医药企业的新药 97% 以上为超过专利保护期的仿制药,少部分产品生产技术为通过向外购买专利获得,自主研发生产的产品较少。

(二)"简税制"背景下的海南自贸港税收政策

2018 年 4 月 10 日,中共中央总书记、国家主席习近平在博鳌亚洲论坛 2018 年年会开幕式上发表主旨演讲,提出"探索建设中国特色自由贸易港";2020 年 6 月 1 日,中共中央、国务院印发《海南自由贸易港建设总体方案》;同年 6 月 3 日,海南自贸港 11 个重点园区同步举行挂牌仪式;2021 年 6 月 10 日,十三届全国人大常委会第二十九次会议表决通过了海南自由贸易港法等,一系列自贸港相关税收法规出台。

2023 年 1 月,海关总署发布数据,海南自贸港建设近 2 年来,港区货物进出口快速发展,继 2021 年首次突破 1 000 亿元后,2022 年再上新台阶,首次突破 2 000 亿元关口,达到 2 009.5 亿元,增长 36.8%。截至 2023 年 4 月 11 日,海南自贸港离岛免税购物金额近 1 500 亿元,购物人次达 2 352 万人次,购物约 2.26 亿件。2023 年 3 月 29 日,海南有关领导在新闻发布会上宣布:海南将全面启动全岛封关运作准备。

随着《海南自由贸易港建设总体方案》的提出,海南自贸港按照零关税、低税率、简税制、强法治、分阶段的原则,构建起特殊的税收制度。"简税制"的重要表现之一是实现由以增值税为主的流转税体系向销售税的转变,即于 2025 年之前实现五项税(费)合一,代之以在货物和服务零售环节开征的销售税。

在"简税制"的大背景下,自贸港以税收政策推动经济发展的过程中,需要不断细化政策。国际经验表明,自贸港的税收政策可对其贸易政策产生较大的影响,

税收政策调整直接影响自贸港贸易环境的稳定,进而影响整个自贸港经济的发展。相关税收政策见表1。

表1 "简税制"背景下的海南自贸港税收政策

序号	文件名	文号
1	财政部 税务总局 科技部关于科技人员取得职务科技成果转化现金奖励有关个人所得税政策的通知	财税〔2018〕58号
2	财政部 海关总署 税务总局 国家药品监督管理局关于抗癌药品增值税政策的通知	财税〔2018〕47号
3	财政部 海关总署 税务总局 药监局关于罕见病药品增值税政策的通知	财税〔2019〕24号
4	财政部 国家税务总局关于创新药后续免费使用有关增值税政策的通知	财税〔2015〕4号
5	国家税务总局关于药品经营企业销售生物制品有关增值税问题的公告	国家税务总局公告2012年第20号
6	财政部 税务总局关于海南自由贸易港企业所得税优惠政策的通知	财税〔2020〕31号
7	产业结构调整指导目录(2019年本)	
8	鼓励外商投资产业目录(2019年版)	
9	海南自由贸易港鼓励类产业目录(2020年本)	

(三)"两票制"税收政策

药品购销"两票制"是指药品从药品生产企业或者进口企业总代理到医院等公立医疗机构,中间只能开具两次发票,即只允许流转一道环节,偏远地区可以允许流转两道环节。① 两张发票在药品流通过程中的"一头"和"一尾"开具,列示的分别是药品出厂价和公立医疗机构的采购价以及相对应的增值税税额。"两票制"下的货、票、钱款流动方向如图4所示。

图4 "两票制"下的货、票、钱款流动方向

---

① 《国家卫生和计划生育委员会关于在公立医疗机构药品采购中推行"两票制"的实施意见(试行)的通知》(国医改办发〔2016〕4号)。

作为医药流通领域的一次重大变革,"两票制"政策全面实施的意义主要体现在以下四个方面:①通过简化流通,整治药品流通过程中的商业乱象,依法打击过票、行贿等违法行为;②提高医药流通行业集中度,促进和推动医药企业不断发展,升级转型,并在流通领域不断改革和完善,促使医药产业环境更加积极和健康;③打击虚高药价;④加大药品监管力度,改善药品"窜货"问题,实现药品质量可追踪,提升群众用药安全性。

三、医药制造行业在海南自贸港税收管理中可能存在的税收风险识别

分析医药制造行业涉税数据,结合当前政策与国际自贸港经验,我们总结出医药制造行业在自贸港背景下容易出现的以下税收风险点。

(一)确认目标企业有无实质性运营

国家税务总局海南省税务局公告 2021 年第 1 号对海南自由贸易港鼓励类产业企业实质性运营有关问题进行公告,2022 年 9 月 27 日发布《国家税务总局海南省税务局、海南省财政厅、海南省市场监督管理局关于海南自由贸易港鼓励类产业企业实质性运营有关问题的补充公告》,对"生产经营在自贸港""人员在自贸港""财务在自贸港"进行了解释,并对不符合实质性运营的情况进行了列举,采取"自行判定、申报承诺、事后核查"的管理方式。因此,本文建议在兼顾"无风险不打扰"的基础上,多举办税收政策的现场宣讲,定期对企业申报材料进行评估,关注生产型企业的生产能力、对应耗能、生产设备等情况。

(二)关注与研发加计扣除和高新技术税收优惠享受有关的疑点

1. 资产负债表中资产类研发支出增加异常

会计准则对研发支出的资本化和费用化有过定义,但仍需要企业的研发部门提供可以形成专利技术起始点的依据。资本化和费用化对企业所得税影响较大,如研发费用加计扣除等政策。

2. 常规性升级项目享受加计扣除优惠

研发投入较大是医药制造企业的共性特点。在此过程中,准确适用研发费用加计扣除优惠政策,对医药制造企业来说非常重要。但是,一些医药制造企业在研发费用归集时误将常规性升级项目纳入其中,会给企业带来税收风险。

3. 在委托研发中是否可以将房租支出加计扣除

房租是企业经营的必要支出,并非与研发活动相关的直接支出,关联性较差,

所以自主研发的列举项目中不包含房租的支出。目前有企业通过委托研发过渡,将子公司的房租支出计入受托开发的成本中。虽然没有明文要求受托开发的成本应与自主研发允许加计扣除的科目相同,但要参照自主研发的规定和相关性结合加计扣除。

4. 重视高新资格的确认与税务数据间的配比

高新的认定和确定工作虽然由科技部门负责,但相关数据仍然是财务数据。而且要关注企业委托开发金额过大,自主研发金额降低,研发人员是否存在不符合高新企业评审的要求。另外,即使企业所处行业不是不允许扣除的六大行业,但有可能存在收入不满足50%的要求不允许加计的情形,需要关注。

(三)药品生产环节可能的税收隐患

要加强对企业成本结转的监控,防止出现虚增或转嫁成本,从而造成税款流失。比如,有的企业可能会将应报废处理的原材料作领料处理,从而虚增生产成本;有的企业可能会隐瞒药品产成品数量,从而增加入库产品的单位成本。

1. 原材料管理

加强对企业原材料采购、入库、领用等环节的监控,防止出现涉税风险。比如,有些原料保管不当,极易造成霉变报废,企业若不按规定进行税务处理,容易造成税收流失。

2. 虚开收购发票现象

医药企业为了少缴税款,通常会借用虚开的收购发票、伪造进口仓单来提高产品成本,冲抵正常发票的销项税额。

(1)"两票制"背景下,虚开农产品收购发票:

农产品收购发票向来都是涉发票犯罪的高发区,亦是各级税务机关严加管控的票种。农户既非小规模纳税人,也非一般纳税人,销售自产自销的农产品,税法规定是免税的,无法为收购者提供相应的发票。为了保证收购方增值税抵扣链条完整性,税法中允许收购方申请农产品收购发票进行抵扣。药品生产企业,尤其是中医药制造企业向农户采购原材料的活动频繁,材料品种多,地域分布广,以现金交易为主,由采购方出具农产品收购发票,缺乏制约机制,随意性较大,从而产生虚开收购发票的空间。主要的不法行为包括抬高开票金额、扩大开票范围,乃至虚构业务空转发票。

医药制造企业这样操作的动机有两点:一是可以凭借多开、虚开的收购发票扩大增值税进项税额的抵扣范围;二是可以抬高药品生产成本,从而降低企业所得税的应纳税所得额。这样可以达到降低增值税和企业所得税税负的双重目的,但会给企业带来经营管理的隐患,还有可能面临补缴税款、被处罚的风险。有些企业不仅利用虚开的收购发票抵扣自身企业的税款,还对外虚开获取收益,为企业的税务风险管理埋下了一颗定时炸弹。除了医药制造企业自身的避税动机外,也不能排除个别采购人员为了自身利益而造成采购原材料数量、资金、发票金额严重不符的现象。

(2)"两票制"背景下,接受 CSO 开具的虚开增值税发票:

"两票制"政策推行后,一大批冠以"信息科技""咨询管理服务"的第三方商务服务公司涌现,这些公司被称为医药合同销售组织(以下简称"CSO")。CSO 成立的形式主要有两种:

其一,由原医药分销商或者其他个人注册成立。多为"一对多",即一个分销商通过向亲朋好友、农户等支付少许费用,购买其身份证件,披上 CSO 企业的外壳,在医药产业园等地区建立多家个人独资医药咨询公司,实质上继续为药品生产企业提供服务。这些 CSO 企业往往与制药企业存在很大的关联性,以提供各类商业性质服务为由,向制药企业提供市场调研、学术推广、咨询服务等方面的帮助,并且可以开具有效的发票,虚增企业所得税成本列支。这些企业往往会寻找合适的过票地点,如一些医药产业园区或一些开发区。部分园区为了招商引资,允许入驻园区的符合条件的企业申请数量限定的核定征收的名额,核定征收由税务局根据收入以及行业利润水平直接核定行业利润率或行业成本率,不需要考虑进项税额。

其二,由药品生产企业创办。许多情况下,厂商会考虑自己单独设立 CSO,主要目的是通过 CSO 虚开增值税发票为其列支销售费用,从而抵消"高开"模式下高涨的成本。医药 CSO 公司通过伪造学术交流会、药品推广商务介绍会等活动。为制药企业开具大量名目为"推广费""咨询服务费"的发票,实际上并没有真实的业务发生。凭借虚假的票据,企业可以套取大量现金,增加企业利润,用以消化无法获取合理票据的销售费用,甚至满足商业贿赂的提现需要。

CSO 虚开增值税发票的形式分为增值税普通发票和增值税专用发票两种。其中增值税专用发票可以抵扣进项,减少增值税的缴纳,同时抵消高开出厂价而产生的中间成本,减轻企业所得税税负。增值税普通发票虽然不能作为增值税进项的抵扣凭据,但也能起到抬高成本、降低企业所得税税负的作用。

(四)药品储运环节涉税风险

加强产品出入库的管理。医药制造企业一般都存在内部人员自用药品和将库存药品赠送他人的行为,还会出现库存或销售退回药品过期报废现象,企业可能不做、少做视同销售和非正常损失的税务处理。

(五)企业销售受"两票制"影响,收入会计处理不规范

根据医药制造业的销售与收款流程,确认企业是否存在异常风险,通常从五个方面进行检查,包括发生、完整性、准确性、截止、列报。发生是指销售业务是否真

实,即从会计账簿追查至原始单据和合同;完整性则与发生相反;准确性是指合同分摊是否精确;截止是指收入的确认时点;列报是指在报表的项目中如实反映。

(六)重视费用损失中的相关疑点

1. 广告宣传费用异常

医药制造企业业务的真实和发票的合法是作费用税前扣除的基础。业务宣传金额过大的,检查时不仅要关注发票合同和资金流,还要关注业务实质。企业为虚增费用,取得虚开发票的名目繁多,如医药企业利用咨询费、会议费、服务费、装修费用、运输费等取得虚开发票。

天价"会议费"的问题已经引起了各级税务机关的高度重视,会议费的真实性、合理性成为税务稽查的重中之重。《中国税务报》报道,一家医药制造企业的会议费占销售费用比重竟然高达70%,其中八成以上的会议费用于餐饮支出。相应税务机关统计,近3年来,该药企的餐费支出累计竟然高达8亿元。会议费用于召开会议,这样的费用结构显然不符合常理。通过调取会议费的原始凭据发现,企业原始凭证管理存在严重的漏洞,该企业将餐费发票作为会议费用报销的唯一依据,无法体现会议召开的各项基本要素,如会议的时间、地点、参与人员、活动内容等。

2. 管理费用、营业外支出需要重点关注

由于医药企业在研发、生产过程中往往存在环境、许可证照等方面的问题,处罚部门不是税务机关,与税会差异类似,需要了解明显重大支出的来龙去脉,对企业的会计处理和涉税风险进行再次验证。

(七)资产损失归类税务风险

在医药制造企业日常生产过程中,资产损失是一种常见的现象,损失的资产类型主要为原材料损失、药品损失。首先是原材料损失。比如,2020年新冠疫情造成的"停工危机",对医药制造企业也造成了很大影响,由于生产不及时,一大批原材料因超过保质期而不得不被销毁,抑或因为原材料质量检测环节存在问题,一些质量不合格的原材料没有被检测出来。其次是药品损失。一方面可能存在药品滞销的情况,导致药品超过保质期;另一方面可能存在因质量不合格而被退货的情况。资产损失是否为非正常损失,在增值税进项税额转出和所得税税前扣除方面有截然不同的处理方式。但有些企业不加以区分,将所有过期原材料损失、药品损失采取一刀切的方式,直接作为正常资产损失处理,未向专业技术鉴定部门提供完整的资产损失申报清单[①],内部也未留存有力的证据,从而与税务机关在处理意见

---

① 国家税务总局公告2011年第25号第二十七条第四款。

上出现分歧,造成税务风险。

(八)国际会计准则与我国税收会计规定产生差异的相关风险

由于大量生物医药企业属于国际跨国企业,其会计核算采用的国际会计准则与我国的企业会计准则有明显差别,核算中可能出现会计准则应用错误造成的涉税风险,对此需关注业务实质。

四、医药制造行业税源管理的策略和方法

(一)加大税收宣传,敦促企业建立健全内部控制体系

主管税务机关应根据"放管服"的要求,积极贯彻深改意见,深入开展国家税收政策宣传,敦促企业建立严格的内部控制体系,如完善的会计核算、税务申报、发票管理等。企业在全面了解税收政策的基础上,加强风险管理和合规管理,防止漏报税款和违规操作。

税法的宣传教育是强化纳税遵从意识的重要手段,相关部门应该投入适当的人力和物力鼓励支持税法普及和宣传,让纳税遵从意识成为一种社会道德,从根源上减少纳税非遵从行为。在医药制造业中,许多企业通过虚开增值税专用发票来逃避税款,大部分对虚开持有侥幸的心理。对此,可以将虚开发票案例进行公开,通过反面教材让纳税人对虚开发票的后果有更加直观的认识。此外,要积极开展个性化的税收宣传,针对不同需求、不同情况抑或不同行业的纳税人进行相应的税收政策宣传。

另外,要提升医药行业对社会的责任感,提高社会服务水平和信息化水平,履行社会责任。在日常税收管理工作中,要规范征管理念,向纳税人宣传税收管理规章制度,使其清楚地了解税收申报、缴纳等纳税程序,提高纳税人的遵从意识。

(二)通过加强合同风险管理,防控虚开发票风险

加强企业涉药交易合同管理,可以有效实现对虚开发票风险的管控。具体而言,就是要在合同洽谈、签订、履行等各个合同环节采取针对性的措施,对虚开发票等涉税风险进行防控。比如,在签约之前要对交易相对方的资信情况进行审核(如是否被列入重大税收违法案件的"黑名单"等)。在合同条款的约定方面,要对开具发票的类型、项目、税率、开票时间、税款承担主体、价外费用、违约责任等涉税条款进行明确约定。

(三)强化对发票开具流程的监管

增值税专用发票虚开现象一直是医药制造业企业纳税非遵从的主要表现。由于附加了增值税专用发票具有的利益特性,要想完全解决发票虚开的问题是很困

难的,需对发票的开具建立更严的监督和预警机制。

1. 细化农产品抵扣相关办法

医药制造业企业购买农产品时可以自行开具发票,易产生虚开的问题,所以要高度重视对该行业发票管理机制的完善。除了要仔细审核企业购进原材料的单价、数量、金额等数据,还应补充细化开票时需填写的内容,如购进药材名称、生产地、卖方农户的姓名及身份证等详细信息,便于之后开展调查分析,也能在一定程度上限制企业虚增购货金额、多计进项税额的行为。

2. 贯彻落实办税实名制体系

医药制造业的发票虚开行为有的会通过设立空壳公司来实现,因此要严格实施实名办税制度,对纳税企业的信息进行完整登记,同时对相关办税员、财务人员、企业法人等也要进行实名登记。另外,可以借鉴中国台湾地区对发票的管理经验,巧用信息化弥补发票制度的漏洞,打造具有发票动向查询功能的管理系统,强化发票的防伪标识,实现对发票有效的信息化管理。

3. 提高对医药咨询企业的关注

医药咨询企业作为医药制造业企业虚开发票的"搭线人",也需要承担相应的责任。应加强对医药咨询企业在财报、涉税信息方面的监督,如果发现医药咨询企业有税负低、开票量大及短期走逃的现象,应对其重点关注,特别是要严格监控其用票信息。

(四)规范发票及凭证的审核与管理

对于医药行业而言,"两票制"下最急需解决的就是销售费用的合规管理问题。具体而言,可以从规范企业的发票管理和凭证管理入手,引导企业财务人员加强对相关凭证的收集和管理。

(五)严格稽查薄弱环节

医药制造业企业容易从采购领用原材料、产品生产以及销售环节中获取非法利益,这三个环节也是稽查的薄弱环节。要对医药制造业企业的税收情况进行精准有效的管理,就必须重视对这三个环节的稽查,严格执行税收法规,提升稽查水平。

1. 采购领用原材料环节

作为医药制造业企业药品生产的起点,采购领用原材料阶段的明显特征是领用量大、频率高。为此,对原材料应进行定期统计,对原材料的入库、领用进行建档,以作为产品成本监管的依据。同时,要严格检查采购发票的真实性,特别是农产品采购过程中的发票,应事先对医药制造业企业说明发票的填写、使用以及对不合理填写行为的处罚等,然后监督企业建立采购档案,其中包括采购员的基本信息、采购时间、采购地点、采购材料名称及数量多少等详细信息,并要求其定期向税务机关进行报告。应横向比较相关信息与企业原材料购进表,进而详细掌握收购资金的情况,对于虚开、白条等非规范发票入账的行为严格查处。

2. 产品生产环节

由于医药制造业行业的特殊性,难以获取产品生产环节的详细信息。为有针对性地对主产品生产所需的材料使用量情况进行收集,可通过 GMP 认证以半年为一个收集周期地获取企业产品剂型和种类资料,定期查看、核实企业生产数据指标以掌握主产品的生产情况,然后辅以实地调查,形成主产品汇总表,对企业的成本耗用情况进行监控。同时,税务机关要严格详细地检查涉及税收优惠的业务,加强生产过程中期间费用和各类支出凭证的审核,避免不合理的进项税额扣除。

3. 销售环节

销售收入的核算是销售环节的核心要务,应制定全面、准确、科学的审批流程,使其贯穿纳税人的交易过程,进而判断交易的真实性,强化增值税销项税发票的管控,排除发票开具风险。同时,要尽可能地了解企业主营药品的定价及销售额,监督纳税人合理确定纳税义务发生的时间和地点,防止其故意提前或拖延销售药品的开票以谋取利益。此外,根据企业的经营生产状况和特点,可灵活运用内部审计信息,结合财务报表分析法,选定能够全面反映企业纳税情况的财务指标,对纳税企业的纳税情况进行透彻分析。

(六)组建行业专项案源筛查团队

为保证稽查工作的精准性,需要对涉税案件的案源进行严格把关。在筛查数据疑点推送案源之前,应充分做好案源剖析工作,这对税务机关的工作提出了更高水平的要求。相关部门可以组建专门负责对医药制造业案源进行筛查管理的团队,事先对案源进行分析,选出具有疑点的案件转交专职部门进点检查,避免相关稽查人员工作的低效。针对行业特定的专项检查,要从历年已查处案件中总结医药制造业企业频发的涉税违法问题,便于稽查人员有目的地开展检查,保证稽查工作的高效性。另外,在处理举报案源时,应注意对相关材料进行核实,判断被举报企业是否存在纳税非遵从行为,从而避免出现无效受理的情况。

(七)加强税务培训和沟通,高税务合规性管理水平

为了提高企业员工对税收政策的了解和应对能力,应加强对员工的税务培训和教育,并与税务机关保持及时沟通,共同协商解决企业税收问题。

通过税收宣传,辅导企业提高税务合规性管理水平,建立完善的税收合规性自查机制,及时发现和纠正不合规行为,对不合规行为进行整改并追究责任。同时,落实相关措施,确保税收合规性管理有效落地。

(八)启动多元化联合治税管税机制

补充优化税务信息数据处理和共享系统。企业相关数据信息利用的有效程度对税务机关的纳税评估和稽查工作有着重要影响,只有对企业涉税数据信息进行深度和广泛的挖掘,才能最大限度地掌握企业的收入、成本以及利润等重要经营信息,从而把信息不对称带来的"副作用"降到最低。

我国目前已经建立起一个高效的全国税收征管系统——金税三期,在各地税务机关全面上线,涵盖几乎所有纳税人的经营行为以及所有税种,促进了"应收尽收",极大地提高了税务机关的稽查工作效率。金税三期在各地已经全面上线,以金税三期为主要稽查系统,辅以综合离散系数预警模型,可以更全面地对医药制造业企业的纳税遵从情况进行实时监控,全方位处理利用企业数据信息,总结经验,不断完善税务信息数据处理和共享系统,加快推动征管模式从"监督打击并行"向"服务配合执法"的模式转变,强化综合治税的效果,为海南自贸港乃至全国税收工作保驾护航。

综上所述,医药行业在海南自由贸易港模式下面临着种类繁多的税源风险,主管税务机关需要根据具体情况采取相应的策略和方法,细化税源监管,落实税务合规性管理,引导港区内企业降低税收风险,减少纳税成本,充分享受自贸港优惠政策扶持带来的改革红利。

参考文献

[1]贾绍华.税收治理论[M].北京:中国财政经济出版社,2017.

[2]龚尚锋.医药流通企业经营特点与税收管理探析[J].财会学习,2020(17):202,204.

[3]霍志远,魏民,邢悦,等."两票制"背景下医药企业销售费用税收管理分析[J].税务研究,2020(6):126-129.

[4]梁化成.医药流通环节税收管理难点与对策[J].纳税,2019,13(30):5-6.

关于我国涉税专业服务行业立法的几点思考和建议

麦正华[①]

涉税专业服务是指涉税专业服务机构接受委托,利用专业知识和技能,就涉税事项向委托人提供的税务代理等服务。近年来,涉税专业服务行业不断拓展服务纳税人、缴费人新领域,为提高纳税遵从度、防范化解涉税风险、助力市场主体健康发展作出了积极贡献。但是,由于缺乏法律保障、行业自律和行政监管,行业乱象在不同范围内存在,一定程度上扰乱了正常的税收经济秩序。当前,学界和业界要求推进立法进程、规范行业管理的呼声越来越高,已成为必须要加紧面对和解决的问题。

一、涉税专业服务行业的现状

(一)涉税专业服务行业渐显规范性,但缺少法律保护

随着"放管服"的深入推进,2014年8月,国务院明确取消了注册税务师职业资格许可和认定事项,自此税务师行业职业资格许可由此前的准入类调整为水平评价类。为了加强和规范行业管理,国家税务总局自2017年起以规范性文件的形式陆续出台了《涉税专业服务监管办法(试行)》(2017年出台、2019年修订)、《涉税专业服务基本准则(试行)》《涉税专业服务职业道德守则(试行)》(2023年出台)等为主体的一系列措施办法,在规范行业自律和行政监管、持续深化税收共治格局、助力优化税收营商环境方面发挥了积极作用。据统计,截至2021年底,涉税服务行业从业人员共有11万余人,规模较大,2022年、2023年又有了长足的发展,2023年税务师职业资格考试共计86.2万人报考,考试规模再创历史新高。截至2023年底,全行业拥有税务师资格人员的比例达到47.15%。尽管涉税专业服务行业的规模不断扩大、在涉税服务领域的作用日渐增强,但是相比其他中介行业,涉税专业服务行业尚仅依靠国家部委出台的规范性文件作为执业依据,层级比较低。而诸如审计、法律服务行业,不仅实行执业准入制,更有全国人大常委会出

[①] 麦正华,海南省人大常委会预算工作委员会主任,国家税收法律研究基地研究员。

台的法律作为保障,比如《中华人民共和国注册会计师法》(以下简称《注册会计师法》)《中华人民共和国律师法》(以下简称《律师法》)等。即便是同为水平评价类的资产评估师行业,也于 2016 年经全国人大常委会出台了《中华人民共和国资产评估法》(以下简称《资产评估法》),在法律层面规范资产评估行为,明确评估机构人员的权利义务和法律责任。反观涉税专业服务行业,却缺乏应有的法律地位、法律赋予的权利义务以及可能承担的违法后果,导致对涉税专业服务行业乱象难以形成有效震慑。这在一定程度上造成税务师相比律师、注册会计师自觉低人一等的印象,捍卫职业荣誉的意识不强,少了一些对法律的尊重和敬畏。

(二)涉税专业服务行业展现开放性,但缺乏法律约束

当前,我国可以提供涉税专业服务的机构包括税务师、会计师、律师事务所以及代理记账机构、税务代理公司、财税类咨询公司等。按照规定,它们可以从事纳税申报代理、一般税务咨询、专业税务顾问、税收策划、涉税鉴证、纳税情况审查、其他税务事项代理、发票服务等业务。除了专业税务顾问、税收策划、涉税鉴证、纳税情况审查等四项业务应当由具有税务师、会计师、律师事务所资质的涉税专业服务机构从事,相关文书应由税务师、注册会计师、律师签字并承担相应责任外,其他业务向所有涉税服务机构和从业人员开放,行业限制不多。而且,税务师事务所的成立实行行政登记制,税务师执业没有必须加入税务师事务所的强制性规定,税务师事务所是否加入税务师行业协会也全凭自愿。这与会计师、律师事务所的成立实行行政许可制,注册会计师、律师、资产评估师执业必须加入事务所或评估机构且加入所在地行业协会的强制性法律规定不同。虽然涉税专业服务行业对从业机构和人员更加开放和包容,但同时也意味着和行业自律组织、行政监管部门的联结更加松散,游离于行业自律和行政监管之外的可能性更大。在实践中,为了获得更多的市场份额,一些从业机构和人员肆无忌惮、罔顾税法原则,一味追求经济利益,热衷于提供违反税法立法精神和法律法规的"避税"服务,代开、虚开发票,助长偷逃骗税等,扰乱了正常的税收经济秩序,一定范围内造成国家税收的流失。

(三)涉税专业服务行业极具专业性,但缺失法定地位

我国现行 18 个税种,除了关税和船舶吨税外,税务机关负责征管的税种有 16 个以及大量的非税收入,涉及流转、所得、资源、财产、行为、社会保险等方方面面,并与亿万市场主体和自然人息息相关。由于我国实行的是成文法系,除了已经出台的税收法律之外,还有相当多的行政法规、税务部门规章、税收规范性文件等。据不完全统计,全国层级的税收法律法规和规范性文件达 1.9 万余个。这个数据并不包括各类具有普遍约束力的通知、文件,各省区市出台的税收政策、办法等。整个税法体系内容繁杂、政策性强,纳税人既要对税法有全面理解,又要将税法和其他法律法规进行整合,还需要将税法与财务处理有效结合,可见对专业知识和技

能运用的要求非常高。而各行各业的纳税人本就难以及时了解最新的税收政策，也并非税务方面的专家，需要涉税专业服务机构和人员帮助处理涉税事项。从实践来看，一般的涉税服务机构和人员主要处理日常申报等简单的涉税事项，事务所和税务师主要受托为纳税人进行企业所得税汇算清缴服务、土地增值税清算服务等。后者涉及的业务比较复杂，但是出具的报告却并未被税务机关作为执法的依据，一般只作为参考。从税务机关角度看，上述业务并非法定业务，加上对报告真实性的考虑，未将其作为必备的资料要件并进行结果采信；从纳税人角度看，除了需要借助其专业知识外，并没有法律的强制性规定。因此，涉税专业服务行业成了锦上添花，而不是纳税人的必需品，这与涉税事项本身的专业性和复杂性相比并不合理。

二、涉税专业服务行业面临的形势与挑战

（一）税收改革激发的业务需求越来越多

党的二十大指出，要健全现代预算制度，优化税制结构，完善财政转移支付体系。2023年12月的中央经济会议提出，要谋划新一轮财税体制改革。2021年中共中央办公厅、国务院办公厅印发的《关于进一步深化税收征管改革的意见》提出目标，到2025年，深化税收征管制度改革取得显著成效，基本建成功能强大的智慧税务，形成国内一流的智能化行政应用系统，全方位提高税务执法、服务、监管能力。按照党中央、国务院决策部署，在今后及相当长一段时间内，我国将着力推进税收制度和征管体制方面的改革。改革是对现有制度机制的重大调整，相比之前将是全新的模式。税收制度政策体系本就纷繁复杂，随着改革的深入推进，在对之前的税法可能还没有完全理解运用到位的情况下，纳税人又将面临新的任务。随着我国逐步扩大高水平对外开放，如海南自由贸易港实行简税制，推出销售税税种和所得税方面的优惠政策，还需要与内地税制进行衔接处理，这本身就是一个崭新的课题。可以预见，随着新旧税制和征管模式的更替，税收工作的复杂程度将会超越以往任何时期。加上共建"一带一路"八项行动的落实落地，我国"走出去"的企业越来越多，应对国外涉税事项的需求也随之增加。这既给征纳双方带来前所未有的挑战，也是涉税专业服务行业不可限量的发展契机。

（二）税收共治催生的社会期望越来越高

2021年，中共中央办公厅、国务院办公厅印发《关于进一步深化税收征管改革的意见》，要求持续深化拓展税收共治格局，并提出要加强社会协同，积极发挥行业协会和社会中介组织作用，支持第三方按市场化原则为纳税人提供个性化服务，同时加强对涉税中介组织的执业监管和行业监管等。作为税收业务中的重要一环，

涉税专业服务行业能否合法、诚信地履行自身职责,直接关系到国家和社会公众利益的实现与维护。当前,在国家每年征收的企业所得税税收收入中,都有通过行业鉴证或审核后调增的数额,也有帮助纳税人落实税收优惠政策、调减当期应纳税所得额的数额。同时,本行业还承担起在税制改革和税收政策调整中的宣传、培训、辅导纳税人的任务,成为税收共治中不可或缺的力量。但是,由于对资质条件、执业诚信的刚性约束不足,行政监管不力,涉税专业服务水平良莠不齐,行业中存在鱼龙混杂的情况,少部分服务机构和人员通过教唆企业偷逃税款、腐蚀拉拢税务干部等手段破坏税收秩序的情况仍时有发生,这会产生严重的负面影响。税收工作涉及方方面面,不能单靠税务部门单打独斗。如果涉税专业服务行业能够站在税法的角度当好税法宣传辅导员,承担起帮助企业和公民守法自律、协助政府部门加强事中事后管理的重任,将进一步减少国家税收流失,促进公平竞争的市场秩序的形成,助力提升税收治理能力。这也是国家、政府、纳税人对本行业的期望。

(三)专业分工引发的立法呼声越来越大

随着社会分工日趋专业化,发挥不同专业组织术有专长、业有专攻的特质,引导它们在各自领域做专做精,避免同质化竞争,形成互为补充、互为制约、共同发展的局面,是一种必然趋势。从国际上看,韩国有《税务士法》,日本有《税理士法》,德国有《税务顾问法》,美国有230号公告专门规范税务代理人的注册登记和执业管理等。从国内来看,其他中介行业如注册会计师、律师、资产评估师等都有相应的法律进行规范和保护。面对涉税专业服务行业长久以来缺乏法定业务、法定权利义务和法律责任等无法可依的情况以及税务师事务所、税务师法律地位低下的现状,税务部门、行业协会、税务师事务所和税务师等对加快行业立法的诉求由来已久且越来越强烈。其实,通过法律规定专业人士、专门机构从事专业服务,使其发挥"社会共治"作用,已成为国际国内通行做法,也是专业分工的内在需要。因此,立法规范涉税专业服务机构和人员,以及涉税专业服务行业,实施有效的行业自律和行政监管势在必行。

三、涉税专业服务行业的立法思路和建议

(一)立法思路

1. 加强党的领导是首要原则

党的十八大以来,以习近平同志为核心的党中央高度重视社会组织党建工作。习近平总书记强调,要加强社会组织党的建设,全面增强党对各类各级社会组织的领导。在立法过程中,要体现党的领导的原则,不断推进行业党的建设,始终把政治建设摆在首位。积极引导广大党员和从业人员自觉增强"四个意识"、坚定"四

个自信"、做到"两个维护",引导行业党员筑牢信仰之基,补足精神之钙,把稳思想之舵,坚定不移听党话、跟党走,推动全行业保持统一的思想、坚定的意志、协调的行动、强大的战斗力。

2. 加快立法进程是当务之急

当前,行业立法滞后与专业服务发展需求的矛盾不断扩大,已成为制约涉税专业服务行业发展的瓶颈。涉税专业服务行业作为连接征纳双方主体的桥梁和纽带,可运用其专长重点关注纳税的合法性、真实性,以及企业经营活动中税收政策的适用性,既维护税法的刚性,为国家税收安全服务,又保护纳税人的合法权益,为社会公平服务,成为畅通税收治理的通道、夯实国家治理的渠道。因此,加快推进全国性行业立法,让行业在法律制度框架内健康可持续发展,既紧迫又必要。

3. 贯彻系统理念是关键一招

习近平总书记在党的二十大报告上指出,"万事万物是相互联系、相互依存的。只有用普遍联系的、全面系统的、发展变化的观点观察事物,才能把握事物发展规律"。发展涉税专业服务行业从来都不是单单依靠某一方面就能实现的,自始至终都是一个多方共同发力的结果。因此,在立法过程中要坚持兼顾当下,着眼长远,统筹好国家层面立法、行业自律规定和行政监管措施等的配套推进,整体性、集成式提升行业主体地位、规范行业竞争秩序,维护国家税收安全,营造公平公正的税收营商环境。

(二)具体建议

1. 明确立法目的,提升行业站位

推动行业立法的重要性、必要性、紧迫性不言自明。当然,如果仅仅为了立法而立法,或者幻想依赖立法解决所有问题,显然不可能,也不可行。随着涉税专业服务行业的深入发展,也逐渐暴露出来很多问题,包括从业机构、人员素质良莠不齐,罔顾税法原则的"经济人"现象,行业内部的无序竞争,行政监管和行业自律疲软乏力等等。其实,行业暂未立法并非一定是坏事,反而可以针对行业发展中发现的瓶颈短板,从更高的起点上寻求问题解决之道。本文建议,紧紧抓住推动立法的有利契机,以问题为导向,推动解决包括税务师法律地位、法定业务、法定权利义务、法律责任以及行业自律、行政监管等问题,提升涉税专业服务机构和人员对法律的敬畏,促进纳税人和涉税专业服务机构及人员从不敢、不能到不愿违法的转变,消除纳税人、服务行业、税务机关之间的信任危机,真正一揽子实现从良法到善治的效果。这样不仅树立起诚信守法的行业队伍形象,成为维护国家税收利益、助力优化税收营商环境、提升税收治理能力的重要力量,也是行业立法的最终目的所在。

2. 灵活立法形式,加快立法实现

从当前已经出台的行业立法来看,作为实行职业资格行政许可的注册会计师行业和律师行业,全国人大常委会出台了《中华人民共和国注册会计师法》(以下简称《注册会计师法》)和《中华人民共和国律师法》(以下简称《律师法》),而对于同样被取消职业资格行政许可的资产评估师行业,国家则出台了《中华人民共和国资产评估法》(以下简称《资产评估法》》),规定资产评估程序、评估机构和评估师的权利义务等。上述两种形式均可对行业管理提供有力的法律保障。对于涉税专业服务行业的立法,以何种名义和形式推出,既要充分考虑到由行政许可变成行政登记的事实,也取决于管理实践的需要。从立法的技巧来看,《律师法》和《注册会计师法》出台时间较早,且作为行政许可类立法有其特殊性,而《资产评估法》是取消该行业行政许可后在 2016 年出台的,这对于涉税专业服务行业的立法更加具有借鉴意义。建议先从《中华人民共和国税收征收管理法》(以下简称《税收征收管理法》)的层面明确某类或某几类重要的涉税业务作为税务师的法定业务。同时考虑参考《资产评估法》的模式,围绕某一类或某几类重要涉税业务出台专门法律,重点细化规范上述涉税业务的办理程序、涉税专业服务机构和人员的权利义务,明确相应的法律责任等。这样似乎更为稳妥和便利。同时,考虑到全国性立法的进程,可以考虑以海南为突破口,利用自贸港立法权限,先行出台相关地方性法规,更好适应自贸港的发展定位和营造法治化、国际化、便利化税收营商环境的实际需要。建议允许国外涉税专业服务机构和人员在海南执业,规定实质性经营、股权转让、财产损失、企业所得税汇算清缴等作为鉴证审查的业务事项;实行事务所服务信用等级评定管理,等级高的事务所、满足一定从业年限且没有行业违法处罚记录的税务师才可以在海南办理涉税鉴证、审查类业务;遵循信赖原则采信事务所出具的报告作为税务部门执法依据,大幅提高事务所、税务师故意或者过失违反税法规定提供虚假报告的违法成本等,促使更多的事务所和税务师以诚信和能力取胜,参与到开放型经济社会建设中来。

3. 厘清立法重点,推动问题解决

涉税专业服务,既涵盖涉税业务,也涉及机构人员,两者都需要规范,缺一不可。其中,涉税业务既包括税收策划、涉税鉴证、纳税情况审查等高层次专业性强的业务,也包括一般的税务咨询和纳税申报代理等日常的业务。要想同时规范事和人,必须突出重点,不能大而全。从实践来看,日常涉税业务并不需要税务师签章,涉税风险较大的往往存在于需要税务师签章的涉税鉴证、纳税情况审查等方面。其实,鉴证类、审查类业务与一般税务代理业务有着本质区别。从主体关系看,鉴证类、审查类业务具有认定、证明的法律属性,涉及三方关系。从职能作用看,鉴证类、审查类业务涉及国家利益和公共利益。从资质条件看,从事鉴证类、审查类业务的机构和人员需要具备特殊信誉、特殊条件或者特殊技能等资格、资质，应当精通税法，熟知会计、法律、国际法和企业经营等知识，并能依法解决涉税问题等。从监管方式看，鉴证类、审查类业务难以通过市场调节和行业自律保证质量，必须加强行政监管。建议考虑鉴证类、审查类业务的重要性和复杂程度，将立法重点放在鉴证类、审查类业务上，首先从《税收征收管理法》角度，明确鉴证类、审查类业务作为税务师的法定业务。同时，围绕规范鉴证类、审查类业务，参考《资产评估法》的模式，出台相关法律，在规范鉴证类、审查类业务程序的同时，规定税务师的权利义务和法律责任。其中，必须要考虑到鉴证、审查结果的运用，否则鉴证审查就失去了存在意义。同时也要考虑如何保障结果的真实性、合法性，以及结果运用后可能引发事务所、税务师为追求经济利益而放弃税法原则的问题，或者税务干部不作为、乱作为等现象。这样一来，既规范了事，也规范了人，更确立了鉴证类、审查类业务的法律地位，有利于发挥服务行业的作用。

4. 完善立法配套，强化行业规范

有权力必然要受监督。如果从法律层面上提高了税务师事务所和税务师的地位，明确了税务师的法定业务，行业自律和行政监管必然要跟上。行业立法不能单打独斗，否则就会力不从心。建议在酝酿推动立法的同时，同步考虑以国家税务总局的名义出台对税务师事务所、税务师的监督检查管理办法，明确国家税务总局驻各地特派员办事处通过"双随机、一公开"的方式，对事务所开展鉴证类审查类业务、税务师执业情况的监督检查，或者围绕事务所的营业收入、客户数、税务师人数、业务数量等制定检查标准，将行政监管落到实处，从而督促提高鉴证类、审查类业务的质量，减少鉴证、审查结果的造假；规定从事鉴证类、审查类业务的机构和人员必须加入税务师协会，接受行业自律约束；行业协会出台会员管理办法，定期加强对会员的信用等级动态评价调整，对故意违法且达到一定违法标准和违法后果的税务师事务所和税务师，坚决清除出行业，今后不能再从事鉴证类、审查类等签章业务，以更严的要求、更高的标准推动行业的行政监管和行业自律。

关于促进税务师行业高质量发展的思考

胡山竹[①]

当前,世界之变、时代之变、历史之变正以前所未有的方式展开,世界经济艰难复苏,全球化逆流涌动。在机遇与挑战并存的当下,税务师行业发展面临的生存环境日趋复杂,如何在生存中发展,在发展中规范,走好行业高质量健康发展的道路,是所有涉税服务人员都需要面对的时代命题。

"十四五"时期正处于"两个一百年"奋斗目标的历史交汇期,是我国由全面建成小康社会向基本实现社会主义现代化迈进的第一个五年,也是税务师行业实现高质量发展的关键时期。近年来,我国的税收法律制度不断健全,营商环境持续优化,市场化配置资源的决定性作用越来越强,宏观经济政策不断完善。税务师行业从业者有信心、有决心、有能力在维护纳税人合法权益和国家税收利益、助力税务机关优化纳税服务和提高征管效能等方面发挥更大的作用,为优化税收营商环境,构建以国内大循环为主体、国内国际双循环相互促进的新发展格局,推动国家治理体系和治理能力现代化作出更大的贡献。

那么如何促进税务师行业的高质量发展呢?中税协曾于 2020 年下发《关于推进新时代税务师行业高质量发展的指导意见》(中税协发〔2020〕79 号),提出把税务师行业建设成为国际先进、中国特色的涉税专业服务组织,统筹推进税务师行业法治化、市场化、规范化、专业化、数字化、国际化等"六化"的高质量建设,并通过"六化"高质量建设,促进行业发展的外部环境进一步改善,从而形成专业高效、规范有序、治理完善的税务师行业高质量发展新格局。

在此背景下,笔者认为,促进税务师行业高质量发展的最核心、最基础的要素在于人才的建设,税务师行业高质量发展需要有一支高素质的人才队伍来支撑。那么如何建设税务师行业高质量发展所需要的人才队伍?笔者提出几点不成熟的思考和看法如下。

一、政治先行,服务国家经济

税务师行业首先要明确自己的政治立场,把人民和国家的利益放在首位,为我

---

① 胡山竹,江西洪宸税务师事务所所长。

国的经济发展保驾护航。因此,要讲政治、讲品德,品德是做人的基本原则。一个知识不全的人可以用品德去弥补,而一个品德不全的人却无法用知识去弥补。同时,税务师还要全面地了解我国的宏观经济政策,以及具体的财政、货币及税收政策等。随着我国"一带一路"倡议的实施,税务师的服务工作也要随着我们中国企业的脚步走出国门,全程做好跟踪服务,为我国的发展贡献绵薄之力。

二、与时俱进,提升专业技能

首先,我国的税务师行业起步较晚,为了更好地参与国际竞争,我们要保持谦虚谨慎的态度,坚持实事求是的原则,积极探索新的思路,努力提高税务师的服务质量,更好地助力我国参与全球的经济竞争。

其次,目前大数据、云技术、区块链等技术迅速发展,促使税务师的角色发生变化,从传统的面对面服务转型升级为利用大数据为客户提供个性化税务咨询,承担税务处理方案的顾问或技术支持角色等。同时,税务主管部门的精细服务、税收政策精准推送、非接触式办税、预填报服务等也倒逼税务师行业向专精特新、高端咨询和涉税服务产品化转型。由此,税务师必须积极应对数字化进程带来的挑战,采用数字化的手段,解析企业的数据"盲盒",提高工作效率,做一个既懂业务又懂技术的复合型人才。

最后,数字赋能是税务师应该积极探索的领域。存储在电子信息系统中的数据没有生命,也没有价值,只有经过人工处理和加工,数字才能"活"起来,才能变得有价值,才能为税务师的决策服务,指导未来的工作,为将来税务师行业的"智能化"奠定基础。

三、研判政策,敏锐洞察商机

我们要紧跟宏观政策的变化,保持敏锐的商业洞察力、敏捷的行动力。2021年3月,中共中央办公厅、国务院办公厅印发的《关于进一步深化税收征管改革的意见》明确提出,要以"互联网+监管"为基本手段,稳步实施发票电子化改革,深化税收大数据共享应用,到2023年实现从"以票控税"向"以数治税"分类精准监管转变,基本建成"无风险不打扰、有违法要追究、全过程强智控"的税务执法新体系。

我们对相关政策及时、充分研习后,即通过拜访、座谈、培训等方式加强与客户的沟通,并发现某央企在税务风险预防、管控的过程中,非常需要专业的税务服务机构协助。我们于2021年为该央企提供了所属全部企业的税务风险评估检查服务并得到了客户的充分认可,目前已成为每年例行的可持续涉税服务项目。

四、登高望远,全球战略思维

近年来的新冠疫情、俄乌战争、巴以冲突等事件进一步加速了国际政治经济局势,导致全球供应链紧张,甚至可能出现局部金融危机。全球企业需要中国市场,中国市场也需要全球的企业,正如习近平总书记所说,中国开放的大门永远不会关上。

目前,我国税务师行业作为国家全球经济发展支持系统的一部分,服务能力及服务水平也有待提高。因此,要积极培养一批精通其他国家语言的税务师,至少能够查询或者阅读其他国家与涉税业务相关的专业资讯,最好能够用其他国家的语言撰写专业文书。同时,还要加强与其他国家的专业交流,积极地走出去,参与一些国际业务,或者与国外的涉税服务机构联合组队完成跨境业务,在业务合作的实践中学习。在借鉴和学习国外先进经验的同时,也要向境外的同行讲好中国故事,宣传中国文化,为增强我国的国际影响力添砖加瓦。

医药制造企业涉税风险分析及应对
——以遵义市 L 企业为例

郑绍萍　李为人[①]

摘　要：本文以遵义市 L 企业为例，分析了医药制造企业在新冠疫情后新经济发展态势下的涉税风险。医药制造企业生产周期长、高新技术应用多和研发投入高等，这些特点决定了企业的税务管理需要特别关注。本文详细分析了医药制造企业在税务申报、简易计税、增值税发票管理、收入记录、费用列支、营业收入与毛利率变动等方面的潜在风险，并提出了提高财务人员专业能力、建立完善的税收风险管理制度、加大风险评估力度等对策建议。

关键词：医药制造企业；涉税风险；风险评估；财务管理

一、医药制造企业涉税风险的研究缘起

医药制造企业经历了"营改增"、智慧税务推广、"两票制"改革，在新冠疫情后的新经济发展态势下，在税务管理方面面临着重要挑战。

目前，我国医药制造企业普遍存在三个特点：①生产周期长。一款新药的上市需要经过研发、临床前研究、临床试验、送检、申请等多个步骤才能实现量产。②高新技术应用多。医药制造企业生产研发药品涉及化学、生物等多个学科领域的先进技术手段，在新药的临床前研究阶段也要结合世界前沿理论与最新研究发现。③研发投入高。在实践中，医药制造企业尤其是中成药生产制造企业，创新研发投入占比很高，上述两个特点决定了医药制造企业必然研发投入高。但在新药研发成功、新产品得到量产后，销售到市场将获得高额利润。随着税收政策的不断调整和完善，企业需要及时了解并适应相关政策，避免税收政策变化带来的风险和损失。新市场环境对医药制造企业发展提出了更高的要求，不仅体现在药品的创新研发上，生产经营中也会涉及税务风险，要谨防违规操作使企业遭受利益和名誉上的损失。

医药制造企业在经营过程中面临着各种税收政策和法规的约束和规范。对于

[①] 郑绍萍，中国社会科学院大学应用经济学院税务硕士。李为人，中国社会科学院大学应用经济学院副院长，副教授。

医药制造企业而言,合理合法地进行税务事项申报,及时识别并采取相应措施处理好自身的税务风险,降低企业成本和预防损失,对企业健康长久发展是非常重要的。在深化税制改革及医药行业变革的大背景下,深入分析企业涉税活动中存在的潜在风险点和漏洞,有以下三个好处:一是可以帮助企业及时发现并解决账务处理方面的新问题,规避税收风险,保障企业的合法权益,确保企业持续稳定经营。二是可以提高企业的税务管理水平和风险意识,促使企业建立健全税务风险管理制度,加强内部控制,规范税务行为,提高纳税遵从度,降低税收风险,提升企业的竞争力和可持续发展能力。三是促进税收征管规范化和行业健康发展。税收管理部门可以更好地掌握整个医药制造行业的税务状况和风险情况,揭示行业内存在的普遍性问题和不规范行为,引导企业依法纳税、诚信经营,同时加强对企业的监督和指导,提高税收征管的效率和质量,促进整个医药产业链的健康有序发展。

二、医药制造企业经营中存在的涉税风险

(一)未按规定申报缴纳购销合同项目印花税

医药制造业在现实经营中会涉及各种交易活动,包括但不限于原材料、生产设备和包装物的购进及医药产品的销售等。然而,一些医药企业出于各种原因,可能故意或无意地未按照规定申报和缴纳印花税,这种行为不仅违反了相关税收法律法规,也对行业发展和社会稳定造成了潜在的负面影响。

税务机关可在核心征管系统中进行申报明细查询,查询税种为"印花税",税目为"买卖合同"和"购销合同"计税金额合计(计税依据),另外查询《增值税申报表》中企业增值税全部销售额。通过核心征管系统、增值税电子抵账系统、票控全等模块,税务机关可查询企业所属年度取得的货物类发票,将企业印花税申报的买卖合同(购销合同)计税金额与其增值税全部销售额和购进金额之和进行比对,判断企业是否存在少申报缴纳"买卖合同"(购销合同)项目印花税的风险。

(二)将不属于简易计税范围的商品违规按简易计税方式进行申报

医药制造业在进行药品批发过程中,在申报增值税时,普遍存在申报简易计税销售额情况。按现行税收政策法规,销售抗癌药、罕见病药、生物制品可以选择按简易计税申报增值税。而部分企业将不属于简易计税范围的商品违规按简易计税方式进行申报,造成增值税税收风险。

税务人员利用核心征管系统、"一体式"应用、风险管理系统首页"一户式"、增值税发票电子底账系统,可对增值税申报数据、开具3%药品发票进行分析,对其申报的简易计税销售额进行纵向分析,关注纳税人进购销品名是否匹配,对选择简易办法依照3%征收率开具的发票货物品名进行甄别,判断是否符合政策规定,包括

可以选择简易办法依照3%征收率计算缴纳增值税的抗癌药品和罕见病药品是否在相关文件名单中。

由于医药行业货物品名复杂且专业,除了政策文件列明的抗癌药品和罕见病药品名单,还要灵活利用外部官方数据加以辨别,比如:在食品药品行政许可电子证书公示平台上查询纳税人是否取得《药品经营许可证》,是否属于药品经营企业;在取得规定的许可证条件下,在国家药品监督管理局数据查询平台对药品品名查询,判断纳税人开具的生物制品是否符合国家(食品)药品监督管理部门对生物制品的划分,以此区分是否属于可以选择简易办法的生物制品。

(三)虚开增值税发票及不得抵扣项目违规抵扣进项税额

医药制造企业在购买药品生产环节所需要的原材料以及包装环节的包装物时,比较容易遇到虚开增值税发票的税收风险,尤其是中成药、中药冲剂制造生产企业中这类税收风险更大。上述制造企业对原材料中药材的采购大多直接面向农户或者药材供应商,药材的产量和价格都难以准确衡量,采购过程中虚增原材料数量和价格的可操作空间较大。另外,企业在与农户或药材供应商交易过程中大多采用现金交易,现金流与发票流不一致,这也增加了税务机关监管的难度。部分企业会通过虚增原材料和包材的采购数量和价格,虚开进项发票,达到增加进项税额抵扣的目的,同时也虚增了企业的生产成本,加大了企业税前扣除的数额。

税务机关还要注意医药制造企业是否出现取得不得抵扣的增值税发票并进行了勾选抵扣,未作进项税额转出,违规抵扣进项税额的情形。查询增值税申报表"进项税额转出额"第15栏"集体福利、个人消费"和第23栏"其他应作进项税额转出的情形",这两栏所列数合计应该等于前面所列不得抵扣进项税额的发票总计金额,如果小于总计金额或者等于0,说明存在违规抵扣进项税额的风险。

(四)少记或不记收入少交增值税和企业所得税

在实际业务中,医药批发企业发生长期赊销的情况较少,应收账款、其他应收账款一般来说比较稳定,波动比较小;同时医药批发行业一般现金流比较充足,短期借款和长期借款比较少。不符合上述特征的纳税人可能存在少记或不记收入少交增值税和企业所得税的税收风险。

通过"一体式"应用,税务人员可分析医药批发行业纳税人应收账款、货币资金、借款等项目,在核心征管系统查询纳税人年度财务报表相关数据,主要分析应收款占营业收入比例、货币资金占营业收入比例、借款占营业收入比例、应收账款变动率、其他应收账款变动率等。纳税人应收账款和其他应收账款占比/变动率较大、货币资金占比较小、借款占比较大则存在风险疑点。

(五)虚列多列销售费用和管理费用少缴企业所得税

从医药制造业上市公司历年年报分析中可知,大多数医药制造企业呈现高毛利率水平和高期间费用水平的双高态势,且这种态势随着企业规模的逐渐扩大愈发明显,使得企业获利一般。其中的原因包括企业规章制度不完善、管理模式落后,但也不乏医药制造企业违规增加企业所得税前扣除项目和数额,虚列、多列销售费用和管理费用以少缴企业所得税的现象。比如,虚开大型会议、虚构专家咨询资料、虚假购买办公用品,虚开或者伪造费用发票,将不规范费用支出计入销售服务费用和推广服务费用,增加销售费用成本开支,进行税前扣除,达到降低税负的目的。

税务机关要关注医药制造企业纳税人是否虚列销售费用中广告及业务宣传费、顾问咨询费和其他等项目,通过查询纳税人取得发票情况,分析纳税人销售费用核算情况,计算纳税人销售费用占营业收入的比例、广告及业务宣传费占营业收入的比例、顾问咨询费和其他占销售费用比例。上述比例与同行业偏差较大的存在风险疑点。

(六)营业收入变动率与毛利率变动率反向变动

正常情况下,企业营业收入变动率与毛利率变动率应同向变动,如存在反向变动,则需注意并根据企业实际情况加以分析。若营业收入正向增长,毛利率反向降低,则企业可能存在少计收入,虚列、多列成本的问题。若营业收入变动率小幅降低,毛利率变动率大幅降低,则企业可能存在少计收入,多列、虚列成本的情况。

如企业营业收入变动率与毛利率变动率异常,应注意对企业营业成本的列支进行核实:

(1)是否存在未按规定摊销固定资产,在营业成本中一次性列支?

(2)是否存在将费用成本化,多列营业成本?现采取的是"两票制",医药制造企业业务员、医药代表的销售提成多采取以发票做成本入账的形式给付,要注意核查企业成本中是否存在应列为销售费用的部分。

(3)注意核实列支的营业成本是否与营业收入相匹配,是否存在虚构业务或利用推广公司获取虚假发票、票据套取多列成本。

三、遵义市 L 企业涉税风险分析

(一) L 企业基本信息

L 企业是遵义市一家高新技术企业,适用 15% 的优惠税率,纳税信用等级为 A,属于中成药生产行业,是贵州生产规模较大的制药企业,主要从事医药产品的生产与高品质医药的创新研发。L 企业旗下有 5 家子公司,均独立核算。企业目前的生产、研发与销售主要集中在国内,暂未开通国外业务。L 企业适用的主要税费税种有增值税、地方教育费附加、教育费附加、个人所得税、企业所得税、城市维护建设税、残疾人就业保障金、印花税。

(二)纳税申报表

1. 增值税

L企业2020年增值税销售收入为1.20亿元,应纳税额1 344.06万元,增值税税负11.2%;2021年增值税销售收入为1.95亿元,应纳税额1 932.42万元,增值税税负9.91%,2022年增值税销售收入为2.02亿元,应纳税额1 893.27万元,增值税税负9.37%;2023年增值税销售收入为1.30亿元,应纳税额748.97万元,增值税税负5.76%。

从表1可知,2021—2023年L企业的增值税应纳税额变动率与销售收入变动率变化较大,在实地考察并跟企业进行交流沟通中了解到,L企业在新冠疫情期间的盈利是非常可观的,疫情防控期间医药的市场需求量增加,公司收到的订单量猛增,药品的产量与销售量也增多,销售收入与之前相比有较大幅度的提升。随着疫情被控制,市场逐渐恢复正常,L企业药品的生产与销售也逐渐趋向正常水平,因此近几年销售收入与增值税应纳税额出现了较大的变化。

表 3-1 2021—2023年增值税应纳税额变动率、销售收入变动率及增值税弹性系数

年份	2021	2022	2023
增值税应纳税额变动率	43.77%	2.03%	−60.44%
销售收入变动率	62.5%	3.59%	−35.64%
增值税弹性系数	0.700 32	0.565	1.696

2. 企业所得税

L企业2020年企业所得税申报营业收入为12 368.55万元,应纳所得税额为474.723 9万元,企业所得税贡献率为3.84%;2021年企业所得税申报营业收入为19 613.25万元,应纳所得税额为675.175 8万元,企业所得税贡献率为3.44%;2022年企业所得税申报营业收入为2 0201.5万元,应纳所得税额为103.787 3万元,企业所得税贡献率为0.51%(见表2)。

表 2 2020—2022年L企业企业所得税税负

年份	2020	2021	2022
企业所得税税负	3.84%	3.44%	0.51%

根据企业基本信息及与公司财务人员交流,L企业涉及的税收优惠主要是企

业所得税方面,减免税类型为税基式优惠,包括:国家需要重点扶持的高新技术企业减按15%的税率征收企业所得税(《企业所得税法》第二十八条);安置残疾人员及国家鼓励安置的其他就业人员所支付的工资加计扣除(企业所得税法及实施条例、财税〔2009〕070号);开发新技术、新产品、新工艺发生的研究开发费用加计扣除(企业所得税法及实施条例、财税〔2015〕119号、国家税务总局2015年第97号公告);固定资产加速折旧(财税〔2014〕075号、国家税务总局2014年第64号公告)。L企业的企业所得税贡献率在贵州省医药制造行业平均税负水平的正常范围内,暂无税收风险。

3. 广告和业务宣传费

表3是L企业销售费用占比及广告费和业务宣传费情况。高销售费用及广告费和业务宣传费的异常变动给企业带来较大的税务风险,也极易引起税务机关的关注。2020—2022年,L企业的销售费用率维持在39%~50%,在跟公司财务人员交流过程中了解到,该公司在江西有一家销售子公司,销售费用占比是较高的,但也维持在行业平均水平,不高于50%,管理费用方面占比较少,大概为20%。

表3　2020—2022营业收入及期间费用部分数据　　单位:万元

项目	2020	2021	2022
营业收入	12 368.55	19 613.25	20 201.50
期间费用	7 943.75	13 416.08	14 923.44
其中:广告和业务宣传费	3 252.85	3 900.46	4 270.59
广告和业务宣传费占期间费用比例	40.95%	29.07%	28.62%
销售费用	5 579.87	9 502.43	7 934.02
销售费用率	45.11%	48.45%	39.27%

4. 研发费用

L企业作为一家中成药生产制造公司,在药品创新、科技研发项目上的投入资金占比较高。从表4可知,疫情防控期间L企业研发费用支出相对较少,考虑实际市场需求企业可能更多投入生产方面,2022年研发费用占比高达66.19%,财务人员表示研发费用金额增加也跟企业的发展战略相关。实地调查中,生产总监介绍了正在使用中的一期、二期和各生产车间生产情况、生产设备投入使用情况、产品产量及残次品销毁情况、包装车间包材、设备运用情况等,并表示公司以智能化、自动化、绿色化为目标,近几年在科技研发项目上投入较大,包括在建的三期TDDS智能制造中心及大健康药食同源项目,估计投入使用后企业在规模、产量、质量、效率上均能实现质的变化,降低企业成本,促进企业发展。

表4 2020—2022年利润总额及研发费用情况　　　　单位:万元

项目	2020	2021	2022
利润总额	2 347.06	3 263.12	2 196.89
研发费用金额	668.85	576.88	1 454.12
研发费用占比	28.50%	17.68%	66.19%

四、医药制造企业涉税风险对策建议

(一)提高财务人员专业能力,加强税收知识培训

在医药制造企业中,财务人员的专业能力至关重要。加强教育培训和提升专业能力可以帮助财务人员更好地理解税收法规,有效规避风险,确保企业合规合法经营。财务人员应深入学习税收法规,了解相关政策和法规的最新变化,掌握纳税申报流程和要求。企业定期举办内部培训、邀请税务专家进行讲解、及时下发最新税收政策和企业各个业务环节潜在税务风险点等,便于各部门涉税人员自行学习与识别,提升财务人员的税法水平,帮助企业更好地应对复杂的税收环境。

(二)建立完善企业税收风险管理制度

在新形势下,国家对偷漏税行为的处罚力度越来越大,税务风险监管与税务稽查也越来越精准频繁,医药制造企业管理者要强化自身的税务风险防范意识,从管理角度出发,建立并完善企业税收风险管理制度。比如,设置专门的税务风险管理小组,明确岗位职责,除了日常纳税申报缴税、发票申领开具外,还要负责防范医药制造企业在生产经营过程中容易触发的税务风险。另外,健全企业内控制度,可聘请第三方机构,协助企业进行自身税务风险的查询。企业还应建立完善的税务档案管理制度,确保发票等税务数据、资料的完整性和准确性,为企业经营业务的发生提供凭据和有力支撑。

实地考察中笔者了解到,L企业自身拥有较完善的内控制度,并将税务风险作为内控制度的重要部分,在企业经营管理中也注重培养税务风险防范意识。L企业曾聘请国内某知名会计师事务所进行风险自查,并做好规划,及时规避税收风险带来不必要的损失,这有利于L企业长久健康的发展。

(三)加大风险评估力度

从税务机关的角度出发,加大风险评估力度并加强政企沟通,对于管理医药制

造企业涉税风险非常关键。税务机关在管理医药制造企业涉税风险方面起着不可或缺的监管和指导作用。首先,加大风险评估力度是税务机关防范企业涉税风险的重要举措之一。税务机关应加强对医药制造企业税务活动的监测和评估,尤其关注采购环节原材、包材的进项,看发票是否合规,防止虚开发票、虚增成本的风险;在研发环节注意企业是否存在研发费用的归集超出范围或不规范的风险;在销售环节注意销售费用占比情况及有无多列广告费、会议费、差旅费等进行税前扣除的情况,及时判断和发现潜在的税收违法行为和规避行为。通过加大对医药制造业风险的评估力度,税务机关可以更准确地判断企业的税务合规状况,有针对性地采取监管措施,有效降低企业涉税风险。

参考文献

[1]姜楠.医药制造业行业税负情况以及税收筹划:以江中药业为案例[J].才智,2011,(29):252.

[2]伯建平.医药制造企业税务风险评估与防范对策研究[J].企业改革与管理,2023(7):79-82.

[3]刘峻峰.医药制造业的税务风险管理研究[D].成都:电子科技大学,2018.

[4]陈勇成.医药企业税务风险管理研究[D].北京:中央财经大学,2022.

[5]温导宇.关于医药制造业的税务风险管理的探讨[J].纳税,2021,15(21):36-37.

[6]童振扬.贵州ZQ药业税务风险管理研究[D].贵阳:贵州大学,2022.

[7]马兴瑞.医药制造企业税收征管中的风险识别及应对[D].汕头:汕头大学,2020.

第三部分

中国税务师行业发展报告 2022—2023

税务师行业发展概览

一、税务师行业概述

(一)税务师

税务师是指参加全国统一考试,成绩合格,取得税务师职业资格证书并经登记的、从事涉税服务的专业技术人员。2014年7月,国务院取消了注册税务师职业资格许可。2015年11月,在总结原注册税务师职业资格制度实施情况的基础上,人力资源和社会保障部、国家税务总局制定了《税务师职业资格制度暂行规定》和《税务师职业资格考试实施办法》,税务师职业资格仍属于国家职业资格,纳入全国专业技术人员职业资格证书制度统一规划。通过税务师职业资格考试并取得职业资格证书的人员,表明其已具备从事涉税专业服务的职业能力和水平。税务师资格的取得实行统一考试的评价方式,中国注册税务师协会(以下简称"中税协")具体承担税务师职业资格考试的评价与管理工作。税务师职业资格证书实行登记服务制度,税务师职业资格证书登记服务的具体工作由中国注册税务师协会负责。

税务师行业是伴随社会主义市场经济的建立而发展的新兴行业,是社会主义市场经济发展的必然产物。在中国经济蓬勃向上的同时,一方面由于经济运行到一定阶段所产生的内在要求,另一方面因为与世界经济接轨的客观需要,政府管理经济的模式发生了深刻的转变,宏观调控成为主导,与此同时,各行业自律性组织——行业协会及其专业机构的建设得到了进一步加强。其中,税务师行业有助于维护国家税收利益和纳税人缴费人合法权益,服务国家税收事业和经济社会发展,从而得到国家的重视。在此基础上,中国税务咨询协会经过多年的实践,2003年8月经民政部批准更名为"中国注册税务师协会",并与中国注册会计师协会分业管理,这是中国税务师行业发展的一座里程碑。2023年9月,国家税务总局正式印发《涉税专业服务基本准则(试行)》(以下简称《基本准则》)和《涉税专业服务职业道德守则(试行)》(以下简称《职业道德守则》),首次以规范性文件形式规范涉税专业服务执业行为,提出从事涉税专业服务的基本遵循,明确涉税服务从业者的职业操守,为促进涉税专业服务行业规范发展提供了行为准则和执业依据,也为涉税专业服务法治化、规范化、标准化发展奠定了制度基础。涉税专业服务行业由此迎来规范发展"新行规",标志着涉税专业服务执业规范建设正式迈入了新的发展时期。

(二)税务师行业的特征

1. 代理活动的公正性

税务师是与征纳双方都不存在利益关系的独立第三方涉税服务专业人员。税务师在开展相关业务的过程中,要站在客观、公正的立场上,以税法为依据,以服务为宗旨,既要保障纳税人的合法权益,又不能损害国家的利益。公正性是税务师职业的根本要求,是税务师行业得以存续发展的重要前提。

2. 法律的约束性

税务师从事的涉税专业服务与法律服务、会计审计服务一样,是负有法律责任的契约行为。税务师与委托人之间需要签订具有法律约束力的业务约定书,在执业过程中,其行为受到税法及其他相关法律的约束。

3. 执业活动的知识性和专业性

税务师从事的涉税服务是知识密集型和实践密集型的专业活动。首先,执业的税务师要具备丰富的知识,不局限于税法、法律、财会、金融等专业知识;其次,执业的税务师要具有一定的实践经验,具备综合分析能力,其执业过程和程序都是专业、规范的,体现出涉税服务的专业性。

4. 执业内容的确定性

税务师承接业务的业务范围是由国家以法律、行政法规和行政规章的形式确定的,税务师不得超过规定的内容从事涉税服务活动,税务师不得行使应由税务机关行使的行政职权。

5. 税收法律责任的不转嫁性

税务代理关系的建立并不改变纳税人、扣缴义务人对其本身所固有的税收法律责任的承担。在代理过程中产生的税收法律责任,无论是纳税人、扣缴义务人的原因,还是税务师的原因,其承担者均应为纳税人或扣缴义务人。但是,这种法律责任的不转嫁性并不意味着税务师在执业过程中可以对纳税人、扣缴义务人的权益不负责任,不承担任何代理过错。如果因税务师的过错而造成了损失,委托方可以通过民事诉讼程序向代理人提出赔偿要求。

6. 执业的有偿服务性

税务师行业是伴随市场经济的发展而产生并发展起来的,既服务于纳税人和扣缴义务人,又间接地服务于税务机关和社会,它同样以获得收益为目标。税务师在执业过程中付出了体力劳动和脑力劳动,应该获得相应的报酬。

(三)税务师职业道德

税务师行业职业道德,是指税务师事务所及其涉税服务人员提供涉税专业服务应当遵守的职业品德、职业纪律、职业判断、专业胜任能力等行业规范的总称。

税务师事务所及其涉税服务人员应当恪守独立、客观、公正、诚信的原则;应当具备和保持应有的专业胜任能力和职业判断能力,并履行保密义务。

1. 诚信

税务师事务所涉税服务人员在提供涉税服务活动中应当正直自律、诚实守信,规范服务。

税务师事务所涉税服务人员应当认真履行协议,严格按照税收法律、法规规定的期间、时效与委托人约定的时间,办理委托事项,严格守约,全面履约。

税务师事务所涉税服务人员不得违反税收法律、行政法规,造成委托人未缴或者少缴税款;不得采取隐瞒、欺诈、贿赂、串通、回扣等不正当竞争手段承揽业务,损害委托人或他人利益;不得利用服务之便,谋取不正当利益;不得以税务机关和税务人员的名义敲诈纳税人、扣缴义务人;不得向税务机关工作人员行贿或者指使、诱导委托人行贿。委托人委托事项属于法律法规或者职业道德指引限制或者禁止的,税务师事务所涉税服务人员应当告知委托人,并提出修改建议或者予以拒绝。未经委托人同意,税务师事务所涉税服务人员不得将委托人所托事务转托他人办理。在业务报告、申请资料或其他信息中,税务师事务所涉税服务人员不得存在出具虚假和误导意见的行为。

2. 独立性

税务师事务所涉税服务人员在提供涉税专业服务过程中应当秉持良好的职业操守,保持独立性。

税务师事务所涉税服务人员从事涉税鉴证、纳税情况审查业务,必须从实质上保持独立性;从事纳税申报代理、一般税务咨询、专业税务顾问、税收策划、其他税务事项代理、其他涉税服务业务,应当从形式上保持独立性。税务师事务所涉税服务人员应当遵从税收法律制度,当涉税服务与客户利益有冲突时,应当保证涉税专业服务的独立性。

3. 客观公正

税务师事务所涉税服务人员在提供涉税专业服务的过程中,应当保持客观。税务师事务所涉税服务人员在提供涉税专业服务的过程中,应当实事求是,遵守国家法律、法规规定,基于委托人的业务事实提供涉税专业服务,不以个人意志为出发点和目的,不因利益冲突、个人偏见或其他因素影响职业判断及职业结论。

4. 专业胜任能力

税务师事务所涉税服务人员应当持续了解、及时掌握、准确理解、正确执行国家财会、税收政策和相关规定。

税务师事务所涉税服务人员应当具有专业知识技能和保持应有的专业胜任能力,应当确保为委托人提供具有专业水准的服务,应当具备和保持职业判断意识和能力,应当按规定参加继续教育。

5. 保密义务

税务师事务所涉税服务人员未经委托人允许,不得向税务师事务所以外的第三方泄露其所获取的委托人隐私和商业秘密,国家法律法规另有规定的除外。税务师事务所涉税服务人员不得利用所获取的涉密信息为自己或任何形式的第三方牟取利益。

(四)税务师提供服务的主要程序

1. 业务承接

税务师应当按照《注册税务师业务承接规则(试行)》的要求承接涉税服务业务。在签订业务约定书之前,税务师应当与委托人进行沟通,了解委托背景、目的、目标等特定事项的具体内容。在进行充分的沟通和讨论之后,税务师应当按照《涉税业务约定规则(试行)》的要求起草业务约定书。业务约定书包括但不限于以下内容:委托背景,委托人的需求,服务目标,服务团队,服务程序,服务成果体现形式、提交方式和时间,业务收费,权利和义务,法律责任。

2. 业务计划

涉税服务的业务计划有四个要求:

(1)业务计划应当根据服务目标,按照《注册税务师业务计划规则(试行)》制订,业务简单、风险较小的服务项目可以简化。

(2)税务师应在充分理解委托原因、背景、目标的基础上,制订业务计划。

(3)税务师应将服务总目标分解成若干阶段,然后确定各阶段的子目标,再据此细化各阶段的工作事项。

(4)在项目计划形成后,税务师应当与委托人进行沟通,得到委托人确认后再实施。

3. 业务实施

业务实施应以委托人目标实现为导向,根据委托目标,确定所涉相关法律法规范围,分析实现委托人目标应具备的法定条件,分析委托人现有条件与法定条件的差异和产生差异的原因,提出消除差异的方法和建议。在业务实施前,项目组成员应当对业务约定书和业务计划进行讨论,使项目成员都能了解项目目标及各自所承担的任务和责任。项目启动后,项目负责人应当按项目计划对项目的进展、成本、质量、风险进行控制。

需要强调的是,当发现委托人提供的资料和陈述严重偏离业务约定书的内容,对委托目标实现有重大影响时,税务师应当与委托人讨论修改委托目标和业务约定书的其他内容,如不能达成共识,则终止项目。

4. 业务报告

在项目结束时,税务师需要根据项目制定相应的业务报告。业务报告的基本要求如下:

(1)应向委托人告知涉税服务业务报告的起草原因和所要达到的具体目的。

(2)业务报告的内容和要素应完整,目录要清晰;在具体分析表述中,论述的内容应与大小标题的内容相对应。

(3)业务报告中,除了写明分析过程和业务结论外,还应列明相应的依据(委托人的事实和法律法规)。涉及的法律法规可以作为业务报告的附件。

(4)在报告中,针对业务约定书确定的目标,税务师要明确告诉其结论和建议。

(5)在报告中,要告知委托人在使用业务报告时应注意的事项,以避免委托人不当使用业务报告给税务师事务所带来风险。

二、税务师事务所概述

(一)税务师事务所

税务师行业是涉税专业服务的主力军,也是推进依法治税、构建和谐征纳关系、优化税收营商环境的重要力量。随着税收现代化新征程的持续深入推进,税务师行业在助力税务部门优化税费服务、提高征管效能、参与协同共治等方面发挥着越来越重要的作用,也面临着新形势、新任务、新要求。

为持续深化拓展税收共治格局,促进涉税专业服务规范发展,助力税收营商环境优化,国家税务总局制定了《基本准则》和《职业道德守则》。涉税专业服务机构包括税务师事务所和从事涉税专业服务的会计师事务所、律师事务所、代理记账机构、税务代理公司、财税类咨询公司等机构,涉税服务人员包含这些机构中从事涉税专业服务的人员。税务师行业作为涉税专业服务行业的主力军,应起到表率和榜样作用。

税务师事务所作为专业的涉税服务机构,应积极链接纳税人与征税机关,在熟练掌握税法的基础上,提供专业化的服务。国务院2014年将税务师职业资格调整为水平评价类,但对涉税服务的要求并未降低。我国税法体系庞大且复杂,所涉及的税种数量多,各税种的税率、计税方法等的差异较大,由此对涉税人员提出了更高的要求,其不仅要有丰富的财税专业知识,还要灵活运用各类税收优惠政策。推进涉税服务的标准化建设,能够有序推进政府部门对行业的监管,通过持续推进和不断完善标准化建设,进而成为国家强制性标准,推动涉税行业的专业化、标准化发展。

税务师事务所作为专业机构,在日常开展涉税业务时,从专业化的视角着手,以中税协发布的业务指引制定相关的执业标准,能够达到规范行业发展的目的。涉税服务行业本身具有专业性,行业协会给予业务指引,实施服务标准化建设,亦是行业自律组织发展的切实需要,通过制定服务的标准化建设,引导税务师事务所自觉执行,逐步通过行业自律规范涉税服务。

税务师事务所向客户提供涉税服务(如税务代理、税务咨询、涉税鉴证等),通过开展标准化建设,为各项服务设计模板标准,在实践操作中逐条落实并记录,诸如提供几次上门服务、服务内容、达到的要求、预期的利益、纠纷处理等。通过涉税服务标准化建设,进一步提升服务质量,立足于客户的需求,不断完善服务标准,促进整个行业的规范化发展。

(二)税务师事务所的地位

1. 从主体管理分析

从主体管理分析,税务师事务所与从事涉税专业服务的会计师事务所、律师事务所、代理记账公司、税务代理公司、财税类咨询公司等同属于涉税专业服务机构;不同的是,税务机关对税务师事务所实施行政登记管理,税务师事务所办理商事登记后,应当向省税务机关办理行政登记。

2. 从市场需求分析

随着我国"放管服"改革、税制和征管改革的不断深化,纳税人数量大幅增长,市场对于税务专业人才的需求显著增加;税务师事务所由税务师等专业人士组成,在专业资质、业务素养、实践经验等方面具有独特优势,有能力从事和完成专业税务顾问、税收策划、涉税鉴证和纳税情况审查等资质要求较高的专项涉税业务。因此,税务师事务所是涉税专业服务的排头兵和主力军。

(三)涉税专业服务范围

涉税专业服务是指涉税专业服务机构接受委托,利用专业知识和技能,就涉税事项向委托人提供的税务代理等服务。涉税专业服务机构从事涉税业务,应当遵守税收法律法规以及相关税收规定,遵循涉税专业服务业务规范。依据《涉税专业服务监管办法(试行)》,涉税专业服务机构可以从事纳税申报代理、一般税务咨询、专业税务顾问、税收策划、涉税鉴证、纳税情况审查、其他税务事项代理和其他涉税服务业务。

1. 纳税申报代理

(1)纳税申报代理业务的界定。纳税申报代理业务,是指税务师事务所接受纳税人、扣缴义务人、缴费人委托,双方确立代理关系,指派本机构涉税服务人员对委托人提供的资料进行归集和专业判断,代理委托人进行纳税申报和缴费申报准备,签署纳税申报表、扣缴税款报告表、缴费申报表以及相关文件,并完成纳税申报的服务行为。纳税申报代理包括:代理增值税纳税申报、代理消费税纳税申报、代理企业所得税纳税申报、代理个人所得税纳税申报、代理土地增值税纳税申报、代理房产税纳税申报、代理城镇土地使用税纳税申报、代理其他税费纳税申报。

(2)纳税申报代理业务的流程。代理纳税申报,应执行以下基本流程:①与委托人签订纳税申报代理业务委托协议;②从委托人处取得当期代理纳税申报的资料;③对资料和数据进行专业判断;④计算当期相关税种(费)的应纳税(费)额;⑤填制纳税申报表及其附列资料;⑥进行纳税申报准备;⑦确认和签署申报表;⑧进行纳税申报后续管理。

2. 一般税务咨询

一般税务咨询是指税务师通过电话、书面、晤谈、网络咨询等方式对纳税人、扣缴义务人的日常办税事项提供税务咨询服务。税务咨询服务涉及内容广泛,咨询、服务形式多样。

税务咨询以税收方面的疑难问题为主导,包括纳税申报咨询、税务信息提供、税务政策解答、税务事项办理辅导等业务。

3. 专业税务顾问

(1)专业税务顾问的界定。专业税务顾问业务是指税务师事务所接受委托人的委托,指派税务师事务所的涉税服务人员,就委托的特定涉税事项提供专项税务咨询服务或者为委托人提供长期税务顾问服务。

(2)专项税务咨询服务。专项税务咨询服务是指通过一定业务程序取得委托人的业务事实证据,并对业务事实证据与相关法律法规进行对比分析得出结论(结果),将结论(结果)或者根据结论(结果)提出的建议以书面形式提供给委托人的服务。专项税务咨询服务包括但不限于以下服务:涉税尽职审慎性调查,纳税风险评估,资本市场特殊税务处理合规性审核,以及与特别纳税调整事项有关的服务,等等。

(3)长期税务顾问服务。长期税务顾问服务是指对委托人在接受委托时尚不能确定的具体税务事项提供期限不少于一年的咨询服务。长期税务顾问服务包括但不限于以下服务:税务信息提供,税务政策解释和运用咨询,办税事项提醒和风险提示,涉税措施的评价和建议,代表委托人向税务机关咨询问题和协商税务处理事宜,等等。

(4)专业税务顾问业务的执业原则。第一,合法性原则。该原则要求服务过程和服务成果不违反法律法规。第二,合理性原则。该原则要求分析的依据以及服务成果合乎常理。第三,特定目标原则。该原则要求以委托人的委托目标为核心,开展专业税务顾问服务。第四,胜任原则。该原则要求有关机构慎重考虑胜任能力,指派具有专业胜任能力的人员提供服务。

4. 税收策划

(1)税收策划业务的定义:

税收策划业务是依据国家税收政策及其他相关法律法规和相关规定,为满足委托人特定目标提供的税收策划方案和纳税计划。税收策划业务的内容包括:①配合委托人战略发展需要和重大经营调整;②适应委托人日常事项经营模式变化;③接受委托办理委托人企业重组及投融资事项;④接受委托办理委托人其他拟开展的业务或拟实施的特定交易事项。

(2)税收策划业务的种类:

税收策划业务的种类包括:①战略规划税收策划;②经营活动税收策划;③企业重组税收策划;④投融资税收策划;⑤其他事项税收策划。

(3)税收策划业务的执业原则:

税收策划业务的执业原则同专业税务顾问业务的执业原则,这里不再赘述。

(4)税收策划服务的业务流程:

税收策划服务的业务流程包括了解业务目标、制订业务计划、收集项目资料、确定法律依据、测算数据结果、制订策划方案、进行方案综合辩证分析。

5. 涉税鉴证

(1)涉税鉴证业务的定义:

涉税鉴证业务是指鉴证人接受委托,按照税收法律法规以及相关规定,对被鉴证人涉税事项的合法性、合理性进行鉴定和证明,并出具书面专业意见。

(2)涉税鉴证业务的种类:

涉税鉴证业务包括企业注销登记鉴证、土地增值税清算鉴证、企业资产损失税前扣除鉴证、研发费用税前加计扣除鉴证、高新技术企业专项认定鉴证、涉税交易事项鉴证、涉税会计事项鉴证、税收权利与义务事项鉴证,以及其他涉税事项鉴证。

6. 纳税情况审查业务

(1)纳税情况审查业务的定义:

纳税情况审查业务,是指税务师事务所接受行政机关、司法机关的委托,指派本所有资质的涉税服务人员,依法对纳税人、扣缴义务人等的纳税情况进行审查并得出专业结论。

(2)纳税情况审查业务的内容:

纳税情况审查业务包括海关委托保税核查、海关委托稽查、企业信息公示委托纳税情况审查、税务机关委托纳税情况审查、司法机关委托纳税情况审查等。

(3)纳税情况审查业务的流程：

税务师事务所提供纳税情况审查服务,应当执行业务承接、业务计划、业务实施、业务记录、业务成果、质量监控与复核等一般流程,包括但不限于以下内容：①调查了解委托审查事项的环境和特征；②搜集评价既定标准的适用性；③判断审查证据和风险；④出具专项业务报告。

7. 其他税务事项代理业务

(1)其他税务事项代理业务的定义：

其他税务事项代理业务,是指税务师事务所接受纳税人、扣缴义务人(以下简称"委托人")的委托,在其权限内,以委托人的名义代为办理信息报告、发票办理、优惠办理、证明办理、国际税收、清税注销、涉税争议、建账记账等纳税事项的服务活动。

(2)其他税务事项代理业务的流程：

税务师事务所及其涉税服务人员提供其他税务事项代理服务,应当执行业务承接、业务计划、归集资料、专业判断、实施办理、反馈结果、业务记录、业务成果等一般流程。

8. 其他涉税服务

其他涉税服务是指涉税专业服务机构及其从事涉税服务人员向纳税人、扣缴义务人以及其他单位和个人提供的除纳税申报代理、一般税务咨询、专业税务顾问、税收策划、涉税鉴证、纳税情况审查、其他税务事项代理以外的涉税服务。其他涉税服务业务的种类包括涉税培训、税收信息化管理咨询服务等。

上述第3项至第6项涉税业务,应当由具有税务师事务所、会计师事务所、律师事务所资质的涉税专业服务机构从事,相关文书应当由税务师、注册会计师或律师签字并承担相应的责任。

(四)税务机关对涉税专业服务机构采取的监管措施

当前,我国涉税专业服务行业的自律监管面临着全新的环境,执业监管和行业监管更加严格,数字化转型更加迅速,行业监管的政策体系更加完善。全新的监管环境要求涉税专业服务必须恪守《基本准则》和《职业道德守则》,守正不阿、守正笃行、守正创新。税务机关建立行政登记、实名制管理、业务信息采集、检查和调查、信用评价、公告与推送等制度,同时加强对税务师行业协会的监督指导,建立与其他相关行业协会的工作联系制度,推动行业协会加强自律管理,形成了较为完整的涉税专业服务监管制度体系。

1. 税务师事务所的行政登记

(1)行政登记的主体：

税务师事务所办理商事登记后,应当向省税务机关办理行政登记。税务机关遵循公开、便捷原则,对符合条件的行政相对人予以行政登记,颁发《税务师事务所行政登记证书》(以下简称《登记证书》),并将相关资料报送国家税务总局,抄送省税务师行业协会;不予行政登记的,书面通知申请人,说明不予行政登记的理由。

从事涉税专业服务的会计师事务所和律师事务所,依法取得会计师事务所执业证书或律师事务所执业许可证,视同行政登记。

国家税务总局负责制定税务师事务所行政登记管理制度并监督实施;省税务机关负责本地区税务师事务所行政登记。

(2)行政登记的条件：

税务师事务所采取合伙制或者有限责任制组织形式的,除国家税务总局另有规定外,应当具备下列条件:①合伙人或者股东由税务师、注册会计师或律师担任,其中税务师占比应高于50%;②有限责任制税务师事务所的法定代表人由股东担任;③税务师、注册会计师、律师不能同时在两家以上的税务师事务所担任合伙人、股东或者从业;④税务师事务所字号不得与已经行政登记的税务师事务所字号重复。

(3)行政登记的程序：

行政相对人办理税务师事务所行政登记时,应当自取得营业执照之日起20个工作日内向所在地省税务机关提交下列材料:①税务师事务所行政登记表;②营业执照复印件;③国家税务总局规定的其他材料。

省税务机关自受理材料之日起20个工作日内办理税务师事务所行政登记。符合行政登记条件的,将税务师事务所名称、合伙人或者股东、执行事务合伙人或者法定代表人、职业资格人员等有关信息在门户网站公示,公示期不得少于5个工作日。公示期满无异议或者公示期内有异议、但经调查异议不实的,予以行政登记,颁发纸质《登记证书》或者电子证书,证书编号使用统一社会信用代码;不符合行政登记条件或者公示期内有异议、经调查确不符合行政登记条件的,出具《税务师事务所行政登记不予登记通知书》(以下简称《不予登记通知书》)并公告,同时将有关材料抄送市场监督管理部门。

税务师事务所的名称、组织形式、经营场所、合伙人或者股东、执行事务合伙人或者法定代表人等事项发生变更的,应当自办理工商变更之日起20个工作日内办理变更行政登记,向所在地省税务机关提交下列材料:①《税务师事务所变更/终止行政登记表》;②原《登记证书》;③变更后的营业执照复印件;④国家税务总局规定的其他材料。

省税务机关自受理材料之日起15个工作日内办理税务师事务所变更行政登记。符合行政登记条件的,对《登记证书》记载事项发生变更的税务师事务所换发新《登记证书》;不符合变更行政登记条件的,出具《不予登记通知书》并公告,同时将有关材料抄送市场监督管理部门。

税务师事务所注销工商登记前,应当办理终止行政登记,向所在地省税务机关提交下列材料:①《税务师事务所变更/终止行政登记表》;②《登记证书》。税务师事务所注销工商登记前未办理终止行政登记的,省税务机关公告宣布行政登记失效。

终止情形属实的,予以终止行政登记。

2. 涉税专业服务业务规范

在国家税务总局的指导下,中税协依据《基本准则》《职业道德守则》等制定了涉税专业服务业务规范,自2019年起印发了《税务师行业涉税专业服务规范基本指引》等累计46项业务指引,构建了税务师行业涉税专业服务业务规范(以下简称"业务规范")新体系。业务规范的制定对于提高税务师行业执业质量、明确法律责任、防范执业风险、增强税务师行业公信力和影响力有积极作用。

(1)业务规范的总体要求:

税务师事务所及其涉税服务人员从事涉税专业服务,应当遵循涉税专业业务规范,恪守合法合理、客观独立、审慎胜任、诚实信用原则,并接受税务机关监管。

(2)业务规范的主要内容:

业务规范,是从事涉税专业服务的职业道德标准、质量控制标准和业务执行标准的总称,是各级税务师行业协会实施自律管理的重要依据。业务规范具体包括基本指引、职业道德指引、质量控制指引、程序指引、业务指引、具体业务指引及释义。

(3)业务规范的制定主体、依据和原则:

中税协负责拟制、修订税务师行业涉税专业服务规范。业务规范的制定,应当依据税收法律法规及相关规定,遵循合法、通用、规范、创新和及时更新原则。

三、税务师行业发展历程

税务师行业是知识密集、技术密集型的新兴现代服务业。税务师行业的主要职能,就是以税法为依据,运用税务专业特长,为纳税人、税务机关和社会公众提供优质涉税专业服务,维护国家税收利益、纳税人合法权益和社会主义市场经济秩序。经过30多年实践,税务师行业的业务覆盖各税种、涵盖各类纳税人,形成以纳税申报代理、一般税务咨询、专业税务顾问、税收策划、涉税鉴证、纳税情况审查等为主的涉税业务服务体系,在优化纳税服务、提高征管效能、防范涉税风险和强化社会监督等方面发挥着不可或缺的作用。

回顾行业发展历程,国家出台的一系列法律法规制度保障了行业持续健康发展。1992年,全国人大通过了《中华人民共和国税收征收管理法》,首次明确了税务代理人的法律地位。1994年,国家税务总局颁布《税务代理试行办法》,对税务师事务所的设立条件和程序都作出了明确规定。1995年,中税协前身——中国税务咨询协会成立。1996年,人事部和国家税务总局联合印发了《注册税务师资格制度暂行规定》,明确了注册税务师资格属国家专业技术人员执业资格,将其纳入国家统一规划管理。1999—2000年,根据国务院关于经济鉴证类社会中介机构与政府部门实行脱钩改制的要求,在国家税务总局的部署下,税务代理机构完成了清理整顿和脱钩改制工作,使税务代理机构成为涉税服务市场的主体,极大推进了我国税务师行业的规范发展。2005年底,国家税务总局发布了行业第一个部门规章——《注册税务师管理暂行办法》,明确了注册税务师和税务师事务所的性质、地位、权利、义务、业务范围及管理体制等,为加强行业监管、充分发挥注册税务师积极作用、推进行业健康规范发展提供了制度保障。2014—2017年,按照国务院"放管服"改革要求,注册税务师职业资格由准入类调整为水平评价类;税务师事务所设立的行政审批调整为具有行政登记性质的事项;出台《涉税专业服务监管办法(试行)》等系列规定,逐步构建起覆盖税务师事务所等各类涉税专业服务机构的监管制度体系,为税务师行业转型升级带来了机遇。

2022年是党和国家历史上极为重要的一年。党的二十大胜利召开,描绘了全面建设社会主义现代化国家的宏伟蓝图,提出了高质量发展是全面建设社会主义现代化国家的首要任务。中税协深入学习贯彻党的二十大精神和中央经济工作会议精神,坚决捍卫"两个确立",增强"四个意识",坚定"四个自信",做到"两个维护",弘扬伟大建党精神,始终在思想上、政治上、行动上同以习近平同志为核心的党中央保持高度一致。面临新形势、新要求,在国家税务总局党委的坚强领导下,中税协按照中国注册税务师行业党委的部署要求,不断加强党对税务师行业的全面领导,坚持稳中求进工作方针,召开理事会五次、常务理事会两次,分别就加强行业自律管理长效机制建设、谋划税务师行业"十四五"时期发展、购置协会业务用房、制定税务师行业诚信档案管理办法等重大问题作出决定和部署,团结带领全行业有效应对和化解面临的各种困难风险,统筹推进行业"六化"高质量建设,以高质量专业服务助力国家减税降费政策落地见效,切实维护了国家税收利益和纳税人缴费人合法权益,进一步确立了税务师行业主力军地位,以奋发有为的精神状态推动行业高质量发展各项工作迈上新台阶。

四、税务师行业大记

(一)2022年税务师行业大记

1月14日,中央统战部在京召开新的社会阶层人士服务团2022年度工作会议。本次会议采取线上、线下相结合的方式召开,服务团成员共同认真学习习近平新时代中国特色社会主义思想和党的十九届六中全会精神,总结2021年工作,部署2022年任务。注册税务师服务团聚焦社会公益服务、积极承担社会责任,在捐资助学、赈灾捐款、疫情防控、慰问军民等方面做了大量工作。

2月21日,在全国两会即将召开之际,中税协召开部分行业代表人士(人大代表、政协委员)视频座谈会。参加座谈会的有:全国政协委员、中税协副会长、四川省税协副会长、尤尼泰(四川)税务师事务所董事长蓝逢辉,全国政协委员、西藏天极税务师事务所董事长张骁,以及山西、吉林、上海等地行业代表人士(人大代表、政协委员)。中国注册税务师行业党委副书记、中税协常务副会长谢滨,行业党委副书记、中税协副秘书长高存玉,中税协副秘书长张晓平,相关省份行业党委和税协领导出席了座谈会。座谈会由谢滨主持。与会人员围绕推动税务师行业立法、参与税收重大改革和助力推进税收共治格局展开了热烈的讨论。

3月24日,中税协以视频形式召开教育培训委员会工作会议,审议通过2022年税务师行业教育面授和远程培训计划。中税协常务副会长谢滨出席会议并讲话,中税协副会长、教育培训委员会主任委员李林军主持会议。会议指出,培训是提升会员能力、服务会员最有效的方式,在落实好党中央、国务院过紧日子要求的同时,经费安排上要给予会员培训工作充分支持,为会员在新形势下提升业务拓展能力提供帮助。

5月16日,中税协印发了《关于加强行业自律管理助力落实大规模增值税留抵退税政策的通知》,要求各地注册税务师协会教育引导会员切实发挥好涉税专业服务作用,进一步规范涉税代理服务行为,强化行业自律管理,助力落实大规模增值税留抵退税政策。通知指出,实施大规模增值税留抵退税政策,是稳定预期、助企纾困的关键一招。税务师行业要提高政治站位,切实把思想和行动统一到党中央、国务院的决策部署上来,依法规范准确帮助纳税人享受政策,从实从细抓好行业自律管理,恪守职业道德指引,规范日常执业行为,积极推动政策落地见效。

6月2日,中国注册税务师行业党委以视频形式召开全国税务师行业党建工作重点任务推进会。会议主要任务是以习近平新时代中国特色社会主义思想为指导,学习贯彻落实中央组织部、中央统战部有关会议精神和税务总局党委部署要求,传达税务总局领导批示精神,总结2021年工作,部署推进2022年重点工作任务,强化措施、推动落实,以实际行动迎接党的二十大胜利召开。

6月15日,中税协联合中国注册会计师协会、中华全国律师协会,向(注册)税务师、注册会计师、律师及相关执业机构发出《涉税专业服务诚信执业倡议书》,号召涉税专业服务机构及从业人员诚信执业。中税协常务副会长谢滨表示,诚信执业是涉税专业服务立足之本,涉税专业服务机构及从业人员只有诚信执业,才能行稳致远,更好服务税收改革。

7月1日,中税协开展主题党日活动,隆重庆祝中国共产党成立101周年,召开党员(扩大)会议,全体工作人员参加了会议。会议认真学习贯彻习近平总书记重要讲话精神,中税协常务副会长、中税协党支部书记谢滨以"学习伟大建党精神 厚植中税协价值共识"为题讲授了专题党课。谢滨同志指出,中税协全体人员要以伟大建党精神为指引,不断厚植中税协的价值共识。一要忠诚担当,勤勉奉献;二要团结友爱,清亲至善;三要崇尚美德,争当表率;四要严以律己,严管厚爱。

7月6日,中税协召开第四期"税务师圆桌会",交流税务师行业助力落实新的组合式税费支持政策的做法和成效。中国注册税务师行业党委副书记、中税协常务副会长谢滨,中税协副会长、中税协新闻发言人李林军出席会议。会议由谢滨主持。谢滨指出,全国税务师行业坚持以习近平新时代中国特色社会主义思想为指导,坚决贯彻党中央、国务院决策部署,认真落实税务总局党委指示精神,切实增强大局观念,发挥涉税专业服务主力军作用,进一步规范涉税代理服务行为,强化行业自律管理,推动助力新的组合式税费支持政策特别是大规模增值税留抵退税政策落地见效。

9月1日,北京市注册税务师协会(以下简称"北京税协")召开第四次会员代表大会,审议并通过了北京税协第三届理事会工作报告、监事会工作报告、新的协会章程和会费管理办法等议案。中国注册税务师行业党委副书记、中税协常务副会长谢滨,国家税务总局北京市税务局党委委员、副局长李斯成,国家税务总局北京市税务局党委委员、副局长叶放出席会议。首都税务师行业代表、特邀专家等近百人参加会议。北京市注册税务师行业党委副书记郑东霞主持会议。大会选举产生了北京税协第四届理事会理事、监事会监事。

9月14日,中税协以视频形式召开税务师行业立法高层研讨会,旨在提高税务师行业立法研究的科学性和可操作性,巩固阶段性研究成果。税务总局政策法规司、纳税服务司和征管科技司相关领导、部分特邀专家、立法研究课题组成员、部分地方注册税务师协会以及中税协市场拓展和法治建设委员会委员等30余人参加。中国注册税务师行业党委副书记、中税协常务副会长谢滨,中税协副会长李林军、蓝逢辉、刘剑文,中税协副秘书长张晓平出席研讨会。研讨会由谢滨主持。全国政协委员、中税协副会长蓝逢辉对税务师立法前期研究成果给予了充分肯定,完善税务师行业对"走出去"企业以及域外投资保驾护航的重要作用。

10月27日,国家税务总局党委委员、副局长,中国注册税务师行业党委书记刘丽坚主持召开行业党委理论学习中心组学习(扩大)会议,传达学习党的二十大精神和党的二十届一中全会精神,研究部署税务师行业学习宣传贯彻落实工作。会议强调,全行业要深化对党的二十大精神的理解认识,强化思想引领,聚力提质增效,把党的领导和行业发展真正有机结合起来,高效高质推动落实行业"十四五"时期发展规划,全面提升行业法治化、市场化、规范化、专业化、数字化、国际化建设质量。要继续做好2022年后续两月的各项工作,谋划好2023年工作,坚持稳中求进工作总基调,以高质量党建引领行业高质量发展。

11月29日,中税协党支部以视频形式召开全体党员(扩大)会议,全体党员、干部参加会议。会议以习近平新时代中国特色社会主义思想为指导,进一步传达学习贯彻党的二十大精神,围绕"行业高质量发展服务税收现代化"开展大讨论,在研讨中深化思想认识,在交流中分享学习体会。

11月18日,香港税务学会在线上线下同时举办了2022年香港特许税务师研讨会。此次研讨会的主题为"引领涉税专业迈进新时代"。中税协近200名会员线上参加了此次会议。研讨会上,国家税务总局副局长王道树作为特邀嘉宾线上对香港税务学会举办此次研讨会表示祝贺。香港特别行政区税务局局长谭大鹏、国家税务总局深圳税务局局长郭晓林、国家税务总局广州市税务局局长杨绪春分别以"税制改革的最新进展——迈向国际标准""加强深港税务合作构建市场化、法制化、国际化营商环境""粤港澳全面合作视角下的大湾区现代化税收共治体系建设"为题作主题演讲。研讨会还就国际税收政策、税收在提升香港竞争力中承担的角色等议题进行了探讨和交流。此次研讨会进一步促进了内地与港澳地区行业同仁之间的交流合作,为各方合力推进粤港澳大湾区税收共治营造了良好舆论氛围。

11月23—24日,中税协组织会员线上参加了亚洲-大洋洲税务师协会(AOTCA)2022年印尼巴厘岛国际税务大会。本次会议共有来自亚洲、大洋洲14个国家及地区的19个涉税专业服务行业协会,600多名代表,在线下线上参加会议。本次会议主题为"全球税务趋势:数字化、技术及争议解决",分别围绕全球税收最新进展、数字税收的趋势、争议解决-转让定价、利息扣除限制,资本弱化规则及跨越疫情的税收演进等五个专题进行交流讨论。AOTCA每年的国际税务大会是各成员组织之间加强交流合作的重要渠道,也是各成员组织的会员深化合作、增进友谊、共商发展的重要平台。

12月25日,2022中国税法论坛暨第十一届中国税务律师和税务师论坛以视频形式在广州举办。本届论坛以"奋进新征程与涉税服务创新"为主题,各地律师、税务师、企业财税人员、税务干部、税法研究生等逾3万人在线观看了直播。本届论坛深入贯彻落实党的二十大精神,助力经济高质量发展,深化财税体制改革,全面落实税收法定原则,推动财税制度更加完善和成熟,以发挥税收在国家治理中的基础性、支柱性和保障性作用,继续引领涉税专业服务行业的发展、业务创新与战略合作。

(二)2023 年税务师行业大记

2 月 20 日,中税协召开会议研究贯彻落实《关于进一步加强财会监督工作的意见》(以下简称《意见》)相关要求。中国注册税务师行业党委副书记、中税协常务副会长谢滨主持召开本次会议。会议认真学习《意见》全文及关于税务师行业的有关要求,就中税协如何贯彻落实《意见》进行了研究讨论。会议指出,以习近平同志为核心的党中央总揽全局、审时度势,对坚持和完善党和国家监督体系作出重大制度安排,将财会监督作为党和国家监督体系的重要组成部分,为推进新时代财会监督工作高质量发展指明了前进方向,提供了根本遵循。会议要求,行业各级党组织要组织广大党员和从业人员深入学习宣传贯彻《意见》精神,牢牢把握《意见》给行业发展带来的重大历史机遇;中税协迅速成立贯彻落实《意见》工作专班,制定工作实施方案,确保《意见》有关要求落地见效,推动税务师行业实现高质量发展。

3 月 13 日,中税协召开座谈会,传达学习贯彻十四届全国人大一次会议和全国政协十四届一次会议精神。会议提出,税务师事务所要坚持以习近平新时代中国特色社会主义思想为指导,深入学习贯彻党的二十大精神和全国两会精神,坚持和加强党的全面领导,推进全面从严治党向纵深发展。中税协要持续强化行业自律监管,进一步规范涉税专业服务秩序,整治行业突出问题,推动行业诚信经营,严肃查处会员执业中的违法违规行为并持续曝光,全面提升行业自律监督水平,维护税务师行业良好社会形象。

4 月 19—21 日,中税协召开全国税务师行业会员工作会议,意在深入贯彻中共中央办公厅、国务院办公厅印发的《关于进一步加强财会监督工作的意见》,切实强化行业协会自律监管作用,高质量推动 2023 年工作任务落实落细。会议指出,要认真扎实开展学习贯彻习近平新时代中国特色社会主义思想主题教育,贯彻落实税务总局党委的重要指示批示精神;不断加强行业党的建设,持续强化诚信道德建设,发挥涉税专业服务主力军作用;强化自律监督作用,常态长效推进巡视整改任务,引导税务师行业守牢纪律规矩红线底线。

4 月 23 日,中国注册税务师行业党委认真开展主题教育,进一步加强行业党建和自律监管。按照学做结合、查改贯通的思路,行业党委谋划了行动方案。一是认真开展行业党委主题教育。二是加力推进行业党建规范化建设。三是加大违规案件曝光力度持续开展税务师行业警示教育。四是扎实开展税务师行业专项检查。扎实开展税务师事务所执业监督情况专项检查,严厉打击重大涉税专业服务违法违规行为。五是持续健全行业自律监管制度机制。抓紧研究制定税务师行业自律检查办法、税务师行业业务报备管理办法,修订完善等级税务师事务所认定办法、百强税务师事务所综合评价排名办法等,进一步深化"互联网+自律监管",利用大数据和信息化手段,不断提升行业自律监管效能。

4月26日,中国注册税务师行业党委召开学习贯彻习近平新时代中国特色社会主义思想主题教育动员会暨党建工作重点任务推进会。税务总局党委委员、副局长、中国注册税务师行业党委书记饶立新作动员部署,税务总局主题教育办有关负责同志到会指导。会议指出,按照中央统一部署,根据税务总局党委的要求,先在中国注册税务师行业党委和省级税务师行业党委开展主题教育。中国注册税务师行业党委在税务总局主题教育领导小组及办公室的指导下开展主题教育,省级税务师行业党委在省级税务局主题教育领导小组及办公室指导下开展主题教育,同时接受中国注册税务师行业党委主题教育领导小组及办公室督促指导。

5月11日,中税协和北京税协联合开展调查研究,中国注册税务师行业党委副书记党若祥及北京市注册税务师行业党委常务副书记、协会会长胡军联合带队到北京盈科瑞诚税务师事务所党支部和北京致同税务师事务所党支部开展调研。调研组通过实地查看、座谈交流等方式详细了解两个事务所党支部在支部建设、党员发展、诚信道德建设等方面的情况,征求了事务所党支部对税务师行业发展工作的意见建议,并就推动税务师立法、增进涉外税务交流、提升税务师专业素质等方面工作进行了深入探讨交流。

6月8日,按照中国注册税务师行业党委主题教育工作安排,中税协在北京召开全国税务师行业警示教育大会,旨在深入贯彻落实《关于进一步加强财会监督工作的意见》以及国家税务总局党委关于加强税务师行业自律监管的部署要求。会议通报了有关违法违规典型案例,强调了全行业要以深入开展学习贯彻习近平新时代中国特色社会主义思想主题教育为契机,严守职业道德,明确了进一步加强行业自律的有关要求和惩戒行业违法违规行为的具体措施,引导全行业依法诚信执业,维护良好的税收秩序,为推动经济社会高质量发展作出积极贡献。

6月16日,中税协"一基地两委员会"和香港税务学会联络处在前海国际税务师大厦正式揭牌,以中税网税务师事务所、中职信会计师事务所为代表的18家重点机构同时集中入驻前海。中税协会长宋兰、常务副会长谢滨、副会长李林军,深圳市政府副秘书长刘昂,香港立法会议员黄俊硕,香港税务学会会长刘昭华,澳门税务学会理事长黄慧斌,国家税务总局深圳市税务局局长郭晓林,前海管理局常务副局长黄晓鹏等出席活动。这是继2月10日国际税务师大厦揭牌以来,前海涉税服务业集聚区建设的又一重大成果。

6月29日,为隆重庆祝中国共产党成立102周年,中税协党支部召开党员(扩大)会议,全体工作人员参加了会议。会议集中学习《习近平新时代中国特色社会主义思想专题摘编》,中国注册税务师行业党委副书记、中税协常务副会长、中税协党支部书记谢滨以"学习习近平新时代中国特色社会主义思想 推动行业高质量发展"为题讲授了专题党课。

7月13日,中税协与来访的香港税务学会在京举行会谈,中税协常务副会长谢滨、副会长李亚民会见了香港税务学会会长刘昭华一行24人。中税协秘书处办公室、法规准则部、会员管理部、教育培训部、宣传编辑部相关负责同志及12位中税协特邀会员代表参加了会谈。双方在业务合作方面进行了沟通,还就在内地推行香港特许税务师考试、开展跨境涉税业务培训等话题进行了交流探讨。双方表示,两会将进一步加强信息沟通与分享,继续深化交流互鉴与务实合作,以国际化业务为重点,共同促进双方会员的深度合作交流。

7月25—28日,中税协举办全国税务师行业自律监管工作培训班。此次培训期间,中税协自律监管部主任关迎军对今后加强行业自律监管的内容和方法进行辅导,对下半年将要开展的自律检查、警示教育、涉税业务报备、加强行业诚信道德建设以及"四类"违法违规行为问题专项整治工作进行详细部署。参训人员还分别围绕如何建立行业监管敢于"说出来、管起来、严下去"的长效机制、加强行业诚信道德建设存在的问题及解决办法,以及税务师行业业务指引执行情况等问题展开积极讨论。同时,对当前税务师行业发展所遇到的问题提出了意见建议。

10月31日至11月2日,中税协副会长蓝逢辉率中税协代表团赴日本东京参加2023年亚洲-大洋洲税务师协会(AOTCA)会议。中税协代表团由北京、天津、河北、吉林、上海、江苏、浙江、安徽、陕西、新疆10个分团组成,共计76名代表参会。本次会议由日本税理士联合会承办,共有中国注册税务师协会、日本税理士联合会、韩国税务士会、澳大利亚公共会计师协会、菲律宾税务管理协会、香港会计师公会等19个国家及地区的协会的500多名代表参加会议。在AOTCA理事会和第二十届会员代表大会上,各成员组织代表对AOTCA 2022年度业务报告、财务报告、审计报告等进行了审议,并确定2024年AOTCA会议将在中国杭州市召开。

11月2日,中税协第七次全国会员代表大会在北京召开。中税协副会长谢滨主持会议。中央组织部、中央统战部和民政部等有关领导同志,税务总局办公厅、人事司等司局负责同志,中国税务学会、中国国际税收研究会相关负责同志,全国各省、自治区、直辖市和计划单列市税协以及税务师事务所、相关科研院所、行业协会、高校代表参加会议。大会听取了中税协第六届理事会工作报告、财务报告,通过了章程修改草案,选举产生了第七届理事会。

11月18—19日,2023年度全国税务师职业资格考试如期举行。中税协会长刘丽坚带队到北京考区巡考,听取考试情况汇报,现场督促指导考试工作。中税协副会长兼秘书长郑江平,副会长谢滨,中税协副会长、北京税协会长胡军在税务师考试指挥中心督促协调考试组织实施,派出巡考组分赴各省市进行巡考指导,经过大家共同努力,考试顺利结束,共有86.2万人报考,3.1万人获得了税务师资格证书。国家税务总局纳税服务司、人力资源和社会保障部专业技术人员管理司相关同志参加巡考和联席会议。

11月23日,"专业服务赋能发展"前海企业对接系列活动第一场——企业境外投资"投融管退"全商业周期税务要点讲座在前海国际税务师大厦举行,吸引了中集、比亚迪、丰巢、招商局港口等近200名企业代表参加。该讲座由中税协、国家税务总局深圳市税务局、前海管理局共同主办,中税协副会长、全国政协委员、信永中和集团总裁宋朝学,中税协副秘书长张维华出席活动并致辞。

12月11—15日,中税协举办2023年地方税协管理人员综合能力提升培训班。中税协会长刘丽坚出席培训班开班式作开班讲话,并主持召开座谈会,听取各地税协有关负责同志关于推进行业高质量发展和做好明年工作的意见建议。深圳市税务局党委书记、局长、中税协副会长郭晓林致欢迎词。中税协副会长兼秘书长郑江平主持开班式,并受刘丽坚会长委托在培训班结束时作了总结讲话。来自各地税协的会长、副会长、秘书长等70多人参加了此次培训。

五、税务师行业规范文件梳理

(一)《涉税专业服务监管办法(试行)》

2017年5月5日,国家税务总局公告2017年第13号发布了《涉税专业服务监管办法(试行)》(以下简称《监管办法》),建立了事中留痕、事后评价的涉税专业服务监管体系。依据《监管办法》,国家税务总局制定了《关于采集涉税专业服务基本信息和业务信息有关事项的公告》(以下简称《公告》)。

1.《监管办法》的主要内容

《监管办法》建立了事中留痕、事后评价的涉税专业服务监管体系,以规范税务服务行业的行为准则和服务质量。其中规定了涉税专业服务机构和从业人员应当遵守的服务质量要求,包括服务的准确性、及时性、完整性等方面的要求;明确了从事涉税专业服务的机构和人员的责任和义务,要求他们遵守法律法规、提供真实有效的服务、保护客户权益等;规定了税务部门对涉税专业服务的监管措施,包括监督检查、信息收集和分析、违规行为的处罚等。

2.《监管办法》的意义

《监管办法》的提出在规范行业秩序、加强监管力度、保护纳税人权益、提升行业声誉、提高税收征管效率上有着重要意义。一是为贯彻落实国务院简政放权、放管结合、优化服务工作要求，税务机关将全面开放涉税专业服务市场，建立健全监管制度，优化服务措施，不断提高监管水平，《监管办法》出台有利于促进涉税专业服务规范发展，维护国家税收利益，保护纳税人合法权益。二是贯彻落实中共中央办公厅、国务院办公厅印发的《深化国税、地税征管体制改革方案》要求，《监管办法》出台将为涉税专业服务机构在优化纳税服务、提高征管效能等方面充分发挥作用，提供制度保障。三是为贯彻落实国务院行政审批制度改革要求，取消税务师事务所设立审批后，《监管办法》出台将在制度上明确税务师事务所行政登记制度，有利于促进税务师行业转型升级健康发展。

3.《公告》的意义

《公告》旨在规范涉税专业服务行业，加强对涉税专业服务机构和人员的监管，维护税务市场秩序，提升服务质量。《公告》是《监管办法》的配套制度之一，是落实涉税专业服务实名制管理和业务信息采集制度的具体规定。采集涉税专业服务基本信息和业务信息，是税务机关对涉税专业服务机构及其从事涉税服务人员的执业行为进行事中事后监管的重要前提，也有利于强化其责任意识，促使其依法诚信执业，从而规范涉税专业服务市场，保护国家税收利益和纳税人合法权益，更好地发挥涉税专业服务在优化纳税服务、提高征管效能等方面的积极作用。

（二）《涉税专业服务信用评价管理办法（试行）》

为加强涉税专业服务信用管理，促进涉税专业服务机构及其从事涉税服务人员依法诚信执业，根据《社会信用体系建设规划纲要（2014—2020年）》和《涉税专业服务监管办法（试行）》（国家税务总局公告2017年第13号发布），国家税务总局制定了《涉税专业服务信用评价管理办法（试行）》（以下简称《信用办法》）。

1.《信用办法》的主要内容

《信用办法》共六章22条。第一章"总则"主要明确《信用办法》制定的目的和依据，涉税专业服务信用管理的定义、职责分工、联合激励和惩戒等内容。第二章"信用积分"明确税务机关对涉税专业服务机构及其从事涉税服务人员进行信用积分，同时明确涉税专业服务信用信息的分类、范围、来源和采集渠道，确定积分标准、评价周期和跨区域经营的涉税专业服务机构信用信息的归集地。第三章"信用等级"明确税务机关对涉税专业服务机构根据信用积分情况进行信用等级评价，规定信用等级评价的具体范围、分档标准、有效期，同时规定税务机关进行信用等级调整的情形和纳入涉税服务失信名录的情形。第四章"信用信息公告查询"明确信用信息披露的内容、渠道、查询范围和复核制度。第五章"结果运用"明确税务机关根据涉税专业服务机构和从事涉税服务人员信用状况采取的分类服务和监管措施。第六章"附则"明确《信用办法》的施行时间。

2.《信用办法》的意义及影响

《信用办法》的出台对税务服务行业和纳税人都具有重要意义。首先,通过建立信用评价体系,可以有效促进税务服务机构和从业人员遵循规范,提高服务质量和水平,增强纳税人的满意度和信任度,进而促进税收征管工作的顺利开展。其次,对评价结果进行公示,能够增加行业的透明度,提高市场竞争环境,促使各方主体更加注重诚信经营,维护行业良好秩序。再次,通过对评价结果的奖惩机制,可以鼓励优质服务机构的发展,激励从业人员提高服务水平,同时对失信行为进行严厉处罚,有效遏制不良行为的发生,保护纳税人合法权益。最后,该管理办法的实施将推动税务服务行业朝着更加规范化、专业化、市场化方向发展,提升整个行业的形象和声誉,为构建和谐税收社会提供有力保障。

(三)《涉税专业服务基本准则(试行)》及《涉税专业服务职业道德守则(试行)》

为深入开展学习贯彻习近平新时代中国特色社会主义思想主题教育,全面贯彻党的二十大精神,认真落实中共中央办公厅、国务院办公厅印发的《关于进一步深化税收征管改革的意见》和《关于进一步加强财会监督工作的意见》,持续深化拓展税收共治格局,促进涉税专业服务规范发展,助力优化税收营商环境,根据《中华人民共和国税收征收管理法》及其实施细则和《涉税专业服务监管办法(试行)》,国家税务总局制定了《涉税专业服务基本准则(试行)》和《涉税专业服务职业道德守则(试行)》,自2023年10月1日起施行。

1.《基本准则》和《职业道德守则》的适用范围

涉税专业服务机构及其涉税服务人员在中华人民共和国境内从事涉税专业服务,应当遵守《基本准则》和《职业道德守则》。其中,涉税专业服务机构是指税务师事务所和从事涉税专业服务的会计师事务所、律师事务所、代理记账机构、税务代理公司、财税类咨询公司等机构;涉税服务人员是指在涉税专业服务机构中从事涉税专业服务的人员;涉税专业服务是指涉税专业服务机构接受委托,利用专业知识和技能,就涉税事项向委托人提供的税务代理等服务。

2.《基本准则》和《职业道德守则》的主要内容

《基本准则》共五章29条。一方面,围绕基本要求、依法执业、信息报送、实名执业、诚信执业、执业原则、质量管理提出基本遵循;另一方面,对涉税专业服务业务承接与业务实施中的合规执业、流程管控和质量管理设定基本标准。

《职业道德守则》倡导对涉税专业服务机构及其涉税服务人员道德引领、信用约束和稳健经营,从诚信守法、廉洁从业、客观公正、独立审慎、专业能力、信息保密、数据安全等方面明确12条执业纪律和职业道德的具体要求以及从事涉税专业服务的禁止行为。

3.《基本准则》和《职业道德守则》所规定的涉税业务范围变化

考虑到税务机关正在完善相关监管规定,根据国家税务总局等13部门《关于推进纳税缴费便利化改革优化税收营商环境若干措施的通知》(税总发〔2020〕48号)和国家税务总局《关于开展2023年"便民办税春风行动"的意见》(税总纳服发〔2023〕1号)有关要求,结合发票电子化改革需要和涉税专业服务行业数字化发展趋势,在《涉税专业服务监管办法(试行)》规定的纳税申报代理、一般税务咨询、专业税务顾问、税收策划、涉税鉴证、纳税情况审查、其他税务事项代理、其他涉税服务八项业务的基础上,将其他涉税服务中的"发票服务"单独列出,涉税业务扩围至九项。

部分国家税务师发展情况及经验借鉴

一、部分国家税务师发展比较

(一)英国

1. 税务代理概况

纳税人可以授权代理来处理税务事务,代理的职责范围包括:就客户的信息与英国税务海关总署(Her Majesty's Revenue and Customs,HMRC)交谈或交换;收发客户的纳税信件、表格和纳税申报。税务代理或顾问可以是执业会计师或专业的税务顾问。税务代理必须被个人或公司正式授权,以代表他们处理税务问题。安排正式授权的最简单的方法是使用HMRC的在线服务。当然,代理也可以与客户自行完成授权的相应文件。

2. 税收数字化改革中的税务代理

近年来,英国实施的税收征管数字化试点改革建立了一个征纳双方能够实时在线互动的税收征管数字化服务平台。此项改革将彻底改变纳税申报和税款缴纳方式,使税务合规和管理成本更低,为纳税人提供更加便捷的服务。为打造一个高度灵活、富有弹性、高效服务的税务管理机构,并改善征纳关系,2020年7月21日,英国财政部发布了《政府的十年战略:构建值得信赖的现代税收管理体系》报告。该报告表明英国政府将实施为期十年的税收征管数字化转型战略,该战略以重点突出、透明公开、协同共治为核心理念,致力于构建一个可靠且高效的数字化税收管理体系,税收征纳关系将被改变,为所有纳税人带来实质性的利益,并推动国家整体实力的提升。税收数字化是该战略的重要组成部分,通过对现行税收征管体系进行深刻变革,以建立一个透明且便利的数字化税收征管系统。此举不仅将提升税收征管的效率,还会使个人和企业纳税人能够更加便捷、高效地享受纳税服务。

在税收数字化试点过程中,HMRC不断加强与税务代理等利益相关方的沟通和联络。HMRC在试点过程中,优先改善税务代理服务,加强与税务代理人的沟通和交流,并制定适当的涉税专业服务规范,细化涉税专业服务提供者的资格条件,确保纳税人在寻求涉税专业服务时能够"在正确的地点找到正确的人",实现征、纳、中介三方良性互动,让纳税人确信可以得到高质量、守诚信的涉税专业建议。

税务部门与税务代理机构通力合作有利于税收数字化试点的实施。实践证明，代理机构在协助 HMRC 制定税收数字化改革具体实施方案中发挥了重要作用，是税收数字化试点顺利实施的重要助力者。

3. 数字化改革对税务代理的作用

绝大多数企业和税务代理从税收数字化试点改革中受益，并且充分认识到税收数字化改革所带来的优势，对税收数字化试点改革表示满意，并认为税收数字化是其业已选择的经营方式的自然延伸。部分企业表示，使用税收数字化系统后，不仅生产效率提高了，纳税申报错误也大为减少。英国劳埃德银行数字指数报告显示，税收数字化程度最高的企业通过数字化运营每周可以节省一天的管理费用。税务代理能从税收数字化试点改革中获益，他们不再需要费时费力地整理收据并核对用途，可以集中精力为企业提供更多有附加值的服务。税务代理可将工作重心从合规性的日常检查、纠正基本的换位运算错误等方面，转移到咨询服务上来，从而帮助企业最大限度地提高生产效率和寻求新的发展商机。

(二) 美国

1. 税务代理的业务范围

税务代理是指持有联邦从业执照的税务人员。当美国国内收入局向纳税人收集信息、进行税务稽查或纳税人发起上诉时，税务代理可以代表纳税人面对美国国内收入局处理相关事项。根据财政部的授权，税务代理有权为个人、合伙企业、公司、地产、信托公司和任何有纳税申报要求的实体提供税务咨询服务，并准备纳税申报表。与律师和注册会计师不同的是，税务代理必须向美国国内收入局证明他们在税务、代表权和职业道德等方面的能力，才可以代表纳税人处理相关税务事项，而律师和注册会计师仅需获得地方各州许可。此外，律师和注册会计师可以选择是否专门从事税务工作，而税务代理均需专门从事税务工作。

2. 税务代理的资格取得

首先需要申请获得申报人税务识别号（Preparer Tax Identification Number, PTIN），然后在特殊注册考试（Special Enrollment Examination）网站上申请考试，并在考试通过后进行交费及注册。除此之外，美国国内收入局还要求税务代理每年续期 PTIN，每 3 年完成 72 小时的继续教育，且每年继续教育的时长不应少于 16 小时。此外，每 3 必须完成 2 小时的道德或职业操守课程以及测试，并更新作为税务代理的从业状态。因复杂的专业知识及严格的持证要求，目前登记有执照的税务代理大约只有 65 600 名。税务代理必须勤奋工作、恪尽职守，不论在书面还是口头上，都要保持所代理涉税业务的正确性。如果税务代理知晓其客户没有遵从美国联邦税法，或在纳税申报、提供资料、宣誓及口供或提供其他法定文件等方面出现错误或遗漏,应立即告知客户其存在违规的情形以及可能带来的后果。如果税务代理知晓纳税申报表或退税申请书存在问题,应立即指出且拒绝在这些文件上签名。这些问题包括:①申报内容缺乏合理性;②可能存在少报税的情况;③故意少报税,有意无视相关法规。

税务代理必须按照要求第一时间向美国国内收入局提供所需的信息资料,否则必须立即向美国国内收入局报告,并提供拥有该信息的联络方的相关信息,必要时可进行相应的调查。此外,在美国国内收入局依法获取所需信息时,税务代理不能加以干扰。如果美国国内收入局官员有理由相信一名税务代理违反了规定,可向上级递交疑似违法行为的书面报告。此外,任何人获取到税务代理的违法信息时,也可以向美国国内收入局进行举报。

(三)日本

1. 税理士的业务范围

根据税理士法的规定,在纳税人的请求下,税理士可以从事以下涉税业务(不包括印花税、注册与许可税、关税等):

(1)税务中介。税务中介在以下业务中扮演中间人或助理的角色:一是向税务机关提交申报、申请、请求和行政复议;二是就涉税办理或税务检查或税务处理与税务机关进行交涉和陈述。

(2)涉税材料的准备,是指准备向税务机关提交申报表、申请书、索询书、行政复议书等。

(3)税务咨询,主要是指涉税材料填报和涉税事项办理的咨询。

(4)税理士助理的任务。税理士助理可以协助税理士或税理士公司从事相关业务。

(5)在诉讼程序中协助陈述。在涉及相关税收事物时,税理士可以随同律师出现在法庭并作口头陈述。

2. 准入制度

任何人只有在税理士协会注册取得税理士资格后才能从事相关业务。

税收委员会每年都举办税理士职业资格考试,以评价应试者的知识水平和实务能力。考试范围主要包括:财务会计、账簿管理理论、财务报告理论;税法(应试者任选3个科目,个人所得税法和企业所得税法必选);个人所得税法、企业所得税法、遗产税法、消费税法或酒税法、国税征收法、住民税或事业税、地方财产税。

通过5个科目考试的应试者,2个财务会计科目和3个税法科目,就可以注册获得税理士资格。应试者不需要一次通过全部5个科目的考试。

3. 税理士的职责

税理士法旨在要求税理士作为税收业务的专家帮助纳税人依法履行义务。法

律明确规定了其使命,同时对税理士业务进行监管。税理士必须维护好市场秩序。如果税理士违反了法律规定,将接受以下处分:

(1)纪律处分。这是根据财务省法令采取的管理处分,包括三类纪律处分:训斥;暂停业务1年以下;吊销税理士资格。

(2)法律处分。在某些情况下,税理士将受到法律处分,如:违反了严禁偷逃税咨询的条款,将判处不超过3年的监禁或不超过200万日元的罚金;违反了保密条款,将判处不超过2年的监禁和不超过100万日元的罚金。

4. 税理士公司

以往税理士都是独立开展业务的。从2002年4月开始,为方便纳税人,税理士能够以公司形式开展业务。只有税理士能够成为税理士公司的成员。这是一种特殊的经营模式,他们有相同的特点,就是按照商法规定有不受数量限制的合伙人。税理士公司的义务包括:提交公司注册设立的通知;惩罚条款的应用;提交成员变化情况的通知。

5. 监管

由于税理士的使命是促进纳税遵从,他们的业务本质上具有高度的行政管理色彩,并对纳税人和税务管理产生强烈影响。所以,国税厅厅长有权对日本税理士协会总会、税理士协会和税理士加以监管,以保证业务的规范有序开展。

(四)韩国

韩国的税务代理制度是"税务士制度",韩国税务士在韩国经济的发展中充当了重要角色。韩国于1961年9月制定了《税务士法》。《税务士法》规定,税务士的业务范围包括:有关税收的申报、申请、请求(包括申请、异议,请求审查和请求审判)等代理;编制税务调整计算书和其他有关税务文件;为纳税申报而代行记账;有关税收商议或咨询;其他附属于上述业务的事务。《税务士法》规定,具备下列各项之一者,具有做税务士的资格:税务士资格考试合格者;公认会计师;律师;从事国税(关税除外)行政业务工作10年以上者。具有税务士资格者开办业务时要在财政部设立的税务士名册上登记注册。税务士为了组织起来办理业务,提高信誉,可以设立3人以上税务士组成的集体税务士事务所。

(五)德国

1. 税务代理概况

纳税人可获得第三方的帮助以履行其税务义务。然而,给予这种专业援助的特权是由法律授权的人员和公司持有的。被授权提供所有与税务事项相关的协助的团队主要包括税务咨询师、审计师和注册会计师以及上述人员所组成的公司(合伙企业、税务咨询公司、律师事务所、审计公司和会计师事务所)。不在德国设立机构,而在欧盟成员国或欧洲经济区的缔约国设立机构,和根据成立国的法律在税务上提供专业协助的人被授权在德国提供临时和偶尔的税务协助。在首次提供税务服务时,只有当税务代理人员收到书面通知后,才能在德国境内提供税务服务。其他人、企业或实体也可以在满足某些条件的情况下,对税务方面提供有限的援助。例如,允许贸易组织设立服务设施,以解决其成员的税务问题;建筑物和其他财产的管理人员处理与其管理的物品相关的税务事宜。银行建议客户进行投资时,会通知他们所得税和国家储蓄溢价等的影响。

商会、财产协会、房地产协会和其他具有专业性质的组织,向其会员提供与专业代理有关的税务事宜,提供有关进口关税或征收区域内商品消费的协助。其他商业经营者就与海关程序有关的进口关税提供协助。致力于协助会员缴纳工资税的协会在其法定权力范围内履行职责。

2. 德国税务代理市场现状

德国的税务代理人员一般在会计师事务所或者律师事务所从业,也有很大一部分人从事独立的业务。由于法律规定相关的业务一定要通过税务师进行办理,以及德国税制的复杂性,通常公司或者个人都会雇佣税务师进行业务处理。德国的税务代理机构,除了全球闻名的会计师事务所以外,还有一大批服务中小型企业的会计师事务所。如某集团是总部位于德国的专门服务中小型企业的事务所,在德国 100 多个城市有超过 130 家分支机构,在欧盟其他国家也有相应的分支机构,服务提供比较灵活。

(六)澳大利亚

1. 准入制度

各州都有一个税务代理委员会负责税务代理的注册、更新、暂停营业以及注销。税务代理的注册申请必须提交给相应的委员会(例如税务代理或其总部办公室所在州的委员会),自然人、合伙企业或公司均可以申请注册成为税务代理。纳税人可以通过联系委员会确认一个税务代理是否已注册。税务代理的注册有效期持续 3 年(除非注销或暂停营业)。因此,税务代理必须每 3 年重新申请注册。注册成为税务代理的最低要求是拥有在技校学院或更高等教育机构(或相等的教育机构)2 年全职学习(或 4 年兼职学习)的文凭、证书或研究生学历。一般来说,申请注册成为税务代理必须在之前的 5 年里总共有至少 12 个月全职从事相关行业的经验(某些情况下,需要在之前的 5 年里有 2 年的相关行业经验)。

2. 业务范围

税务代理可以为其客户提供以下服务:

(1)代表客户申请澳大利亚商业号码和其他的注册事项。

(2)代表公司、信托、合伙企业或其他机构申请税务号码。

(3)查阅和更新客户的澳大利亚商业号码的详情。

(4)为客户填报和递交税务申报表。

(5)代表客户申请税务裁定和应对税务局检查。

(6)代表客户就税务争议提出税务诉讼等。

税务代理可以使用AUSkey登陆税务专业服务系统代其客户申请澳大利亚商业号码,并通过税务专业服务系统或联系澳大利亚商业注册部门更新其客户的详细信息。如果客户的商业模式发生了变化,其澳大利亚商业号码可能需要注销。税务代理可以在代其客户申请澳大利亚商业号码的同时,申请办理预缴税金、商品及服务税的注册以及申请客户的企业名称,也可以同时代大多数企业和机构申请税务号码。

3. 监管制度

税务代理委员会可以在税务代理发生下列行为时吊销或暂停其营业许可:

(1)税务代理提供了错误的申报表(除非税务代理向委员会证明其对错误不知情或由于疏忽导致)。

(2)税务代理未准确代理委托人的业务。

(3)税务代理失职。

(4)税务代理或注册代理不符合代表纳税人准备纳税申报表的条件。税务代理疏忽导致客户需要支付罚款、行政处罚或滞纳金的,税务代理需要偿还客户相关处罚金额。

4. 澳大利亚税务代理现状

税务从业人员委员会(TPB)是澳大利亚税务代理注册登记的审核机构。截至2022年6月30日,税务从业人员为62 340人,其中税务代理45 333人,商业活动申报表(BAS)代理人17 007人。在这几类税务从业人员中,税务代理在税法方面更加专业。在税务从业人员委员会注册的税务代理有资格建议和处理更广泛的税务问题,包括但不限于所得税申报表、商品及服务税相关问题、税收减免等。

在与税务局合作方面,2019年3月,澳大利亚税务局(ATO)向所有税务代理人和商业活动申报表(Business Activity Statement,BAS)代理人开放新的"代理人在线服务系统",并在试运行过程中不断根据测试用户反馈的意见对新系统进行完善。这一新系统是税务部门与税务代理人、BAS代理人合作设计的,旨在确保解决以前系统存在的诸多棘手问题,并将最终取代ATO官方网站现有的税务代理人和BAS代理人系统。与先前的系统相比,新的线上服务系统还提高了税务代理人和BAS代理人对其客户数据的实时可视性,包括客户纳税申报历史记录、纳税账户和缴税详细信息等。这将为代理人节省收集客户涉税数据的时间,让代理人充分发挥专业特长,为客户提供更优质的服务。

二、国际税务师发展的经验借鉴

(一)加强行业自律监督,推进税务师行业立法进程

第一,推动行业立法进程。为了保证税务中介代理制的顺利推行和健康发展,许多发达国家制定了专门的税务代理法规,建立了严密的税务代理法律制度。日本《税理士法》、韩国《税务士法》和德国《税务顾问法》都从税务代理制度、从业人员资格考试、从业人员的权利义务、执业范围和违规惩戒等各个方面作了严格详细的规定,从法律层面确立税务代理制度,为行业健康可持续发展提供了有力保障。

党的二十大报告提出,要构建高水平社会主义市场经济体制。其中提到,构建全国统一大市场,深化要素市场化改革,建设高标准市场体系。全国统一大市场需要全国统一的税收服务,需要通过(注册)税务师立法,依法建立统一标准,为全国统一大市场建设服务。

第二,建设国际化一流营商环境,需要(注册)税务师参与。税务师行业依法维护国家税收利益,维护纳税人权益。(注册)税务师立法是建立国家税收与纳税人之间桥梁与纽带的必要途径,建设市场化、法治化、国际化一流营商环境,需要一个有法可依、独立客观的税务师行业来实现。

第三,中共中央办公厅、国务院办公厅发布的《关于进一步深化税收征管改革的意见》(以下简称《意见》)提出健全财会监督法律法规制度,及时推动修订《中华人民共和国预算法》《中华人民共和国会计法》《中华人民共和国注册会计师法》《中华人民共和国资产评估法》《财政违法行为处罚处分条例》等法律法规,通过相关法律来约束违法行为。这也说明,(注册)税务师也应该通过立法来贯彻落实《意见》,加强财会监督工作,对税务师行业违法行为进行法律约束。

第四,中共中央办公厅、国务院办公厅印发的《关于进一步深化税收征管改革的意见》第六条第二十二项提出,加强社会协同,积极发挥行业协会和社会中介组织作用,支持第三方按市场化原则为纳税人提供个性化服务,加强对涉税中介组织的执业监管和行业监管。税务师事务所和(注册)税务师是现代化税收征管秩序中的一支重要力量,也是税收共治、社会协同的主力军,需要通过立法在法律框架内发挥税务师行业作用。

第五,全行业要以深入开展学习贯彻习近平新时代中国特色社会主义思想主题教育为契机,严守职业道德,依法诚信执业,税务师行业从业人员要以案为鉴,自觉遵守国家法律法规和行业执业准则及监管规定,坚决抵制"黑嘴""掮客""铲事""协助纳税人缴费人偷逃国家税费"等违法失范行为。各税务师事务所要落实主

体责任,加强内部管理,教育引导本所的税务师和从业人员恪守职业道德、遵守执业准则、规范执业行为,以高度的社会责任感为纳税人提供优质涉税专业服务,帮助纳税人在合法经营、诚信纳税的基础上不断发展壮大,为推动经济社会高质量发展作出积极贡献。

(二)打牢税务师行业自身基础

1. 提升税务师专业化水平

税务代理虽然涉及的执业范围较广,不过发达国家一般都会对执业人员提出较高的要求,规定经过考试来获得执业资格。日本设置了税理士资格的考试,还专门设置了很多考试科目以及资格条件。美国虽然在税务代理从业方面并没有设立明确的门槛,但是要取得资格还是比较难的,对于注册会计师以及律师资格的取得会设置更加严格的条件。这种严格的条件下,培养了很多专业性较强且综合素质较高的专业人才,有利于提高税务中介机构的服务质量。因此,我国需加大对税务师事务所所长管理能力、中小税务师事务所数字化转型、新入职税务师等的培训,加大对欠发达地区送教上门的力度。加强党建工作队伍、税协工作人员以及数字化转型、行业营销、文秘宣传等的培训,进一步健全人才培训制度和管理办法,完善中税协、地方税协、税务师事务所三级培训机制,制定三级培训主体责任考核办法,进一步提高三级培训质量和效益,进一步完善人才选拔、人才评价的标准和方法。

2. 拓展业务范围

从总体来说,发达国家的税务代理所提供的服务内容相对全面,拥有广阔的市场需求。例如,日本《税理士法》规定,税理士既要承担一般性质的业务,还要提供税务文书编制服务、制定有关的会计账务、及时解答税务咨询问题。在日本,委托办理纳税业务的工商企业比例占到85%。从某种意义上说,如果没有税理士的业务代理,那么纳税申报工作将很难完成,税务部门的征税工作也无法顺利进行。美国税务中介机构提供的服务范围广泛,涵盖了流程型业务(如会计、审计和签证财务报表等),同时也包括创新型业务(如担保纳税、出庭辩护和税收筹划等),随着市场需求的不断增长,其服务种类也在持续丰富和扩展。我国税务师事务所也可以开展国际税务咨询等业务,弥补自身财税专业化服务领域的不足,同时,通过培养国际化高端财税人才,响应国家人才强国战略。

3. 服务手段数字化

发达国家的税务中介机构除了聚集一大批专业技术人员以外,普遍实现了数字化。英国、澳大利亚的税收征管数字化转型实践对于我国进一步深化税务师服务数字化改革具有重要的借鉴意义。英国在税收数字化试点实践中发现,通过推动征管数字化转型,不仅能够显著提升企业的纳税效率,而且有助于企业进行稳健的财务规划,从而更有效地保障税收遵从。澳大利亚税务局向所有税务代理人开放新的"代理人在线服务系统"提高税务代理人和 BAS 代理人对其客户数据的实时可视性。从我国的情况来看,2021 年 3 月,中共中央办公厅、国务院办公厅印发《关于进一步深化税收征管改革的意见》,提出要实现从"以票管税"向"以数治税"转变,税务师行业要继续提高推进自身数字化建设的自觉性和主动性;抓住机遇,把握数字化、网络化、智能化方向,全方位、全链条地将互联网新技术融入行业发展,进一步提高行业工作效率与质量。

(三)保持税务中介的独立性

独立性是税务中介机构最明显的特征。通过观察税务中介机构在发达国家的实践情况可知,税务中介机构都能坚守自己的执业原则,公正独立地从事行业工作,既不依附于任何团体和纳税人,也不从属于税务部门。

国际上,通常将税务中介人员视为税法专家,认为税务代理人不仅为纳税人提供涉税服务,还利用税法专业知识弥补纳税人税法知识的不足,帮助纳税人合法又合理地纳税。在从事税务中介业务时,注册税务师既要依法为委托人提供涉税服务,维护纳税人的合法权益,又要维护国家税法尊严和国家税收权益。这种在税收征纳关系中的中介地位,决定了税务中介机构必须站在独立、客观、公正的立场上,以税法为准绳,以服务为宗旨,既为委托人依法履行纳税义务、维护其合法权益服务,又要监督税务机关依法征税,维护国家税收权益。税务中介机构作为一个独立的市场主体,应同社会上的仲裁机构、公证机构、资产评估机构一样,独立地承担责任,接受社会或政府的监督,而不能依附于任何一个机关。从税收法律关系上说,只存在课税的立场和纳税人的立场,必须有一支专业性、知识性、独立性很强的队伍对税收征纳关系进行协调。税务代理人作为这样的中介组织,必须确保其独立的中介地位。

由于国外注册税务师制度产生的历史背景及所处税收环境不尽相同,各国注册税务师执业独立性的强弱也不尽相同。在日本,税理士机构是介于纳税人和税务机关之间的完全独立的中介组织,互相不存在任何的政治、经济利益关系,除了法律规定的正常收费外,税理士不得从客户那里取得任何经济利益或其他便利条件,是名副其实的民间"税务警察"。同样,韩国的《税务士法》规定,税务士及其执业机构必须与纳税人和税务机关保持超然的独立性。德国的《税务顾问法》规定,税务顾问须有独立从事代理业务行为的意愿,税务顾问不得被强制从事与法律或职业义务相悖的业务。独立从事业务行为中的"独立",是指与税务当局相独立、与委托人相独立、与职员相独立、与资本关系人相独立。

国外税务代理制度推行较好的国家都制定了严格的在职税务代理人资格考核制度或者定期的考察制度,其税务代理人作为具有丰富税收法律知识和税务代理实践经验的法律专家,基本上能按照法律法规的严格要求,坚持自己的立场,很好地遵循自愿委托、依法服务、客观公正、诚实信用原则,这有利于提高注册税务师的执业效率,发挥其专业胜任能力,保证服务质量。

(四)制定合理的收费及赔偿保险制度

在发达国家,根据市场经济的原则,税务中介机构都会制定比较合理的收费制度,收费的数额取决于提供服务的具体内容和完成服务所需的时间,并经过中介机构与纳税人的协商。此外,在发达国家,税务中介也会有优惠服务,如日本就存在法律援助等优惠服务项目。

当然,纳税人和税务中介有时也会产生问题,主要是选择方向和信息不对等问题,这些问题会产生一定的风险,影响纳税人的权益。为此,发达国家会有相应的赔偿制度,纳税人根据业务的避险能力,制定一定的保险额。如果税务人员主观性的错误造成了纳税人利益受损,那么可以按照赔偿标准弥补纳税人受损的部分。

德国的《税理士法》规定,税理士对于业务活动可能出现的赔偿责任必须适当地投保。一般来说,税理士必须考虑该项业务可能出现的各种风险,在自我责任方面确定合适的保险金额。若因没有投保而出现被害人要求赔偿的事件,则属于违反执业义务,有可能被取消执业资格。

奥地利的《经济受托士职业法》规定,经济受托士从事业务时,必须投保职业责任赔偿保险。注册会计师兼税理士最低投保35万奥地利先令,账簿检查士兼税理士者最低投保25万奥地利先令,税理士最低投保15万奥地利先令。

国内税务师行业现状分析

一、现状分析

截至 2022 年底,全国税务师行业中,税务师事务所共有近 9 000 家,从业人员共有 12 万余人,其中在税务师事务所执业的税务师(注册税务师)约 6 万人。

(一)行政监管和行业自律日益完备

涉税专业服务执业监管和行业监管在国家治理体系中占有重要地位,它们不仅关乎全面从严治党、维护政令畅通、规范财经秩序,还直接影响经济社会的持续健康发展。同时,这些监管机制在推进税收领域的放管服改革、完善税务监管体系、打造法治化国际化营商环境以及服务市场主体发展等方面发挥着不可替代的作用。

为了加强涉税专业服务的监管,中共中央办公厅、国务院办公厅于 2021 年 3 月发布了《关于进一步深化税收征管改革的意见》,明确要求加强社会协同,充分发挥行业协会和社会中介组织的作用,强化对涉税中介组织的执业监管和行业监管。2023 年 2 月,中共中央办公厅、国务院办公厅又发布了《关于进一步加强财会监督工作的意见》,提出提升财会监督效能,发挥中介机构执业监督作用,并特别要求税务师事务所等中介机构严格依法履行审计鉴证、资产评估、税收服务、会计服务等职责,保证独立、客观、公正、规范的执业行为。近年来,各级税务部门积极落实上述文件精神,致力于加强执业监管和行业监管,提高涉税专业服务的规范性、便捷性和精准性。通过推进精确执法、精细服务、精准监管、精诚共治,确保涉税专业服务机构及其人员按照法律、行政法规、部门规章及规范性文件的要求从事涉税专业服务,并接受税务机关的行政监管和行业协会的自律监管。此外,涉税专业服务机构还必须真实报告机构及人员的身份信息和执业资质信息,并按规定向税务机关报送。为了保障执业质量、降低风险,这些机构还需建立质量管理制度和风险控制机制。在监管不断加强的背景下,涉税专业服务机构及其人员必须严格遵守服务标准和职业道德准则,以确保其有资格提供高质量的涉税专业服务。

(二)数字化转型迅速推进

当前,全球税收征管的一个显著趋势是涉税专业服务角色的转变。在快速发展的数字技术支持下,涉税专业服务主体可以在线完成税务代理等多项业务,更大程度地拓展了服务主体、服务内容和服务范围。涉税专业服务机构及其涉税服务人员从最初协助纳税人办理基础涉税事项的辅助者,转变为利用数字技术提供税务咨询等个性化服务的技术提供者。新时代的新征程中,数字化带来了涉税专业服务行业的巨大机遇,同时也带来了巨大挑战。为了适应数字化转型的要求,涉税专业服务机构及其涉税服务人员必须通过教育培训和工作实践,持续学习当前法律法规政策知识、相关理论基础知识,努力掌握税务、财务、会计、法律、信息技术以及其他相关知识,并保持一定的专业水准。他们必须在涉税专业服务实践中获取并积累业务经验和创新方法,以专业技能水平和专业胜任能力为委托人提供具有专业水准的涉税服务。在数字化转型的背景下,涉税专业服务机构及其涉税服务人员只有不断提高服务标准和职业道德标准,才能够具备提供涉税专业服务的能力。

(三)政策体系日趋完善

自2014年人力资源社会保障部将注册税务师职业资格许可由准入制调整为水平评价类,以及2015年国务院第91次常务会议将"税务师事务所设立审批"调整为其他权力事项中"具有行政登记性质的事项"以来,人力资源社会保障部和国家税务总局相继发布了《税务师职业资格制度暂行规定》和《税务师执业资格考试实施办法》,2017年国家税务总局发布《涉税专业服务监管办法(试行)》及配套制度,我国涉税专业服务行政监管体系逐步建立并完善。行政监管体系的建立有助于涉税专业服务机构在优化纳税服务、提高征管效能等方面发挥积极作用。涉税专业服务机构及其涉税服务人员必须遵循业务规范和职业道德规范的要求,勤勉尽责、全面、及时地完成专业服务;必须遵循涉税专业服务的业务流程,认真调查与评估承接业务,成立项目组并搭建项目组织结构,根据涉税专业服务的目标,制订包括工作目标、工作方案、沟通协调、执行程序、保密措施、风险提示等内容的业务实施计划,遵循税收法律法规相关规定,对需要关注的事项进行重点判断、确定和分析,调整税会差异,同时在业务实施过程中进行充分和必要的风险控制程序,规范业务记录,最后形成涉税专业服务业务目标的报告、意见、建议等相关资料和业务档案。当前,行业监管的政策体系不断完善,涉税专业服务机构及其涉税服务人员只有不断提高服务标准和职业道德标准,才能够更好地提供涉税专业服务。

二、税务师事务所基本情况

2022年是实施"十四五"规划的关键之年,是党的二十大召开之年,也是我国踏上全面建设社会主义现代化国家新征程、向第二个百年奋斗目标进军的重要一年。税务师事务所在全面推进行业法规标准建设、业务拓展、行业监管、人才建设、税协建设等各项工作中发挥重要作用,为维护国家税收安全以及纳税人缴费人的合法权益、服务中国式现代化税务实践作出了积极贡献。

(一)发挥专业优势,助力优化营商环境

税务师行业发挥行业人才知识优势,开展专业性、公益性活动,服务社会主义经济建设,助力各项税收政策落地见效。统计数据显示,2022年度,税务师行业经营收入总额为288.63亿元,组织税收政策宣传公益活动惠及30万余户企业、近350万人次,服务高新技术企业认定近5万户,服务56万余户企业享受税收优惠金额7000余亿元。

(二)行业品牌示范引领作用凸显

通过10年的规范化建设,年度经营收入前百强税务师事务所和等级税务师事务所两大行业品牌示范引领作用日益凸显。截至2022年底,全国等级税务师事务所共有1672家,其中5A级40家,5A授牌分支机构174家,4A级43家,4A授牌分支机构3家,2022年等级税务师事务所总收入为205.53亿元,占行业总收入的71.21%。2024年4月,中税协又公布增加5A级税务师事务所2家、4A级税务师事务所6家。5A级、4A级高等级税务师事务所的经营质效越来越好,品牌效应越来越突出。

(三)构建发展格局,不断开拓国际市场

在"走出去"企业专业化、国际化涉税专业服务需求日益增强的现实之下,中税协一方面积极打造前海涉税服务业集聚区,吸引全国百强税务师事务所、全国百强会计师事务所、香港税务学会联络处等多家知名涉税机构入驻前海,开拓跨境涉税专业服务市场;另一方面加强国际交流与合作,提升我国税务师行业的国际认可度。数据显示,北京、上海、广东、江苏等26个地区的103家税务师事务所已涉足国际化业务,全行业共有587名具有开展国际化业务能力的人才,越来越多的中国税务师取得国际认可的资格证书。

三、从等级税务师事务所看行业发展

2022年,中税协在国家税务总局党委领导下,以习近平新时代中国特色社会主义思想为指导,深入贯彻党的二十大精神,从党的百年奋斗重大成就和历史经验中汲取奋进力量,深刻领会"两个确立"决定性意义,增强"四个意识"、坚定"四个自信"、做到"两个维护",坚持和加强党对税务师行业的全面领导,坚持稳字当头、稳中求进,大力加强行业自律建设,有力促进行业健康发展,全面提升行业协会监管水平,各项工作取得了明显成绩。

(一) 等级所基本情况

1. 基本情况

截至 2022 年底,全国共有等级税务师事务所 1 672 家。其中,5A 级 40 家,5A 授牌分支机构 174 家;4A 级 43 家,4A 授牌分支机构 3 家,整体优于上年同期水平。同时,等级税务师事务所中,等级越高税务师事务所纳税信用等级为 A 的比例越高。高等级税务师事务所的发展质量日趋提高,社会关注度和影响力不断增强,在行业高质量发展中发挥了示范引领作用。品牌建设正逐步深入,中税协积极研究完善等级认定办法,引导会员从做大向做优做强转变,持续提升税务师事务所市场竞争力。

2. 经营收入情况

2022 年度,等级税务师事务所总收入 205.53 亿元,A 级、2A 级税务师事务所收入分别为 25.53 亿元、14.68 亿元;3A 级、4A 级、5A 级税务师事务所收入分别为 31.15 亿元、17.79 亿元、116.38 亿元。5A 级税务师事务所收入占行业收入总额的 40.32%,等级所业绩明显优于行业平均水平,充分显示了等级所在行业中的引领作用。

3. 业务服务情况

业务服务数字化建设持续深入。行业涌现出一批在数字化转型上取得显著成效的税务师事务所,部分高等级税务师事务所自主研发应用 ERP 联合税审作业系统,开发了涉及代理记账、代理申报、企业所得税汇算清缴鉴证、法律法规查询等一批行业数字化创新示范产品。

4. 人才队伍建设情况

截至 2022 年底,全国从业人员共有 114 572 人;其中执业(注册)税务师(以下简称"执业税务师")54 019 人。从数量看,等级所从业人员、执业税务师的数量及占行业人数的比重都呈逐年上升趋势,增长率高于行业整体水平;从综合素质看,从业人员及执业税务师中,本科及研究生以上学历人员占比高于行业平均水平,高学历人才、行业领军型人才总量多。人才是行业健康发展的动力和核心竞争力,全行业应树立人才优先发展理念,为推进实施行业高质量发展战略提供人才队伍保障。

(二) 从等级所看行业发展

近年来,等级所以习近平新时代中国特色社会主义思想为指引,坚持党建引领,坚持正确的发展方向,发展上稳中有进,规模上逐年扩大,质效上不断提升,主要呈现出以下几方面特点:

1. 实力明显增强

2022年,等级所总收入为205.53亿元,在带动行业发展、实施行业做大做强战略中起到了带头作用和示范作用。能取得这样的成绩,主要得益于等级所坚持锐意进取、开拓创新,努力提升专业服务质量,打造税务师事务所知名品牌。已经有越来越多的税务师事务所品牌被市场所认可,所展现出来的不仅仅是专业的服务能力和严格的质量控制,还有良好的信用和先进的理念。近年来,等级所更是不断加快集团化和国际化的经营步伐,通过建立分支机构、打造服务网络,提升服务能力,其影响力正在不断扩大。

2. 创新不断精进

随着"放管服"改革、税制改革、征管改革的不断深化和国家税务总局《涉税专业服务监管办法(试行)》的实施,税务师行业的内外部环境都发生了不小的变化。等级所勇于迎接挑战,善于抓住机遇,根据新的市场需求开拓新的业务领域,专业税务顾问、税收策划和纳税情况审查等高端业务比例明显加大,走在全行业的前列。不少事务所通过业务发展经验不断积累,发掘出具有自身鲜明特色的业务、行业领域,拓展出新的产品和服务,不断扩大其在行业中的影响力。一些事务所依托互联网,强化科技创新,形成了各具特色的服务平台和产品,专业服务效率及能力迅速提升。

3. 机制日益完善

等级所的发展得益于优秀的管理体系和治理机制。首先,完善的用人机制和先进的企业文化成为吸引人才的重要因素。2022年,全国执业税务师比例逐年上升,充分说明税务师行业对人才具有较大的吸引力。同时,等级税务师事务所人员的增长率也一直高于行业整体水平,人才队伍更具稳定性。其次,事务所集团化发展、强强联合,也是其实力迅速增强的重要原因。这些集团所凭借精心设计的内部治理机制,以增进内部合作为重点,实现风险管理严格、质量控制有效的目标,进而促进事务所不断发展壮大。国家税务总局《关于税务师事务所行政登记有关问题的公告》的发布,将可以担任税务师事务所的合伙人或者股东范围扩大到从事涉税专业服务的科技、咨询公司,推进了税务师事务所组织形式创新,为税务师事务所集团化发展创造了更好的条件。随着社会和纳税人对涉税专业服务需求的不断增加,税务师行业还将拥有更大的发展空间。中税协将继续秉承服务会员的宗旨,进一步建立与完善税务师行业自律管理机制,努力为会员提供更多更好的服务,引导税务师事务所和会员为广大纳税人和社会各界提供优质高效的涉税专业服务,为维护国家税收利益和纳税人合法权益作出更大的贡献。

新发展格局下税务师行业机遇、挑战与高质量发展道路

"十四五"时期是我国由全面建成小康社会向基本实现社会主义现代化迈进的关键时期,也是推动新时代税收现代化全面提质增效、更好发挥税收职能作用、为经济社会发展再立新功的黄金5年。"十四五"期间,我国坚定不移全面深化改革开放,坚定不移推动高质量发展,坚定不移构建新发展格局,以自身发展为世界创造更多机遇,向第二个百年奋斗目标进军。其中,2022年是我国"十四五"规划推动落实上极为关键的一年,是党和国家历史上极为重要的一年,也是我国经济发展史上极不平凡的一年。在以习近平同志为核心的党中央坚强领导下,各地区各部门统筹疫情防控和经济社会发展,加大宏观调控力度,应对超预期因素冲击,发展质量稳步提升,就业物价基本平稳,经济社会大局保持稳定。税收作为国家对经济进行宏观调控的重要手段,关系到各类市场主体和每一个纳税人。为推动双循环新发展格局,税务师行业积极响应,承担更多更重要的使命和任务。

税务师行业发展的基本思路要围绕"一个主题",建设"四项工程",构建"四个体系"。"一个主题",即以习近平新时代中国特色社会主义思想为指导,推动税务师行业高质量发展,奋力谱写中国式现代化税务师行业新篇章。"四项工程",即"党建引领工程""业务拓展工程""品牌培育工程""人才培养工程"。"四个体系",即"自律监管体系""执业保障体系""会员服务体系""组织治理体系"。

中税协在习近平新时代中国特色社会主义思想的引领下,深入贯彻全国税务工作会议精神,坚决维护党的"两个确立",做到"两个维护",确保在思想上、政治上、行动上紧跟以习近平同志为核心的党中央步伐。在国家税务总局党委的坚强领导下,深入学习和贯彻党的二十大精神,全面强化党对行业的领导,促进党建与业务深度融合,推动行业高质量发展。依据《税务师行业"十四五"时期发展规划》的明确任务,制订详细计划,真抓实干,确保每一项任务落到实处。在税收成效方面,2022年我国新增减税降费及退税缓税缓费超4.2万亿元,在助力稳住宏观经济大盘方面发挥了关键作用。

超4.2万亿元新增减税降费及退税缓税缓费主要包括三部分:一是累计退到纳税人账户的增值税留抵退税款2.46万亿元,规模超2021年全年办理留抵退税的3.8倍;二是新增减税降费超1万亿元,其中新增减税超8 000亿元,新增降费

超 2 000 亿元;三是办理缓税缓费超 7 500 亿元。

在"十三五"的基础上,当前我国税收立法进程不断加快,税收服务水平显著提升,税收征管改革不断深化,税务师行业党建工作持续深化,行业管理规范高效,人才队伍素质不断提升,发展规模和质量稳步提高,税收治理现代化建设取得了重要成果。但随着市场竞争的加剧和经济环境的复杂多变,我国税收及税务师行业也面临着诸多挑战。

一、解决瓶颈问题,注重人才培养

(一)专业能力、服务水平要求更高

1. 政策变化

从宏观政策的视角来看,党的十九届五中全会提出了加强宏观经济治理的任务,并将财政政策作为构建和完善宏观经济治理体系的核心手段。展望"十四五"时期,以激发创新活力、推动经济转型升级和扩大国内需求为目标的税收政策将陆续出台,这将极大地推动税务师行业的发展。税收政策作为税务师行业提供专业服务的基础,其调整与变革直接决定了税务师行业的发展方向、规模和业务范围。而税务师行业因其高度的专业性,在税收政策实现预期目标过程中发挥着至关重要的作用,对国家战略实施起到不可或缺的作用。税务师的专业能力和技能是行业的核心竞争力,而税收政策则是行业发展的基石和推动力。因此,税务师行业必须密切关注税收政策的动态变化,不断提升从业人员的专业素养,以更好地为纳税人提供专业服务,同时也为国家的宏观战略实施贡献力量。

2. 数字信息技术升级

在技术革新的浪潮中,大数据、人工智能等尖端科技的应用推动了我国数字经济的迅猛发展。以习近平同志为核心的党中央敏锐地捕捉到数字化、网络化、智能化的发展趋势,并为此作出了一系列新论断、新部署、新要求,为中国经济从高速增长转向高质量发展指明了方向。在这一背景下,国家颁布了一批关于数字化发展的重要文件,形成了推动数字经济发展的强大合力,极大地激发了我国数字经济的巨大潜能,税务师行业的数字化建设由此面临历史性、转折性、全局性的变革。但随着新业态的不断涌现、商业模式的巨大变革以及传统经济的数字化转型,税收政策的适用也面临着前所未有的挑战。

当前,我国大多数税务师事务所的规模相对较小,涉税业务主要依赖税务师的现场处理,缺乏大数据信息技术的有效运用。这导致部分业务数据在查错或查漏方面仍存在不足,业务处理效率有待提高。此外,税务师行业在业务服务信息化方面还存在不足,行业电子宣传平台对国际读物和国际市场信息的涉足较少,行业信息系统尚不完善,关于税务师整体发展和事务所发展的公开数据也相对匮乏。税务师行业在业务办理、日常宣传和信息公开等方面都面临着数字化转型的迫切需求。这不仅要求税务师具备更高的专业素质和更深刻的政策理解,还提高了行业的技术门槛。数字经济税收问题一直是税务师行业中的专业"难点",在"十四五"时期,随着"加快数字化发展"战略的深入实施,这一"难点"将更加凸显。

为了应对这些挑战,税务师行业需要积极拥抱数字化技术,加强信息化建设,对标税务机关的智慧税务,积极运用现代信息技术,将技术手段与业务经验相结合,重构税务业务模式,为纳税人打造智能化税务管理系统,实现税务风险的精准防控与应对,提升业务处理的效率和准确性。同时,还要拓展国际视野,加强对国际市场信息的收集和分析,以更好地服务于国内外客户,更好地适应数字经济时代的发展要求。

3. 市场需求多元化

当下,涉税服务市场正面临着愈发激烈的竞争,新技术和服务模式不断涌现,使得客户对税务师的服务提出了更高、更多样化的要求,而大部分事务所和从业人员的业务模式和服务方式较为传统、单一,无法满足市场多元化的需求。

"十四五"时期是税务师行业高质量发展的关键时期,为了持续加强全社会对涉税专业服务价值的认知,培育壮大个性化涉税专业服务的市场需求,税务师事务所必须努力提升核心竞争力,成为复合型事务所,在做好涉税鉴证、纳税审核、申报代理等传统业务的前提下,积极把服务向专业化和价值链高端延伸,积极拓展高附加值业务,以加快业务转型升级,为纳税人提供个性化、多样化和更专业化的服务。税务师不仅要持续学习新技术和方法,还要积极探索如何将这些新技术和方法应用到实际的税务服务中。通过不断学习和实践,提升自己在数字化转型中的适应能力和竞争力,以更好地为税收政策提供支持和服务。这样才能在涉税服务竞争日益激烈、产业推陈出新和业务国际化发展的大潮中立于不败之地,为国家经济的健康发展贡献自己的力量。

(二)税务师人才队伍建设不足

截至2022年底,全国共有税务师事务所8 802家,从业人员114 572人,服务企业纳税人170余万户。近年来,我国税务师行业规模逐步扩大,从业人员素质水平提升,服务质量渐佳,但仍存在人才培养专业体系不健全、培养模式僵化,人才队伍储备不足,人才分布不均及流失等问题。

1. 人才培养欠缺

在人才培养方面,我国涉税服务领域的工作人员普遍面临专业知识单一、实操经验不足的问题,对相关政策的理解也不够深入,国际化业务的实践尤为欠缺。目前,市场上缺乏既精通国内税收法律法规、财务知识及相关经济法律,又熟悉国际经济和法律条文的高端复合型涉税人才。这在一定程度上限制了税务师行业的业务拓展,也导致了部分服务领域的恶性竞争。因此,加强涉税服务人才培养,提升从业人员的综合素质和专业能力,是当前税务师行业亟待解决的问题。

我国税务师事务所目前以中小型事务所为主,个别大型事务所会对从业人员进行岗前培训,但大多数事务所则缺乏系统性培训指导,也很难设立专业的人才培养体系。这使得我国税务人才的发展的深度不足,对事务所和行业发展产生了较大影响。

此外,我国人才培养体系不健全,培养模式僵化问题也日益凸显。随着近些年参与税务教学培训的人员数量不断攀升,传统的教学模式已经面临一些挑战,大量的资源消耗在课前准备、课堂教授以及课后评估上,导致每个学员所获得的资源有限。现有的教学方式较为陈旧,大多数培训仍然采用传统的单向教学授课模式,缺乏互动性与能动性,对于税务实务的学习应用也有所欠缺。在网络智能化、信息碎片化、交流屏幕化的时代,这种面授为主的培训方式已经难以满足人们的需求,实用性也不高。

2. 人才储备不足

人才储备方面,我国税务人才后备力量欠缺,与注册会计师、律师行业相比,税务师起步、发展较晚,人才数量不足,主要原因是培训教师规模不足。我国缺少理论和实际经验俱佳的教师队伍,培训模式与税务师行业的发展也不匹配,使得税务人才数量增长乏力。我国通过资格证书考试的人员虽逐年增多,但未执业人员的比重偏大,税务从业人员学历以本科为主,硕士研究生及以上高学历人员占比不高。从业人员及执业(注册)税务师中,研究生等高学历人才较少,与行业高质量发展的需求不相匹配。总体来看,税务人才储备不足一定程度上阻碍了税务师行业的发展。

3. 人才分布不均及人才流失问题

税务人才分布不均的问题主要体现在区域和行业两个方面。从区域上看,税务人才主要集中在一线城市和东部地区,而中西部地区和部分二线城市的税务人才相对较少。这主要是由于一线城市和东部地区经济发展较快,税收规模较大,对税务人才的需求也更为迫切。同时,这些地区税务人才的培训培养体系也相对完善,吸引了更多的税务人才聚集。从行业上看,税务人才在各行业中的分布情况也不尽相同。金融、房地产、制造业等行业对税务人才的需求较大,而一些传统行业(如农业、零售业等)对税务人才的需求相对较小。这同样导致了税务人才流向各行业发展较快的东部地区。

人才流失问题反映出本行业薪酬待遇不高、晋升机会有限、工作压力大等现状。部分地区或行业对涉税服务需求较少,相关税务从业人员的薪酬待遇相对较低,且涉税服务行业的员工激励制度相对欠缺,晋升机会有限,导致他们选择离开税务师行业,转向金融、财会等热门市场。除此之外,工作压力大和行业文化驱动力不足也是人才流失的重要原因。税务工作内容繁琐、工作量大,且对从业人员风险防范和承受能力要求更强,需要较高的责任心和专业素养的支撑。而相对国际同行而言,我国税务师行业的发展并不算长,行业文化不够成熟,凝聚力较弱。为此,需要加强行业自身的文化建设,积极塑造行业价值观,帮助涉税服务从业人员树立自信心与自豪感。

(三)加强税务人才建设,建立健全与时俱进的教育培训体系

税务师行业对于维护国家税收利益和纳税人缴费人合法权益具有不可或缺的重要作用,是一支服务国家治理体系和治理能力现代化的重要力量。加强税务师行业人才储备是国家发展的驱动力。在推动经济高质量发展和优化营商环境的背景下,税务师人才建设对促进税收改革、优化纳税服务和行业健康可持续发展至关重要。

"十四五"时期,税务师行业应深入贯彻习近平总书记关于人才工作的重要论述,认真落实国家税务总局党委的人才兴税战略,坚持专业化发展道路,科学制定税务师人才培养战略规划,扩大人才储备的同时全面提升行业人才队伍建设质量,形成梯队合理、可持续发展的行业人才队伍。加强分类分层次培训力度,重点培育高层次税务人才,加强教育培训质量,实现适应高质量发展的产教融合税务人才培养新模式,为行业提供坚实的人才基础。

1. 更新培训内容,促进知行合一

随着税收政策和法律法规的频繁调整与更新,税务教育培训的内容也亟待与时俱进,不断充实和升级。税务教育培训机构肩负着重大责任,需要敏锐地洞察形势变化对税务工作所带来的深刻影响,深入研究和理解新出台的税收政策和法律法规,准确把握税务工作的新标准和新动向。为确保培训内容与当前税收政策、法规保持高度一致,培训机构须制订一套科学、系统的培训计划,明确培训的目标和具体内容。在培训过程中,强调实践性和实用性,使学员能够将所学知识与实际工作紧密结合,真正达到学以致用。把学习贯彻习近平新时代中国特色社会主义思想和党的二十大精神融入教育培训之中,使其成为税务人员的思想理论武装。

2. 创新培训方式,强调信息技术应用

传统的培训方式往往是单向传授,缺乏互动和实践。因此,可以采用更加多元化的培训方式,加强面授教学创新,如案例分析、角色扮演、情景模拟等,使培训更加生动有趣,提高学员的参与度和学习效果。针对不同能力层次的学员,应开展不同层次的培训,对于初学者应注重基础知识的传授,帮助他们建立起扎实的税务知识体系,而对于具有一定基础的学员则着重提升其专业技能和实际操作能力,帮助

他们更好地应对工作中的挑战。除此之外,信息技术的发展为税务教育培训提供了更加便捷和高效的方式。应积极推动网校平台和直播平台的融合,丰富网校课件资源,开展好网校和直播培训,积极设立远程教育和在线培训课程,以方便学员利用在线学习平台、移动学习应用程序等信息技术手段,做到随时随地有条件学习,提高培训的灵活性和覆盖面。积极开发新课程,完善课程内容设置,特别是在行业数字化、国际化等方面,培养更多具备国际视野和数字化能力的税务人才,着力培养能够在税务师事务所"走出去"中发挥统领作用的国际化领军人才。积极同境外相关行业组织开展教育培训方面的合作,参考并借助境外同行业组织的教育培训体系,鼓励会员取得国际认可的境外税务师类资格证书,逐步建立人才培养国际合作体系,为税务事业的发展注入新的活力。

3. 建立反馈机制,提高培训质效

为了保税务教育培训体系的高效运作,应尽快建立一套有效的反馈机制。其核心在于及时收集员工对培训活动的意见和建议,从而为不断改进和完善培训体系提供有力支撑。通过这一机制,培训机构能够深入了解学员对培训的真实需求和期望,进而制订更加贴合实际需求的培训计划。在收集到反馈后,需要认真分析评估结果,并据此对培训计划和教学模式进行有针对性的改进,提升培训的质量和效果,确保培训内容更加贴近实际工作,更具针对性和实用性。加强与税务机关的沟通合作也是至关重要的。通过税务机关的专业指导和沟通,能够更准确地把握其需求和意见,与最新政策无缝对接,进一步优化培训内容和方式,提高培训的针对性和适用性。

4. 加强师资队伍建设,跟踪教育质量

税务教育培训工作的成败,很大程度上也取决于师资队伍的素质和专业水平。建立一支高素质、专业化的师资队伍尤为重要。需加强对教师的选拔和培养,确保他们具备深厚的专业素养和出色的教学能力。积极引进具有丰富实践经验的专家学者和业界精英担任讲师,这也是提升培训专业性和实用性的有效途径。还应进一步强化师资库的管理,深入论证教学计划的有效性,并密切关注教学过程的每一个环节。同时,充分利用综合学时管理平台的功能,加强对继续教育完成情况的持续跟踪、严格监督以及全面考核,确保教育工作的顺利进行和培训质量的稳步提升。通过加强师资队伍建设,不断提升教师的专业素养和教学能力,并借助各类平台吸引优秀人才参与,推动税务教育培训工作不断向前发展,为培养更多优秀的税务人才奠定坚实基础。

5. 提升考试组织工作水平,加强宣传、推动国际化

适时修订和完善考试相关规章制度,做好考试组织实施工作是人才培养的关键环节。税务师考试应结合行业对人才的需求,根据实际情况修订考试大纲和教

材、工作指南等,并且妥善周密做好考试组织工作以及阅卷工作,进一步完善人才选拔、人才评价的技术手段和方式方法,充分发挥税务师职业资格考试的后备人才储备功能。加强考试宣传,联合各地方税协和高校开展多种形式的宣传活动。调研考试管理、命题专家和考务机构团队建设情况,在总结经验的基础上,建立健全各项考试工作制度。创新考试数字化工作,对考试数据管理、考试试题、阅卷方式等进行数字化创新,有效提高相关工作效率。此外,也应进一步做好外籍人士参加税务师职业资格考试的试点工作,通过海南、北京等自贸区开发外籍人士参加税务师职业资格考试,提升税务师的国际参与度和影响力,推动税务师考试国际化。

6. 搭建地区交流合作平台,推动人才流动

为了更好地汇聚人才,还可以利用"税与争锋"论坛等平台及宣讲活动,在行业内多开展沟通交流活动,吸引更多的优秀人才学者参与。这些平台不仅可为专家学者们提供一个交流思想、分享经验的舞台,推动经济发达地区向中西部地区输出先进的管理理念,还能充分发挥全国性平台和行业人才的专业优势,为税务教育培训工作注入新的活力和智慧。同时,强化事务所间的合作,积极动员东部沿海地区实力雄厚的事务所向西部拓展,输送人才、先进的经营理念和管理机制。通过以强带弱、东部带动西部的策略,助力欠发达地区事务所的发展。建立客户资源、人才资源和业务资源的共享服务平台,促进资源优化配置,实现事务所间的互利共赢,推动整个行业的健康、均衡发展。

二、加快立法步伐,规范行业发展

(一)税务师行业立法的时代背景

1. 国家政策指引立法方向

法律法规的作用不容忽视,其关键在于对行业发展的规范与约束。尤其对于那些层次较高的法律条文,其权威性更是无可置疑的。在发达国家,涉税服务的法律地位往往通过立法来确立,以确保税务服务行业能够在维护国家利益和纳税人权益的过程中发挥关键角色。近年来,我国税务师行业法治化进程也在不断推进。

自党的十八大以来,我国的社会主义事业建设步入了全新的历史阶段。在这一进程中,党中央和国务院相继出台的一系列政策方针,为税务师立法工作提供了坚实的先导性作用,为税务师行业的法治化进程指明了方向。党的十八届三中全会作为全面深化改革的重要里程碑,明确提出了完善和发展中国特色社会主义制度,推进国家治理体系和治理能力现代化的总目标。这一目标的提出,不仅彰显了我国深化改革的坚定决心,也为税务师立法工作提供了有力的政策支撑。随后,党的十八届四中全会进一步提出了建设中国特色社会主义法治体系、建设社会主义

法治国家的总目标。依法治税作为依法治国的重要组成部分,其重要性不言而喻。税务师作为税收征管领域的重要力量,其行业立法工作的推进,对于实现依法治税、促进税收法治化建设具有重要意义。

在党的十九大报告中,经济体制改革被赋予了新的内涵。报告中强调,经济体制改革必须以完善产权制度和要素市场化配置为重点,实现产权有效激励、要素自由流动。这一改革思路的提出,为税务师立法工作提供了更加广阔的舞台。虽然国家税务总局颁布了《涉税专业服务监管办法(试行)》(国家税务总局公告2017年第13号)等文件,但这些规定大多只在大方向上进行了规范,其权威性还有待提升。税务师作为服务于经济体制改革的重要力量,其立法工作的推进将有助于优化税收环境,促进经济健康发展。若缺乏强有力的法律支撑,将难以充分发挥其应有的作用。

党的二十大报告对于税收、社会保障、转移支付等方面的调节力度进一步加大,同时强调了规范收入分配秩序和财富积累机制的重要性。这些政策目标的提出,为税务师行业立法提供了更加明确的方向和要求。税务师行业作为税收征管的重要参与者,其立法工作的推进将有助于更好地实现这些政策目标,促进社会公平正义。

此外,2021年发布的《国民经济和社会发展第十四个五年规划和2035年远景目标纲要》也对税务师立法工作产生了积极影响。纲要中提出了扩大服务业对内对外开放、深化税收征管制度改革等一系列政策措施,为税务师行业的发展提供了有力支持。同时,中共中央办公厅、国务院办公厅印发的《关于进一步深化税收征管改革的意见》也对税收法治建设蓝图作出了详细描绘,为税务师立法工作提供了更加具体的指导。

近十年来,税务师立法工作在党中央、国务院的政策引导下取得了显著进展。未来,随着社会主义事业建设的不断深入和税制改革的持续推进,税务师立法工作将继续发挥重要作用,为推动我国税收法治化建设作出更大贡献。为此,需要更具权威性的法律来支撑税务师行业的发展,不仅要促进税务师事务所和税务师规范执业,确保执业人员公正公平地开展业务,还应在制定相关法律条文的基础上进一步细化执业规则,为加强行业监督、规范市场秩序提供坚实的法律依据。

2. 新发展格局要求税务师行业法治化

党的二十大报告指出了我国在新时代推动国家治理体系和治理能力现代化的重要方向,其中特别强调了"健全宏观经济治理体系"以及"深化简政放权、放管结合、优化服务改革"等关键任务。这些改革措施旨在构建全国统一大市场,深化要素市场化改革,进而建设高标准的市场体系。在这一改革背景下,完善产权保护、市场准入、公平竞争、社会信用等市场经济基础制度,优化营商环境,尤为关键。

税务师行业作为财税领域不可或缺的社会中介服务机构,既是市场主体的重要组成部分,又是国家与纳税人之间沟通的桥梁,承担着处理政府与市场关系、推进国家机构改革的重要使命。推动税务师行业立法,不仅是对税务师行业自身地位、权利与义务、法律责任、监管制度的明确,更是维护国家税收利益与纳税人合法权益、促进国家税收法治建设、推动社会治理的重大举措。

税务师行业的核心竞争力在于其提供的专业化、高质量的涉税服务。而一个健康、均衡发展的税务师行业,离不开竞争有序的市场环境。这种竞争环境的构建离不开健全的法律制度的保障。当前,随着涉税专业服务市场的全面放开,税务师行业面临着更为激烈的内外部竞争。在这种情况下,不当竞争的现象时有发生,如果没有强有力的监管制度予以规制,不仅会扰乱市场秩序,还可能对税务师行业的长远发展造成不良影响,加剧行业内部的不均衡。因此,税务师行业立法显得尤为必要。通过立法,可以对税务师、税务师事务所的涉税服务进行规范,促进税务行业转变发展理念,创新服务内容,提高服务质量。一个公平、诚信、法治的涉税专业服务环境是税务师行业健康发展的必要条件,而健全税务师行业法制,则是推动税务师行业向多元化、均衡性、高质量方向发展,提高行业社会认可度的关键所在。

总之,税务师行业立法是推进国家治理体系和治理能力现代化的必然要求,对于构建税收共治格局具有重大意义。通过立法,可以为税务师行业提供明确的法律指引和制度保障,促进行业健康发展,为国家税收法治建设和社会治理贡献更大的力量。

(二)推进行业立法必要性

1. 落实简政放权,完善国家治理

自党的十八届三中全会以来,我国全面深化改革的步伐日益加快。为了优化政府与市场的关系,确保市场在资源配置中起到决定性作用,政府积极推行一系列管理改革原则,"简政放权、依法监管、公正透明、权责一致、社会共治"的理念深入人心。尤其是"社会共治"这一原则,不仅体现了政府的引导意图,更凸显了社会各界在共建共治中的责任与担当。

市场专业化组织作为这一改革的重要参与者,应积极协助企业和公民守法自律,配合政府的事中、事后管理,从而有效促进公平竞争的市场秩序的形成。2014年,国务院发布的《关于促进市场公平竞争维护市场正常秩序的若干意见》等文件,明确支持税务师事务所等市场专业化服务组织在涉税鉴证领域发挥积极作用,以真实、合法地验证企业的纳税情况,为税务师行业在社会经济发展中赋予更重要的角色。

2019年中税协第六次会员代表大会上,税务师事务所等市场专业化服务组织的社会监管职能再次得到重申,其在优化纳税服务、提高征管效能方面的贡献得到

了高度肯定。这不仅是对税务师行业过去努力的认可,更是对其未来继续发挥重要作用的期待。这些改革和政策的支持,使税务师行业在社会经济中扮演着愈发重要的角色。

2. 鼓励税务代理,助力经济发展

税务师行业在税务领域发挥着至关重要的作用,涵盖涉税鉴证、纳税评估、税务稽查等百余项业务。尤其在纳税服务和税款征收环节,税务师们的作用不可或缺。执业人员每年参与企业所得税的汇算清缴和涉税鉴证工作,有效保障纳税人的合法权益,同时也维护着国家的税收稳定。对于众多民营企业而言,税务政策复杂多变,理解并跟上政策步伐是一大挑战,而税务师行业作为企业的得力助手,不仅可帮助企业准确理解政策、协助企业规范纳税行为、提升纳税信誉,还能增强企业与政府之间的互信。可以说,税务师行业在维护市场秩序、促进经济发展方面发挥着举足轻重的作用。

此外,税务师行业在维护社会公众和公共利益方面扮演着重要角色,其能否合法、诚信地履行职责至关重要。当前,税务师行业同样面临着良莠不齐的问题。大部分税务师能够遵守税法,提供专业服务,但仍有少数税务师和涉税服务人员采取不当手段(如教唆企业逃税、拉拢税务干部),严重破坏了税收秩序。同时,由于当前税务师行业规范性文件的法律级次较低,存在部分涉税服务机构及其人员执业不规范、虚假宣传、曲解税收政策等问题,导致对个别违法涉税服务难以有效监管。为规范市场秩序,减少无序竞争,消除涉税服务中的灰色地带,降低服务风险,加快税务师行业立法工作刻不容缓。

3. 推动立法工作,强化税收征管

现代市场经济的稳健发展离不开健全的税收征管体制。这一体制的核心环节包括政府征税、纳税人履行纳税义务,以及涉税专业机构提供的涉税服务。作为纳税人与税收征管部门之间的桥梁,涉税专业机构不仅协助纳税人高效规范地完成涉税事务,还可为税务部门提供准确的纳税人信息,从而提升税收征管的精确性,有效降低征税成本。此外,涉税专业机构作为第三方,还在税务机关与纳税人之间起到权力制衡的作用,确保税务部门不会因过度追求税收目标而采取不当行为(如强制征收或空转虚收),从而维护税收征管的公平与公正。

(三)税务师行业立法的现实问题和实施措施

1. 税务师行业立法的现实问题

(1)税务师行业法律规范缺乏效力。当前,我国在税务师行业的法律规范方面尚存空白,缺乏专门的法律和行政法规予以明确界定。仅在《中华人民共和国税收征收管理法》(以下简称《税收征收管理法》)第八十九条中有原则性的规定,允许纳税人、扣缴义务人委托税务代理人代为办理税务事宜。同时,《税收征收管理法实施细则》第九十八条对税务代理人违反税收法律、行政法规的法律责任进行了规定。然而,这些规定过于笼统,导致税务师行业在法律地位上缺乏明确的界定,监管依据也显得捉襟见肘。在实际操作中,税务师行业的运作主要依赖税务机关及其他部门制定的部门规章与规范性文件,如《注册税务师管理暂行办法》《注册税务师执业资格考试实施办法》《注册税务师资格制度暂行规定》等。一系列文件对税务师行业的相关方面进行了规范,但这些行政性规范文件的层级相对较低,且多数为"暂行"或"试行",其内容的科学性、稳定性和约束力都显不足。这样的法律环境难以为税务师行业的健康、稳定发展提供有力的法律保障。

因此,我国亟待加强税务师行业的法治建设,制定专门的法律和行政法规,明确税务师的法律地位、业务范围、权利义务等,为税务师行业的规范发展提供坚实的法律基础。同时,应提高相关行政性规范文件的层级和稳定性,确保其内容科学、合理、有效,能够真正发挥规范税务师行业发展的作用。

(2)现有条例规范较为模糊。随着税收征管和涉税服务的日益精细化,税务师的业务范围也在不断扩大。如今,税务师的工作已不限于传统的涉税鉴证和涉税专业服务,而是逐步向综合性、高端性的涉税专业服务转变,如税收策划、企业税务风险评估、高端税务咨询等。与之相匹配的执业准则也应随业务的变化而不断更新和完善,以适应新的发展需求。

我国现行关于税务师的规范并未详细界定其权利、义务和责任,这导致税务师在法律层面上的地位模糊。由于缺乏明确的法规指导,税务师在行使权利、履行义务和承担责任时难以准确把握,限制了税务师行业在涉税专业服务领域作用的充分发挥。现有的规范对于税务师执业准则的规定也显得不够系统和具体,如税务师在从事具体业务时应遵循的准则、体现行业特色的程序性准则、服务质量准则以及职业道德准则等都尚待明确和细化。

(3)税务师行业监管缺位。目前,税务师及税务师事务所的违法违规行为监管存在不足,缺乏明确的处罚依据,导致监管效果不尽如人意。随着税务师资格审批和执业核准的行政许可被取消,税务师行业监管面临更大的挑战,现有规范难以提供有力支持。在实践中,一些不具备专业资质和信誉的服务机构为迎合部分纳税人的避税需求,低价承揽业务,出具虚假鉴证报告,严重扰乱税收征管和市场竞争秩序。然而,由于缺乏监管规则,一些行为难以受到应有的处罚,导致"劣币驱除逐良币",扰乱市场秩序的现象频发。面对立法滞后带来的行业治理难题,应加快行业立法进程,完善立法,为行业治理提供明确依据,确保整个行业的健康发展。

(4)税务师行业自律规范难以满足治理需求。行业自律规范对于税务师行业来说至关重要,它不仅有助于规范行业行为,协调同行利益,还能保障行业间的公平竞争。目前,税务师行业自律规范主要包括协会章程、业务指引、职业道德指引、诚信记录管理以及惩戒规范等,具体体现在一系列规范性文件中。然而这些规范的性质多为指引且仅试行,其强制性、权威性和稳定性均显不足,难以充分发挥规范税务师行业的作用。特别是对于行业内的违法违规行为,自律规范的惩戒措施往往较为轻微,如批评教育、责令检讨和道歉、通报批评等,其惩戒力度较弱,难以形成有效的威慑。在面对当前税务师行业存在的无序竞争行为时,这些自律规范往往难以发挥有效的规制作用。

2. 税务师行业立法的建议措施

(1)积极参与修订《税收征收管理法》。《税收征收管理法》将迎来新一轮修订,为进一步贯彻税收法定原则,应确保《税收征收管理法》的修订工作能够涵盖税务代理的基本要素。推动税务机关通过政府购买涉税专业服务的方式,将涉税专业服务事项纳入政府服务事项目录,巩固和扩大部分省市政府采购项目的成果,为税务师行业的进一步发展奠定坚实基础。通过加强和完善相关立法,引领涉税服务行业的正确发展方向,并为行业的规范化运作提供有力的法律保障。

在当前税收征管体系中,对于纳税人委托税务代理的权利,也需进一步深化和拓展。这不仅要将原有的委托税务代理权利升级为委托涉税专业服务权利,还要解决当前纳税人自行申报及自我举证水平不高、举证能力不足的难题。这一转变能够更好地促进纳税人权益的自我保护,并提升他们自觉遵从税法的意识。

同时,进一步明确涉税专业服务社会组织,特别是税务师事务所在税收征纳过程中的法律地位、权利与义务,确保涉税专业服务在法治轨道上运行。明确税务机关对税务师事务所等涉税专业服务社会组织的管理和监督职责,包括对涉税专业服务的管理监督职责的立法授权,确保税务机关能够依法行使职权,对涉税专业服务进行有效监管。

(2)借鉴国际做法恢复市场准入。国际上涉税专业服务的管理方式主要有两种:一种以日本、韩国为代表,通过国家立法形式,赋予税务专业服务执业资格,并规定相关人员必须依法完成登记注册手续。另一种则以英国为代表,主要依赖行业内部的自律机制进行管控。我国与日本、韩国的税制和市场环境相似,同样复杂且规模庞大,因此,通过立法手段来明确税务师行业的市场准入机制,赋予其专业资格,并恢复注册税务师制度下的监管模式,可作为税务师行业立法的方向。这样符合我国国情,有助于推动税务师行业的健康有序发展。

(3)阶段推进行业立法,配合法治中国建设。2022年初,中央层面出台了《法治中国建设规划(2020—2025年)》,为我国法治建设设定了清晰的时间表和详尽的路线图,旨在确保到2035年能够基本建成法治国家、法治政府、法治社会。这一规划强调,法治中国的建设离不开立法工作的加强和改进,需要深入推进科学立法、民主立法、依法立法，以高质量的法律来推动社会进步，保障国家治理的完善。税务师行业作为社会经济生活的重要一环，其立法工作要考虑到直接制定国家层面的法律可能面临诸多挑战，可采取分步实施的战略，设定近、中、远期的目标，并遵循循序渐进的原则。

近期应把推动部门规章的制定作为首要任务，在国家税务总局已经发布的规范性文件的基础上进一步细化和完善，逐步推动形成税务师行业的部门规章，为行业的规范发展奠定初步的法律基础。中期目标可以是制定国务院层面的法规。比如，考虑制定涉税专业服务管理的相关条例，明确税务师行业在涉税专业服务领域的主力军地位，并设立专门的章节来界定税务师和税务师事务所的法律地位和执业条件，同时对涉税鉴证的独立性作出明确规定，以确保服务的公正性和专业性。远期目标则是制定国家层面的法律。根据国家的"十四五"规划和2035年远景目标，争取在2025年前后能够出台税务师法。这部法律将全面规范涉税专业服务的运行机制，完善监管手段，健全服务体系，为税务师行业的健康、有序发展提供坚实的法律保障。

税务师行业的立法工作是一项长期而艰巨的任务，需要分步骤、有计划地推进。通过科学立法、民主立法、依法立法，推动税务师行业的繁荣发展，为法治中国的建设贡献智慧和力量。

（4）支持地方税协推动行业地方立法。为了有效促进各地的立法活动，应积极鼓励并支持各地在自身的立法权限范围内，根据各自的地域特点、行业需求和实际情况，有针对性地制定与行业密切相关的地方性法规、规章及其他规范性文件。目前，部分地区的税务协会已经率先开展了行业立法工作，通过对这些税协的立法实践进行深入分析和总结，可以提炼出许多值得借鉴的经验。首先，必须加强党对立法工作的领导，这是税务师行业立法的根本。认真贯彻落实中央关于党领导立法工作的指导意见，确保党的领导贯穿立法工作的始终，确保立法工作始终沿着正确的方向前进。其次，需要积极争取主管部门的支持。从多个地方的立法实践来看，地方立法工作的顺利进行离不开主管税务机关的积极参与和大力支持。它们的专业指导和协调配合，对立法工作的顺利进行起到了至关重要的作用。同理，应充分发挥人大代表、政协委员在立法工作中的重要作用。各地应积极探索立法工作机制的创新，加强在立法工作中的组织协调，积极邀请人大代表、政协委员参与立法工作，发挥他们的专业优势和政治影响力，推动立法工作的深入开展。

此外，深入推进科学立法、民主立法也是必不可少的举措。有些地方将立法调研作为实现科学立法、民主立法的基础工作，不断完善调研制度，加强调研工作；有些地方则探索建立立法专家顾问制度或立法专家智囊团，充分发挥各方面专家的作用；还有一些地方公开选拔专家、律师进入立法队伍，提升立法工作队伍的专业化素质。行业各部门及事务所应当认真总结这些经验,积极探索建立行业立法工作交流平台,及时总结推广各地的经验做法,共同推动行业立法工作的深入开展。

(5)加强与税务机关合作交流。加强与税务机关及相关部门的沟通是推进税务师行业发展的重要一环。通过合作交流,积极推动相关领域的立法工作,推动相关领域立法增加税务师有关条款,进一步明确税务师开展有关业务的法律地位。深入探讨行政机关纳税服务与涉税专业市场化服务之间的职责划分,确保双方能够发挥各自优势,形成合力。根据《关于进一步深化税收征管改革的意见》,积极争取政策支持,赋予税务师行业更多涉税服务职能,以充分发挥其在涉税专业服务中的主力军作用。

三、加强职业道德建设,完善自律管理建设

(一)税务师职业道德建设

1. 税务师职业道德的含义

税务师职业道德是税务师在职业活动中应遵守的纪律、能力及职责的统称。它作为一种行为规范,主要调整税务师行业内部、税务师与客户、税务机关及社会各方的道德关系。这不仅是税务师个人职业行为的道德标准,也是其对社会承担的道德责任和义务。税务师职业道德规范是确保执业目标实现、维护国家税收利益不受侵犯的基石。这些规范强调独立、客观、公正的职业态度,要求税务师具备专业胜任能力,同时注重保密和关注细节。树立税务师职业道德,有助于规范税务师的行为,确保涉税服务的合法性和合规性,为行业的健康发展奠定坚实基础。

2. 税务师职业道德建设新发展

近年来,涉税专业服务行业以其深厚的专业底蕴和独到的行业视角,在推动国家税收体制改革、实施减税降费政策以及引导纳税人依法纳税等方面发挥了不可或缺的作用。它们不仅为税收政策的落地提供了专业的解读和操作指南,更在税收服务的精细化、个性化方面迈出了坚实的步伐。

然而,任何行业都不可避免地会存在一些问题,涉税专业服务行业也不例外。部分涉税中介机构为了追求短期的经济利益,不惜违背职业道德,采取一系列不良手段,如:发布虚假的涉税广告,误导纳税人;歪曲税收政策,扰乱税收秩序;违规进行税收策划,甚至诱导和协助纳税人逃税。这些行为不仅严重损害了国家的税收利益和纳税人的合法权益,也对整个行业的形象和声誉造成了极大的损害。

"没有规矩不成方圆",一个健康有序的行业环境离不开严格的规范和有效的监管。对于涉税中介机构的这些违法违规行为,必须采取零容忍的态度,进行严厉打击和惩治。同时,还要进一步加强涉税服务的规范化建设,通过制定和完善相关

法规、规章和制度,明确涉税服务的标准和要求,规范涉税中介机构的执业行为,确保其能够在法律的框架内提供专业的涉税服务。

执业规范是涉税专业服务行业健康发展的重要保障,它不仅是涉税中介机构开展业务的尺度和依据,也是衡量其执业质量和专业水平的重要标准。涉税服务规范化程度的高低,不仅关系到行业自身的竞争力和信誉度,也直接反映了现代化税收征管和纳税服务的发展水平。推动涉税服务规范化,不仅是行业的内在需求,也是社会经济发展的必然要求。

为了进一步加强涉税服务的规范化建设,国家相继推出了《涉税专业服务基本准则(试行)》和《涉税专业服务职业道德守则(试行)》。这两部法规是贯彻落实中央关于进一步深化税收征管改革和加强财会监督工作的重要举措,也是深化执行涉税专业服务监管制度的具体体现。它们为涉税中介机构提供了明确的执业标准和行为准则,也为监管部门提供了有力的执法依据。

《涉税专业服务基本准则(试行)》明确了涉税专业服务应当遵循的基本原则和执业要求,强调了鉴证和审查等特定业务的独立性原则,重申了实名执业和信息报备的监管要求。同时,在业务承接、业务实施等环节嵌入质量管理和风险防范等机制,确保涉税服务的专业性和安全性。这些规定不仅有助于提升涉税中介机构的专业水平和服务质量,也有助于保护纳税人的合法权益和维护税收秩序的稳定。

《涉税专业服务职业道德守则(试行)》就更加注重对涉税中介机构职业道德的引导和规范。《涉税专业服务基本准则(试行)》中明确提出:"税务师行业涉税专业服务规范具体包括基本指引、职业道德指引、质量控制指引、程序指引、业务指引、具体业务指引及释义。"其中,职业道德指引是指税务师行业从事涉税专业服务过程中应当遵循的道德原则、职业纪律职业操守等方面的基本规范。职业道德指引的制定,应当按照诚信、独立性、客观公正、专业胜任能力、保密、自律管理等职业道德的基本要素设计章节条款。它强调了涉税中介机构在遵守法律法规的前提下,基于业务事实提供涉税服务的重要性,并要求其保持专业胜任能力。同时,通过明确五项"禁令",重申和细化监管底线要求,强化执业纪律,防范执业风险。这些规定有助于推动涉税中介机构形成诚信守法、规范执业的良好风尚,促进行业的健康有序发展。

3. 税务师职业道德面临挑战

(1)竞争风险。我国税务师行业的发展历史相对较短,目前尚处于行业发展的初级阶段。由于行业发展尚未成熟,税务师事务所之间的竞争显得尤为激烈。在这样的环境下,各税务师事务所急于抢占更多的市场份额,以巩固自身的市场地位,激烈的竞争环境对税务师和税务师事务所的职业道德水平提出了严峻的挑战。如何在竞争激烈的市场中保持诚信、专业和高效的服务,成为税务师事务所需要认真思考的问题。

《2017—2022年中国税务师事务所市场现状调研及未来发展趋势预测报告》显示,目前中国委托税务师事务所代办纳税事宜的工商企业比重尚不足10%,而个人委托税务师事务所代办纳税事宜的更是寥寥无几。但这一数据同时表明,税务师事务所的客户拓展空间非常巨大。与此同时,我国由涉税专业服务机构代办纳税事宜的比例也仅为12.62%,与西方发达国家相比存在明显的差距。在西方发达国家,如日本、美国和澳大利亚等,税务中介机构在代办纳税事宜方面发挥着至关重要的作用。例如,日本有85%以上的纳税人通过税务中介机构代办纳税事宜;美国约有50%的公司委托代理人代理申报纳税,个人缴纳所得税更是几乎100%委托代办;澳大利亚的税务中介机构也帮助纳税人填写了大约76.2%的纳税申报表。相比之下,我国涉税专业服务机构代办纳税事宜的比例仍处于较低水平,这反映出我国税务中介服务市场尚未得到充分开发。

税务师事务所代理客户数量以及代办纳税事宜比例低下的主要原因有两方面:一方面,税务机关在培植、引导涉税专业服务机构和其他组织从事涉税服务方面做得不够,扶持力度不足。这导致涉税专业服务机构在市场上的影响力有限,难以得到纳税人的广泛认可。另一方面,纳税人对于涉税专业服务机构存在一定程度的偏见和不信任,这也进一步限制了涉税专业服务机构代办纳税事宜的比例。这种不信任和偏见可能源于对税务中介机构了解的不足或过去的不良经历,不仅阻碍了涉税专业服务机构的发展,也限制了税务师事务所的客户服务范围。

为了改变这一现状,税务机关应该明确界定自身与涉税专业服务机构的服务范围,做到有所为、有所不为。税务机关应充分放权,将更多的物力、财力、人力投入只能由税务机关提供的均等化纳税服务,如税法宣传、政策解读等。税务机关可以将多样化、个性化的纳税事宜交给涉税专业服务机构去代办,以充分发挥其专业优势和服务能力。这样不仅减轻了税务机关的工作负担,还能提高纳税服务的效率和质量。通过适当放权,充分发挥涉税专业服务机构的桥梁作用,可以使税务机关和涉税专业服务机构实现相互补充、相互促进。税务机关借助涉税专业服务机构的力量,可以扩大纳税服务的覆盖面和影响力;而涉税专业服务机构则可以通过提供优质的服务,赢得纳税人的信任和认可,从而拓展自身的业务范围和市场份额。这种合作模式将有助于推动我国税务师行业的健康发展,提升整个行业的服务水平和竞争力。

(2)数字化转型更迅速。在全球税收征管的新时代浪潮中,涉税专业服务角色的转变无疑是最为显著的趋势之一。随着数字技术的迅猛发展,涉税专业服务主体得以在线上高效完成税务代理等多项业务,这不仅极大地拓展了服务主体的范围、服务内容的深度,还延伸了服务的边界。在这样的背景下,涉税专业服务机构及其服务人员逐渐从最初单纯协助纳税人处理基础涉税事务的辅助者角色,转变为利用先进数字技术提供税务咨询等个性化服务的技术引领者。

这一新时代的机遇,既为涉税专业服务行业带来了巨大的发展前景,也带来了前所未有的挑战。目前,涉税服务人员对于大数据的运用仍显浅陋,未能深入理解和掌握其精髓。在日常工作中,他们往往过于依赖过往经验,对涉税数据的重视程度不足,缺乏与时俱进的大数据思维。然而,随着企业信息化程度的日益提升,会计核算和生产经营数据广泛分散于各类管理信息系统中,而许多涉税服务人员对这些系统缺乏了解,运用现代数据分析工具解决问题的能力有待提高。此外,部分涉税服务人员对于历史涉税数据的关注度不够、数据敏感性不强,难以准确把握涉税服务工作的规律性。因此,加强涉税服务人员的大数据理念培养,提升他们运用现代数据分析工具的能力,成为当前亟待解决的问题。

涉税专业服务机构及其服务人员必须积极投身于教育培训和工作实践中,不断学习和更新当前法律法规政策知识、相关理论基础知识,努力掌握税务、财务会计、法律、信息技术等多方面的知识和技能,以保持和提升自身的专业水准;高度重视在涉税专业服务实践中积累业务经验和创新方法,不断提升自身的专业技能水平和专业胜任能力,以便为委托人提供更为专业、高效、精准的涉税服务。在数字化转型的大背景下,涉税专业服务机构及其服务人员唯有不断提高服务标准和职业道德标准,才能确保在激烈的市场竞争中立于不败之地,继续为纳税人和社会提供优质的涉税专业服务。

(二)加强自律管理,坚守执业诚信

1. 自律监督求实效

(1)加强自律监督管理的必要性:

首先,税务师作为涉税专业服务的主力军,其工作涉及税务筹划、申报和咨询等方面,直接关系到国家和社会的税收利益,如果提供不规范的服务,可能直接或间接帮助纳税人逃避税,或者歪曲解读税收政策,扰乱正常的税收秩序。有效的自律管理,可以确保税务师在执业过程中遵循法律法规,为客户提供合法、合规的涉税服务,减少税收流失和偷逃税行为的发生,维护国家和社会的税收利益。同时,加强税务师行业自律管理也是保护消费者权益的重要手段。税务师的服务对象通常为企业和个人,他们往往对税收政策不够了解,需要专业的税务师提供帮助。通过加强行业自律管理,可以确保税务师提供准确、可靠的服务,避免误导消费者或损害其利益。

其次,加强税务师行业自律管理有助于提高行业的整体形象和信誉。通过建立行业自律规范,对违反规范的税务师进行惩戒,可以提高税务师的自律意识,防止不正当竞争和违法违规行为的发生,维护税务师行业的形象和声誉,促使整个行业形成健康、有序的发展环境。这也将有助于提升税务师行业的社会地位和影响力,吸引更多优秀人才加入,推动行业持续发展。中税协研究分析了2022年行业情况,并在2023年工作要点中指出,我国税务师行业应积极完善行业自律监督相关制度,修订完善《注册税务师行业自律管理办法(试行)》《中国注册税务师协会会员年度检查办法》等,研究制定《税务师行业百强税务师事务所综合评价排名办法(试行)》,积极开展百强排名等工作,努力做到以制度保障为基石,规范行业自律行为,运用行业数据分析结果提升自律监督质效,针对重点问题指导开展专项检查与指导,编制《2022年度税务师行业发展白皮书》与《2022年度税务师行业社会责任蓝皮书》,努力引导税务师行业市场向健康、有序方向发展。

最后,公众对于税务师行业的信任程度直接影响到行业的生存和发展。加强自律管理可以增强税务师的专业素养和职业道德水平,强化他们的责任感和使命感。中税协在工作要点中强调,应强化会员诚信档案管理,指导地方税协认真落实《税务师行业诚信档案管理办法(试行)》,共同做好平台数据维护,发挥诚信档案作用,持续提高行业诚信道德建设水平,并认真做好2023年度税务师事务所等级认定和复核工作,对近3年认定的5A级、4A级税务师事务所及其授牌分支机构进行实地复核。抓好等级事务所和百强事务所品牌建设,积极研究完善等级认定办法,引导会员从做大向做优做强转变,持续提高等级所和"百强所"的行业影响力和社会公信力,这是税务行业可持续发展的必由之路。

(2)加强自律监督建设的任务和措施:

税务师行业自律管理在保障行业健康发展、维护公共利益以及增强公众信任方面都发挥着至关重要的作用。税务师行业执业人员必须深入落实中央八项规定及其实施细则,切实遵循《关于进一步加强财会监督工作的意见》,主动加强行业自律监督管理。

首先,深化行业对自律监督、执业监督重要性的认识。税务师行业相关人员应积极开展自律监督、执业监督学习讨论,把自律监督、执业监督学习讨论与开展学习贯彻习近平新时代中国特色社会主义思想主题教育结合起来,灵活设计专题讨论、案例教学,深入学习贯彻习近平总书记关于财会监督工作的重要论述,深化对自律监督、执业监督重要性的认识。积极调查研究自身在自律监督、执业监督中存在的问题和不足、面临的难题和瓶颈,迎难而上主动解决短板问题。

其次,推动完善涉税专业服务规范、健全行业自律监管制度、突出行业自律监管重点等重点任务的落实。加强税务师行自律监督管理,需要凝聚多方合力,各部门各主体共治共享。税务师事务所及其从业人员要严格遵守涉税专业服务规范,落实业务复核机制,充分发挥执业监督作用,履行好"看门人"职责,及时向主管部门、监管部门和行业协会报告在执业过程中发现的重大财税问题,不包庇、不姑息;

中税协及地方税协应积极强化检查督促,通过研究制定税务师行业自律检查办法,实现行业日常检查、专项检查和专案检查制度化、常态化,研究修制等级税务师事务所认定办法、百强税务师事务所综合评价排名办法、税务师事务所内部治理指南等,引导事务所不断改进内部管理水平,通过制定税务师行业业务报备管理办法,开发业务报备平台,实现业务报告可查询可追溯,不断提高行业业务报告社会公信力,促进行业执业规范化,从而引导税务师事务所规范执业行为,持续提升执业质量,防控执业风险。2021年12月至2022年12月,中税协就在全国范围内对税务师行业实施了"守法、自律、诚信、规范"的专项自律检查。期间,7 993家税务师事务所就党建、依法执业、诚信自律和内部管理四大领域共98项问题进行了自我审查。同时,各地协会按照10%的比例对会员单位进行了重点抽查。经过检查,中税协发现一系列问题,包括党建与业务融合不足、个别税务师及机构涉嫌歪曲政策宣传、行业人员人证分离现象普遍、执业质量参差不齐、虚假报告频发以及风险防范和内部管理水平有待提高等,并对涉及的税务师事务所和相关人员进行了行业自律惩戒。此次专项检查有效筛出行业自律短板问题,推动了事务所及执业人员积极自省自查,有利于维护行业的健康发展。

最后,完善行业监管工作机制是重中之重。当前,我国涉税专业服务行业的自律监管面临着全新的环境,执业监管和行业监管更加严格,数字化转型更加迅速,行业监管的政策体系更加完善和完整。全新的监管环境要求涉税专业服务必须恪守《基本准则》和《职业道德守则》,守正不阿、守正笃行、守正创新。税务师行业应积极健全与税务机关的信息交流机制,加强与税务机关纳服、稽查等部门沟通协调,研究建立涉案会员"一案同查""一案同罚"的监管机制,强化对涉税违法违规行为的协同治理,严厉打击重大涉税专业服务违法违规行为。积极建立行业自律监管人才培养机制,建立行业自律监管人才库,充分利用中税协网校平台和培训基地,加强财会、税法等知识的学习,提升专业水平和综合素质。积极提升自律监管信息化水平,不间断开展监测研判,进一步加强"互联网+自律监管",善用12366纳税服务平台、国家企业信用信息公示系统等,着力分析会员经营、信用、业务等异常情况,利用大数据和信息化手段来不断提升行业自律监管效能。

税务师事务所及其从业者应当矢志不渝,努力塑造一支恪守纪律、依法行事、以诚信为本的执业队伍,为税务师行业的稳健前行筑牢基石。这不仅是税务师行业的职责所在,更是对广大纳税人和社会公众的郑重承诺。涉税服务从业者应怀有强烈的使命感和责任感,积极提升税务师行业的自律管理水平,以实际行动促进税收法治的完善,为社会的经济繁荣与发展贡献力量。唯有如此,才能确保税务师行业在法治的轨道上健康、有序发展,为构建和谐社会添砖加瓦。

2. 诚信执业见真章

税务师行业诚信执业的重要性不言而喻。诚信是行业的基石,是税务师行业履行社会责任的必然要求,也是税务师事务所及其从业人员赢得客户信任、树立行业形象、推动行业持续健康发展的关键所在。税务师作为涉税服务的专业人员,其工作直接关系到国家税收政策的执行和税收征管的质效。诚信执业则意味着税务师要恪守职业道德,客观公正地为客户提供服务,确保税收政策的正确实施,维护国家税收利益,同时也保护纳税人的合法权益。

诚信执业也是税务师行业赢得市场认可的必要条件。在激烈的市场竞争中,诚信是税务师事务所的核心竞争力。只有诚信执业,才能树立良好的行业形象,赢得客户的信赖和尊重,进而拓展业务,提升行业地位。诚信执业还是税务师行业提升服务质量和专业水平的重要保障。诚信要求税务师不断提升自身的专业素养和业务能力,保持对税收法律法规的敏锐洞察和深刻理解,以确保为客户提供高质量、高效率的涉税服务。为此,税务师行业应高度重视诚信执业的重要性,加强行业自律管理,完善诚信体系建设,推动税务师事务所及其从业人员不断提高诚信意识,以诚信为本,共同推动税务师行业的健康发展。

为进一步规范涉税专业服务健康有序发展,优化涉税专业服务环境,营造公平竞争、诚实守信的执业空间,2022年,中国注册税务师协会、中国注册会计师协会、中华全国律师协会向(注册)税务师、注册会计师、律师及相关执业机构联合发出《涉税专业服务诚信执业倡议书》:

(1)遵守法律法规。涉税服务执业人员必须严格遵守国家法律、行政法规、部门规章以及各项行业规范性文件,恪守执业准则和执业规范,坚守法治底线,将法治思维贯穿于工作始终,确保自己的行为合法合规。同时,还应积极维护国家税收利益,保障纳税人、缴费人的合法权益不受侵犯,确保涉税服务行业的健康发展,为国家的税收管理和纳税服务提供有力支持。

(2)普及税法知识。涉税服务执业人员应充分发挥其专业优势,积极宣传普及税费法律法规政策,公正客观地解读税法,从而推动全社会形成诚信纳税的良好氛围。自觉抵制任何曲解税费政策的行为,坚决不在网络等自媒体平台上发布或转发任何歪曲解读税费政策的文章和言论,以维护税费政策的权威性和公信力,为税收法治建设贡献力量。

(3)客观推广业务。涉税服务执业人员应坚守独立、客观、公正、诚信的职业准则,在业务宣传推广活动中依法行事。不得利用与行政机关工作人员的私人关系作为炫耀的噱头来推广自己的业务,更不应夸大自己的专业能力、业绩和经验,以免误导他人,应坚决抵制任何形式的强迫、欺诈、利诱或骚扰行为,不采取这些不正当手段招揽业务。此外,执业人员还应避免进行涉税服务的虚假宣传,不向纳税人、缴费人作出无法兑现的虚假承诺,坚持以诚信为本,以法律为准绳,以公正为灵魂。

(4)诚信谨慎执业。涉税服务执业人员应始终坚守职业道德,深刻认识诚信的重要性,并将其融入日常工作中。在提供涉税服务时,应严格遵守业务实施程序和质量控制要求,尽心尽责,确保服务质量。不得违规提供税收筹划服务,更不应诱导纳税人、缴费人违反税法规定以获取不当利益。执业人员还应坚决抵制协助纳税人、缴费人采用虚构业务、脱离交易实质等非法手段逃避税费的行为。

(5)尊重竞争同行。涉税服务执业人员应秉持商业道德,恪守行业规范,确保业务竞争的有序与公平。应尊重并保障其他涉税服务机构与人员的合法权益,不干涉其依法开展的业务活动,尊重同行的声誉与权益,不损害其形象,不侵犯其正当利益,共同抵制一切有损涉税专业服务公信力的不当行为。执业人员还必须坚守职业道德,拒绝非法兼职与挂名执业,避免恶性低价竞争,杜绝通过伪造、捏造事实等方式恶意诽谤、诋毁同行的行为,共同营造一个健康、和谐的涉税服务环境。

(6)维护职业形象。涉税服务执业人员应始终坚守职业信誉,廉洁自律,坚守底线,筑牢防线。在执业过程中,严格遵守法律法规,不得违法违规索取或收受除涉税专业服务以外的任何酬金或财物。自觉抵制利用涉税专业服务之便谋取或输送经济利益的行为,确保服务行为公正、合法、透明。

(7)加强能力建设。涉税服务执业人员应不断提升自身专业素养,积极参加年度继续教育和各类专项培训,确保对涉税法律法规、专业技术和实务的最新动态有深入了解和掌握。通过持续学习和实践,不断提升涉税专业服务的质量,确保在为客户提供服务时具备专业胜任能力,从而更好地满足客户需求,推动涉税服务行业与时俱进。

(8)履行社会责任。涉税服务执业人员作为税收领域的专业人士,应积极利用自身的专业知识和技能,主动参与社会公益服务,努力维护公众利益。主动站在国家改革开放发展大局的高度,积极贡献智慧和力量,推动税收政策的顺利实施,以实际行动维护社会和谐稳定。

除了执业人员自身的诚信约束,执业诚信建设也需要外力推动向前,由中税协联合税务机关加强对执业人员的诚信道德教育培训和监管也同样重要。一方面可以全面开展诚信教育,由中税协牵头,组织地方税协和税务师事务所抓好诚信日常教育,将诚信教育列入会员继续教育必修课和事务所内部培训内容,提升职业道德教育课程比重和学时要求,将诚信教育贯穿于税务师执业各个环节,全面、完整、准确记录执业人员诚信信息,进一步健全行业诚信档案。另一方面可以持续开展警示教育,组织召开税务师行业警示教育大会,通报专项整治以来处理处分税务师事务所和其他涉税中介机构违纪违法典型案例,加大典型案件的曝光力度,教育和引导税务师行业从业人员以案为鉴。此外,还可以联合全行业共同签署诚信执业承诺书,向社会承诺不在网上歪曲解读税收政策等,营造公平竞争、诚实守信的执业空间。全行业要以深入开展学习贯彻习近平新时代中国特色社会主义思想主题教育为契机,严守职业道德,依法诚信执业,税务师行业从业人员要以案为鉴,自觉遵守国家法律法规和行业执业准则及监管规定,坚决抵制"黑嘴""掮客""铲事""协助纳税人缴费人偷逃国家税费"等违法失范行为。各税务师事务所应加强内部管理,教育引导税务师和从业人员恪守职业道德、遵守执业准则、规范执业行为,以高度的社会责任感为纳税人提供优质涉税专业服务,帮助纳税人在合法经营、诚信纳税的基础上不断发展壮大,为推动经济社会高质量发展作出积极贡献。

四、把握变革机遇,科技引领未来

(一)税收现代化持续推进

1. 全面深化改革

自党的十八大以来,习近平总书记多次强调税收在国家治理中的基础、支柱与保障作用。随着党对税收工作的全面领导日益加强,推进税收现代化、服务国家治理体系的现代化,成为税收工作的核心任务。2021年3月,中共中央办公厅、国务院办公厅发布的《关于进一步深化税收征管改革的意见》(以下简称《意见》)为税收现代化提供了明确的方向和路径。《意见》明确了各时间节点的具体工作,尤其在2021年起步之年、2025年收官之年以及承前启后的2022年分别提出了不同的工作重点。

2022年,税务部门深入落实中共中央办公厅、国务院办公厅印发的《意见》,坚持为民便民和问题导向,以系统观念集成推动《意见》落实落地,全年推出支持区域协调发展、智能化税费服务等72项改革创新举措,推动精确执法、精细服务、精准监管、精诚共治取得重要进展,深化税收征管改革取得明显阶段性成效。《意见》提出:到2022年,在税务执法规范性、税费服务便捷性、税务监管精准性上取得重要进展。到2023年,基本建成"无风险不打扰、有违法要追究、全过程强智控"的税务执法新体系,实现从经验式执法向科学精确执法转变;基本建成"线下服务无死角、线上服务不打烊、定制服务广覆盖"的税费服务新体系,实现从无差别服务向精细化、智能化、个性化服务转变;基本建成以"双随机、一公开"监管和"互联网+监管"为基本手段、以重点监管为补充、以"信用+风险"监管为基础的税务监管新体系,实现从"以票管税"向"以数治税"分类精准监管转变。到2025年,深化税收征管制度改革取得显著成效,基本建成功能强大的智慧税务,形成国内一流的智能化行政应用系统,全方位提高税务执法、服务、监管能力。当前,《意见》的落实正处于关键阶段,凝聚各方力量,共同推进其落实,对于实现改革目标、提升纳税人的获得感和满意度至关重要。

2022年,税务部门紧扣精确执法、精细服务、精准监管、精诚共治,一体推进"四精"建设,按时圆满完成全年改革任务,深化税收征管改革取得明显阶段性成效。一是力度与温度同步彰显,税务执法更加精确。逐步推开"五步工作法",即在税收大数据分析的基础上,对于可能存在涉税风险的纳税人先提示提醒、再督促整改、后约谈警示,对仍不配合的纳税人立案稽查,对立案案件中部分情节严重、影响恶劣的查处后公开曝光,实现提升打击精确度、降低执法成本、形成强力震慑的综合效果。二是线上与线下同步优化,税费服务更加精细。

在持续推进"便民办税春风行动"的同时,着力从两方面优化税费服务。一是积极拓展线上服务范围。新增19个"非接触式"办税缴费事项,目前已实现96%的税费事项、99%的纳税申报网上办理。推广跨省异地电子缴税,目前已覆盖全国所有省份,2022年办理跨省异地电子缴税575亿元。二是持续提升线下服务水平。将8个事项、13项涉税费资料纳入容缺办理范围,制定取消报送和改留存备查两类涉税费资料清单,进一步精简34项报送资料。三是规范与发展同步抓实,税务监管更加精准。强化重点领域税务监管,促进相关行业在发展中规范、规范中发展。运用税收大数据开展试点,动态评价纳税人全生命周期信用状况、实时监控全环节待办业务风险状况,根据信用和风险高低,分类实施差异化服务和管理,既以最严格的标准防范逃避税,又尽力避免影响企业正常生产经营,努力营造更加优良的税收营商环境。四是国内与国际同步统筹,税收共治更加精诚。一方面,持续深化部门协作。推动山东等6个省份升级实施新的税费共治保障办法,不断健全"党政领导、税务主责、部门协作、社会协同、公众参与、国际合作"税收共治新体系。国家税务总局与浙江省政府签订《共同推进浙江高质量发展建设共同富裕示范区合作协议》,打造税收服务共同富裕的浙江样本。另一方面,积极拓展国际合作。持续完善"一带一路"税收征管合作机制,协助举办第三届"一带一路"税收征管合作论坛,合作机制组织21期线上培训,75个国家(地区)的1 000余名财税官员参加。加大税收协定谈签力度,目前我国税收协定网络已覆盖112个国家(地区),为跨境投资提供更高层次的税法确定性,为高水平对外开放打造更好的市场化、法治化、国际化税收营商环境。

深化税收征管改革为税务师行业提供了巨大的机遇和空间,税务师行业应该积极把握这些机遇,不断拓展业务领域,提高服务质量,为税收治理现代化贡献更多的智慧和力量。

2. 优化营商环境

自党的十八大以来,以习近平同志为核心的党中央始终坚守以人民为中心的发展理念,坚定不移地强调要为广大人民群众提供优质且多样的公共服务,并且不遗余力地推动市场化、法治化、国际化的营商环境建设。在多次重要讲话中,习近平总书记都着重强调了优化营商环境的重要性,凸显了其在国家发展大局中的核心地位。为了深入贯彻习近平总书记关于"持续打造市场化、法治化、国际化营商环境"的重要指示,国家税务总局积极响应,认真贯彻落实党中央、国务院的重大决策部署,全面加强税收营商环境各领域的制度建设,力求为市场主体提供更加公平、透明、高效的税收环境。

过去十年,我国在税收领域进行了一系列重大改革,其中包括简并降低增值税税率、深化个人所得税改革以及出台支持科技创新的优惠政策等。这些政策不仅为制造业、小微企业等市场主体提供了巨大的税收优惠,同时也助力它们应对挑战、实现发展。税费优惠政策的不断加码和扩大,确保了政策能够真正落地生根,为企业和个人带来实实在在的利益。这些税收政策的实施呈现出鲜明的三个特点:首先,针对性强。针对不同行业和企业的特点,政策制定者采取了一系列精准聚焦的政策措施,确保政策能够精准地帮助到那些真正需要支持的特殊困难行业和企业。其次,政策组合拳效果显著。税收优惠政策不仅包括退税、免税、减税、缓税等多种方式,而且市场主体可以同时享受多项政策红利,这种政策工具的组合运用大大提高了政策的整体效能。最后,政策的持续性为市场主体提供了稳定的预期。例如,针对小微企业和个体工商户的税收政策已经明确延续实施至2027年底,为这些市场主体提供了长期稳定的税收环境。

我国全面实施"营改增"改革,不仅取得了显著成效,而且实现了所有行业的税负"只减不增"。此后,国家税务总局相继发布了一系列重要文件,如《关于进一步深化税务系统"放管服"改革优化税收环境的若干意见》和《全国税务系统进一步优化税收营商环境行动方案(2018—2022年)》,进一步推动税收营商环境的优化。特别是2020年1月1日《优化营商环境条例》的正式实施,标志着我国营商环境建设进入了一个新的阶段。在这一系列政策的推动下,我国税收营商环境得到了显著改善。在2021年,中共中央办公厅、国务院办公厅印发了《关于进一步深化税收征管改革的意见》,提出深入推进纳税缴费便利化改革,持续优化税收营商环境。各地税务部门不断优化税收营商环境,在服务京津冀协同发展、长三角一体化、海南自由贸易港等国家重大区域发展战略中,推出了"线上办""套餐式"等创新举措。

到了2022年,面对复杂严峻的国内外形势和多重超预期因素冲击,党中央、国务院强化宏观政策跨周期和逆周期调节,及时果断部署实施新的组合式税费支持政策、稳经济一揽子政策和接续措施。税务部门不折不扣深入落实,全年新增减税降费及退税缓税缓费超过4.2万亿元,全国制造业重点税源企业每百元营业收入税费负担同比下降3.4%,全国制造业企业销售收入同比增长4.1%,比全部企业高1.9个百分点。特别是享受留抵退税政策的制造业企业购进金额同比增长8.2%,

比没有享受留抵退税政策的制造业企业高4.5个百分点,在助力稳住宏观经济大盘方面发挥了关键作用。

在2022年,税务部门连续第九年开展"便民办税春风行动",接续推出121条便民服务举措,将"非接触式"办税缴费事项拓展至233项,覆盖全部主要办税缴费事项,第三方调查的纳税人满意度由2012年的79.7分提高到89.2分。全国工商联组织的2022年度万家民营企业评营商环境调查结论显示,企业对税费支持政策落实的满意度位居前列,税费缴纳便利度连续3年成为政务环境评价中满意度最高的事项。

在2022年,税务部门坚持依法依规征税收费,进一步健全完善税费收入质量监控分析机制,坚决守住不收"过头税费"的底线,在落实落细大规模减税降费及退税缓税缓费政策的同时,克服经济运行受新冠疫情冲击影响、PPI逐季回落等多重不利因素,全年组织税费收入31.7万亿元,其中,税收收入16.1万亿元(未扣除出口退税),社保费收入7.4万亿元,圆满完成了收入任务,为国家治理提供了坚实的财力保障。这些成果的取得得益于党中央的坚强领导,也离不开税务部门的积极作为和市场主体的广泛参与。未来,税务师行业应继续在税收营商环境持续优化的"春风"下,充分发挥自身职能作用,为经济社会发展提供更加有力的税收保障。

3. 国际税收服务水平

党的二十大报告指出,中国共产党的中心任务是团结带领全国各族人民全面建成社会主义现代化强国、实现第二个百年奋斗目标,以中国式现代化全面推进中华民族伟大复兴。中国式现代化的五项重要特征,以及党的二十大报告关于"推进高水平对外开放""推动共建'一带一路'高质量发展""积极参与全球治理体系改革和建设"等一系列要求,对新征程上的国际税收工作提出了新的任务。

近年,我国税务部门始终坚持与改革开放同步,与国家实施更大范围、更宽领域、更深层次的全面开放同步,持续优化国际税收营商环境,国际税收服务构建新发展格局的职能作用日益凸显,对外开放不断升级。不断强化跨境税源,紧抓国际税收规则重塑机遇,推进我国国际税收政策制定和机制建设与国际接轨,跨境税源管理能力和水平不断跃升。共建"一带一路"不断走实走深,积极参与全球税收治理,面对近年来国际税收规则新一轮重塑的重大机遇,中国税务积极走向国际舞台,深入参与全球税收治理,逐渐从国际规则的跟随者、执行者转变为国际规则制定的重要参与者、贡献者。同时,认真落实党管人才原则,统筹规划国际税收人才队伍建设,建立国际税收专业人才培养长效机制。

2019年,第一届"一带一路"税收征管合作论坛召开,首个由我国倡导建立的税收领域多边合作平台"一带一路"税收征管合作机制正式成立。2020年,克服新冠疫情影响,积极探索"线上会""云外交"等对外交流新模式,举办一系列高级别会议,与各国分享我国抗击疫情、促进经济复苏采取的税收举措。2021年以来,深度参与数字经济国际税收规则制定,坚定中国立场,实现关键诉求,国际舞台上中国税务的声音越来越响亮。

到了2022年,中国税务部门成功主办金砖国家税务局长会议,协助举办第三届"一带一路"税收征管合作论坛,深度参与G20/OECD包容性框架应对经济数字化税收挑战国际谈判,有力维护了我国税收利益,积极推动了国际共识达成。推动"一带一路"税收征管合作机制理事会成员增加至36个,合作机制入选《国际税收评论》2021年度全球税收前50最具影响力名单,中国税务的国际话语权和影响力不断增强。2013—2022年,中国与"一带一路"沿线国家和地区的进出口年均增长8.6%,中国与"一带一路"沿线国家和地区贸易继续保持快速增长,进出口规模达到13.83万亿元,比上年增长19.4%,高出整体增速11.7个百分点。被视为国际运输服务体系重大创新的中欧班列已成为国际经贸合作的重要桥梁。目前,我国累计与32个"一带一路"共建国家和地区签署经认证的经营者(AEO)协议。新征程上,高质量共建"一带一路"对国际税收工作提出了新的更高要求。

新征程上,税务师行业应持续奋斗,再展国际税收新作为。坚持强化党的集中统一领导,强化大国外交,坚持推动构建人类命运共同体,更好地服务中国式现代化;围绕助力推进高水平对外开放,助力推动共建"一带一路"高质量发展,深化与国际和区域行业组织、主要国家和地区涉税专业服务组织的合作,共同探索国际业务拓展,提升行业的国际市场开发与合作能力,助力推动全球治理体系改革和建设,深化合作共赢国际税收体系建设;把握国际税收治理在国家治理中的重要性,拓展中国参与全球税收治理的广度和深度,提升中国在全球税收治理中的话语权和影响力,推动国际税收治理取得新成效;积极与国际涉税专业服务组织展开合作研究,推动出台更多支持税务师事务所国际业务的政策措施,以激发行业活力;大力推广国际化发展经验,加强对税务师事务所国际业务的研究和技术支持;支持税务师事务所按照国家统一规定,构建国际网络,设立境外分支机构或办事处,以提升其国际业务能力;积极探索国际和地区间会员资格互认、准则互认等机制,并鼓励税务师事务所和税务师加入国际涉税专业服务组织,以促进国际涉税专业服务经验的交流和成果共享。

(二)数字化建设深入推进

1. 智慧税务

(1)智慧税务的含义及成效。智慧税务是具备智能化、信息化和数字化等基本特征,兼顾精细化、个性化和无差别化的服务,充分运用大数据与云计算和"互联网+"等现代信息技术,以税收大数据为驱动力的具有高集成功能、高安全性能、高应用效能的税务服务与治理体系。推动智慧税务建设是加快推进税收征管改革的主攻方向，是全面落实税收征管数字化升级和智能化改造的重要内容，是我国"十四五"时期推进税收现代化的重要手段，更是高质量发展的关键前提和重要基础。

2021年，中共中央办公厅、国务院办公厅印发《关于进一步深化税收征管改革的意见》，对进一步深化税收征管改革提出了具体要求，明确"十四五"时期将持续推进智慧税务建设。2022年，智慧税务学理化阐释、发票电子化改革、税收大数据应用等领域的研究成果尤显丰富。智慧税务作为现代税收管理的重要手段，其在税收中的具体应用已逐渐展现出其深远的意义和显著的效果。

第一，智慧电子税务局的建立是智慧税务体系的重要组成部分。在国家税务总局的统一部署下，各地纷纷推进电子税务局的建设，使之逐渐规范化、统一化。在各地实际运行的过程中，结合地方税务工作的特点和实际需求，对涉税事项进行了深度优化，力求将更多的涉税业务纳入这一统一平台。这一举措不仅提高了税务处理的效率，也为纳税人提供了更加便捷、高效的服务。

第二，智慧办税服务大厅的创建进一步提升了税务机关与纳税主体之间的衔接效率。通过构建全天候的服务体系，无论何时何地，纳税人都能享受到专业的税务服务。在办税过程中，智慧办税服务大厅引入了人脸验证、智能化导流、VR（虚拟现实）体验等先进技术手段，不仅丰富了办税渠道，更使办税服务实现了真正的智能化。

第三，智慧咨询服务体系的构建，充分利用了现代科技手段，如办税App、微信小程序、钉钉等，将纳税服务中的常见问题进行了整合，并提供有针对性的服务指引。这极大地提升了纳税主体解决服务问题的能力，使纳税过程更加顺畅、高效。

第四，智慧移动终端的完善，进一步拓宽了纳税服务的渠道。国家税务总局推出的个人所得税App，通过实名注册和专项附加扣除信息采集，实现了个人所得税的汇算清缴。此外，微信公众号也为纳税人提供了纳税咨询、普票代开、开票申请等多种业务办理途径。这些智能化的移动终端使纳税人能够随时随地进行税务操作，极大地提高了纳税服务的便捷性。

第五，大数据服务体系的完善为税收工作提供了强大的数据支持。税收工作的各个环节中都会产生大量的数据，通过大数据采集和分析技术，可以更加精准地把握税务体系的运行规律，发现企业在运营中存在的问题。同时，这些分析结果还可以有针对性地推送给税务部门和企业，为企业的经营决策提供有力的参考。

（2）优化智慧税务路径思考。智慧税务在税收中的应用，不仅提升了税务工作的效率和质量，也为纳税人提供了更加便捷、高效的服务。随着科技的不断发展，智慧税务的应用将更加广泛，为税收工作的现代化和智能化作出更大的贡献。未来智慧税务应用可以从以下几方面进一步强化：

第一，完善税收数据治理体系。为了进一步推动数字化改造的进程，必须充分发挥科技创新在税收数据治理体系中的核心作用。聚焦税源管控、税款入库、减免退税等关键环节，进行技术层面的升级与改造。根据业务发展的需要，推动数据全流程的可追溯性，实现征管流程的优化与深度融合。税收数据治理体系需具备更强的抵御外在风险的能力，这意味着要对可能出现的风险点进行及时预判，并采取相应的防御措施，以保障税收数据治理体系的高质量与安全发展。在当前大数据应用与数字经济迅猛发展的背景下，构建规模大且精细化的税收数据管理系统显得尤为重要。这一系统应能提供坚实的数据支撑，确保数据治理贯穿于制度建设、组织创新以及业务规范的全过程。

第二，加快智能应用平台建设。为了进一步提升智慧税务建设的实践效果与税收治理的现代化水平，需要充分利用信息技术，打通大数据资源共享通道。在基层智慧税务建设过程中，数据资源共享通常是一大难题，建议以省、市级税务机构为主导，在确保数据安全的前提下，对现有税收征管信息系统进行升级，增加并开放与各部门间的数据接口，以便于查询和调取数据信息，审核办税缴费资料，从而优化税收征管流程。结合基层税收征管工作实际和人力资源状况，应科学规划数据平台和应用软件的顶层设计，打破地域壁垒，整合差异。加快新平台在税收治理体系中的应用，特别关注个人、企业和税务机关三方需求。通过统一的服务平台，为纳税人提供个性化的"一人式"和"一企式"终端服务，保障纳税主体权益，提升纳税活动效率，降低不必要的平台使用成本。同时，要高度重视平台可能存在的风险点，确保平台应用的安全稳定。

第三，推动优化税收监管体系。在税收环境日趋复杂的背景下，"以数治税"不仅带来了发展机遇，也对税收监管和风险预测提出了更高的标准。要加速智慧税务的建设，就必须在税收监管层面实现新的突破。智慧税务建设必须注重税收风险预警与监测机制的融入，将监测重心前移，加强对"事前"和"事中"风险的监控。建立风险信用积累机制，针对常出现风险点的纳税主体进行重点监控。随着大数据与数字经济的迅猛发展，税收治理面临更高的要求。需要持续推进"以数治税"的目标，协同发力税收数据治理体系、智能应用平台建设和税收监管体系，共同推动智慧税务的深入发展，以数字治理为抓手，实现税收治理的现代化和高效化。

2. 产业链+税务应用

产业链供应链畅通稳定是经济平稳健康发展的基础。为贯彻落实党中央、国务院关于高效统筹推进疫情防控和经济社会发展的决策部署，税务总局组织各地税务机关充分运用增值税发票等税收数据，筛选确定原材料短缺或产品销路不畅的企业，逐户对接了解其面临的购销困难和实际需求，并运用"全国纳税人供应链查询"系统，为有购销需求的企业寻找潜在供应商或采购商，促成供需匹配的企业自行自愿按市场化原则实现有效购销,助力稳定产业链供应链,稳住经济大盘。

2022年5月以来,全国税务机关累计帮助1 564户企业有效实现采购,涉及金额55.7亿元。其中,帮助1 209户制造业企业有效实现采购,涉及金额40.2亿元。在充分运用"全国纳税人供应链查询"功能的同时,各地税务部门制定重点企业数据筛选规则,筛选重点企业名单,组织专人与企业逐户对接,通过线上或实地走访等形式了解企业在生产经营中面临的困难和实际需求,做到精准施策。这种产业链加税务的模式,有效为企业输血、减负、松绑,帮助企业度过困难时期,焕发活力。涉税服务行业可以加强与税务机关合作,充分利用大数据,落实并优化此产业链+税务模式,迈进税务师行业发展的新赛道。

五、建设质量强国,推动高质量发展

十年耕耘与奋斗,我们见证了税务师行业的春华秋实与显著成就。这十年,对于党和国家事业发展而言,是极不平凡的十年,对于税务师行业而言,更是砥砺前行、再创新的辉煌的十年。

自2013年8月第五次全国会员代表大会以来,第五届、第六届理事会始终坚持以习近平新时代中国特色社会主义思想为指导,全面贯彻落实党的十八大、十九大及历次全会精神,深入贯彻党的二十大精神,深刻领会"两个确立"的决定性意义,不断增强"四个意识",坚定"四个自信",做到"两个维护"。在国家税务总局的总体部署下,税务师行业积极服务国家改革开放大局,坚持党建引领,以行业法治化、市场化、规范化、专业化、数字化、国际化建设为主线,锚定税务师行业高质量发展目标,持续努力,久久为功。

税务师行业在涉税专业服务领域主力军作用的日益凸显。税务师行业规模不断扩大,社会影响力不断提升,在维护国家税收利益和纳税人缴费人合法权益方面发挥着越来越重要的作用,将为助力税收现代化服务中国式现代化作出更大贡献。展望未来,相信在全体税务师行业从业者的共同努力下,税务师行业将继续保持稳健的发展态势,在新时代新征程上有所作为,从法治化、市场化、规范化、专业化、数字化、国际化、对外宣传和对内治理几方面更好地助力我国高质量发展。

(一)全面提升行业法治化建设质量

推进税务师行业的法治化高质量建设,应深入开展行业立法工作,深化理论研究,积极反映立法诉求,并鼓励支持地方税协推动地方立法,为行业发展营造公平的法治氛围。全面贯彻落实党中央、国务院关于构建税收共治格局的决策部署,组织会员广泛参与税法普及教育,提升全社会的税法遵从度。此外,还应发挥税务师行业在优化纳税服务、提升征管效能等方面的积极作用,努力争取有关方面为政府部门采购涉税专业服务提供政策依据,积极推进将涉税专业服务事项列入《全国税务系统政府购买服务指导性目录》。进一步完善三方沟通机制,加强与税务机关等政府部门的政策信息交流,推动建立纳税人依法委托税务师等专业人员处理复杂涉税事项的制度。同时,积极组织会员向有关部门提出税收法规和行业政策的建议,配合完善涉税专业服务监管制度,反映会员合理诉求,妥善解决落实监管要求中遇到的问题。提高全体会员依法从业的意识,切实提升全行业法律风险防范和化解能力。

(二)全面提升行业市场化建设质量

推进税务师行业的市场化高质量建设,需要构建一个更加和谐的涉税专业服务生态系统。应进一步优化税务师行业的营商环境,营造出一个激励税务师干事创业的浓厚氛围,让全社会更加深入地认识到涉税专业服务的价值。积极培育并扩大国内市场对于个性化、多样化涉税专业服务的需求。支持税务师事务所充分利用市场化手段,实现合作共赢,扩大市场服务网络。

在行业业务发展方向上,要引导税务师事务所做好传统业务,如纳税申报代理、涉税鉴证及纳税情况审查等。同时,以数字化转型为契机,大力创新和发展专业税务顾问、税收策划等新业务,并推动"业务、财务、税务、法务"全过程服务的融合发展。积极依法开展司法、国有资产管理、海关、金融等领域的政府采购类业务。

在品牌建设方面,可以制定税务师事务所品牌价值确认标准和培育计划,加强对行业优秀品牌的挖掘、评审、宣传和保护。为会员拓展业务搭建平台,联合地方政府和地方税协,在行业发展较好的地区建立一批特色鲜明的涉税专业服务示范基地或园区。加强与国资委、证监会、银保监会以及相关行业协会、商会、产业园区的交流合作,联合开展涉税培训、论坛和课题研究等活动。建立面向会员的涉税专业服务市场需求信息搜集和推送服务机制,完善合作共赢平台工作机制,加大线下活动力度,定期举办会员间业务互助合作交流活动,共同推动税务师行业的市场化高质量建设。

(三)全面提升行业规范化建设质量

推进税务师行业的规范化高质量建设,应积极运用数字化技术,改革并完善会员诚信记录管理体系,并加大诚信记录在会员自律管理中的应用力度。持续优化行业突出贡献奖的评审机制,严格惩戒会员违规行为,确保行业秩序井然。制定税务师行业服务分级分类收费核算的指导意见,推动出台涉税专业服务规范,为行业提供明确的操作指引。

税务师事务所的内部治理同样重要,应制定内部治理指南,提升事务所现代化管理水平。明确执业质量评价要求,建立并不断完善质量评价办法,定期公开发布行业执业质量评价报告,为行业树立质量标杆。

在等级事务所认定方面,应进一步完善认定标准和程序,增加信用、党建、服务质量、员工薪酬、公益、品牌和人才素质等能够反映高质量发展要求的指标,引导事务所全面发展,引导集团化税务师事务所加强一体化管理,提升整体竞争力。不断改进"百强"税务师事务所排名方法,确保评选结果更加公正、客观。成立税务代理人分会,逐步扩大涉税专业服务自律管理的覆盖面。此外,还可以与有关部门合作研发符合涉税专业服务风险特点的职业责任保险,并研究推动会员业务底稿等档案的电子化储存,探索为会员提供纸质档案的集中托管服务,以提升行业信息化水平,确保行业信息安全。

(四)全面提升行业专业化建设质量

推进税务师行业的专业化高质量建设,需深入贯彻习近平总书记关于"提高七种能力"的重要指示,将人才培养方向由单纯的专业知识培训向综合能力的提升转变。建立完善的行业从业人员终身学习体系,努力构建学习型的税务师行业社会组织,确保每一位从业者都能与时俱进,不断充实自我。

具体而言,需要建立针对不同人员、不同业务的精细化培养机制。特别要加强税务师事务所所长、行业领军人才和高端人才等复合型人才的培养,同时也不能忽视对青年税务师、女性税务师和新入职员工的培训力度。对于未从业的税务师会员,我们同样要建立起有效的继续教育机制。为了吸引更多中国香港和澳门地区的涉税专业服务人才来内地学习交流,应该主动提供更多机会和平台,促进人才资源的共享和互补。在教育培训方面,要特别关注边、远、老、贫地区的税务师行业,通过送教上门等方式,为他们提供更高质量的教育资源。加强面授培训,完善培训基地、师资和人才管理机制,提高远程继续教育平台的智能化水平,建立起全面的讲、练、测、评、答教学体系。还应积极探索税务师行业与其他相关涉税专业服务行业继续教育学时的互认机制,推动行业间的合作与交流。

税务师职业资格考试制度的改革也势在必行,应优化考试科目和报考条件,全面修订考试大纲和教材,提升考试的质量和水平。推进税务师职业资格与相关国际行业组织资格的互认,提高税务师职业资格的国际认可度。通过建立相关数据库和数据分析模型,推动税务师职业资格考试服务的数字化转型。建立激励机制,鼓励从业人员积极报考税务师,提高持证比例。

(五)全面提升行业数字化建设质量

推进税务师行业的数字化高质量建设,应当鼓励大型事务所组建数字化开发团队,或与科技公司合作,共同推进数字化建设进程。支持中小型事务所积极运用涉税服务软件、工具等多种方式,提升自身数字化水平。充分发挥信息化建设专门委员会的作用,联合开展涉税业务数字化共性技术的研发和应用,加强产学研用合作。以增值税专用发票电子化改革为契机,全面提升行业涉税服务的数字化水平。

充分利用"互联网+涉税专业服务联盟"的平台,加强对"互联网+涉税专业服务"新商业模式的理论研究和实践总结,推动成果的广泛应用。

加大培训力度,整合优化行业管理服务数字化平台,加强各模块、各业务流程之间的联通和整合,充分利用已开发平台及大数据资源,有效提升行业数字化技术应用能力。改革完善行业信息化项目开发与运维管理制度,提升协会办公、内部控制的数字化和智能化水平。还应高度重视行业信息系统的安全性,加强安全检查工作,提升网络安全防护和运维保障水平,确保数字化建设的顺利进行。

(六)全面提升行业国际化建设质量

推进税务师行业的国际化高质量建设,需加强与境外涉税服务组织的信息交流,发挥跨境企业涉税服务联盟的桥梁作用。定期举办"一带一路"税收服务论坛,邀请境外同行来华交流学习,同时组织有实力的税务师事务所为"走出去"的中国企业提供专业的涉税服务。为满足会员拓展国际业务的需求,还应积极提供信息支持和联络服务,协助会员通过设立分支机构、加入国际服务网络或与当地事务所合作等方式,灵活拓展国际服务网络。通过引进海外人才、境外培训、考取国际资格及选拔领军人才等手段,提升事务所团队的国际化水平和国际业务能力。积极参与涉税专业服务国际治理,推荐行业人才到国际组织任职,参与国际政策、标准的制定,并举办、承办国际性交流活动,提升行业在国际舞台上的影响力。扩大税务师职业资格考试与境外税务师考试科目的互免范围,加强与我国港澳台同行的交流合作,继续吸引港澳台地区居民及外籍人士参加中国税务师考试,提升税务师行业对港澳涉税专业人才的吸引力。参与、组织好海峡两岸暨港澳涉税服务论坛,不断提升其专业度和知名度,为税务师行业的国际化发展贡献力量。

(七)全面提升行业宣传和文化建设质量

为提升税务师行业的知名度和影响力,需要加大行业宣传力度,创新宣传策略和方式。应着重展现税务师行业的专业形象,使市场和公众更深入地了解税务师服务的价值、能力和种类。组建跨区域、跨媒体的行业新媒体联盟,有效管控行业舆情,为高质量发展营造良好的外部舆论环境。充分利用新媒体平台,特别是"两微一端",丰富宣传渠道,提升原创内容的质量和数量,包括文字、图片、视频和语音等多种形式。重视行业宣传人才的培养和激励,打造一支专业、高效的宣传团队。探索在线智能考试宣传,创新税务师考试、宣传的形式和内容,吸引更多人才加入行业。提升会刊的专业化和数字化水平,增强电子会刊的移动端阅读功能,为会员提供更为便捷的信息获取途径。税法知识竞赛也是提升行业影响力的重要途径,应当继续加强其社会影响力。围绕行业高质量发展的热点和难点举办高质量的线下活动,如沙龙、讲座、论坛和训练营等,促进行业内外的交流与合作。积极探索建立中税协新闻发布制度,加强与中央及地方主流媒体的合作,及时传递行业声音,为税务师行业的持续健康发展提供有力支持。

（八）全面提升协会内部治理建设质量

为提升内部治理建设指令，可以强化组织领导，成立高质量发展工作领导小组和办公室，强化主体责任，细化实化工作任务和完成时限，形成工作合力，认真落实指导意见各项任务要求。中税协各有关部门要按照职责分工和任务要求，细化制定配套制度，加强对地方税协工作的指导。适时开展税务师行业高质量发展评估工作，加强对指导意见实施的督促检查，扎实推动税务师行业高质量发展取得实效。各地方税协应加强组织领导，成立相应机构，制定实施方案，认真抓好贯彻落实，切实推动本地区税务师行业高质量发展。

要加强各级税协治理体系和治理能力现代化建设。改革完善中税协内部管理制度并加强内控工作，优化机构设置和人员配置，加强秘书处职员专业能力和纪律作风建设，完善绩效考核和薪酬福利制度，进一步提升协会工作能力。充分发挥中税协专门委员会的专业咨询作用。进一步指导地方税协完善机构设置，加强人员队伍建设，明确服务和管理职责范围，逐步加大对地方税协的经费补助力度，切实提高地方税协服务会员能力。在人才培训、事务所等级认定和经费补助等方面给予中西部和东北地区一定的政策倾斜。

参考文献

[1]蔡昌,李长君．推进税务师行业立法开创税收治理新局面[J]．注册税务师,2021(1):30-34.

[2]崔远．加强财会监督工作推进税务师行业立法进程:访安徽省政协委员、安徽中锐税务师事务所所长李锐[J]．注册税务师,2023(4):18-19.

[3]曹静韬．"十四五"时期税务师行业高质量发展的着力点[J]．注册税务师,2021(1)．

[4]从2021年度税务师行业百强所看行业发展[J]．注册税务师,2022(8):5-8.

[5]高峻．推进税务师行业人才建设发挥涉税专业服务主力军作用[J]．注册税务师,2021(12):5-7.

[6]郭瑞轩．便利服务优环境一路春风一路歌:党的十八大以来税务部门持续优化税费服务改善税收营商环境综述[J]．中国税务,2022(10):37-42.

[7]国家税务总局2022年新闻发布会实录[EB/OL]．[2023-02-15]．https://www.chinatax.gov.cn/chinatax/n810219/n810724/c5183875/content.html.

[8]国务院新闻办就2022年全年进出口情况举行发布会[EB/OL]．

(2023-01-13)[2023-02-15]. http://www.gov.cn/xinwen/2023-01/13/content_5736993.htm.

[9]何振华,陶九虎,梁琪,等.澳大利亚税务局长税协会上话六要[J].注册税务师,2020(1):67-69.

[10]加强人才选拔培养提升税务师行业专业化水平[J].注册税务师,2022(9):21-22.

[11]蓝逢辉.推进税务师行业立法的紧迫性和必要性[J].注册税务师,2022(12):5-8.

[12]刘和祥,吕希梅.英国税收数字化改革实践及借鉴[J].国际税收,2022(9):49-56.

[13]刘晓忠,刘纪园,黄海博.以企业文化构筑发展动力[J].注册税务师,2019(8):18-19.

[14]刘剑文.加速推进税务师行业立法助力税收法治迈上新台阶[J].注册税务师,2022(12):9-13.

[15]刘文娟.税务师事务所要主动拓展国际税务咨询业务[J].注册税务师,2022(9):71-72.

[16]苗茁.经济新常态下提高税务培训质效的研究[J].现代商业,2016(17):66-67.

[17]强化自律监督管理推动税务师行业规范化建设[J].注册税务师,2023(10):18-21.

[18]曲军,李晶.强化行业自律以涉税专业服务现代化服务于税收现代化[J].注册税务师,2023(12):15-17.

[19]汤凤林.新发展格局下税务师行业的发展机遇及应对策略[J].注册税务师,2021(9):10-12.

[20]推动税务师行业法治化建设再上新台阶[J].注册税务师,2022(9):12-14.

[21]汤凤林,贾鸿.我国税务师行业发展的困境及应对策略[J].注册税务师,2017(2):60-62.

[22]王观.用好税收大数据畅通产业链供应链[N].人民日报,2022-07-18(018).

[23]王京梁,李雪.如何推进小型税务师事务所人才建设[J].注册税务师,2019(8):58-61.

[24]杨尹祥."以数治税"视角下智慧税务实现路径研究[J].产业与科技论坛,2023,22(21):49-52.

[25]闫江江.税务师事务所专业服务现状及其标准化建设路径探究[J].中国市场,2024(4):120-123.

[26]颜丙慧.智慧税务服务体系构建与应用研究[J].经济管理文摘,2021(23):50-51.

[27]赵爱玲."一带一路"共建国家税收营商环境持续优化[J].中国对外贸易,2023(11):24-25.

[28]中华人民共和国国家发展和改革委员会政研室.国家发展改革委8月份新闻发布会[EB/OL].(2022-08-15)[2023-02-15].https://www.ndrc.gov.cn/xwdt/wszb/8yxwfbh/wap_index.html.